智库成果出版与传播平台

中国西部发展报告（2021）

ANNUAL REPORT ON DEVELOPMENT IN WESTERN REGION OF CHINA (2021)

基本实现现代化的路径

任保平　师　博　茹少峰　姚聪莉
郭　晗　李　辉等／著

社会科学文献出版社
SOCIAL SCIENCES ACADEMIC PRESS (CHINA)

图书在版编目(CIP)数据

中国西部发展报告. 2021：基本实现现代化的路径 / 任保平等著. -- 北京：社会科学文献出版社，2021.7
（西部蓝皮书）
ISBN 978-7-5201-8553-0

Ⅰ. ①中… Ⅱ. ①任… Ⅲ. ①西部经济-区域经济发展-研究报告-2021 ②西部经济-经济改革-研究报告-2021 Ⅳ. ①F127

中国版本图书馆 CIP 数据核字（2021）第 112424 号

西部蓝皮书
中国西部发展报告（2021）
——基本实现现代化的路径

著　　者 / 任保平　师　博　茹少峰　姚聪莉　郭　晗　李　辉 等

出 版 人 / 王利民
责任编辑 / 丁　凡

出　　版 / 社会科学文献出版社 · 城市和绿色发展分社（010）59367143
　　　　　地址：北京市北三环中路甲 29 号院华龙大厦　邮编：100029
　　　　　网址：www. ssap. com. cn
发　　行 / 市场营销中心（010）59367081　59367083
印　　装 / 天津千鹤文化传播有限公司

规　　格 / 开　本：787mm × 1092mm　1/16
　　　　　印　张：29.5　字　数：444 千字
版　　次 / 2021 年 7 月第 1 版　2021 年 7 月第 1 次印刷
书　　号 / ISBN 978-7-5201-8553-0
定　　价 / 138.00 元

教育部人文社会科学重点研究基地—西北
大学中国西部经济发展研究院建设项目

西北大学“双一流”建设项目资助

Sponsored by First-class Universities and Academic Programs of Northwest University

主要编撰者简介

任保平 二级教授，经济学博士后，博士生导师。教育部长江学者特聘教授，教育部新世纪优秀人才，第三批国家“万人计划”哲学社会科学领军人才，享受国务院政府特殊津贴专家，“百千万人才工程”国家级人选，国家有突出贡献中青年专家，教育部教学指导委员会委员。陕西省决策咨询委员会委员、陕西省第十二届政协委员。历任西北大学经济管理学院院长、研究生院院长。现任西安财经大学副校长，教育部人文社会科学重点研究基地——西北大学中国西部经济发展研究院院长。先后荣获陕西省师德标兵、陕西省教学名师、陕西省特支计划杰出人才等称号。

师　博 西北大学经济管理学院副院长，经济学博士、教授、博士生导师。教育部人文社会科学重点研究基地——西北大学中国西部经济发展研究院研究员，陕西高校青年杰出人才，仲英青年学者，陕西省“三秦学者”创新团队成员。主持国家自然科学基金项目、国家社会科学基金重大项目子课题以及教育部人文社会科学基金项目等多项课题，在《管理世界》《世界经济》《经济学动态》等期刊发表数十篇论文，在科学出版社出版专著1部，获得陕西省哲学社会科学优秀成果奖二、三等奖各1项。

茹少峰 西北大学经济管理学院教授、博士生导师；西北大学经济管理学院数理经济与经济统计系主任，教育部人文社会科学重点研究基地——西北大学中国西部经济发展研究院兼职研究员，陕西省运筹学会副理事长。2017年获“西北大学师德先进个人”称号；2018年获“陕西省教学名师”称号。

姚聪莉　西北大学公共管理学院教授，博士生导师；西北大学高等教育研究中心主任，教育部人文社会科学重点研究基地——西北大学西部经济发展研究院兼职研究员。兼任中国高等教育学会理事，陕西高等教育学会副会长、副秘书长，陕西教育理论研究会常务理事，中国高等教育学会院校研究分会第三届理事会理事。近年来主要从事转型时期的经济发展与公共政策、西部经济发展中的高等教育理论及政策分析等研究。

郭　晗　教育部人文社会科学重点研究基地——西北大学中国西部经济发展研究院研究员，经济管理学院副教授，硕士生导师，西北大学教务处副处长，入选陕西省“高层次人才特殊支持计划”青年拔尖人才，西北大学“青年学术英才”。近年来主持国家社会科学基金项目等课题11项；在《数量经济技术经济研究》《经济学家》等期刊发表论文40余篇，被《新华文摘》《人大复印资料》全文转载8篇；获得第四届“刘诗白经济学奖”专著奖等奖项10余项。

李　辉　副教授，硕士生导师，管理学博士。现任西北大学经济管理学院副院长，教育部人文社会科学重点研究基地——西北大学中国西部经济发展研究院兼职研究员。近年来主要从事财税改革、会计理论和公司治理的研究，在《光明日报》（理论与实践版）、《经济学家》、《中国软科学》等期刊发表论文20余篇；主持教育部人文社会科学基金项目、陕西省社会科学基金项目等省部级项目4项、厅局级项目3项；出版专著4部，参编教材、著作4部；获得陕西省哲学社会科学优秀成果二等奖等省部级教学、科研奖励3项。

摘 要

《中国西部发展报告》是由教育部人文社会科学重点研究基地——西北大学中国西部经济发展研究院组织全国长期研究中国西部发展问题的专家学者共同撰写，并由社会科学文献出版社出版的年度专题性研究报告，被教育部列为“十五”期间哲学社会科学研究重大标志性成果之一，从2005年起每年出版一部。

党的十九届五中全会，提出了“十四五”规划和2035年远景目标，指出我国将开启全面建设社会主义现代化国家新征程，即到2035年我国基本实现社会主义现代化。而西部地区的现代化建设的进展、实现程度与我国2035年基本实现社会主义现代化的远景目标息息相关。为此，《中国西部发展报告（2021）》围绕“基本实现现代化的路径”这一主题展开一系列研究。

《中国西部发展报告（2021）》包括总报告、基本实现现代化、基本实现现代化的支持体系建设3个板块。其中，“总报告”通过构建中国西部地区现代化建设指标体系，测度并综合评价了2019年西部各省区市现代化建设的基本态势与发展状况，并寻找西部地区基本实现现代化的制约因素，提出优化的模式选择与实现路径，进一步预测并判断了未来15年西部地区基本实现现代化的发展趋势与展望；“基本实现现代化”板块从农业、工业、城市、人民生活、社会、高等教育、企业管理、产业链、基础设施、治理能力和治理体系等方面对西部地区实现现代化的路径与政策做了全面且深入的研究，为西部地区实现现代化提供了思路，并预测了未来15年西部地区现代化的发展趋势；“基本实现现代化的支持体系建设”板块从产业、创新驱动、开放战略、生态环境战略、金融、法治建设、人才战略、文化传承与创新、社会管理创新等多方面，对保障西部地区实现现代化的支持体系进行了系统的阐释。

关键词： 西部地区　西部大开发　现代化

Abstract

Western Blue Book—Report on Economic Development in Western China is a research report published by Social Sciences Academic Press (China), written by experts and scholars who are researching the economic development of western region and organized by Centre for Studies of China western Economic Development of Northwest University, one of Ministry of Education. The Report has been recognized as major landmark of philosophy and social sciences by Ministry of Education during the 10th Five -Year Plan period and published yearly since 2005.

The Fifth Plenary Session of the 19th CPC Central Committee put forward the "14th five year plan" and the long-term goal of 2035, pointing out that China will start a new journey of building a socialist modern country in an all-round way, that is, by 2035, China will basically realize socialist modernization. The progress and degree of modernization in the western region are closely related to achieving the long-term goal of basically realizing socialist modernization in 2035. To this end, the report on the development of Western China (2021) launched a series of studies around the theme of "the path to the basic realization of modernization in the western region" .

The report on the development of Western China (2021) includes three parts: the general report, the basic realization of modernization, and the construction of the supporting system for the basic realization of modernization. Among them, "General Report" constructs the index system of modernization construction in Western China, and measures and comprehensively evaluates the basic situation and development status of modernization construction in western provinces and regions in 2019, points out the restricting factors for the basic realization of modernization in Western China, puts forward the optimized mode selection and realization path, and further predicts and judges the development trend and trend of the basic realization of modernization in Western China in the next 15 years Outlook. The part of "Basic Modernization" makes a comprehensive and in-depth study on the path and policy to realize the modernization of the western region from the aspects of agriculture, industry, city, people's life, society, higher education, enterprise management, industrial chain, infrastructure, governance capacity and governance system, which provides ideas for the modernization of the western region, and forecasts the development trend of modernization of the northwest region in the next 15 years; "The Construction of Supporting System for Basically Realizing Modernization" systematically explains the supporting system for guaranteeing the realization of modernization in the western region from the aspects of industry, innovation drive, opening strategy, ecological environment strategy, finance, legal construction, talent strategy, cultural inheritance and innovation, social management, etc..

Keywords: Western Region; Western Development; Modernization

目 录

Ⅰ 总报告

Ⅱ 基本实现现代化

Ⅲ　基本实现现代化的支持体系建设

CONTENTS

I General Report

II Basically Realize Modernization

Ⅲ Support System Construction for Basically Realizing Modernization

总 报 告

General Report

B.1
西部地区基本实现现代化的形势与趋势展望

任保平　李梦欣*

摘　要：党的十九届五中全会提出了“十四五”规划和2035年远景目标，指出我国将开启全面建设社会主义现代化国家新征程，而西部地区现代化建设的进展、实现程度与我国2035年基本实现社会主义现代化的远景目标息息相关。基于此，本文以西部十二省（区、市）为研究对象，研究西部地区在基本实现全面小康社会、开启现代化新征程中的理论与实践问题。首先，通过构建中国西部地区现代化建设指标体系，测度并综合评价了2019年西部各省区市现代化建设的基本态势与发展水平。其次，分析西部地区基本实现现代化的制约因素，提出优化的模

* 任保平，博士，教育部人文社会科学重点研究基地——西北大学中国西部经济发展研究院院长、西安财经大学副校长、教授、博士生导师，研究方向为中国转型经济的增长与发展；李梦欣，西北大学经济管理学院博士研究生。

式选择与实现路径。最后，进一步预测并判断了未来15年西部地区的发展趋势与展望。

关键词：　基本实现现代化　创新动能　评价分析　趋势展望

党的十九届五中全会提出了“十四五”规划和2035年远景目标，指出我国将开启全面建设社会主义现代化国家新征程，即到2035年我国基本实现社会主义现代化。我国现代化建设，不仅要具有世界现代化的一般特征，更要突出体现中国特色社会主义发展道路的基本特征，是将现代化发展的普遍原理与我国具体国情、发展阶段、时代特征相结合。

我国实行西部大开发战略以及“一带一路”倡议，为西部地区经济社会发展带来了重大机遇和后发优势。但是由于西部地区处于我国内陆地区，现阶段经济发展能力、社会发展水平较东部沿海地区逊色，而西部地区现代化建设的进展、实现程度与我国2035年基本实现社会主义现代化远景目标息息相关。基于此，本章以西部十二省（区、市）为分析对象，研究西部地区在基本实现全面小康社会并开启现代化新征程中的理论与实践问题。

一　西部地区基本实现现代化的标准体系

现代化建设，其内涵是在技术的深度嵌入下，集成多层次、多阶段的动态发展过程。我国开启基本实现现代化发展征程，是在我国全面实现小康社会的基础上，对经济社会发展的进一步提质与增强。基于“十四五”时期远景目标，中国社会主义现代化建设是以新的发展方式推进的现代化建设，是将现代化形态嵌入经济建设、社会发展、人民生活各个方面，最突出地表现为经济发展现代化、社会进程现代化、城乡区域现代化、生态文明现代

化等。

对于我国地区现代化建设的评价体系，洪银兴及其课题组提出了《苏南地区现代化建设指标体系》①，该体系具有理论内涵和重要的实践参考价值，且涵盖了我国现代化发展建设需要关注的重点领域和重要方面，整体具有系统性和全面性特征。因此，该指标体系的构建对于笔者研究西部地区现代化建设具有重要的参考价值和借鉴作用。鉴于此，笔者延续该指标体系，从经济现代化、城乡现代化、社会现代化、生态文明四个基本维度，并基于数据的可得性和指标口径的一致性，构建了涵盖27个方面、42个基础指标的西部地区现代化建设的指标体系。鉴于西部地区经济社会发展的具体特征和问题，本研究对具体基础指标进行调整，且加入信息化以及对外开放指标，具体的指标体系构建及基础指标选择如表1所示。

表1 中国西部地区现代化建设指标体系（试行）

基本维度	序号	基础指标		单位	指标属性
经济现代化	1	人均地区生产总值		元	正指标
	2	服务业增加值占地区生产总值比重		%	正指标
	3	现代农业发展水平	农业劳动生产率	—	正指标
			农业机械总动力	万千瓦	正指标
	4	全要素生产率		—	正指标
	5	规模以上工业企业 R&D 经费支出占地区生产总值比重		%	正指标
	6	技术市场成交额占地区生产总值比重		%	正指标
	7	信息化水平	电子商务销售额占比	%	正指标
	8	每万人有效发明专利数		项	正指标
	9	外商投资企业货物进出口总额占地区生产总值比重		%	正指标
	10	规模以上文化制造业营业收入占地区生产总值比重		%	正指标

① 洪银兴：《区域现代化理论与实践研究》，江苏人民出版社，2014，第81~83页。

续表

基本维度	序号	基础指标		单位	指标属性
城乡现代化	11	城市化率		%	正指标
	12	公共交通和服务水平	人均城市道路面积	平方米	正指标
			公共交通和轨道交通客运量	亿人次	正指标
	13	居民收入水平	城镇居民人均可支配收入	元	正指标
			农村居民人均可支配收入	元	正指标
			泰尔指数	—	逆指标
	14	县城燃气普及率		%	正指标
社会现代化	15	居民健康水平	人均寿命	岁	正指标
			每千人拥有执业助理医师数	人	正指标
	16	互联网普及率		%	正指标
	17	基本社会保障	城乡基本养老保险覆盖率	%	正指标
			城乡基本医疗保险覆盖率	%	正指标
			失业保险覆盖率	%	正指标
			住房保障支出占财政支出比重	%	正指标
			每千名老人拥有养老床位数	张	正指标
	18	现代教育水平	地区人口平均受教育年限	年	正指标
	19	人力资源水平	规上工业企业 R&D 人员全时当量	人·年	正指标
			每十万人中高等教育平均在校生数	人	正指标
	20	每万人社会组织数		个	正指标
	21	每万人拥有图书馆建筑面积		平方米	正指标
生态文明	22	单位地区生产总值电耗		千瓦时/元	逆指标
	23	主要污染物排放量	化学需氧量	万吨	逆指标
			二氧化硫	万吨	逆指标
			氨氮	万吨	逆指标
			氮氧化物	万吨	逆指标
	24	城市空气质量达到二级标准的天数		天	正指标
	25	人均水资源量		立方米	正指标
	26	环境治理	水土流失治理面积	平方公里	正指标
			城市污水日处理能力	万立方米	正指标
	27	绿化水平	森林覆盖率	%	正指标
			建成区绿化覆盖率	%	正指标

二 西部地区现代化程度的评价

（一）指标计算与方法选择

具体涉及的计算公式及处理方法如下。

1. 部分指标计算方法

（1）全要素生产率——DEA 法

使用潜在产出法中比较常用的 Dea-Malmquist 指数法对西部各省（区、市）2019 年全要素生产率进行估算，以 2011 年为基期，计算得到的真实 GDP 作为产出指标，具体将资本存量和就业人数作为投入指标，使用 DEAP 软件，计算各地区的全要素生产率增长率。

（2）农业劳动生产率

农业劳动生产率 = 第一产业增加值/第一产业从业人数 ×100%

（3）泰尔指数

本文涉及泰尔指数的计算公式为：

$$dis_t = \sum_{i=1}^{2} \left(\frac{p_{it}}{p_t}\right) \ln\left(\frac{\frac{p_{it}}{p_t}}{\frac{z_{it}}{z_t}}\right)$$

其中，dis_t 表示 t 时期的泰尔指数，i = 1，2 分别表示城镇和农村地区，z_{it} 表示 t 时期城镇或农村的人口数量，z_t 表示 t 时期的总人口，p_{it} 表示 t 时期城镇或农村的总收入，p_t 表示 t 时期的总收入。

2. 正向、逆向指标的去量纲化处理方法

正向指标去量纲化处理方法

$$\frac{x_{ij} - \min\limits_{1 \leqslant i \leqslant n} x_{ij}}{\max\limits_{1 \leqslant i \leqslant n} x_{ij} - \min\limits_{1 \leqslant i \leqslant n} x_{ij}}$$

逆向指标去量纲化处理方法

$$\frac{\max\limits_{1\leqslant i\leqslant n} x_{ij} - x_{ij}}{\max\limits_{1\leqslant i\leqslant n} x_{ij} - \min\limits_{1\leqslant i\leqslant n} x_{ij}}$$

3. 方法选择

本章采取主成分分析方法，使用协方差矩阵分析抽取最大贡献度，最大程度保留数据的有用信息。主成分分析方法有助于剔选评价指标，对多元指标的降维处理、综合处理和信息筛选具有显著的优越性。因此，选择主成分分析法进行测算。

（二）测算结果与综合评价

1. 各分项维度指数及综合评价

基于上述指标计算及方法选择，计算 2019 年中国西部各省（区、市）现代化建设分项维度指数及现代化建设综合指数值，计算得到的西部各省（区、市）现代化建设具体分项维度指数值及排名结果如表 2 所示，中国西部各省（区、市）现代化建设分项维度指数如图 1 所示。

表 2　2019 年中国西部各省（区、市）现代化建设分项维度指数及排名

省（区、市）	经济现代化指数	排名	城乡现代化指数	排名	社会现代化指数	排名	生态文明指数	排名
内蒙古	0.518	4	0.865	1	0.661	4	0.042	11
广　西	0.297	5	0.690	3	0.580	6	0.083	10
重　庆	0.994	1	0.770	2	0.819	1	0.604	5
四　川	0.663	2	0.624	6	0.675	3	-0.425	12
贵　州	0.240	9	0.227	12	0.415	8	0.386	6
云　南	0.244	8	0.247	10	0.295	11	0.344	7
西　藏	0.088	11	0.264	9	-0.008	12	1.737	1
陕　西	0.609	3	0.551	7	0.786	2	0.297	8
甘　肃	0.003	12	0.236	11	0.454	7	0.783	4
青　海	0.188	10	0.379	8	0.415	8	1.383	2
宁　夏	0.256	6	0.681	4	0.605	5	0.831	3
新　疆	0.255	7	0.674	5	0.408	10	0.235	9

资料来源：根据《中国统计年鉴 2020》数据计算而得。

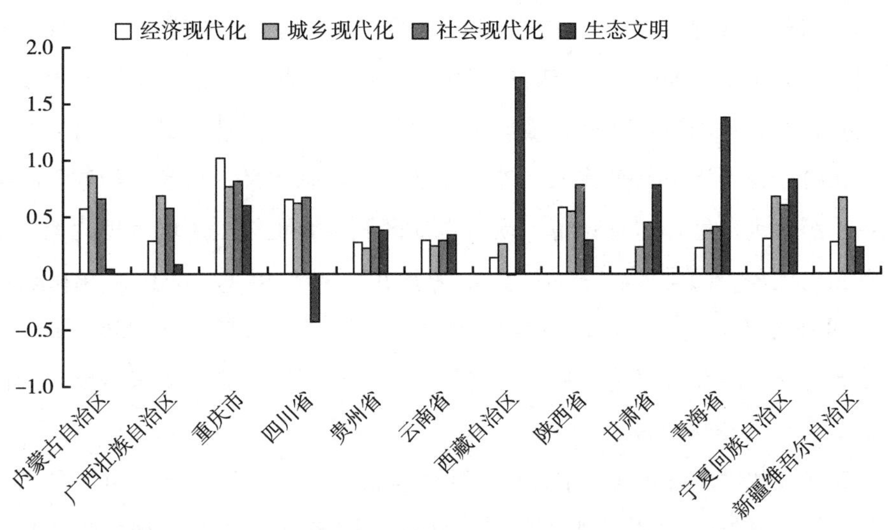

图 1　2019 年中国西部各省区市现代化建设各分项维度指数

资料来源：根据《中国统计年鉴 2020》数据计算而得。

从表 2 可以直观地看到 2019 年我国西部各省（区、市）在现代化建设中各分项维度的指数值及排名。具体来看，在经济现代化发展维度中，经济现代化指数排名前三的省（市）分别为重庆（排名第 1）、四川（排名第 2）、陕西（排名第 3），经济现代化指数分别为 0.994、0.663、0.609，说明这些省（市）经济现代化建设成绩优异，且重庆地区经济现代化指数在西部地区遥遥领先，2019 年重庆地区人均地区生产总值达到 75828 元，且服务业增加值占比、农业劳动生产率、外商投资企业进出口总额占比均处于西部地区最高水平，说明重庆地区具有经济规模和经济结构双重优势，同时，其经济现代化发展具有显著的创新和信息化优势。而排名后三的省（区）分别为甘肃（排名第 12）、西藏（排名第 11）和青海（排名第 10），经济现代化指数分别为 0.003、0.088、0.188，重庆地区经济现代化指数是甘肃地区的 331.33 倍之多，说明甘肃经济现代化建设与发展的制约因素较为突出，且与西部其他经济现代化较为领先地区存在较大差距。

在城乡现代化发展维度中，城乡现代化指数排名前三的省（区、市）

分别为内蒙古（排名第1）、重庆（排名第2）、广西（排名第3），城乡现代化指数分别为0.865、0.770、0.690，说明这些省区市城乡现代化建设效果优异，尤其是内蒙古地区，表现为突出的优势，其城镇居民人均可支配收入、农村居民人均可支配收入均处于西部地区最高水平，且泰尔指数反映的城乡差距值也最低，这意味着，内蒙古地区城乡差距较小，城乡现代化建设具有领先优势。而排名后三的省分别为贵州（排名第12）、甘肃（排名第11）和云南（排名第10），城乡现代化指数分别为0.227、0.236、0.247，意味着这些省城乡现代化发展能力薄弱，且效果亟须提高，未来需要充分协调城乡二元结构及矛盾。

在社会现代化发展维度中，社会现代化指数排名前三的省（市）分别为重庆（排名第1）、陕西（排名第2）、四川（排名第3），社会现代化指数分别为0.819、0.786、0.675，说明这些省（市）社会现代化建设成果较好，其中，重庆地区人均寿命较高，同时，重庆地区的社会保障能力以及人力资源水平具有突出的优势，陕西地区社会现代化建设的实力紧随其后，主要归功于陕西的教育资源和教育实力雄厚。而排名后三的省（区）分别为西藏（排名第12）、云南（排名第11）和新疆（排名第10），社会现代化指数分别为-0.008、0.295、0.408，意味着这些省区尚达不到社会现代化建设基本实现的目标和要求，需要关注人民的全面发展以及社会基本保障制度的配置及优化。

在生态文明建设维度中，生态文明指数排名前三的省（区）分别为西藏（排名第1）、青海（排名第2）、宁夏（排名第3），生态文明指数分别为1.737、1.383、0.831，说明这些省（区）生态文明建设成果较好。青海地区生态文明质量较高，也是由于其污染物排放较低、环境质量和资源储备较好。而排名后三的省（区）分别为四川（排名第12）、内蒙古（排名第11）和广西（排名第10），生态文明指数分别为-0.425、0.042、0.083，意味着这些省区生态文明建设效果较差，未来亟须重视生态文明建设质量的提高。其中，西藏地区生态文明指数为1.737，而四川地区生态文明指数仅为-0.425，这意味着西部地区之间生态文明建设差距较大。具体来说，四川地区生态文明建设中，主要污染物的排放均处于较高水平，且地区空气质

量较低等问题亟须关注。

2. 现代化建设综合指数及综合评价

从表3和图2中可以看出，现代化建设综合指数排名前四位的省（区、市）分别为重庆（排名第1）、宁夏（排名第2）、青海（排名第3），陕西（排名第4），现代化建设综合指数分别为0.804、0.607、0.601、0.555，这些省（区、市）的现代化建设水平在西部地区中处于领先的水平，其中，重庆地区现代化建设指数较高，依赖于重庆地区的经济现代化、城乡现代化、社会现代化、生态文明各分项维度均具有长足的进步，各维度均在较高的水平，且分化差异较小，即重庆地区现代化建设的综合实力较强。宁夏地区现代化建设虽也具有显著优势，依赖于生态现代化建设取得的突出的进展。青海地区现代化建设的突出成就在于生态文明的显著成果，但其经济现代化建设仍需注入新动力，具有较大的发展空间。陕西地区的社会现代化发展实力较强，而生态文明指数有待进一步加强。

排名后四位的省（区）分别为云南（排名第12）、贵州（排名第11）、甘肃（排名第10）和四川（排名第9），现代化建设综合指数分别为0.295、0.327、0.378、0.383，其中，重庆地区现代化建设综合指数是云南地区的2.725倍，差距较大，具体来看，云南、贵州地区各分项维度倒不存在显著的分化态势，但整体综合能力亟须提高。甘肃地区的经济现代化发展指数落后、产业结构转型和创新动能不足成为影响甘肃地区现代化建设的核心约束。四川省的生态文明指数的较高负值，严重影响了四川地区现代化建设的基本实现，成为制约四川地区现代化建设的重要阻力。

表3　2019年中国西部地区现代化建设综合指数及排名

省(区、市)	现代化指数	排名
重庆	0.804	1
宁夏	0.607	2
青海	0.601	3
陕西	0.555	4
内蒙古	0.535	5
西藏	0.534	6

续表

省(区、市)	现代化指数	排名
广西	0.411	7
新疆	0.399	8
四川	0.383	9
甘肃	0.378	10
贵州	0.327	11
云南	0.295	12

资料来源：根据《中国统计年鉴2020》数据计算而得。

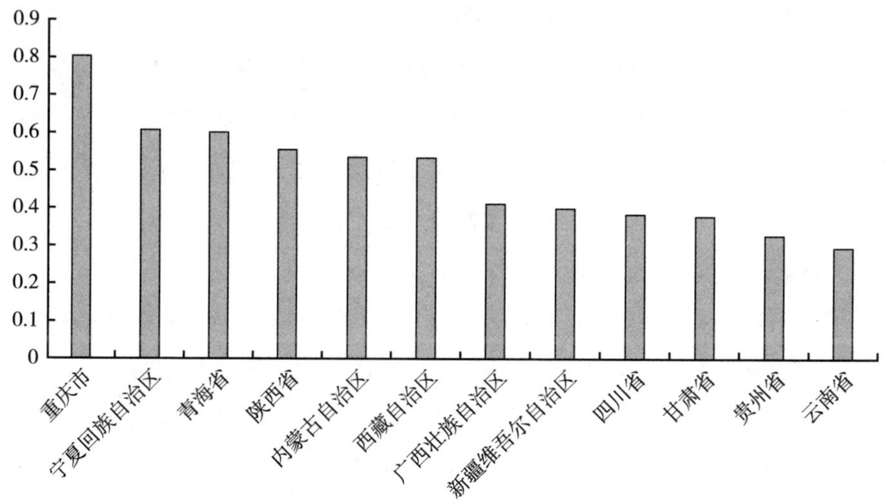

图2　2019年中国西部地区现代化建设综合指数

资料来源：根据《中国统计年鉴2020》数据计算而得。

三　2019年西部地区现代化发展态势分析

（一）2019年西北和西南地区现代化建设的态势比较

基于西部地区现代化建设的综合评价，进一步分析西部地区现代化建设的态势及现状。首先，以2019年西北地区和西南地区现代化建设的态势进行对比，其中，西南地区包含重庆市、四川省、贵州省、云南省、西藏自治

区、广西壮族自治区；西北地区包含内蒙古自治区、陕西省、甘肃省、青海省、宁夏回族自治区、新疆维吾尔自治区。

表4反映了2019年西北地区和西南地区现代化建设平均水平的比较情况，其中，西部地区经济现代化指数平均值为0.363，西北地区为0.305，西南地区为0.421，可以看出，西南地区整体经济现代化发展水平高于西北地区，西北地区除陕西和内蒙古外，其余地区经济现代化指数均低于西部平均水平。而西南地区经济现代化发展水平较高是依赖于重庆和四川，重庆和四川2019年经济现代化指数分别为0.994和0.663，远高于西部地区经济现代化平均水平，而西南地区的西藏、云南、贵州的经济现代化发展水平有待提高。

表4　2019年西北地区与西南地区现代化建设平均水平比较

类别	经济现代化指数	城乡现代化指数	社会现代化指数	生态文明指数	现代化指数
西部地区平均值	0.363	0.517	0.509	0.525	0.486
西北地区平均值	0.305	0.564	0.555	0.595	0.513
西南地区平均值	0.421	0.470	0.463	0.455	0.459

西部地区城乡现代化指数平均值为0.517，西北地区为0.564，西南地区为0.470，可以看出，西北地区城乡现代化指数平均值高于西南地区，西北地区的内蒙古、宁夏、新疆、陕西的城乡现代化指数均高于西部平均水平，而甘肃、青海城乡现代化指数分别为0.236、0.379，低于西部平均水平。西南地区的重庆、广西和四川城乡现代化指数较高，而贵州、云南、西藏地区城乡现代化指数远低于西部平均水平，这些地区需要重视城乡现代化的建设。

西部地区社会现代化指数平均值为0.509，西北地区为0.555，西南地区为0.463，可以看出，西北地区社会现代化指数高于西南地区，西北地区的内蒙古、陕西、宁夏的社会现代化发展较好，而甘肃、青海、新疆的社会现代化发展程度较低，成为阻碍西北地区社会现代化进一步提高的重要约束。西南地区贵州、云南、西藏的社会现代化指数低于西部社会现代化平均

水平，尤其是西藏地区，特别要关注社会现代化的建设。

西部地区生态文明指数平均值为0.525，西北地区为0.595，西南地区为0.455，可以看出，西北地区生态文明指数高于西南地区，其中，西北地区内蒙古、新疆以及陕西的生态文明指数最低，且低于西部生态文明指数的平均水平。西南地区的四川、广西、云南、贵州的生态文明指数低于西部平均水平，尤其是四川和广西地区，需要严格约束产业污染物的排放，并嵌入绿色技术，增强污染物的清洁和处理能力。

西部地区现代化建设综合指数平均值为0.486，西北地区为0.513，西南地区为0.459，可以看出，西北地区现代化指数略高于西南地区，西北地区仅有甘肃和新疆地区低于西部平均水平，其中，甘肃地区现代化指数最低，为0.378，未来甘肃地区亟须协调地区经济、社会等发展矛盾，提高地区现代化发展的综合能力和全面实力。西南地区云南、贵州、四川、广西四个地区低于西部地区现代化建设的平均水平，尤其是云南和贵州现代化综合指数较低，亟待关注。

从图3可以直观地看出西北地区的城乡现代化、社会现代化、生态文明指数的平均水平显著高于西南地区，而西南地区的经济现代化平均水平高于西北地区，现代化综合指数西北地区平均值亦高于西南地区。

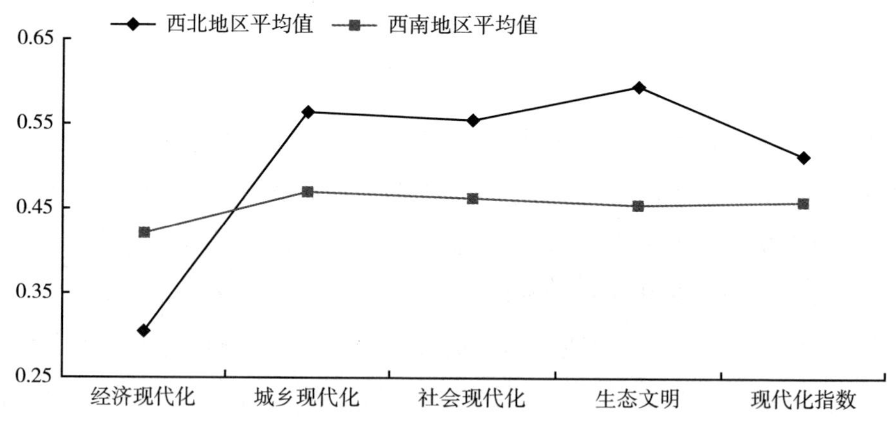

图3　西北地区与西南地区现代化建设比较

（二）2016～2019年西北和西南地区现代化建设相关指标的发展趋势比较

表5至表8及图4分别反映了2016～2019年西北和西南地区经济现代化、城乡现代化、社会现代化、生态文明各维度相关指标的具体比较情况及年平均增长率。

在经济现代化维度相关指标中，2016～2019年西部地区人均地区生产总值年平均增长率为7.5%，西南地区年平均增长率为10.4%、西北地区年平均增长率为4.8%，西南地区年平均增长率高于西北地区。但2016～2019年西北地区人均地区生产总量平均值却高于西南地区。服务业增加值占比指标中，2016～2019年西部地区年平均增长率为3.9%，西南地区年平均增长率为4.0%、西北地区年平均增长率为3.8%，西南地区年平均增长率略高于西北地区，且2016～2019年西南地区服务业增加值占比平均值均高于西北地区。技术市场成交额占比指标中，2016～2019年西部地区年平均增长率为7.3%，西南地区年平均增长率为25.8%、西北地区年平均增长率为0.6%，西南地区年平均增长率显著高于西北地区，但2016～2019年西北地区技术市场成交额占比平均值却高于西南地区。电子商务销售额占比指标中，2016～2019年西部地区年平均增长率为3.2%，西南地区年平均增长率为3.8%、西北地区年平均增长率为2.4%，西南地区年平均增长率显著高于西北地区，且2016～2019年西南地区电子商务销售额占比平均值亦高于西北地区。

表5　2016～2019年西部地区经济现代化相关指标比较

单位：元，%

类别	时间	人均地区生产总值	服务业增加值占比	技术市场成交额占比	电子商务销售额占比
西部地区平均值	2016年	43172.167	45.818	0.931	8.574
	2017年	45576.583	47.758	1.003	8.152
	2018年	49371.333	48.382	1.281	9.051
	2019年	53568.264	51.392	1.151	9.430
	年平均增长率	7.5	3.9	7.3	3.2

续表

类别	时间	人均地区生产总值	服务业增加值占比	技术市场成交额占比	电子商务销售额占比
西南地区平均值	2016 年	39342. 500	46. 490	0. 416	9. 721
	2017 年	42939. 833	47. 883	0. 449	9. 706
	2018 年	46347. 167	48. 600	0. 889	10. 618
	2019 年	52974. 167	52. 267	0. 829	10. 878
	年平均增长率	10. 4	4. 0	25. 8	3. 8
西北地区平均值	2016 年	47001. 833	45. 145	1. 447	7. 427
	2017 年	48213. 333	47. 633	1. 556	6. 599
	2018 年	52395. 500	48. 164	1. 674	7. 485
	2019 年	54162. 362	50. 517	1. 472	7. 982
	年平均增长率	4. 8	3. 8	0. 6	2. 4

在城乡现代化维度相关指标中，2016～2019 年西部地区城市化率年平均增长率为 2. 4%，西南地区年平均增长率为 2. 6%、西北地区年平均增长率为 2. 2%，西南地区年平均增长率高于西北地区，但 2016～2019 年西北地区城市化率平均值却高于西南地区（见表 6）。城镇居民人均可支配收入指标中，2016～2019 年西部地区年平均增长率为 8. 2%，西南地区年平均增长率为 8. 6%、西北地区年平均增长率为 7. 8%，西南地区年平均增长率略高于西北地区，且 2016～2019 年西南地区城镇居民人均可支配收入平均值亦高于西北地区。农村居民人均可支配收入指标中，2016～2019 年西部地区年平均增长率为 9. 7%，西南地区年平均增长率为 10. 1%、西北地区年平均增长率为 9. 3%，西南地区年平均增长率显著高于西北地区，且 2016～2019 年西南地区农村居民人均可支配收入平均值亦高于西北地区。泰尔指数指标中，2016～2019 年西部地区年平均增长率为 -4. 0%，西南地区年平均增长率为 -3. 9%、西北地区年平均增长率为 -4. 0%，由于泰尔指数是逆指标，因此，西北地区城乡收入差距缩小的幅度大于西南地区，且 2016～2019 年西南地区泰尔指数平均值亦高于西北地区，说明西北地区城乡收入差距较小，且整体优于西南地区。

表 6　2016 ~ 2019 年西部地区城乡现代化相关指标比较

类别	时间	城市化率（%）	城镇居民人均可支配收入(元)	农村居民人均可支配收入(元)	泰尔指数
西部地区平均值	2016 年	49. 677	28242. 303	9706. 400	12. 580
	2017 年	51. 109	30652. 392	10618. 517	12. 165
	2018 年	52. 261	33097. 730	11614. 684	11. 733
	2019 年	53. 308	35742. 970	12817. 131	11. 147
	年平均增长率(%)	2. 4	8. 2	9. 7	-4. 0
西南地区平均值	2016 年	46. 438	28237. 543	9885. 888	12. 677
	2017 年	47. 947	30694. 833	10875. 300	12. 197
	2018 年	49. 074	33236. 422	11913. 533	11. 790
	2019 年	50. 192	36148. 168	13181. 458	11. 256
	年平均增长率(%)	2. 6	8. 6	10. 1	-3. 9
西北地区平均值	2016 年	52. 915	28247. 063	9526. 912	12. 482
	2017 年	54. 272	30609. 950	10361. 733	12. 133
	2018 年	55. 449	32959. 038	11315. 835	11. 675
	2019 年	56. 423	35337. 772	12452. 804	11. 038
	年平均增长率(%)	2. 2	7. 8	9. 3	-4. 0

在社会现代化维度相关指标中，2016 ~ 2019 年西部地区规上企业 R&D 人员全时当量年平均增长率为 2. 2%，西南地区年平均增长率为 2. 3%、西北地区年平均增长率为 1. 9%，西南地区年平均增长率高于西北地区，且近年来西南地区规上企业 R&D 人员全时当量平均值均高于西北地区。城乡基本养老保险覆盖率指标中，2016 ~ 2019 年西部地区年平均增长率为 1. 9%，西南地区年平均增长率为 1. 6%、西北地区年平均增长率为 2. 3%，西北地区年平均增长率略高于西南地区，然而，近年来西南地区城乡基本养老保险覆盖率却高于西北地区。每万人拥有图书馆建筑面积指标中，2016 ~ 2019 年西部地区年平均增长率为 5. 5%，西南地区年平均增长率为 3. 9%、西北地区年平均增长率为 6. 7%，西北地区年平均增长率显著高于西南地区，且近年来西北地区每万人拥有图书馆建筑面积平均值均高于西南地区（见表 7）。

表 7　2016～2019 年西部地区社会现代化相关指标比较

类别	时间	规上企业 R&D 人员全时当量(人/年)	城乡基本养老保险覆盖率(%)	每万人拥有图书馆建筑面积(平方米)
西部地区平均值	2016 年	23215. 667	38. 833	107. 008
	2017 年	23110. 083	39. 554	114. 458
	2018 年	23215. 667	40. 093	117. 817
	2019 年	24780. 333	41. 111	125. 558
	年平均增长率(%)	2. 2	1. 9	5. 5
西南地区平均值	2016 年	33574. 500	42. 207	93. 250
	2017 年	30821. 333	43. 383	99. 000
	2018 年	33574. 500	43. 336	102. 217
	2019 年	35947. 167	44. 268	104. 517
	年平均增长率(%)	2. 3	1. 6	3. 9
西北地区平均值	2016 年	12856. 833	35. 459	120. 767
	2017 年	15398. 833	35. 725	129. 917
	2018 年	12856. 833	36. 850	133. 417
	2019 年	13613. 500	37. 955	146. 600
	年平均增长率(%)	1. 9	2. 3	6. 7

在生态文明维度相关指标中，2016～2019 年西部地区单位地区生产总值电耗年平均增长率为 0. 5%，西南地区年平均增长率为 -1. 4%、西北地区年平均增长率为 1. 4%，由于逆指标属性，西南地区单位地区生产总值电耗年平均增长率为负值，表明近年来西南地区单位地区生产总值电耗持续减少，而西北地区单位地区生产总值电耗每年依然在持续增长且总量较高，因此，西北地区耗能水平较高。森林覆盖率指标中，2016～2019 年西部地区年平均增长率为 2. 7%，西南地区年平均增长率为 3. 2%、西北地区年平均增长率为 1. 5%，西南地区森林覆盖率年平均增长率及其年平均值均高于西北地区。2016～2019 年西部地区建成区绿化覆盖率年平均增长率为 1. 9%，西南地区年平均增长率为 2. 3%、西北地区年平均增长率为 1. 6%，西南地区年平均增长率显著高于西北地区，且 2019 年西南地区建成区绿化覆盖率平均值亦高于西北地区（见表 8）。

表 8　2016～2019 年西部地区生态文明相关指标比较

类别	时间	单位地区生产总值电耗（千瓦时/元）	森林覆盖率（%）	建成区绿化覆盖率（%）
西部地区平均值	2016 年	0.130	27.063	37.25
	2017 年	0.130	27.063	38.042
	2018 年	0.131	29.339	38.629
	2019 年	0.132	29.339	39.458
	年平均增长率（%）	0.5	2.7	1.9
西南地区平均值	2016 年	0.072	38.210	37.583
	2017 年	0.072	38.210	38.350
	2018 年	0.073	42.043	39.433
	2019 年	0.069	42.043	40.195
	年平均增长率（%）	-1.4	3.2	2.3
西北地区平均值	2016 年	0.188	15.915	36.917
	2017 年	0.189	15.915	37.733
	2018 年	0.189	16.635	37.825
	2019 年	0.196	16.635	38.720
	年平均增长率（%）	1.4	1.5	1.6

四　西部地区基本实现现代化的制约因素

基于对西部地区现代化建设的综合评价和态势分析，进一步梳理并归纳西部地区基本实现现代化的制约因素。

（一）创新发展动能弱化，产业结构层次较低

西部地区经济现代化建设存在经济规模偏小、产业结构层次较低、经济现代化建设动能尚未转型的矛盾。首先，西部地区人均地区生产总值虽然近年来持续增长，但是经济规模、经济总量还是偏小的。其次，近年来，西部地区农业劳动生产率、服务业份额有所提高，但尚未在产业结构层面形成地

区的比较优势，一方面，西部地区产业结构平稳转换尚未完成，现代化农业体系、新型工业体系、现代化服务业及文化产业体系尚未构建；另一方面，西部地区普遍存在创新型产业、信息化产业的发展动能不足，这成为西部地区经济现代化基本实现的核心制约因素。再次，西部地区在对外开放新发展格局中，并未形成全方位、多层次的开放体系，且开放发展任重道远。最后，西部地区整体上创新发展动能不足，表现为技术引致的生产效率偏低，研发经费投入力度不大，致使创新产出不足、创新动能弱化，而通过创新动能的培育能够缓解产业结构固化的矛盾，且优化地区资源的配置及使用效率。

（二）区域内发展分化凸显，地区内城乡差距较大

西部地区现代化建设中，整体存在各地区内城乡二元结构差异较大的矛盾，且西部地区区域内现代化发展呈现显著的分化态势。首先，近年来，西部地区城市化进程加快，但表现为西北地区城市化水平明显高于西南地区，意味着西南地区在提高城乡居民的收入水平上更具优势，但是相对忽略了平衡及协调城乡发展，不仅制约了西部地区城乡现代化的实现，而且制约了我国高质量发展以及 2035 年远景目标的达成，因此，西部地区城乡矛盾亟待解决。其次，西部地区的现代化建设，不仅城乡间差距较大，而且区域间也存在显著的分化态势，西部地区现代化建设呈现两极分化的态势，且各地区分项维度发展不均衡问题普遍存在。

（三）教育供给不足，人力资源的优势尚未激发

西部地区存在教育供给不足、教育能力和教育实力较低的问题。首先，西部地区高等教育水平与东部地区存在较大差距。其次，西部地区人力资源水平亟须提高，劳动力资源红利尚未释放。最后，陕西省作为教育强省，其教育实力雄厚，人口受教育程度和高等教育水平领先于西部其他地区，但是陕西、内蒙古地区的人力资源水平与东部地区相比却不尽如人意，这主要是由于其教育优势尚未向研发、技术优势转换，产学研一体化具有摩擦约束。

（四）污染物排放水平较高，污染防治任重道远

西部地区的污染物排放在全国范围内都属于较高水平，是产业结构低级化和绿色技术欠缺导致的。首先，西部地区经济发展中生产效率低下，资源投入产出比低以及地区产业结构层次较低，绿色生产体系尚未构建，制约了地区生态文明建设的实现。其次，西部地区污染排放严重，且西部地区污染治理能力不足，其污染防治与生态治理任重道远。最后，西部地区的绿色生产水平和生态产品供给能力有待提高。由于技术水平依然较低，生态产品投入产出效率较低，因此，在西部地区生态文明建设中，需要充分重视绿色生产力的重要作用，在生产的各个领域、环节嵌入绿色生产力，地方政府则需要充分认识到本地区生态产品供给的比较优势，关注相关产业的转型，加大生态公共产品供给的优化力度和生态环境的治理力度。

五　西部地区基本实现现代化的模式选择与路径

通过分析西部地区基本实现现代化存在的制约因素，进一步探索并提出优化的模式选择和适应性实现路径。

（一）激发创新动力，实现西部地区产业结构的优化与升级

西部地区在找准地区特色产业和比较优势产业的基础上，需要激发创新动力，从而优化生产方式、提高生产效率、拓宽生产路径，以实现西部地区产业结构的优化与升级。其一，西部地区要加快创新动力转换与重塑，加快创新发展是地区基本实现现代化的核心动力。不同于经济规模和经济总量的扩大，创新发展是指经济结构的优化升级，通过创新动能的激发、扩散并广泛应用于产业端，提高传统产业的生产效率，给传统产业制造新的增长极，而且能够整体实现地区产业结构的优化配置，加快经济现代化基本实现的进程。其二，西部地区政府需要结合地区要

素禀赋优势，高瞻远瞩，谋划布局新兴产业和高新技术产业，前瞻性判断优势产业布局与特色产业组合，才能在西部地区现代化建设中取得优异的成绩。

（二）增强公共服务供给，制定西部地区平衡协调发展长期战略

西部地区需要增强公共服务供给，通过建立西部地区平衡协调发展的长期战略，缩小西部地区城乡居民收入差距，优化地区城乡二元结构。其一，西部地区需要逐渐完善并建立健全社会保障机制、分配机制和共享机制。我国现已基本完成全面小康社会建设，未来需要加快城市化、社会现代化进程，提高人民综合福祉和美好生活质量将成为重要的变革方向。其二，西部地区需要持续增强公共服务供给，通过新型基础设施建设，逐步完善现代化城市道路及交通建设。随着新一轮科技革命的到来，信息化、数字化等新型基础设施建设推进，对于优化城市空间、合理规范产业布局具有重要作用。同时，完善现代化城市道路及交通服务，对于全面优化城市功能以及提高人民生活质量具有深远影响。其三，地方政府需要制定短期目标和长期战略相结合的发展规划，优化城市布局和城市功能与产业发展的适配性，以加快推动西部地区社会现代化的基本实现。

（三）加强西部地区教育能力和研发能力，激发人力资源潜能

西部地区需要充分重视教育水平和人力资源的研发能力，培育创新型、质量型人力资本，激发人力资源的潜能，并推动地区产学研平滑对接，以人力资本质量红利推动下一轮高新技术产业、战略性新兴产业的培育和成长。其一，加强高等教育，为劳动力提高理论知识、学习能力和综合素质提供重要保障，同时，能够促进劳动力结构向高质量优化，能够提高地区产业分工结构水平。其二，西部地区需要加强创新型、研发型人力资本的投入及培育，优先发展高层次、高技术人才，提高西部地区整体人力资本的质量，而人力资源的质量红利，成为创新发展的重要前提。其三，鼓励多层次人力资源创新方式，完善知识产权保护机制，平滑产学研体系的转换与对接。西部

地区要完善知识产权保护机制，协调知识创新、技术创新、产业创新一体化的对接和转换，减少创新层面的流转摩擦和时间损失，以支持人力资源的多元化、多角度创新行为。

（四）加强生态环境修复，重视生产方式的绿色化转型

西部地区需要坚持绿色发展理念，大力发展绿色生产力，促进生产要素的绿色化供给，在生产模式、生产过程、生产行为、生产循环的各个环节、方方面面重视绿色化转型。其一，要加强生态环境的修复，实现可持续发展、绿色发展，西部地区需要注重森林、绿地、海洋、河流等生态资源的开发，有节制地拓展生态空间。其二，增强生态产品供给能力，鼓励绿色技术企业的发展及转型。生态产品包括生态公共型产品和生态市场型产品，其中，生态市场型产品如生态农业、生态示范园区、绿色科创工业园区等，可通过政府调控，大力支持并鼓励生态产品供给，对绿色技术、生态产业企业给予财政补贴及税收优惠，对新兴及成长期的绿色企业提供资金扶持。

六　未来15年西部地区基本实现现代化的趋势展望

“十四五”规划和2035年远景目标指出，我国到2035年基本实现社会主义现代化，鉴于这一发展目标，进一步预测2020～2035年各指标的长期发展趋势。

首先，提出基本实现现代化的发展标准。2035年远景目标指出，2035年我国人均GDP达到中等发达国家水平，而以世界银行、国际货币基金组织、经济合作与发展组织和联合国等四个国际机构的标准平均值来看，2020年发达国家人均GDP的中位数大约为2.45万美元，但由于西部地区较东部地区经济规模、经济总量有一定差距，因此，将西部地区2035年现代化基本实现的目标调整为：（1）人均GDP达到2万美元以上。普林斯顿大学布莱克教授于1966年提出“布莱克标准”，认为现代化国家中，农业增加值所占比例为5%～10%，10万人以上城市的城市人口比例为50%～70%。

而按照工业化来讲，农业增加值占GDP的比重是7%以下，由于我国农业增加值占比已实现低于7%，但西部地区仍然达不到这一目标，因此，将西部地区2035年现代化基本实现的目标调整为：(2) 农业增加值占GDP的7%以下。2017年国家发改委预计，2025年我国服务业增加值占GDP比重将提高到60%，《中国现代服务业发展战略研究》预测，到2030年我国服务业增加值占GDP比重将达67.2%，而2019年世界各国服务业增加值占GDP比重中，中国服务业增加值占GDP比重为53.92%，韩国为56.77%，德国为62.39%，结合西部地区实际发展条件，在2035年发展目标中，将西部地区2035年现代化基本实现的目标调整为：(3) 服务业增加值在GDP中占65%以上。研发领域中，2019年我国研究与试验发展（R&D）经费投入总量首次突破2万亿元，达到22143.6亿元，研发经费投入强度达到2.235%，据2020年世界知识产权组织公布的创新指数，中国创新水平列全世界第14位，2018年美国研发经费投入强度达到2.84%，日本3.75%，我国2035年远景目标显示，要在2035年跻身创新型国家前列，因此，将西部地区2035年现代化基本实现的目标调整为：(4) 研发经费投入占GDP比重达到3%以上。

另外，社会现代化建设目标：一是城市化率。2020年我国城市化率达到了61.4%，韩国城市化率达到了81.4%，美国城市化率达到了82.7%，根据我国发展实际，将西部地区2035年现代化基本实现的目标调整为：(5) 城市化率达到70%以上。二是人均预期寿命。2035年我国现代化基本实现的目标要求是，人均预期寿命达到世界先进水平，根据世界卫生组织统计2019年我国人均预期寿命为76.1岁，日本83.7岁，韩国82.4岁，德国81岁，可以看出，世界发达国家的人均寿命预期高于80岁，因此，将西部地区2035年现代化基本实现的目标调整为：(6) 人均预期寿命达到80年以上。三是每千人拥有执业医师数。2019年我国每千人拥有执业医师数达到2.59人，而德国等发达国家每千人拥有执业医师数超过4人，结合我国西部地区实际，将西部地区2035年现代化基本实现的目标调整为：(7) 每千人拥有执业医师数超过3人。四是教育水平。采用人口平均受教育年限指标，2018年我国人均受教育年限达到13.6年，但西部地区居民受教育水平

较为落后，2019 年人均受教育年限仅为 10 年，因此，结合我国西部地区实际，将西部地区 2035 年现代化基本实现的目标调整为：（8）人口平均受教育年限达到 15 年以上。

其次，鉴于 2019 年西部地区现代化发展的状况，以及 2035 年基本实现现代化目标，测算 2020 ~2035 年西部各指标的年平均增长率，以采用趋势外推法进行平均年度目标值的预测。

最后，各指标 2020 ~2035 年具体的目标预测值如表 9 所示。其中，基准指标值为 2019 年西部十二省区市的平均真实值，而 2035 年各指标值为目标值，以此预测 2020 ~2034 年西部地区各指标的发展趋势。经计算，2020 ~2035 年，西部地区人均 GDP 需要维持 6.09% 的年平均增长率，农业增加值占比需要以 2.65% 的年平均增长率的速度下降，服务业增加值占比需要以 1.48% 的年平均增长率增长，研发投入强度指标的年平均增长率需要实现 6.22%，城市化率的年平均增长率需要实现 1.72%，人均预期寿命的年平均增长率需要实现 0.61%，千人拥有执业医师数的年平均增长率需要实现 0.76%，人均受教育年限的年平均增长率需要实现 2.61%，从而才能顺利完成西部地区 2035 年基本实现现代化的发展目标。

表 9　2019 ~2035 年西部地区现代化发展指标各年度目标趋势预测

年份	人均 GDP（美元）	农业增加值占比（%）	服务业增加值占比（%）	研发投入强度（%）	城市化率（%）	人均预期寿命（岁）	千人拥有执业医师数(人)	人均受教育年限（年）
2019	7767.23	10.75	51.39	1.14	53.31	72.62	2.66	9.93
2020	8240.22	10.47	52.15	1.21	54.22	73.06	2.68	10.19
2021	8742.02	10.19	52.92	1.29	55.15	73.50	2.70	10.46
2022	9274.37	9.92	53.71	1.37	56.10	73.95	2.72	10.73
2023	9839.14	9.66	54.50	1.45	57.06	74.40	2.74	11.01
2024	10438.30	9.40	55.31	1.55	58.04	74.85	2.76	11.30
2025	11073.95	9.15	56.12	1.64	59.04	75.30	2.78	11.59
2026	11748.31	8.91	56.95	1.74	60.05	75.76	2.80	11.89
2027	12463.73	8.67	57.80	1.85	61.09	76.22	2.82	12.20
2028	13222.72	8.45	58.65	1.97	62.14	76.68	2.85	12.52

续表

年份	人均 GDP（美元）	农业增加值占比（%）	服务业增加值占比（%）	研发投入强度（%）	城市化率（%）	人均预期寿命（岁）	千人拥有执业医师数(人)	人均受教育年限（年）
2029	14027. 93	8. 22	59. 52	2. 09	63. 20	77. 15	2. 87	12. 85
2030	14882. 17	8. 00	60. 40	2. 22	64. 29	77. 62	2. 89	13. 19
2031	15788. 43	7. 79	61. 29	2. 36	65. 39	78. 09	2. 91	13. 53
2032	16749. 88	7. 59	62. 20	2. 50	66. 51	78. 56	2. 93	13. 88
2033	17769. 88	7. 39	63. 12	2. 66	67. 66	79. 04	2. 96	14. 25
2034	18851. 99	7. 19	64. 05	2. 82	68. 82	79. 52	2. 98	14. 62
2035	20000. 00	7. 00	65. 00	3. 00	70. 00	80. 00	3. 00	15. 00

基本实现现代化

Basically Realize Modernization

B.2

西部地区“三农”基本实现现代化的路径与政策

茹少峰　周桂芝*

摘　要：西部地区“三农”基本实现现代化对我国整体基本实现社会主义现代化目标至关重要。本文分析了“三农”基本实现现代化的内涵，构建了评价“三农”基本实现现代化指标体系，选择了处于中等发达国家水平的日本和韩国的“三农”当前发展水平作为目标值，对2019年度西部地区“三农”基本实现现代化的情况进行了评估分析，发现相较于2018年，2019年我国西部地区各省（区、市）“三农”现代化发展水平有所提升。进一步，本文利用灰色自适应等维递补预测模型对西部地区2020～2035年“三农”基本实现现代化的趋势进行

* 茹少峰，博士，教育部人文社会科学重点研究基地——西北大学中国西部经济发展研究院兼职研究员、西北大学经济管理学院教授、博士生导师，研究方向为经济高质量增长；周桂芝，西北大学经济管理学院硕士研究生。

了预测，得出以下两个结论：总体上西部地区将在2032年提前达到“三农”基本实现现代化的目标；农民基本实现现代化将在2033年提前完成，农村基本实现现代化将在2023年提前完成，而西部地区在2035年将无法达到农业基本实现现代化目标，因此西部地区“三农”基本实现现代化的关键路径是农业现代化建设，为此提出了相关政策建议。

关键词： 西部地区 “三农”基本实现现代化 灰色预测模型

一 引言

2020 年 10 月 29 日，党的十九届五中全会提出了到 2035 年我国基本实现社会主义现代化的远景目标，其中“三农”基本实现现代化是远景目标的重要内容之一。西部地区“三农”基本实现现代化是我国“三农”基本实现现代化的重要组成部分，西部地区在农业、农村、农民方面存在的问题仍然突出。农业方面，西部地区目前仍存在农户经营分散，组织化、机械化程度低等问题。以粮食生产为例，西部地区农作物播种面积约占全国的 33.78%，但 2019 年西部地区的粮食产量仅占到全国粮食产量的 25.58%。农民方面，西部地区农民的收入和消费水平远低于全国平均水平。例如，2019 年西部地区农村居民人均年收入 12817.13 元，人均年消费支出 11306.91 元，分别仅为全国平均水平的 76.8% 和 83.29%。[①] 农村方面，西部地区村庄人居环境差以及公共服务体系不完善。如果这些问题得不到解决，西部地区就难以达到“三农”基本实现现代化的目标，那么我国到 2035 年基本实现社会主义现代化的远景目标也就难以达到。

因此，评价西部地区“三农”现代化现状和存在的突出问题，找出差

① 数据来源：国家统计局。

距，并预测西部地区在2035年“三农”现代化目标能否实现和实现的路径，就是本文研究的问题。

二 “三农”基本实现现代化的内涵

关于“三农”现代化的内涵可以分解为农业现代化、农民现代化以及农村现代化，“三农”现代化的实现划分为三个阶段，初步实现现代化、基本实现现代化和全面实现现代化，三个阶段各有其实现目标，对应不同的经济发展阶段，初步实现现代化对应经济发展中国家所处的中高级阶段，基本实现现代化对应经济发达国家所处的初中级阶段，全面实现现代化对应经济发达国家所处的高级阶段。关于“三农”现代化的总要求党的十九大报告已明确指出：“产业兴旺、生态宜居、乡风文明、治理有效、生活富裕”，之后关于这一总的要求，经济学家也进行了解读，魏后凯①、章猛进②、朱道华③、赵景阳等④、陈锡文⑤等认为农业农村农民现代化是农村产业现代化、农村文化现代化、农村生态现代化、乡村治理现代化和农民生活现代化“五位一体”的有机整体，其中农业现代化是农村产业现代化的核心内容。农业现代化是以提高效率为基本目标，农民现代化是农民物质生活和精神生活的大幅度提高，而农村现代化的关键在于乡村社会的治理有效。

而关于“三农”基本实现现代化的阶段目标的研究有：徐星明

---

① 魏后凯：《“十四五”时期中国农村发展若干重大问题》，《中国农村经济》2020年第1期，第2~16页。

② 章猛进：《沿海地区农业和农村现代化实践的理论思考》，《中国农村经济》2000年第1期，第20~25页。

③ 朱道华：《略论农业现代化、农村现代化和农民现代化》，《沈阳农业大学学报》（社会科学版）2002年第3期，第178~181页、第237~238页。

④ 赵景阳、郭艳红、米庆华：《广义农业现代化的内涵与评价研究——以山东省为例》，《农业现代化研究》2007年第1期，第28~31页、第46页。

⑤ 陈锡文：《实施乡村振兴战略，推进业农村现代化》，《中国农业大学学报》（社会科学版）2018年第1期，第5~12页。

(2000)、傅晨（2001)、洪银兴（2013）等。据此，本文在前人研究的基础上将“三农”基本实现现代化的内涵概括为以下三方面。

（一）“三农”现代化包括农业现代化、农民现代化以及农村现代化三个方面

首先，农业现代化指农业产业的现代化。事实上，早在20世纪末就已经有许多学者对其内涵进行了界定（王利民，1999；康芸等，2000；张敏，2015)，他们认为农业现代化是由传统农业向现代农业转变的过程，即利用现代工业、现代科技、现代管理方法将生产手段落后、生产技术不发达、农业生产机械化程度较低的传统农业改造成机械化、科学化、规模化的现代农业。依照舒尔茨的改造传统农业理论[①]，现代农业最根本的特征是不断将科学技术的成果应用于农业之中，从而使得生产效率不断提高，即农业生产效率与科技水平是农业产业现代化的核心。

其次，农民现代化主要是人的现代化。依据邓小平的人的现代化理论，人的现代化的实现不仅需要物质上的满足，还需要精神上的提升。[②] 换言之，农民的现代化主要体现在两个部分，一是物质上的满足，即农民收入消费水平要达到现代化水平；二是精神上的提升，即农民的素质、能力和观念要实现现代化。

最后，农村现代化主要包括乡村城市化、基础设施完善化、文化活动丰富化、社会福利全面化、农民居住环境和生态环境优良化等方面（赵景阳，2007；洪银兴，2014；陈锡文，2018)。简单来说，农村现代化的核心内容是农村服务现代化和环境现代化两个部分，而服务现代化主要体现在公共服务体系的完善程度；生活环境现代化主要体现在村容村貌的整洁以及生态环境的优良。

---

① 〔美〕西奥多·W. 舒尔茨（Theodore W. Schultz):《改造传统农业》，梁小民译，商务印书馆，1987，第112~124页。

② 《邓小平文选》(第2卷)，人民出版社，1994，第208页。

（二）“三农”现代化之间相互关联、相互渗透，是一个统一的有机整体

首先，农民生活在农村，主要从事的工作是农业生产经营方面的工作，即农业、农村和农民之间的关系密不可分。其次，农业现代化的实现会大幅增加农村居民的家庭经营收入①，提升农民的生活水平，从而促进农民以及农村的现代化发展；同样地，农民现代化的实现意味着农民文化素质的提高，提升农民的人力资本，进而促进农业产业现代化，同时也有助于加快农村现代化进程；而农村现代化的实现意味着农村公共服务的完善，比如教育、医疗体系的完善都有助于提升农民的人力资本，从而有助于农业和农民现代化的实现。

（三）“三农”现代化的进程是分阶段的，基本实现现代化是其中的一个发展阶段

大多数学者将“三农”现代化的实现分为三阶段、四阶段或五阶段（柯炳生，2000；梅方权，1999；徐星明，2000；洪银兴，2014）。概括而言，农业现代化进程可以归纳为初步实现现代化、基本实现现代化和全面实现现代化三个阶段，而四阶段或五阶段是对其进一步细化。对于基本实现现代化这一具体目标的理解，学者们认为基本实现现代化是大多数地区在现代化主要指标上达到了一定的区间或范围（徐星明，2000；傅晨，2001；洪银兴，2013）。

据此，笔者认为“基本实现现代化”与“现代化”具有相同的质的规定，其区别主要在于对评价指标的数量、标准值的界定以及达标地区数量的要求严格程度有所不同。本文主要从基本实现现代化的程度、区域范围以及衡量指标来解释“基本实现现代化”这一目标的内涵。第一，基本实现现代化不是全面实现现代化，而是在全面建成小康社会的基础上进一步发展，

① 根据国家统计局的定义，农村居民家庭经营收入指农村住户以家庭为生产经营单位进行生产筹划和管理而获得的收入。

其发展水平高于全面建成小康社会时的水平，又不足以达到全面实现现代化时的水平。第二，基本实现现代化不是指所有区域达标，而是绝大多数地区达标，允许有少部分地区接近达标但未达标。第三，对于基本实现现代化不要求所有指标达标，仅要求主要指标达标或者近乎达标即可。

三　西部地区“三农”基本实现现代化指标体系的构建

（一）指标选取的依据

本文遵循“三农”基本实现现代化做出的总要求，构建西部地区“三农”基本实现现代化指标体系，包含“农业现代化、农民现代化、农村现代化”三个一级指标，“农业生产、农业科技、农民生活、农民素质、公共服务、农村环境”六个二级指标以及14个三级指标。

1. 西部地区农业现代化指标组选取的依据

依据改造传统农业理论，农业现代化是从传统农业向现代农业转变，而核心内容就是利用现代生产要素提高农业生产效率。因此，对农业产业现代化的评价包含了农业生产效率以及农业科技水平两个方面。选择以农业劳动生产率、农业从业人员占比以及农业土地生产率来反映农业生产效率，以农业机械化程度以及化肥施用程度来反映农业科技水平。

2. 西部地区农民现代化指标组选取的依据

实现农民现代化即实现“人”的现代化，依据邓小平关于人的现代化理论，人的现代化既需要物质上的满足，也需要精神上的提升。因此，西部地区农民现代化主要是从农民生活现代化以及农民素质现代化两个方面进行评价。农民生活现代化主要体现在农民的收入、消费水平以及生活便利程度，选择以农民的人均可支配收入、农民经营性收入占比、人均消费支出、农民教育文化娱乐支出占比以及互联网普及率等来反映农民的生活现代化。此外，教育是提升农民素质的根本途径，通过农村义务教育普及率来反映农

民素质现代化水平。

3. 西部地区农村现代化指标组选取的依据

农村现代化主要体现在农村治理现代化以及农村环境现代化两个方面。关于农村治理现代化的评价，本文主要从农村的治理效果进行评价，即利用农村的医疗服务普及率以及农村贫困人口占比来衡量农村治理成效。此外，本文利用农村无害化卫生厕所普及率来衡量西部地区农村整体的人居环境达标情况。

各级指标及三级指标的具体计算方法及单位和指标属性如表1所示。

表1　西部地区“三农”基本实现现代化指标体系

一级指标	二级指标	三级指标	计算方法(单位)	指标属性
农业现代化	农业生产	劳动生产率	农业总产值/农业劳动力人口数(元/人)	正向
		农业从业人员占比	农业从业人员占从业人员总数比重(%)	适度
		土地生产率	主要农作物单位面积产量(千克/公顷)	正向
	农业科技	机械化程度	每百平方公里使用的拖拉机台数(台/百平方公里)	正向
		化肥施用程度	化肥使用量/耕地面积(千克/公顷)	适度
农民现代化	农民生活	农民人均可支配收入	人均可支配收入(元)	正向
		农民经营性收入占比	农民经营性收入占净收入比重(%)	适度
		人均消费支出	人均消费支出(元)	正向
		教育文化娱乐支出占比	教育文化娱乐支出占消费性支出比重(%)	适度
		互联网普及率	农村互联网接入用户数占乡村总户数的比重(%)	正向
	农民素质	义务教育普及率	初中毕业及以上学历劳动人口占劳动人口总数比重(%)	正向
农村现代化	公共服务	医疗服务普及率	设卫生室的村占行政村的比例(%)	正向
		农村贫困人口数量占比	农村贫困人口数量占乡村人口总数比重(%)	逆向
	农村环境	无害化卫生厕所普及率	无害化卫生厕所普及率(%)	正向

（二）三级指标目标值的确定

1. 参照国家的选择

2020年10月召开的中国共产党的十九届五中全会指出，2035年基本实现社会主义现代化远景目标包括“人均国内生产总值达到中等发达国家水平”，本文将依据此目标来确定西部地区“三农”基本实现现代化的目标，即以中等发达国家的“三农”现代化水平作为西部地区“三农”基本实现现代化的目标。

在选择参照的中等发达国家时，本文遵循以下三条准则。

准则1：按照人均GDP发展水平选择参照国家。依据国际货币基金组织（IMF）在其年度报告《世界经济展望》中的国家分类，世界将分为发达经济体（Advanced Economies）、新兴市场和发展中经济体（Emerging Market and Developing Economies）按照人均GDP发展水平，2019年39个发达经济体的人均GDP中位数为43603.01美元，算术平均数为45604.74美元。因此，本文选择人均GDP接近43000美元的国家作为参照国家。

准则2：按照地理距离最近原则选择参照国家。不同国家之间，地理距离越小，自然地理特征越为相似。在39个发达经济体中，亚洲国家与中国的地理距离最为接近。因此在发达经济体中，本文选择亚洲国家作为参照国家。

准则3：按照文化相似性选择参照国家。在亚洲的中等发达国家中，日本和韩国具有和中国更为相似的文化渊源。因此，本文选择以日本和韩国作为参照国家。

根据以上三条准则，本文选择以日本与韩国2019年各项指标的平均水平作为西部地区“三农”基本实现现代化的目标值。具体各项三级指标的目标值如表2所示。

2. 其他三级指标目标值的确定

此外，在本文构建的指标体系中，按照国家制定的《美丽乡村建设国家标准》，到2035年达到基本实现社会主义现代化目标，农村贫困人口应当已经彻底消除，义务教育、农村医疗服务以及农村无害化卫生厕所应当全面普及。因此，本文将农村贫困人口占比的目标值设为0，而义务教育普及率、医疗服务普及率以及农村无害化卫生厕所普及率的目标值设为100。

表 2　日本及韩国部分三级指标目标值

部分二级指标及单位	日本	韩国	算术平均值	数据来源
劳动生产率(元/人)	173988.46	141145.06	157566.76	世界银行 NAOCD 及 ILO 数据库
农业从业人员占比(%)	3.07	10.30	6.69	Wind 数据库
土地生产率(千克/公顷)	6049	6672	6360.5	世界银行 FAO 数据库
机械化程度(台/百平方公里)	1115.4	4532.1	2823.75	世界银行 FAO 数据库
化肥施用程度(千克/公顷)	242.2	380.3	311.25	世界银行 FAO 数据库
人均可支配收入(元/人)	113900	93950	103925	世界银行 WDI 数据库
农民经营性收入占比(%)	缺失	37.19	37.19	Wind 数据库
人均消费支出(元/人)	184267.40	85405.20	134836.30	世界银行 WDI 数据库
教育文化娱乐支出占比(%)	9.92	13.62	11.77	经合组织 OLIS 数据库
互联网普及率(%)	84.6	95.9	90.25	世界银行 WDI 数据库

（三）数据来源与处理

1. 数据来源

考虑到数据的可比性以及统计口径的一致性，本文选择的样本数据为中国西部地区共计 12 个省、自治区及直辖市 2015～2019 年的省级数据。对于个别缺失数据，本文选择与该地区相同指标年份最为接近的数据进行代替。样本数据均来源于 2016～2020 年《国际统计年鉴》《中国统计年鉴》《中国农村统计年鉴》《中国教育统计年鉴》《中国环境统计年鉴》《中国住户调查年鉴》。

2. 数据处理

（1） 单项指标数据处理

本文采用实际值与目标值的对比方法对各项指标进行处理，对于正向指标，其计算公式如式（1）所示：

$$s_i = \frac{x_i}{x_i^*} \times 100\% \qquad \text{式(1)}$$

对于逆向指标，其计算公式如式（2）所示：

$$s_i = \frac{x_i^*}{x_i} \times 100\% \qquad \text{式(2)}$$

在式（1）和式（2）中，s_i 代表第 i 个指标的得分值，x_i^* 代表第 i 个指标的目标值，x_i 代表第 i 个指标的实际值。当实际值超过目标值时，则将第 i 个指标的数值设定为 100。对于适度指标，当实际值小于目标值时按照式（1）计算，当实际值大于目标值时按照式（2）计算。

（2）多项指标合成处理

本文进一步将处理后的单个指标合成各级分指数以及总指数，而指数合成的核心就是确定权重。在本文所构建的指标体系中，同一层次的测度指标相互既具有独立性，又有一定的内在联系，对哪个指标或者层次更重要难以量化区分，因此，本文选择利用等权重的方法分别合成各级分指数，进而合成总指数。具体的计算公式如式（3）、式（4）所示：

$$r_j = \frac{1}{k}\sum_{i=1}^{k} s_i \qquad 式(3)$$

$$R = \frac{1}{3}\sum_{j=1}^{3} r_j \qquad 式(4)$$

其中，r_j 为各分级指数，$j = 1,2,3$；k 为各分级指数所包含的指标个数；R 为“三农”现代化总指数。

四　2019年西部地区“三农”现代化的态势分析

（一）西部地区“三农”现代化总指数的变化态势分析

表 3 显示了西部地区及其各省（区、市）2018 年及 2019 年的“三农”现代化总指数。2019 年，除贵州、西藏、青海以外，其余各省（区、市）的“三农”现代化总指数均在 50 分以上。此外，与 2018 年相较而言，2019 年除重庆市的“三农”现代化总指数有小幅度下降以外，西部地区其他各省（区、市）的“三农”现代化总指数均有不同幅度的提高。指数提升幅度最大的地区是广西壮族自治区以及云南省，提升幅度均在 7 分以上，即西部地区“三农”现代化总指数的增长趋势比较乐观。

表3　2018年、2019年西部地区及各省（区、市）“三农”现代化总指数比较

单位：分

省(区、市)	2018年	2019年
广西	56.84	64.79
内蒙古	55.96	56.79
重庆	56.49	55.73
四川	51.39	55.05
贵州	43.78	49.94
云南	51.18	58.79
西藏	43.34	48.58
陕西	48.54	53.41
甘肃	50.07	55.34
青海	45.55	48.23
宁夏	53.90	57.26
新疆	53.03	57.71
西部地区	50.84	55.14

（二）西部地区“三农”现代化分指数的变化态势分析

1. 西部地区农业现代化分指数的变化态势分析

图1显示了2018年及2019年西部地区各省（区、市）的农业现代化分指数。与2018年相较而言，2019年陕西省的农业现代化分指数有明显的提高，重庆市、贵州省、四川省、青海省、西藏自治区以及宁夏回族自治区均有小幅度下降，其余各省区基本与2018年持平。2019年西部地区农业现代化分指数最高的地区是宁夏回族自治区，达到了67.02分，而指数最低的地区是贵州省，仅有37.63分，是西部地区唯一一个农业现代化分指数得分低于40分的地区。据此，对于西部地区农业现代化的发展，笔者认为应对贵州省多加关注。

2. 西部地区农民现代化分指数的变化态势分析

图2显示了2018年以及2019年西部地区各省（区、市）农民现代化分指数。与2018年相较而言，2019年西部地区除内蒙古和重庆的农民现代化分指数有小幅度下降外，其余各省（区、市）的分指数均有不同幅度的提高。其中以新疆维吾尔自治区提高的幅度最大，从46.99分提高至51.17

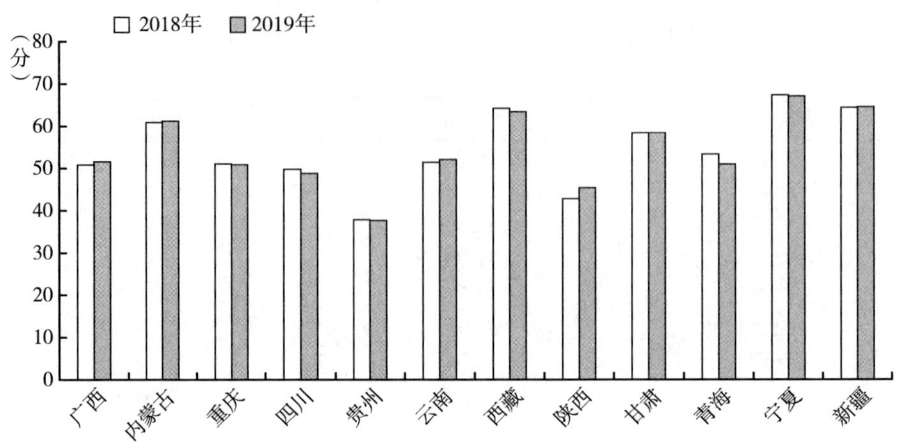

图1　2018 年、2019 年西部地区各省（区、市）农业现代化分指数比较

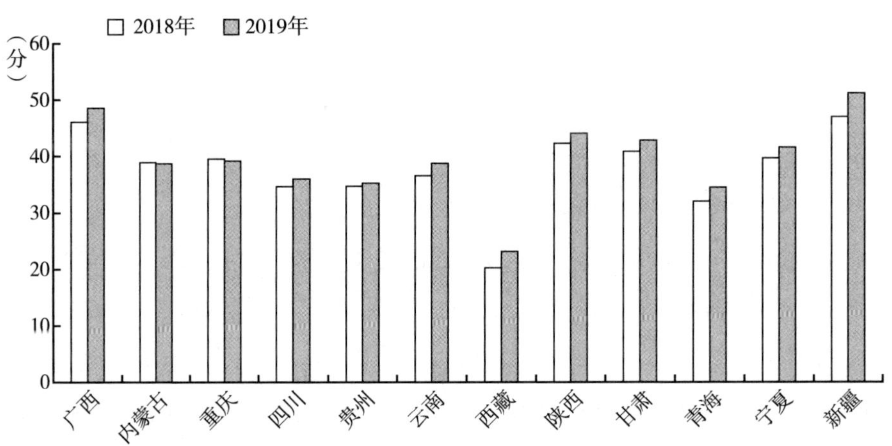

图2　2018 年、2019 年西部地区各省（区、市）农民现代化分指数比较

分。同时，值得注意的是，西部地区农民现代化分指数最低的地区是西藏自治区，2019 年其农民现代化分指数得分仅有 23. 18 分，距离基本实现现代化目标仍很遥远。

3. 西部地区农村现代化分指数的变化态势分析

图3 反映了 2018 年及 2019 年西部地区各省（区、市）农村现代化分指数的情况。与 2018 年相较而言，2019 年西部地区各省（区、市）的农村现

代化分指数均有较大幅度的提升，其中提升幅度最大的是广西壮族自治区与云南省，提升幅度均在 20 分以上。此外，2019 年除青海省、西藏自治区以及新疆维吾尔自治区得分不足 60 分外，其余各省（区、市）得分均已超过 60 分。其中以广西壮族自治区、云南省以及四川省得分最高，分别达到了 94.28 分、85.65 分以及 80.35 分，这三个地区得分均已超过 80 分，其达到农村基本实现现代化目标指日可待。

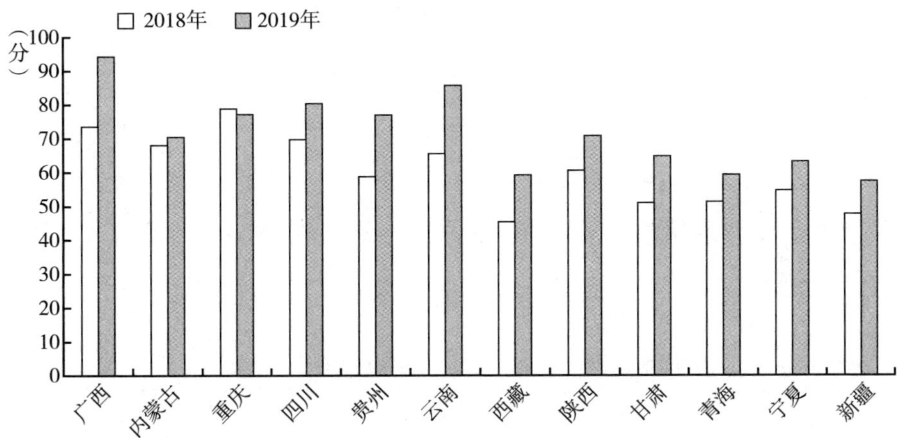

图 3　2018 年、2019 年西部地区各省（区、市）农村现代化分指数比较

五　未来15年西部地区“三农”基本实现现代化的趋势预测

（一）灰色自适应等维递补预测模型

1. 灰色预测模型的介绍

灰色系统理论①是通过对原始数据的挖掘及整理来寻求其变化规律的一

① 刘思峰：《灰色系统理论及其应用》，科学出版社，2014。

种方法。其中，GM（1，1）灰色预测模型是灰色系统理论的核心部分，它是将表面看起来复杂零乱的数据进行累加，生成具有规律的数列，在建模过程中不断将下一阶段所得的结果回馈，经过多次循环，使整个模型逐步趋于完善。GM（1，1）模型中的两个参数分别表示此模型是1阶的、1个变量的模型，其模型定义如下：

设具有n个观测值的数列：$X_0 = [x_0(1), x_0(2), \cdots, x_0(n)]$

$X_1 = [x_1(1), x_1(2), \cdots, x_1(n)]$，则称

$$\frac{dX_1}{dt} + aX_1 = b \quad \text{式(5)}$$

为GM（1，1）模型的基本形式。

其中，X_0 为原始数列，X_1 为一次累加生成数列，a、b 为待求参数；在 X_1 序列中，$x_1(k) = \sum_{i=1}^{k} x_0(i), k = 1,2,\cdots,n$；

由于分析的数据是离散的，将式（5）离散化，

$$\frac{dx_1(t)}{dt} = \frac{\Delta x_1(t)}{\Delta t} = \frac{x_1(k) - x_1(k-1)}{k-(k-1)} = x_1(k) - x_1(k-1), k = 2,3,\cdots,n \quad \text{式(6)}$$

设 Z_1 为 X_1 的紧邻均值生成序列：$Z_1 = [z_1(2), z_1(3), \cdots, z_1(n)]$，其中

$$z_1(k) = \frac{1}{2}[x_1(k) + x_1(k-1)], k = 2,3,\cdots,n;$$

则式（5）可变化为

$$x_1(k) - x_1(k-1) + az_1(k) = b \quad \text{式(7)}$$

若 $\hat{a} = [a,b]^T$ 为参数列，且 $Y = \begin{bmatrix} x_0(2) \\ x_0(3) \\ \cdots \\ x_0(n) \end{bmatrix}$，$B = \begin{bmatrix} -z_1(2) & 1 \\ -z_1(3) & 1 \\ \cdots & \\ -z_1(n) & 1 \end{bmatrix}$

则GM（1，1）模型的最小二乘估计参数列满足

$$\hat{a} = [a,b]^T = (B^TB)^{-1}B^TY \qquad 式(8)$$

进一步，将原始数列和一次累加生成数列代入式（8），可求得 a、b 的值。然后将 a、b 的值代入式（7），可得：

$$\hat{x}_1(k+1) = [x_0(1) - \frac{b}{a}]e^{-ak} + \frac{b}{a} \qquad 式(9)$$

而计算预测值的公式为：

$$\hat{x}_0(k+1) = \hat{x}_1(k+1) - \hat{x}_1(k) \qquad 式(10)$$

利用式（10）可求得预测数列 $\hat{X}_0$ ，然后利用残差检验对实际值和误差值的误差进行检验。

2. 灰色自适应等维递补思想的介绍

GM（1，1）模型主要适用于短期数据的预测，而难以进行长期预测。是因为其在算法中设置灰参数估计值的时候没有考虑其动态变化性，进而造成预测的时间越长，即预测维度越长，其得到的预测值灰色区间就会越大，预测的精度就越低。而等维递补的思想就是利用 GM（1，1）模型，对已知的时序数列计算得到预测值，然后将新的预测值添加到已知的时序数列中，同时删去时序中最靠后的一项数据，以保证序列的维数不发生改变，然后以新的时间序列作为下一次预测的原始序列，重复以上过程，依次逐项进行递补，直到完成预测目标。

3. 预测模型建立的步骤

根据前文对灰色自适应等维递补预测模型的介绍与分析，可以将其实现过程分解为以下四个步骤。

步骤一：利用原始数据构造原始序列 $X_0 = [x_0(1), x_0(2), \cdots, x_0(n)]$ ，并依据原始序列计算得到一次累加生成序列 $X_1 = [x_1(1), x_1(2), \cdots, x_1(n)]$ ，其中，$x_1(k) = \sum_{i=1}^{k} x_0(i), k = 1, 2, \cdots, n$ 。

步骤二：利用序列 X_0 以及序列 X_1 求得 a、b 的值，代入式（7）求得式（9）的解，得到预测数列。

步骤三：根据预测模型的结果将 $\hat{X}_0(k)$ 赋值给 $X_0(k)$，然后利用式（10）计算 $\hat{X}_1(k+1)$，进行等维递补形成新的时间序列作为原始序列值。

步骤四：重复步骤一至步骤三，直至得到所有需要的预测结果停止计算。

（二）西部地区“三农”基本实现现代化的趋势预测

1. 西部地区整体“三农”基本实现现代化的趋势预测

本文选择 2015～2019 年西部地区“三农”现代化总指数作为原始序列，并采用改进的自适应灰色等维递补预测模型对西部地区“三农”现代化总指数 2020～2035 年的发展情况进行预测，其结果如表 4 所示。

由表 4 可知，以 90 分为判断标准时，西部地区在 2030 年就能够提前达到“三农”基本实现现代化的目标；以 95 分作为判断标准时，西部地区将在 2031 年达到“三农”基本实现现代化的目标；以 100 分作为判断标准时，西部地区将在 2032 年提前三年达到“三农”基本实现现代化的目标。

表 4　2020～2035 年西部地区“三农”现代化总指数预测值

年份	“三农”现代化总指数	年份	“三农”现代化总指数
2020	57.59	2028	84.42
2021	60.83	2029	89.16
2022	61.41	2030	94.15
2023	64.24	2031	99.43
2024	67.85	2032	100.00
2025	71.66	2033	100.00
2026	75.69	2034	100.00
2027	79.93	2035	100.00

2. 西部地区农业农民农村基本实现现代化的趋势预测

本文进一步分别对西部地区农业现代化分指数、农民现代化分指数以及农村现代化分指数2020～2035年的发展趋势进行预测。根据表5可得出几个结论：第一，西部地区农业现代化分指数的增长最为缓慢，且按照目前的增长趋势，截止到2035年西部地区的农业现代化依然无法实现。结合前文对西部地区农业现代化分指数的发展态势的分析，西部地区的农业产业现代化发展缓慢、动力不足的问题开始逐渐显露。第二，西部地区农民现代化分指数呈稳步增长趋势。按照90分的评判标准，西部地区将在2031年提前四年完成农民基本实现现代化目标；按照95分的标准，西部地区将在2032年提前三年完成农民基本实现现代化的目标；按照100分的标准，西部地区将在2033年提前两年完成目标。第三，西部地区将最先完成农村基本实现现代化的目标。以90分或95分作为评判标准时，西部地区将在2022年完成农村基本实现现代化目标；以100分作为评判标准时，西部地区将在2023年完成农村基本实现现代化目标。

表5　2020～2035年西部地区“三农”现代化各分指数预测值

年份	农业现代化分指数	农民现代化分指数	农村现代化分指数
2020	54.31	42.62	76.66
2021	54.34	45.64	84.33
2022	54.36	48.86	98.82
2023	54.40	52.31	100.00
2024	54.43	56.00	100.00
2025	54.45	59.96	100.00
2026	54.48	64.16	100.00
2027	54.51	68.71	100.00
2028	54.54	73.56	100.00
2029	54.56	78.74	100.00
2030	54.59	84.28	100.00
2031	54.62	90.21	100.00
2032	54.64	96.57	100.00
2033	54.67	100.00	100.00
2034	54.70	100.00	100.00
2035	54.73	100.00	100.00

六　西部地区“三农”基本实现现代化的路径及政策建议

（一）西部地区“三农”基本实现现代化的路径

1. 西部地区农业基本实现现代化的路径

依据前文的分析，西部地区农业现代化分指数增长速度十分缓慢，其农业现代化发展动力不足的问题逐渐显露，若按照目前的发展速度，西部地区难以达到2035年农业基本实现现代化目标。农业产业现代化的首要目标就是农业生产效率提高，具体包括农业劳动生产率的提高以及农业土地生产率提高。据此，笔者认为西部地区的农业基本实现现代化的路径主要有三条，即扩大农业生产规模、优化农业劳动力队伍、提高农业科技要素使用率。

（1）通过扩大农业生产规模促进西部地区农业基本实现现代化。由于西部地区农民队伍庞大，其农业生产经营仍主要以小农户家庭为单位，但小规模的生产难以形成规模经济，且对大型农业机械工具的需求不高。因此需要扩大西部地区农业生产规模，产生规模效应，从而提高农业劳动力单产能力。

（2）通过优化农业劳动力队伍结构促进西部地区农业基本实现现代化。随着农村青壮年劳动力人口大量进城务工，西部地区目前从事农业劳动的人口以中老年、女性为主，劳动力队伍中缺乏青壮年劳动力。故而需通过优化劳动力队伍结构，增加青壮年人口比例大幅提高西部地区农业生产效率。

（3）通过提高农业科技要素使用率促进西部地区农业基本实现现代化。科学技术是第一生产力，但目前西部地区在农业发展中科技利用率并不高，显著表现在大型机械工具的使用率与目标值仍相差甚远。因此，通过将先进的科学技术运用到农业生产中可以大幅促进西部地区的农业现代化发展。

2. 西部地区农民基本实现现代化的路径

依照目前西部地区农民现代化分指数的增长趋势，西部地区将提前二至四年完成农民基本实现现代化目标。农民的现代化主要体现在农民的收入和

农民的文化素质两个方面。据此，笔者认为西部地区农民基本实现现代化的路径有两条，一是提高农民家庭经营收入，二是提升农民文化素质。

（1）通过提高农民家庭经营收入促进西部地区农民基本实现现代化。依据西部地区农民现代化分指数的发展趋势，农民的可支配收入将在2033年达到基本实现现代化的目标，但农业现代化分指数暴露出的问题是，西部地区的农业劳动生产率和农业土地生产率的增长动力不足，同时其绝对数与目标值仍相差甚远，即在农村居民的家庭纯收入中，由生产经营带来的这部分收入仍有很大的增长空间。通过提高西部地区农民家庭经营收入，可以大幅提高农民的可支配收入，从而促进农民的现代化发展。

（2）通过提升农民文化素质促进西部地区农民基本实现现代化。依据卢卡斯的人力资本理论，人力资本积累是经济持续增长的决定性因素，而教育是提升人力资本的重要途径。提高农民受教育程度，不仅有助于农民改善其生活方式，更重要的是有助于农民接受现代化的文化教育，接受现代市场经济的熏陶，从而实现农民思想的现代化，实现农民“人”的现代化。

3. 西部地区农村基本实现现代化的路径

农村现代化是从农村治理和农村环境两个方面实现现代化。具体来讲就是要实现城乡的基本公共服务均等化。以目前的发展趋势来看，西部地区农村现代化发展十分乐观，但同时也不能忽视对西部地区农村的治理。因此，本文提出西部地区农村基本实现现代化的路径主要有两条，一是完善农村公共服务体制，二是健全乡村治理工作机制。

（1）通过完善农村公共服务体制促进西部地区农村基本实现现代化。农村的基本公共服务涉及教育、医疗、文化以及住房等多个方面，而完善的农村基本公共服务体系将使农民在农村就能享受到与城镇居民同等的各种公共服务，从而推进城乡一体化，实现农村现代化发展。

（2）通过健全乡村治理工作机制促进西部地区农村基本实现现代化。党的十九大报告提出，对于农村社会治理要做到“自治、法治、德治”相结合。有效的乡村治理工作机制以及严格的工作监督体制能够从整体上把控农村现代化的发展情况，从而促进农村的现代化发展。

（二）西部地区“三农”基本实现现代化的政策建议

从目前来看，西部地区要达成“三农”基本实现现代化的目标仍任重道远，尤其是在农业现代化方面仍存在很大问题。据此，本文针对西部地区整体及各省（区、市）的现状对西部地区“三农”基本实现现代化提出相应的政策建议，具体分为以下三个方面。

1. 加大农业科技投入，提高农业的科技使用率

西部地区的农业科技使用率不高是其农业生产效率难以提高的一个重要原因。其一，大型农业机械设备的使用对土地规模具有一定的要求，针对西部地区以小规模家庭经济为主要生产方式的现状，政府可针对同种农业生产活动将各个小规模土地整合后统一进行机械化操作，提高农业的机械化水平。其二，西部地区多特色农业，不同的农业产业其生产条件不同，利用的科学技术也不尽相同，因此各地方政府可通过建立一定的激励机制或与高校研究所合作，吸引大量科研工作者将农业科研工作落实到不同地区、不同产业上，从而使得各特色农业产业的科技水平均得到提升。

2. 培育新型职业农民，提升农民人力资本

培养新型职业农民是实现农民现代化的重要方面，短期内可以通过农民职业培训教育来实现，长期则需要从事农业劳动的劳动力接受系统的教育。针对西部地区农民受教育程度不高的问题，短期内当地政府可通过统一组织当地从事同种农业生产的农民针对同类农业生产问题接受短期培训教育，学习农业新型科学技术，从而提高农民的职业素质。从长期来看，政府需要对农村的教育事业持续加大投资，提高农民整体的文化素质，实现农民的思想现代化，进而提升农民人力资本。

3. 构建严格的农村干部监管体制，提高农村治理效率

农村作为社会系统的最基层，其管理和治理主要依靠农村干部的工作能力，但部分基层农村干部责任意识不强、工作不扎实，在西部地区的偏远农村这种现象尤为严重，这对于农村现代化的实现非常不利。为解决这个问

题，西部地区各级政府可通过将例行检查与随机抽查结合起来，对各地农村基层干部加强监管，进而提高农村治理效率。

参考文献

王利民、傅金戈、刘玉祥、杨世清：《农业现代化的条件与选择——潍坊市农业现代化理论研讨会综述》，《中国农村经济》1999 年第 6 期。

康芸、李晓鸣：《试论农业现代化的内涵和政策选择》，《中国农村经济》2000 年第 9 期。

张敏：《浅析现代农业与农业现代化》，《中国农业信息》2015 年第 7 期。

柯炳生：《对推进我国基本实现农业现代化的几点认识》，《中国农村经济》2000 年第 9 期。

梅方权：《中国农业现代化的发展阶段和战略选择》，《调研世界》1999 年第 11 期。

徐星明、杨万江：《我国农业现代化进程评价》，《农业现代化研究》2000 年第 5 期。

洪银兴：《社会主义现代化读本》，人民出版社，2014。

傅晨：《基本实现农业现代化：涵义与标准的理论探讨》，《中国农村经济》2001 年第 12 期。

国家社科基金重大项目课题组：《区域现代化理论与实践研究》，江苏人民出版社，2013。

B.3
西部地区工业基本实现现代化的路径与政策

郭晗　廉玉妍　张春英*

摘　要： 本文基于“效率－结构－环境”的三维框架对西部地区工业现代化水平进行测度，通过构造西部地区工业现代化水平评价指标体系，对西部地区层面和全国层面以及西部地区内部各省（区、市）间的工业现代化水平进行评价比较分析。在上述评价分析的基础上，本文归纳提出西部地区工业基本实现现代化的路径，包括从成本驱动型高速度工业化转向创新驱动型高质量工业化，从产业同构型低水平工业化转向产业互补性高水平工业化，从环境排斥性高代价工业化转向环境友好型工业化。最后，本文提出预测，未来15年西部地区工业基本实现现代化过程中，将呈现出四大特征，包括传统工业体系与现代工业体系的“并跑”，传统工业将在环境规制和技术改造下实现绿色发展，工业发展将转向创新驱动型高质量工业化，工业发展与生产性服务业发展融合程度不断加深。

关键词： 西部地区　工业现代化　结构升级　绿色发展

---

* 郭晗，博士，教育部人文社会科学重点研究基地——西北大学中国西部经济发展研究院兼职研究员、西北大学教务处副处长、经济管理学院副教授、硕士生导师，研究方向为中国经济增长质量；廉玉妍，西北大学经济管理学院硕士研究生；张春英，西北大学经济管理学院硕士研究生。

中国的工业化自“一五”计划开始已有近70年的发展历程，在70年发展过程中，中国从一个落后的农业国发展成为工业大国，并连续十年保持世界第一的制造大国地位，工业发展取得了举世瞩目的成就。根据工业发展阶段来划分，工业化进程可被划分为前工业化、工业化初期、工业化中期、工业化后期和后工业化五个阶段，中国的工业化进程现已推进到工业化后期的后半段。黄群慧利用工业化水平综合指数测算，结果表明只要我国“十三五”时期工业化速度不低于“十二五”时期的60%，那么到2020年我国工业化水平综合指数会大于95，大体接近100，完成基本实现工业化的总体目标。① 在我国整体工业化取得巨大成就的同时，由于地区工业基础和资源禀赋的差异以及梯度发展战略，现阶段中国的工业化进程总体上呈现出东部、中部和西部地区逐步降低的梯度差距。② 为改变这种发展不平衡状态，党中央于1999年做出西部大开发的战略决策，西部大开发使得西部各省（区、市）发展步伐不断加快，逐渐缩小与中部、东部地区的各方面差距。深入贯彻落实西部大开发战略、推进西部地区工业基本实现现代化对于加快我国全面实现工业化、促进我国经济高质量发展有着重要意义。

党的十六大报告第一次正式提出坚持以信息化带动工业化，以工业化促进信息化。习近平总书记在十九大报告中再次指出，我国现代化与西方发达国家工业化、城镇化、农业现代化、信息化“串联式”的发展过程不同，我国的工业化、信息化、城镇化、农业化是叠加发展的，这为中国特色新型工业化道路指明了方向。西部地区要改变现阶段相对落后的工业现代化水平，需要深刻理解新型工业化的内涵，把握住信息化浪潮的机遇，加深信息化与工业化的融合，从而加快推动工业现代化的进程。本文通过对西部地区工业现代化水平进行测度，分析西部地区工业现代化的发展态势，在此基础上探索西部地区工业基本实现现代化的路径，并预测未来15年西部地区基本实现现代化的趋势，这对于推进西部地区工业基本实现现代化进程具有重要意义。

---

① 黄群慧：《中国工业化进程报告（1995～2015）》，社会科学文献出版社，2017。

② 黄群慧：《改革开放40年中国的产业发展与工业化进程》，《中国工业经济》2018年第9期。

一 西部地区工业基本实现现代化的理论维度与评判标准

工业化是发展中国家经济发展的主题。发展经济学家张培刚最早将工业化定义为“一系列基本生产函数连续发生变化的过程”，并用熊彼特的创新理论揭示了工业化的特征。工业化的进程涉及工业内部结构的调整和升级。根据霍利斯·钱纳里在《工业化与经济增长的比较研究》中的分析，工业发达国家的工业化分为前后衔接的三个阶段。工业化初期阶段，是由以农业为主的传统结构逐步向以现代化工业为主的工业化结构转变，这一时期的产业以劳动密集型产业为主。工业化中期阶段，即由轻型工业的迅速增长转向重型工业的迅速增长，也就是重化工业阶段，这一阶段主导产业大多是资本密集型产业。工业化后期阶段，信息和生物技术等新兴产业成为主导产业，第三产业特别是新型服务业开始由平稳增长转入持续高速增长。进入现代化社会后，第三产业开始分化，知识密集型产业开始从服务业中分离出来，并占据核心地位，居民消费呈现出多样性特征，追求个性和更高的生活品质。

对 个国家工业现代化的水平进行评价，需要对现代化的内涵进行界定。工业现代化是工业发展的高级阶段，工业现代化是指一个国家或区域在现代化进程中，在现代科学技术的推动下，新兴工业部门不断产生和增长、原有部门持续变革和发展，并导致工业结构变化和整体工业生产力水平的提高、最终在世界领先的过程。对工业现代化最直接的评价方法是将工业划分为传统工业部门和现代工业部门，进而以现代工业部门的产值和就业比例，来衡量工业现代化水平。但随着我国工业发展水平的提升和新一代信息技术对传统行业的不断渗透，这种衡量方法已经无法全面反映工业现代化的水平提升。随着我国经济从高速增长进入高质量发展阶段，工业化进程也面临一些挑战，一是如何在工业化进程中充分利用现代科技进步和数字经济的影响，二是中国工业如何由数量扩张向质量提高转变，从而促进我国由工业大

国向工业强国转变。

为了解决这两大问题，对工业现代化的认识应当从工业发展高质量的视角来看待，可以基于“效率－结构－环境”的三维框架进行理解，工业现代化是工业发展效率提升、工业发展结构优化和工业发展环境友好三者的有机统一。因此，工业现代化的主要标志有以下几个：一是工业生产技术的现代化，在工业生产过程中，采用新技术、新材料、新工艺和最新科学研究成果，使工业生产效率提升，工业主要技术经济指标和人均国民生产总值达到当代世界先进水平。二是工业部门结构现代化，新兴工业部门在现代工业部门中的占比提升，工业发展中的技术水平、管理水平和基础设施水平都有明显提升。三是工业发展环境的现代化，工业发展过程中要实现资源环境代价最小化。

基于以上对工业现代化的理解，本文在黄群慧①的基础上构造了西部地区工业现代化水平评价指标体系，该指标体系从效率、结构和环境三个维度对西部地区工业现代化水平进行测度。

效率维度下纳入三个基本指标，分别是人均 GDP、全员劳动生产率和成本费用利润率，这三个指标共同反映了工业现代化带来的经济效率的提升。其中人均 GDP 可以直接反映出经济发展水平，是直接体现工业化水平的重要指标；全员劳动生产率反映了生产效率水平；成本费用利润率反映了企业的盈利能力，计算公式为：成本费用利润率 = 利润总额/（营业成本 + 销售费用 + 管理费用 + 财务费用），本文使用的是规模以上工业企业的相关数据。

结构维度下纳入六个基本指标，分别是城市化率、工业增加值占比、规模以上工业 R&D 经费占 GDP 比重、每万人国内专利授权数、移动电话普及率和每百家企业拥有网站数，这六个指标共同反映了工业现代化的结构转换程度。工业化与城市化是协调发展的，现阶段城市化率仍在不断提高；工业增加值占 GDP 比重反映了工业发展水平以及经济结构中工业的重要性；创

① 黄群慧：《中国工业现代化水平的基本测评》，《中国工业经济》2004 年第 9 期。

新投入和创新产出体现了工业化的科技创新水平，规模以上工业 R&D 经费占 GDP 比重反映创新投入水平，每万人国内专利授权数反映创新产出水平；新型工业化是信息化与工业化深度融合的过程，信息化发展水平是衡量工业化水平的重要指标，移动电话普及率反映通信水平，每百家企业拥有网站数反映企业信息化水平。

环境维度下纳入三个基本指标，分别是一般工业固体废物综合利用率、每万元 GDP 电力消耗量和环境污染治理投资占 GDP 比重，这三个指标反映了工业现代化带来的环境质量的变化。工业现代化不应以牺牲环境为代价，新型工业化要更加注重节约资源和保护环境，故工业现代化水平评价指标体系中加入资源利用、能源消耗和环境保护指标。一般工业固体废物综合利用率体现资源综合利用效率，计算公式为：一般工业固体废物综合利用率 = 一般工业固体废物综合利用量/一般工业固体废物产生量，每万元 GDP 电力消耗量反映能源消耗水平，环境污染治理投资占 GDP 比重反映环境改善方面的投入力度。

综合考虑发达国家的工业化历史经验以及我国现实发展状况，本文给出了西部地区工业基本实现现代化时各个基本指标对应的参考值，西部地区工业现代化水平评价指标体系及基本指标参考值如表 1 所示。

表 1　西部地区工业现代化水平评价指标体系及基本指标参考值

	维度	基本指标	参考值
西部地区工业现代化水平评价指标体系	效率	人均 GDP	大于 80000 元
		全员劳动生产率	大于 100000 元/人
		成本费用利润率	大于 20%
	结构	城市化率	大于 75%
		工业增加值占 GDP 比重	30%
		规模以上工业 R&D 经费占 GDP 比重	大于 2%
		每万人国内专利授权数	大于 20 件
		移动电话普及率	大于 100 部/百人
		每百家企业拥有网站数	大于 60 个
	环境	一般工业固体废物综合利用率	大于 90%
		每万元 GDP 电力消耗量	小于 400 千瓦时
		环境污染治理投资占 GDP 比重	大于 3.5%

二　2019年西部地区工业现代化的发展态势分析

本文从效率、结构、环境三大维度出发，借助多个基本指标对西部地区工业现代化发展态势进行分析，以求全面准确地把握现阶段西部地区工业现代化的发展水平。①

（一）西部地区工业现代化效率评价

1. 人均 GDP 的对比分析

根据图 1 所示，自 2000 年以来，西部地区及全国年人均 GDP 水平呈上升趋势，且上升幅度明显，但西部地区及全国年人均 GDP 水平都尚未达到参考值 80000 元（约等于世界银行 2019 年的高收入国家标准 12375 美元），西部地区 2019 年人均 GDP 水平为 53741 元，比全国 2019 年人均 GDP 水平 70187 元要低，距离高收入水平经济体的 80000 元也还有较大差距。如图 2 所示，在西部地区内部，2019 年重庆人均 GDP 水平为 75828 元，超过了全国平均水平，接近高收入

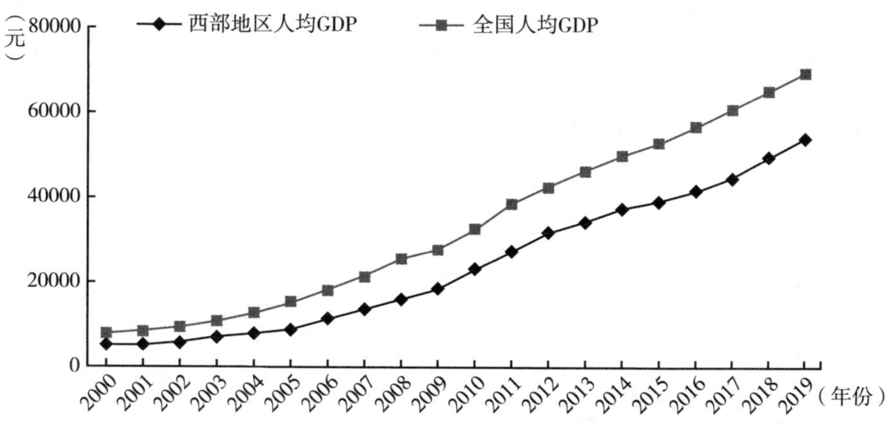

图 1　2000～2019 年西部地区及全国人均 GDP

① 本文所用数据来源于《中国统计年鉴》、《中国环境统计年鉴》与西部各省（区、市）统计年鉴。

经济体标准；其余省区均低于全国平均水平，内蒙古和陕西人均 GDP 处于 60000 ~ 70000 元区间，其余省区均低于 60000 元，属于较低的经济发展水平，其中甘肃人均 GDP 仅为 32995 元，不足全国人均 GDP 水平的一半。

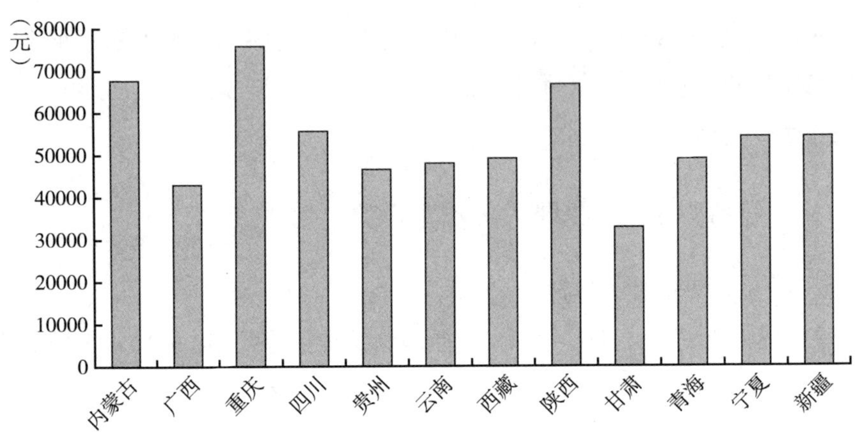

图 2　2019 年西部地区各省（区、市）人均 GDP

2. 全员劳动生产率的对比分析

如图 3 所示，自 2000 年以来，西部地区及全国全员劳动生产率都呈上升趋势，但全国增长幅度大于西部地区，西部地区全员劳动生产率还低于全国水平，其距离参考值 10 万元/人也还有一定差距。如图 4 所示，在西部地区，2019 年

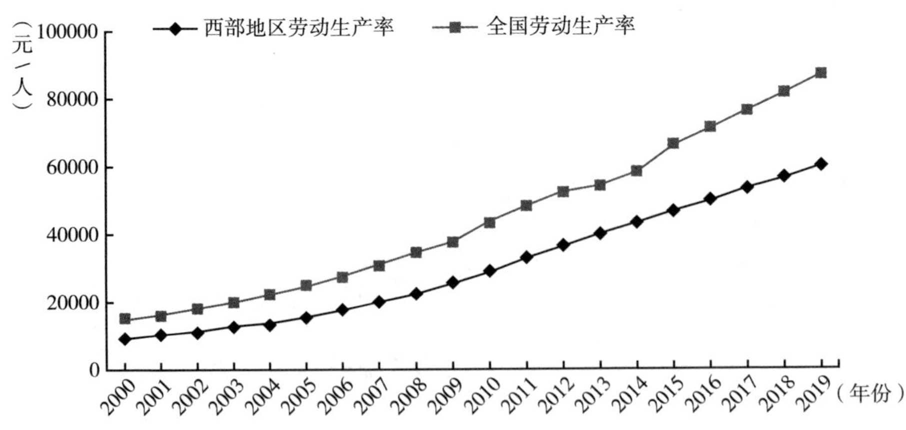

图 3　2000 ~ 2019 年西部地区及全国全员劳动生产率

全员劳动生产率最高的是内蒙古，超过110000元/人，基本达到参考值水平，其他省（区、市）都尚未达到参考值，西部地区劳动生产率还有待加快提升。

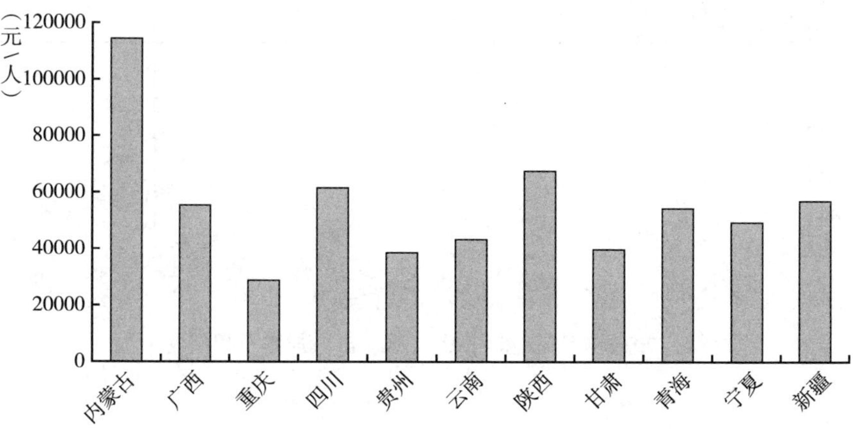

图4　2019年西部地区各省（区、市）全员劳动生产率

3. 成本费用利润率的对比分析

如图5所示，从2000年到2019年，西部地区及全国成本费用利润率分别在2007年、2010年和2018年出现三次跃升，总体看来都略有上升，目前西部地区及全国成本费用利润率都接近7%，与参考值20%还有较大差距。如图6所示，2019年西部地区内部所有省（区、市）尚未达到参考值，内蒙古、贵州和陕西成本费用利润率较高，都在10%左右，青海成本费用利润率为负值。

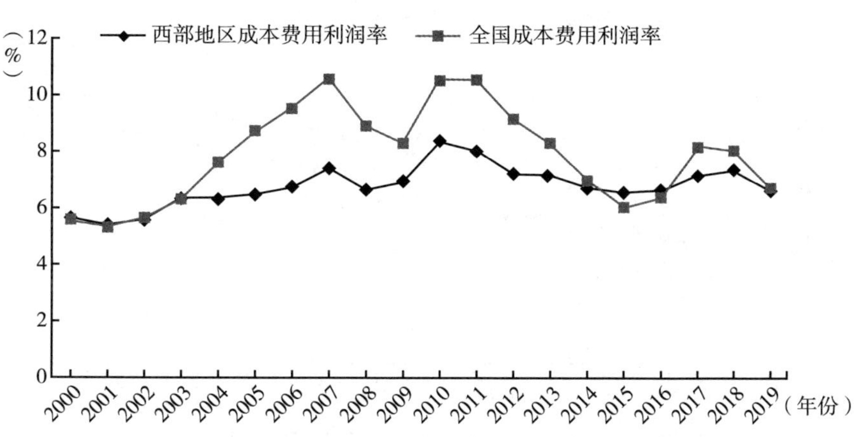

图5　2000～2019年西部地区及全国成本费用利润率

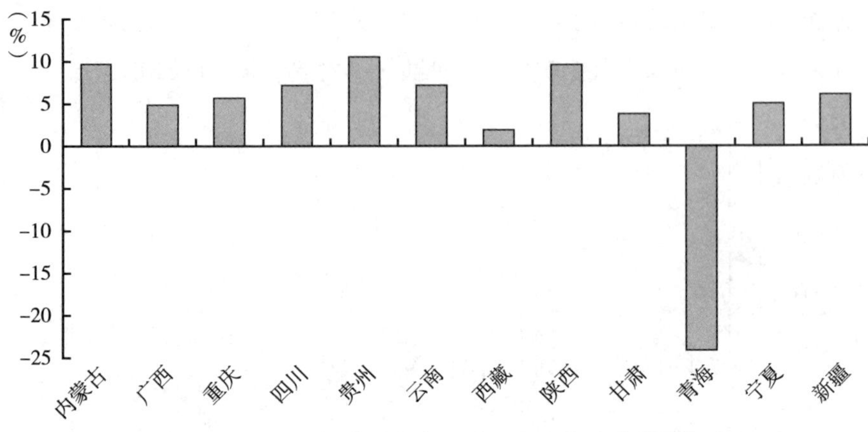

图 6　2019 年西部地区各省（区、市）成本费用利润率

（二）西部地区工业现代化结构评价

1. 城市化率的对比分析

如图 7 所示，1997～2019 年西部地区及全国城市化率都呈现上升趋势，但西部地区城市化率低于全国，2019 年西部地区及全国城市化率都未达到参考值 75%，全国城市化率达到 60%，西部地区城市化率为 55%。如图 8 所示，2019 年西部各省（区、市）城市化率都未达到参考值 75%，重庆和内蒙古城市化率超过 60%，陕西和宁夏城市化率接近 60%，西藏城市化率最低，略高于 30%。

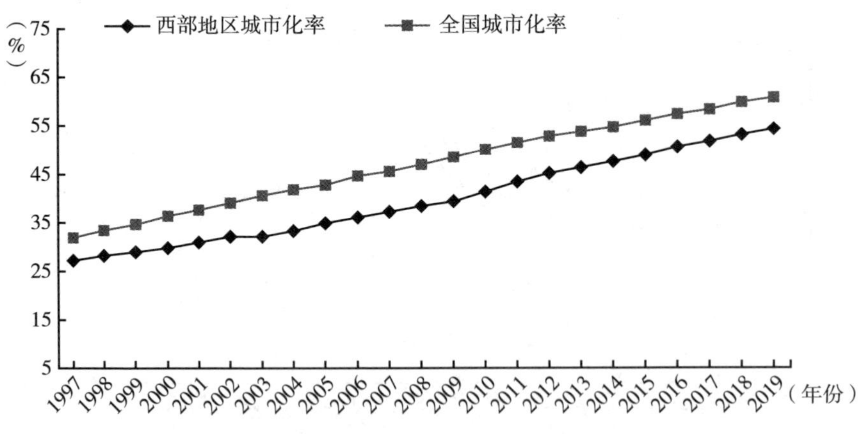

图 7　1997～2019 年西部地区及全国城市化率

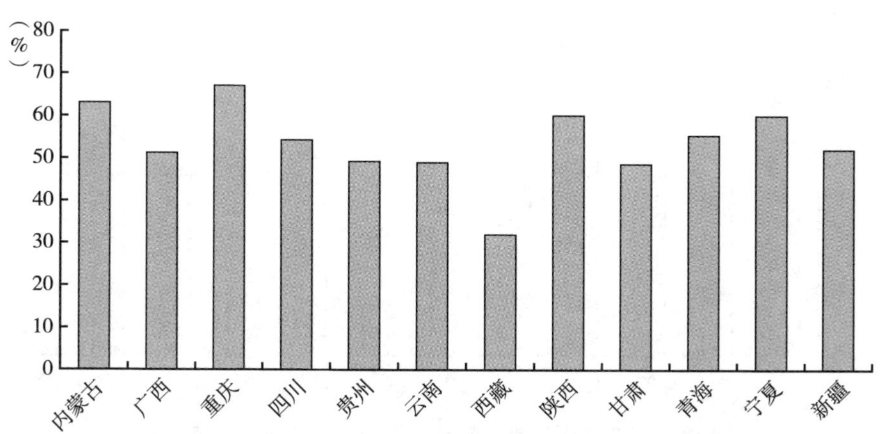

图 8　2019 年西部地区各省（区、市）城市化率

2. 工业增加值占 GDP 比重的对比分析

如图 9 所示，自 1997 年以来西部地区工业增加值占 GDP 的比重先上升后下降，全国工业增加值占 GDP 的比重出现下降，目前西部地区及全国工业增加值占 GDP 的比重都在参考值 30% 左右。如图 10 所示，在西部地区内部，2019 年只有内蒙古、陕西和宁夏超过参考值 30%，其余省（区、市）工业增加值占 GDP 比重都低于参考值。

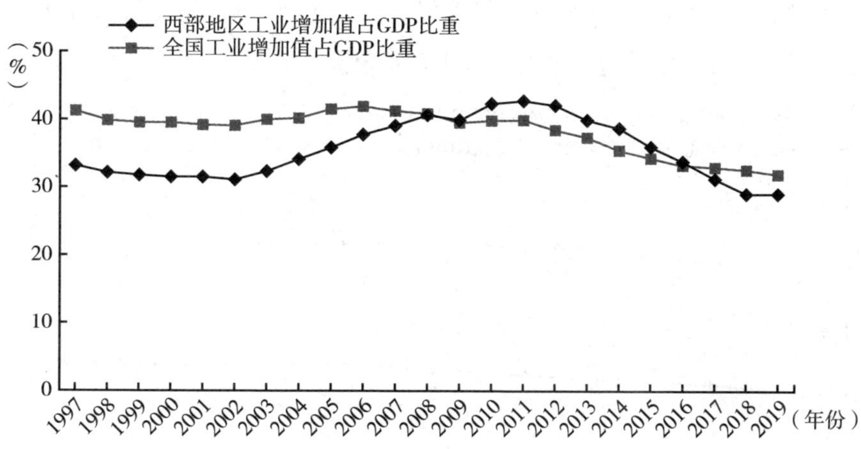

图 9　1997～2019 年西部地区及全国工业增加值占比

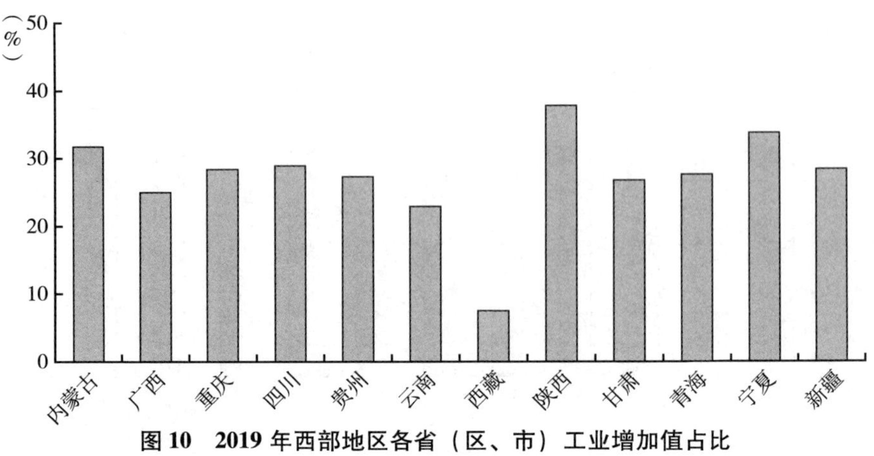

图 10　2019 年西部地区各省（区、市）工业增加值占比

3. 规模以上企业 R&D 经费占 GDP 比重的对比分析

如图 11 所示，从 2011 年到 2019 年，西部地区及全国规模以上企业 R&D 经费占 GDP 比重变化不大，且都未达到参考值 2%，同时西部地区规模以上企业 R&D 经费占 GDP 比重始终低于全国。如图 12 所示，2019 年西部各省（区、市）规模以上企业 R&D 经费占比都未达到参考值 2%，重庆市和宁夏规模以上企业 R&D 经费占 GDP 比重超过 1%，其余省区均未超过 1%，西藏规模以上企业 R&D 经费占 GDP 比重最低。由于 GDP 在逐年增长，规模以上企业 R&D 经费总量也在逐年增加，但就规模以上企业 R&D 经费占 GDP 比重相对于参考值来说，西部地区创新投入仍显不足。

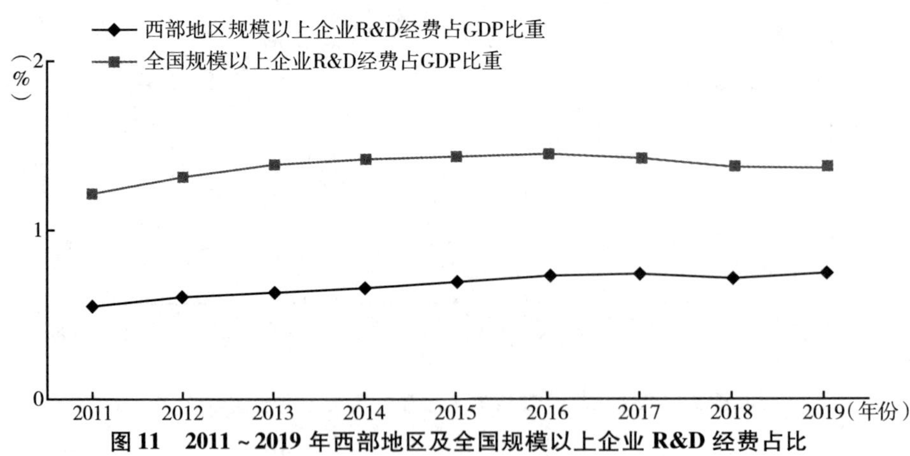

图 11　2011～2019 年西部地区及全国规模以上企业 R&D 经费占比

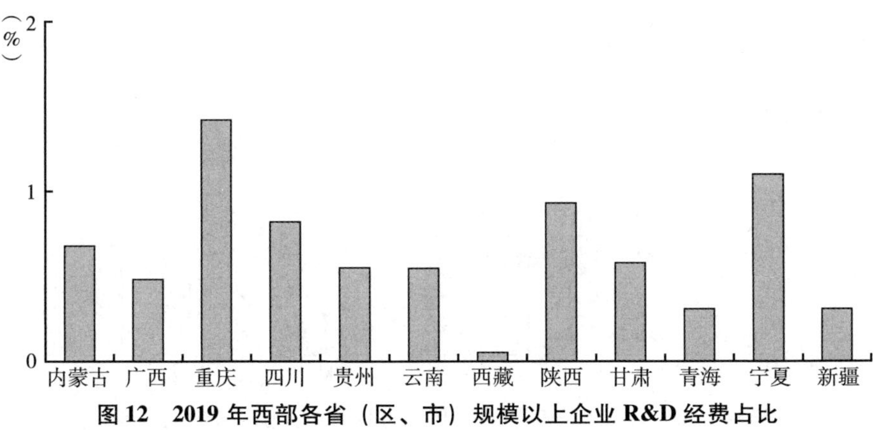

图 12　2019 年西部各省（区、市）规模以上企业 R&D 经费占比

4. 每万人国内专利授权数的对比分析

如图 13 所示，自 1997 年以来，西部地区以及全国每万人国内专利授权数呈现逐年上升趋势，但是西部地区与全国的差距在不断拉大。2019 年西部地区每万人国内专利授权数约为 7 件，全国约为 17 件，西部地区和全国都未达到参考值 20 件。如图 14 所示，在西部地区内部，2019 年重庆市以每万人约 14 件国内专利授权数居于西部地区第一位，西藏每万人国内专利授权数约 3 件，在西部地区排名最后；西部地区内部无一省（区、市）达到参考值 20 件。整体看来，西部地区的创新产出水平落后于全国平均水平，创新能力有待提高。

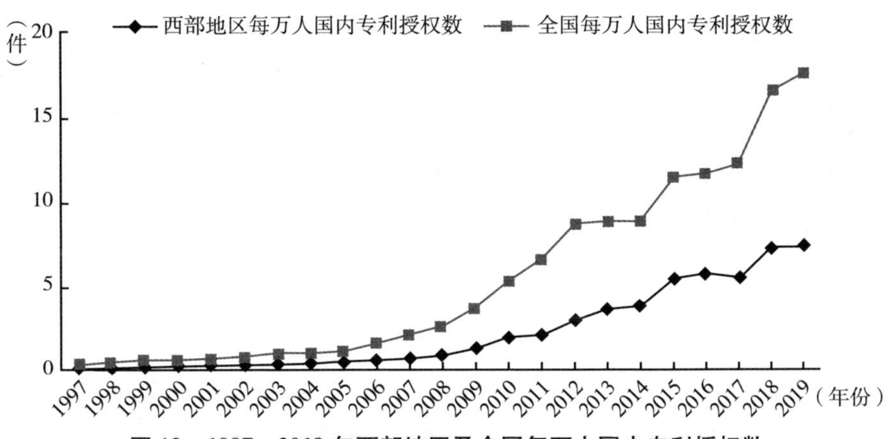

图 13　1997～2019 年西部地区及全国每万人国内专利授权数

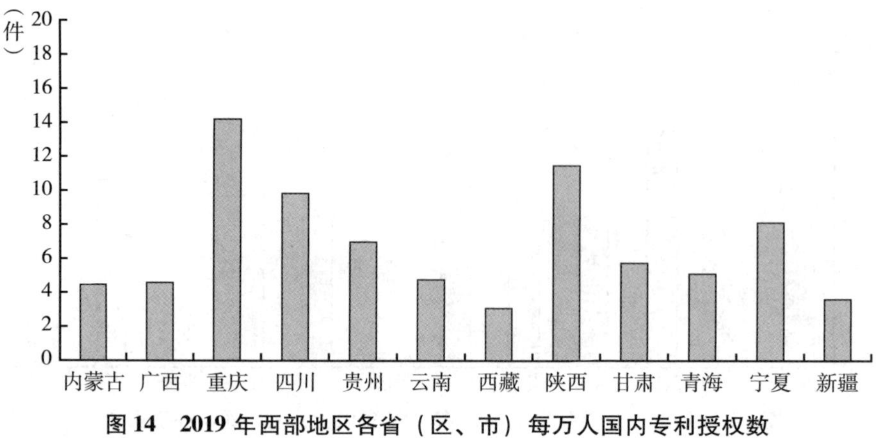

图 14　2019 年西部地区各省（区、市）每万人国内专利授权数

5. 移动电话普及率的对比分析

如图 15 所示，自 2010 年以来，西部地区以及全国移动电话普及率上升趋势一致，均从 60 部/百人增加到 110 部/百人，达到移动电话普及率 100 部/百人的参考值水平。如图 16 所示，2019 年西部地区内部除去西藏自治区外，其余各省（区、市）移动电话普及率也都达到了 100 部/百人的参考值水平，其中内蒙古、重庆、陕西和宁夏的移动电话普及率已达到 120 部左右/百人的水平；西藏自治区稍落后于其他省（区、市），其移动电话普及率为 90 部/百人。整体看来，全国与西部地区的电信产业发展速度较快，通过移动电话普及率指标可以发现西部地区在信息化普及程度上表现相对较好。

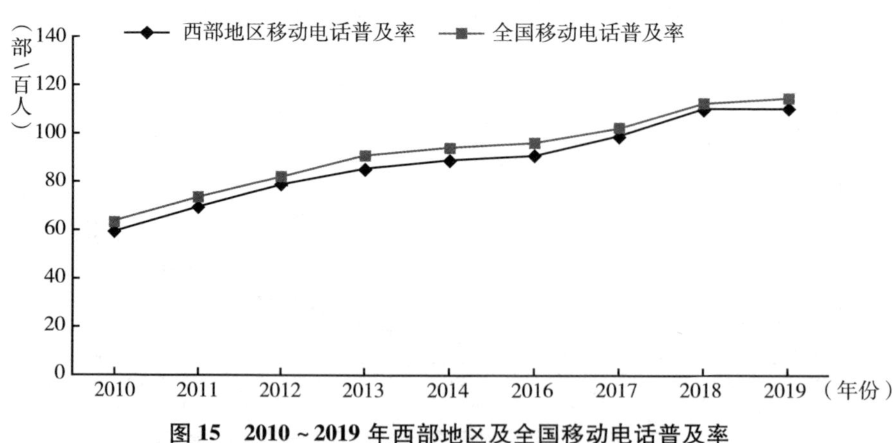

图 15　2010 ~ 2019 年西部地区及全国移动电话普及率

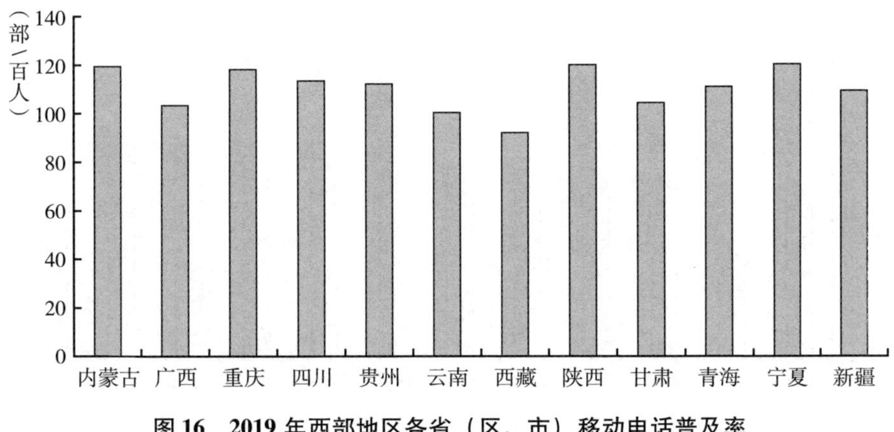

图 16　2019 年西部地区各省（区、市）移动电话普及率

6. 每百家企业拥有网站数的对比分析

如图 17 所示，从 2013 年到 2019 年，西部地区以及全国每百家企业拥有网站数有所下降，西部地区每百家企业拥有网站数始终比全国少，且西部地区及全国都未达到每百家企业拥有网站数 60 个的参考值水平。如图 18 所示，西部地区内部在 2019 年仅西藏自治区每百家企业拥有网站数达到 60 个的参考值，四川每百家企业拥有网站数接近 60 个，其余各省（区、市）每百家企业拥有网站数均未超过 50 个。整体看来，西部地区每百家企业拥有网站数与全国和参考值都存在一定差距，其企业的信息化水平还有待提高。

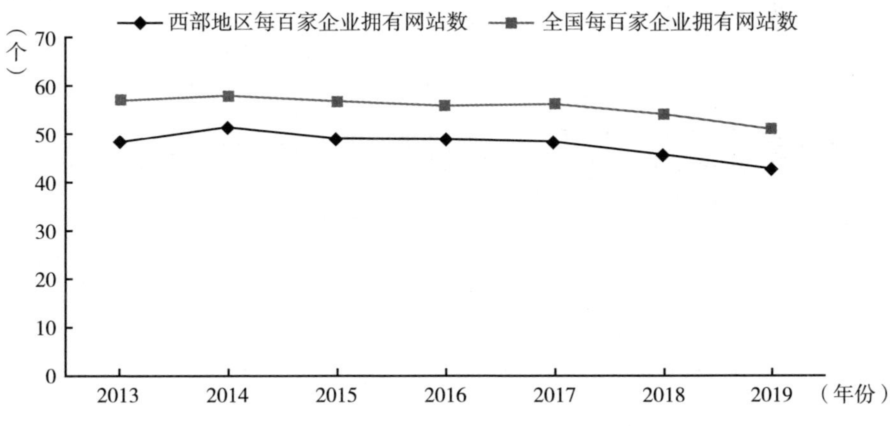

图 17　2013～2019 年西部地区及全国每百家企业拥有网站数

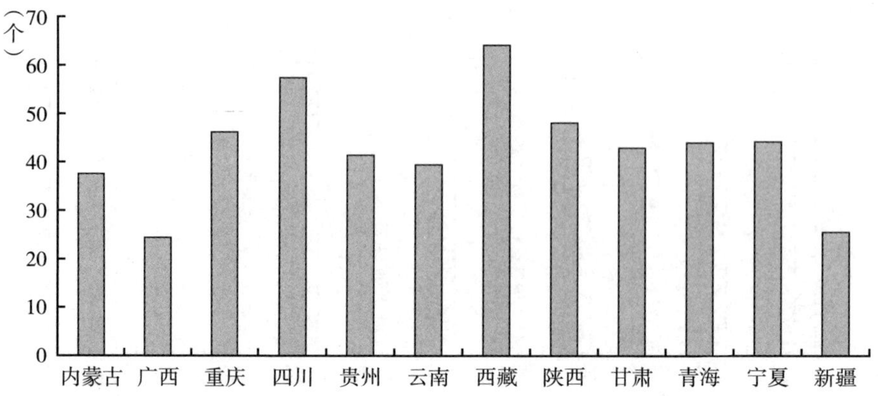

图 18　2019 年西部地区各省（区、市）每百家企业拥有网站数

（三）西部地区工业现代化环境评价

1. 一般工业固体废物综合利用率的对比分析

如图 19 所示，从 2011 年到 2017 年，西部地区以及全国一般工业固体废物综合利用率均有所下降，尤其是在 2017 年有明显下降，下降了 10 个百分点左右，西部地区及全国一般工业固体废物综合利用率都未达到参考值 90%，且西部地区一般工业固体废物综合利用率始终低于全国。如图 20 所示，

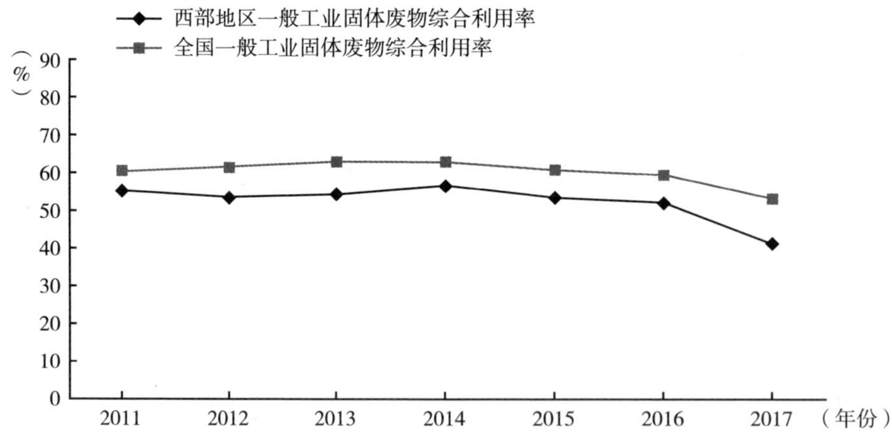

图 19　2011 ~ 2017 年西部及全国一般工业固体废物综合利用率

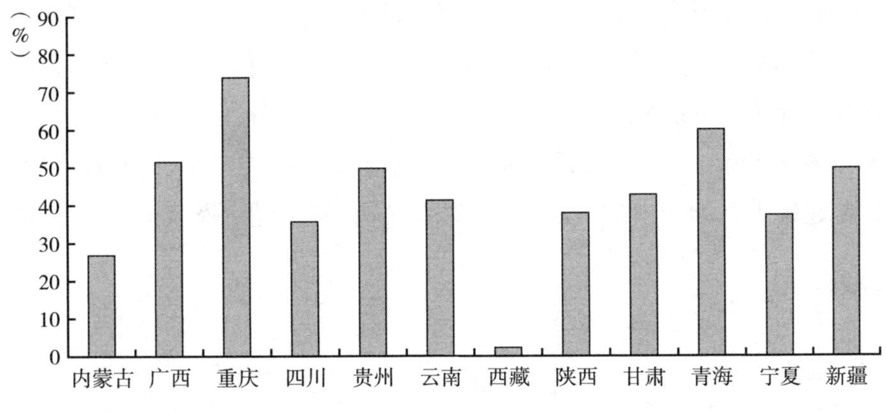

图 20　2017 年西部地区各省（区、市）一般工业固体废物综合利用率

2017 年西部地区内部所有省（区、市）一般工业固体废物综合利用率都未达到 90% 的参考值水平，重庆市最高，超过 70%，西藏自治区最低，不到 5%。整体看来，西部地区及全国一般工业固体废物综合利用率都与参考值存在较大差距，资源使用效率都有待尽快提高。

2. 每万元 GDP 电力消耗量的对比分析

如图 21 所示，从 1997 年到 2019 年，西部地区及全国每万元 GDP 电力消耗量整体有所降低，全国下降幅度大于西部地区，但目前全国每万元

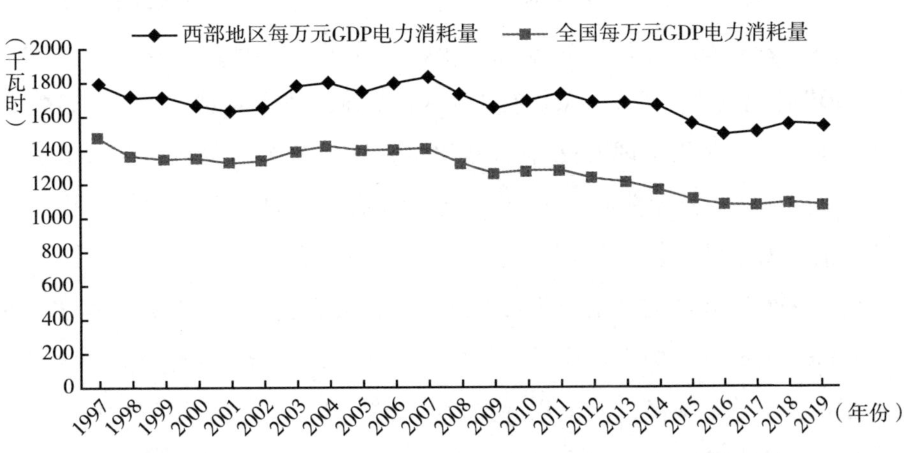

图 21　1997 ~ 2019 年西部地区及全国每万元 GDP 电力消耗量

GDP 电力消耗量略高于 1000 千瓦时，西部地区接近 1600 千瓦时，西部地区及全国每万元 GDP 电力消耗量与参考值 500 千瓦时/万元仍有较大差距，且西部地区每万元 GDP 电力消耗量始终高于全国平均水平。如图 22 所示，2019 年西部地区内部所有省区市每万元 GDP 电力消耗量未达到参考值，青海、宁夏和新疆都超过了 3000 千瓦时，西部地区能源消耗率有待进一步降低。

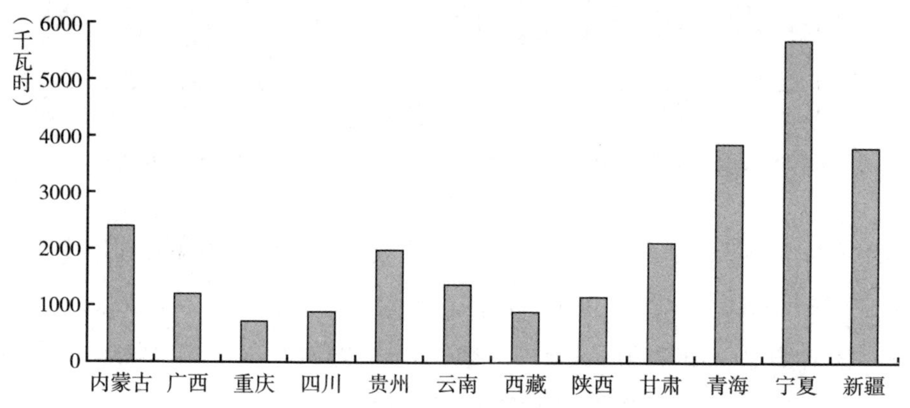

图 22　2019 年西部地区各省（区、市）每万元 GDP 电力消耗量

3. 环境污染治理投资占 GDP 比重的对比分析

如图 23 所示，从 2004 年到 2017 年，西部地区环境污染治理投资占 GDP 比重有所提高，全国变化幅度很小，2017 年西部地区环境污染治理投资占 GDP 比重约为 1.5%，全国约 1.1%，都未达到参考值 3.5%。如图 24 所示，对于环境污染治理投资占 GDP 比重，2017 年西部地区内部仅新疆达到参考值 3.5%，其余省区市均未达到参考值，广西、四川和云南尚不到 1%，西部地区还需进一步加大环境保护投入力度。

综合来看，西部地区工业化目前已取得显著成绩，但工业要基本实现现代化仍需一段时间的努力。通过多年推进工业化，西部地区经济发展水平和劳动生产率有明显提高，城市化进程明显加快，第三产业有了较大发展，信息化发展水平与全国平均水平相差不大。但西部地区工业现代化过程中也存在以下问题：一是创新水平和环保水平低于全国整体水平；二是西部地区内

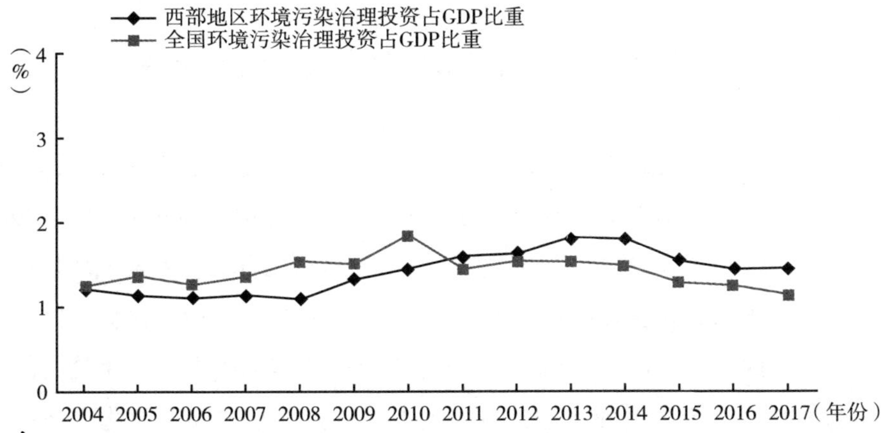

图 23　2004～2017 年西部地区及全国环境污染治理投资占比

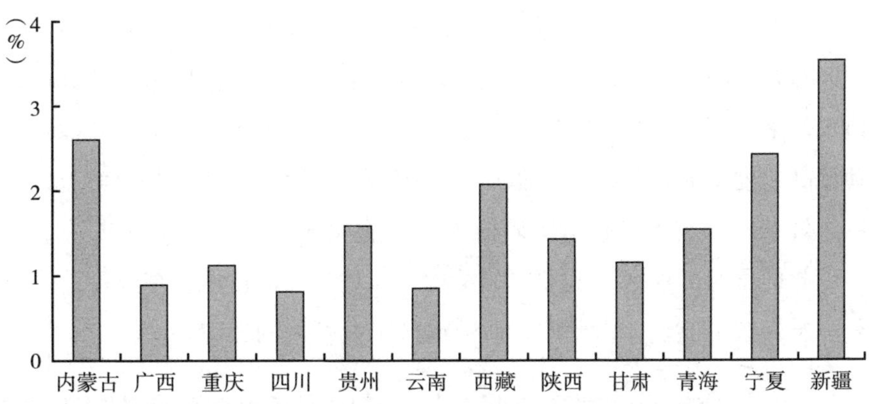

图 24　2017 年西部各省（区、市）环境污染治理投资占比

部各省（区、市）之间工业化发展水平存在较大差距。因此，未来西部地区在工业现代化过程中，要进一步加大创新投入，激发市场主体创新活力，持续提高创新水平；此外还需不断调整和优化工业结构，促进工业与新一代信息技术的深度融合，推动产业结构升级。在追求经济增长的同时，西部地区要加大资源节约和环境保护力度，坚持走绿色发展道路，注重工业化与城市化、信息化协调发展，全面加快西部地区工业现代化进程，促进西部地区经济高质量发展。

三　西部地区工业基本实现现代化的路径

党的十九大报告确定了2035年我国要基本实现现代化的战略目标，并提出为了解决发展不平衡、不充分的问题，要实施区域协调发展战略。2020年5月17日，《中共中央　国务院关于新时代推进西部大开发形成新格局的指导意见》发布，再次提出到2035年西部地区要基本实现现代化。工业基本现代化是西部地区基本实现现代化的重要条件和支撑，目前西部地区的工业化水平滞后于全国平均水平，内部各省（区、市）之间工业化水平差距也较大。西部地区存在着工业基础相对薄弱、科技创新环境不佳、环境污染严重等问题，在第四次科技革命与产业变革的时代背景下，西部地区应走信息化与工业化融合发展的道路，以改革创新的精神面对并解决工业现代化进程中还存在的阻碍和问题。结合上文对西部地区工业化发展态势的分析，西部地区未来15年基本实现工业现代化需通过以下路径来实现：一是从成本驱动型高速度工业化转向创新驱动型高质量工业化，以此提升西部地区工业发展的效率；二是从产业同构型低水平工业化转向产业互补性高水平工业化，以此优化西部地区工业发展的结构；三是从环境排斥性高代价工业化转向环境友好型工业化，以此改善西部地区工业发展的环境。

（一）从成本驱动型高速度工业化转向创新驱动型高质量工业化

西部地区在过去的工业化发展模式主要是依托低成本优势来实现规模化扩张，低成本主要来源于两个方面：一是西部地区的能源资源禀赋优势，形成了西部地区相对低的资源成本；二是西部地区人均工资水平低于东部发达地区，更低于发达国家一般水平，因此形成了西部地区的劳动力低成本优势。但在高质量发展阶段和新型技术革命及产业变革背景下，这两项低成本优势逐渐消散。因此，西部地区2035年要基本实现现代化，就必须推动西部地区从成本驱动型高速度工业化转向创新驱动型高质量工业化。

1. 加快完善新型工业基础设施体系建设，实现西部地区工业基础设施的现代化转型

传统工业化基础设施即包括铁路、公路、水电气网络和市政设施在内的一系列基础设施，这些主要是第二次科技革命背景下的机械自动化、电气化技术所依托的基础设施。随着新一轮科技革命和产业变革，工业化发展融入信息化、数字化、智能化、绿色化和平台化等新特征，这就意味着西部地区在提升工业发展水平过程中要加快完善新一轮基础设施。西部地区新型数字基础设施建设主要体现在三个方面：一是要加快构建云数据中心平台，满足数字经济与实体经济融合的存储空间与算力需求；二是要加快布局关键领域的工业互联网建设，提升实体经济各领域数据采集的质量；三是要加快推进5G等网络基础设施建设，提升数据传输速度与网络通行能力。加快西部地区新型工业基础设施体系建设，为支撑西部地区现代化工业体系形成提供重要的基础和条件。

2. 推动新型数字技术与传统工业融合，培育西部地区工业融合发展新动能

西部地区的工业现代化进程的推进离不开工业与数字化、智能化的融合。在数字经济时代，数据作为经济发展中最重要的要素嵌入生产、流通和消费的各个环节中，能够改变传统产业的业务流程模式，重塑价值链和产业链，拓展实体经济的发展空间。因此，西部地区要在以传统优势行业发展稳住经济基本盘的同时，以数字融合能力培育提升创新发展新动能。要深化新型数字技术对西部地区传统产业的渗透，引导传统企业和数字企业开展深度合作，利用业务外包和个性定制等多种方式，合作开展基于大数据应用的创新业务，打造一批行业云平台和“上云”标杆企业，驱动更多中小企业数字化转型，要以制造业的数字化转型为突破，形成多元化的数字产业生态体系。

（二）从产业同构型低水平工业化转向产业互补性高水平工业化

1. 加快破除产业同构型工业化格局，实现西部地区间优势互补的区域工业经济布局

产业同构化是指在一个地区产业结构变动过程中不断出现和增强的区域

间结构的高度相似趋势，短期内它能使地区快速发展，但这种产业结构相似性的增强会使得资源配置效率低，区域内竞争激烈，影响合作，严重阻碍着经济发展。西部地区工业发展相对东部地区来说是一种后发式发展，大多依靠政府的招商引资及工业园建设来推动，而在这一过程中难免出现省际的产业同构。因此，未来西部地区工业现代化要以融入全国乃至全球产业链为目标，打破原先的区域界线和“以邻为壑”的市场分割状态，实现要素整合，消除产业同构，全面提升技术创新、产业引领和价值链管理能力，推动西部地区各省（区、市）之间形成优势互补的区域工业布局，提升工业要素配置的效率。

2. 深入实施产业基础再造工程，提高西部地区产业基础能力和产业链现代化水平

产业基础能力主要是指产业基础研究能力、新技术产业化能力以及产业链管控能力，具体包括工业“四基”（核心基础零部件、关键基础材料、先进基础工艺、产业技术基础），以及生产性服务业领域的基础能力。产业基础能力薄弱尤其是制造业基础相对薄弱是西部地区经济发展的短板。产业基础能力决定了西部地区工业发展的高度，也决定了西部地区工业现代化水平和工业整体的竞争力。要精准把握西部地区产业基础能力，认真研判西部地区在全国乃至全球的创新链、产业链和价值链中所处位置，在强链、补链、延链上下大力气，统筹各方资源，尽快出台产业基础再造和产业链现代化水平提升行动方案，围绕先进制造业和生产性服务业这两大重点领域，科学谋划一批重大产业、重大项目，并配以相应的金融政策、财政政策和人才政策支持，形成西部地区工业发展新优势。

3. 推动东西部双向互补互济，提升工业化开放合作水平

西部地区的工业化要放到全国乃至全球产业链和价值链上进行谋划，在西部地区工业现代化过程中，要积极对接“一带一路”建设、新时代西部大开发和黄河流域高质量发展等重大国家战略。坚持“引进来”和“走出去”并重，加强与共建“一带一路”国家的国际产能合作，加快形成全面开放新格局，要面向国内东部沿海、京津冀、长江经济带、粤港澳大湾区等

重点区域主动承接产业转移，不断拓展开放合作的深度和广度。推动东西部之间形成双向互补互济，提升各大经济区域之间的工业化合作程度，推动国内大循环的构建和完善。

（三）从环境排斥性高代价工业化转向环境友好型工业化

1. 加大工业污染治理与能耗降低力度，推动西部地区传统工业技术改造升级

西部地区历史上长期生产力水平低下，生态系统脆弱，粗放式发展和注重经济增长，导致工业污染和能源紧缺的后遗症，加上东部地区石油化工、煤化工、冶金、建材等高耗能产业西移，工业发展质量水平不高成为西部地区实现工业现代化亟须解决的问题。企业为盈利可能会忽视经济的可持续发展，因此政府和有关部门需大力倡导能源节约，积极防治能源污染，制定保护生态环境的政策标准和相关激励措施，一方面对严重浪费资源、污染环境的落后生产工艺实施限制和淘汰；另一方面鼓励和引导企业探索新型能源，发展新技术，对传统工业进行改造升级，降低对生态环境的污染，从而提高工业发展的质量。

2. 基于数字技术实现工业生产精准把控，推动工业生产过程的绿色化转型

加快推进新经济发展对发展方式转变的引领，基于新型数字技术实现对生产过程的精准把控，推动实体经济的绿色化转型，引领新经济实现高质量的绿色发展。在传统发展阶段，企业对在生产过程中资源投入与消耗利用状态很难做出即时的监测和调整，随着智能技术和大数据技术的融入，企业能够对生产过程进行立体监测，提升生产过程的绿色化程度。要激励传统制造业企业实现资源消耗的即时数据采集，通过数据模拟技术增加环境监测数据的可靠性，为生产决策提供依据。要引导企业将数据转化为生产经验和知识，形成企业生产模型，基于人工智能的算法进行科学决策，进一步提升资源使用效率，实现生产过程的绿色化转型。

四 未来15年西部地区基本实现现代化的趋势预测

从西部地区工业现代化阶段来看，2020 年西部地区处于工业化中后期的前半段，预计 2025 年将进入工业化中后期的后半段，2030 年前后基本完成工业化进程，逐渐进入后工业化时代，2035 年前后的发展主要体现在工业现代化进程上。未来十五年西部地区将呈现传统工业与新型工业“并跑”的局面；传统工业将在高新技术改造下升级发展，实现绿色工业现代化；新兴高新技术产业将逐渐引领工业化发展；工业与现代生产性服务业加深融合发展。

（一）西部地区将呈现传统工业体系与新型工业体系“并跑”特征

关于经济发展和产业结构的变化，“库兹涅兹事实”表明随着经济的发展，农业比重逐步下降，工业和服务业的比重持续上升；“后工业化事实”表明当经济发展到比较发达的水平时，工业部门的比重会逐步下降，服务业逐渐成为经济的主体部门。目前西部地区仍处于工业化中后期，工业发展的基础还相对薄弱，工业仍是推动其经济增长的重要力量。如果西部地区过早去工业化，那么取代工业的将是低技能、低效率的服务业，其无法作为经济增长的新引擎。同时，从西部地区工业发展的结构来看，西部地区的工业体系将呈现出传统工业与新型工业“并跑”特征，传统工业主要包括两类，一是以内蒙古、陕西等省（区）的能源资源性传统工业为代表，这一类产业将在较长一段时期对经济发展起着比较重要的支撑作用。二是以重庆、四川等省市所承接的发达地区转移而来的电子信息设备制造业为代表，这将成为西部地区工业增加值提升的重要部门。同时，从新型工业门类来看，随着新材料、新能源、大数据和人工智能等新兴技术的不断发展，培育新能源汽车、高端装备制造等新兴工业，将成为西部地区工业发展的重要增长极。因此，未来 15 年西部地区将呈现出传统工业体系与新兴工业体系“并跑”特征，传统能源资源工业、承接发达地区转移的制造业和培育新兴高端制造业将成为西部地区工业发展的重要基础和基本实现现代化的重要保障。

（二）西部地区传统工业将在环境规制和技术改造下呈现绿色发展特征

未来15年，中国各个地区经济的快速发展对原材料工业产品仍有很大的需求，但钢铁、化工、水泥、有色金属等传统原材料工业具有高污染、高消耗的特点，不符合可持续发展战略的要求。在不约束西部地区众多传统工业发展的前提下，以新能源、新材料、新技术和信息化智能化为特征的高新技术便为生态环境保护问题提供了解决方法，一方面大力发展和应用高新技术，使传统工业具有更发达的工业生产能力和更先进的工业技术水平；另一方面政府对地区环境污染情况加强重视，建立强有效的环境污染保护机制，降低对企业使用传统能源的激励，加大对使用新能源新材料等高新技术企业的激励，双措并举促进西部地区传统低端工业生产不断升级，提高资源的利用率，减少污染物的排放量，践行可持续发展战略，实现绿色工业现代化。因此，未来15年，随着高新技术对西部地区传统工业的不断渗透和环境规制水平的不断提升，西部地区传统工业的资源能源消耗将会不断降低，对环境的污染和损害将逐渐减小，这将成为西部地区工业发展中的重要特征。

（三）西部地区工业发展将呈现出创新驱动型高质量工业化特征

从已经实现工业现代化的国家和地区的发展历程和经验来看，高新技术产业的发展是实现工业现代化的必然要求。西部地区的工业现代化进程面临信息化和智能化发展的浪潮，应借鉴东部地区建立较完备的高新技术产业体系的经验与教训，结合西部地区自身的信息技术产业基础薄弱、创新能力不足的现状，在政府相关政策的引导与支持下，吸引高新技术相关的企业和人才落户西部地区，建立发展新能源产业、新材料产业、生物产业、信息技术产业等核心战略产业和新兴增长性产业，突破核心技术屏障，掌握自主知识产权，从而推动经济发展，反过来又会吸引投资、人力资本等，促进信息化、智能化产业的进步，形成良性循环，提高工业化质量。因此，未来15

年西部地区工业发展的趋势，不是简单的规模扩张，而是效率提升、结构优化、环境改善三者的有机统一，是以创新驱动为特征的高质量工业化。

（四）西部地区工业发展与生产性服务业融合发展程度加深

随着信息技术的发展和企业对顾客满意度的追求，在严格要求产品本身的质量之外，厂商越来越关注产品的整个生命周期，包括研究开发、生产制造、销售、售后服务以及报废回收，通过将服务渗透在生产过程中，企业可以获得竞争上的优势，工业与服务业之间的界限也越来越模糊。在西部地区未来的工业现代化进程中，现代生产性服务业将迅速发展，信息服务、研发服务、营销服务、融资服务、技术支持服务、物流服务等与工业化结合日益紧密，加深融合发展，促进工业生产的效率提高和技术进步。这将成为未来15 年西部地区工业基本实现现代化过程中的重要特征。

B.4
西部地区城市基本实现现代化的路径和政策

师博　明萌*

摘　要： 西部地区基本实现现代化的核心是以城市现代化为抓手，辐射带动西部整体现代化高质量发展。本文基于人的现代化、经济现代化、社会现代化、生活方式现代化、政府现代化、文化现代化、生态现代化以及基础设施现代化等8个维度构建城市现代化指标体系。2011～2018年西部城市化水平整体在波动中攀升了38个百分点，其总体差异呈现小幅收窄趋势。2011年西部地区总体基尼系数为0.2530，2018年下降至0.2255。核密度估计显示，西部地区城市现代化的分布曲线始终存在明显的向右拖尾现象，表明西部地区城市现代化水平呈上升趋势。

关键词： 西部城市　现代化　核密度估计　基尼系数

到2035年西部地区要基本实现现代化，对于维护祖国边疆稳定、增强综合国力、提高西部地区居民的生活水平、实现我国区域经济的协调发展等都具有十分重要的意义。城市作为产业和要素的聚集地，是经济社会发展的

---

* 师博，教育部人文社会科学重点研究基地——西北大学中国西部经济发展研究院兼职研究员，西北大学经济管理学院副院长、教授、博士生导师，研究方向为宏观经济学与发展的政治经济学；明萌，西北大学经济管理学院硕士研究生。

核心，区域发展的现代化要以城市现代化为抓手，辐射带动区域整体的现代化建设。鉴于此，本文基于新时代、新格局，对西部地区城市现代化水平进行测度评价，并进一步提出西部地区基本实现现代化的路径选择和未来发展趋势。

一　西部地区城市基本实现现代化的评判标准

（一）城市现代化指标体系的构建

城市是由多个子系统组成的有机动态复合系统，城市现代化也相应地包括各子系统的现代化。因此，城市现代化评价体系应当基本涵盖城市现代化各子系统的内容，比较全面地反映城市经济社会发展的潜力和可持续发展的能力，比较客观地体现城市现代化的内在功能。我们构建的城市现代化的评价体系由以下内容组成：人的现代化；经济现代化；社会现代化；生活方式现代化；政府现代化；文化现代化；生态现代化；基础设施现代化。最终建立由八个分项维度、20 个基础指标组成的城市现代化指标体系，具体如表 1 所示。

表 1　西部地区城市现代化指标体系

维度	分项指标	基础指标	单位
人的现代化	身体素质	平均预期寿命	岁
	文化素质	万人在校大学生数	人/万人
经济现代化	创新成果	万人发明专利数	件/万人
	产业结构	第三产业产值占比	%
	经济发展水平	城市夜间灯光数据	
社会现代化	教育	万人中小学教师数量	人/万人
	医疗	万人拥有医生数	人/万人
	社会保障 - 养老	养老保险覆盖率	%
	社会保障 - 医疗	医疗保险覆盖率	%
生活方式现代化	物质生活	职工平均工资	元/月
	精神世界	万人文化体育娱乐从业人员数	人/万人

续表

维度	分项指标	基础指标	单位
政府现代化	治理体系	知识产权保护法律法规数	项
	治理能力	知识产权侵权纠纷结案数量	项
文化现代化	文化作品	千人拥有图书藏量	册/千人
	文化设施	千人拥有影剧院数	个/千人
生态现代化	气体污染	单位气体污染物排放产出	万元/吨
	液体污染	单位液体污染物排放产出	万元/吨
	固体污染	工业固体废物综合利用率	%
基础设施现代化	传统基础设施	道路密度	公里/平方公里
	新型基础设施	万人互联网用户数	户/万人

（二）指标解释说明

1. 城市人的现代化

城市人的现代化是城市现代化的核心。在此我们以身体素质和文化素质来衡量。（1）身体素质，本文将采用平均预期寿命来具体衡量，平均预期寿命能够较好地体现出城市居民的身体素质和健康状况。（2）文化素质则采用万人在校大学生人数来度量。

2. 城市经济现代化

城市经济现代化不仅表现在城市整体的经济发展水平高，亦包括城市的产业结构的优化，同时城市经济现代化需要科技创新作为首要驱动力。（1）我们选择城市夜间灯光数据来衡量城市经济发展的水平。（2）城市产业的升级和产业结构优化主要在于城市的第三产业发展水平，第三产业产值所占比重越大说明其产业结构的优化水平越高。因此本文采用第三产业产值占比来度量产业结构水平。（3）城市经济现代化进程的核心驱动力应当是科技创新，实现科学技术现代化，从而促进经济和社会的发展。本文主要从创新产出成果入手，选取万人发明专利数来衡量城市的创新成果。

3. 城市社会现代化

城市社会现代化主要包含三个方面：教育水平现代化、医疗水平现代化、社会保障现代化。（1）优先发展教育，提高人民文化素养，是推动社会现代化的必然要求。本文选取万人中小学教师数来度量教育水平。（2）医疗是民生之需，是人民安全感、幸福感的重要保障，本文以万人拥有医生人数来表征医疗水平。（3）我国作为社会主义国家，要体现公平正义的要求，更要注重社会保障制度建设。这里我们选取医疗保险覆盖率和养老保险覆盖率共同度量城市的社会保障水平。

4. 城市生活方式现代化

城市生活方式现代化主要表现在两个方面，一是人民物质生活富裕，人民收入水平较高；二是人民精神世界富足，可以享有更多的文化娱乐消费。（1）物质生活的富裕选取职工月平均工资来度量。（2）精神世界的富足则选取万人文化体育娱乐从业人员数来衡量。

5. 城市政府现代化

城市政府现代化即政府治理体系现代化和治理能力现代化，指政府善于运用制度和法律法规治理城市，把各方面制度优势转化为管理城市的效能。（1）选取知识产权保护法律法规数来衡量政府的治理体系现代化水平。（2）政府治理能力现代化则选取知识产权侵权纠纷结案数来度量。政府对于知识产权侵权纠纷案件的处理可以很好地体现出政府运用法律法规来治理城市的能力。

6. 城市文化现代化

城市文化现代化是满足人民群众日益增长的精神生活需要的重要保障，我们分别选用以下两个指标来度量城市文化现代化：（1）千人拥有影剧院数量；（2）千人拥有图书藏量。

7. 城市生态现代化

本文从气体污染、液体污染、固体污染三个方面来衡量单位经济产出给环境带来的负面影响，分别代表的是二氧化硫排放量、工业废水排放量和工业固体废物综合利用率，再通过计算地区 GDP 与污染物排放量的比值即可得到单位气体、液体、固体污染物排放产出。

8. 城市基础设施现代化

这里分别从传统基础设施和新型基础设施两方面入手，选取了以下两个

指标：(1) 以道路密度来反映城市传统基础设施情况；(2) 以万人互联网用户数来度量城市新型基础设施建设水平。只有现代化网络的高水平发展方能促进数字经济的发展与城市的现代化进程。

（三）测度方法与数据来源

本文选用熵值法和BP神经网络模拟方法对2011～2018年我国西部11个省（区、市）（由于西藏数据缺失过多暂不讨论）的82个地级市的城市现代化水平进行测度和评价，数据主要来源于历年《中国城市统计年鉴》和国家知识产权局以及政府工作报告。

我们采用“最小最大标准化”方法对原始数据进行无量纲化处理。在此基础上，本文首先使用熵值法测算各指标权重，在消除权重主观因素的同时规避多指标的信息重叠问题，使得指标体系具有客观性。但熵值法自身也存在不足，其往往忽略了指标本身重要程度，确定的指标权重数值会与预期的结果相差甚远。同时熵值法不能减少评价指标的维数，虽然符合数学规律且具有严格的数学意义，但往往会忽视决策者主观的意图。这里使用BP神经网络模拟方法对测度结果进行修正。

二　2019年西部地区城市现代化的态势分析

（一）西部地区城市现代化的评价分析

根据熵值法测度的2011～2018年西部地区城市现代化指数。从整体来看，西部地区城市现代化水平呈现波动增长的态势，2011～2014年基本保持稳定，波动幅度较小，城市现代化指数基本在0.60的水平上下波动。2014～2016年，西部地区城市现代化水平呈现显著增长态势，现代化指数由2014年的0.59增长到2016年的0.92。然而2016年以后，西部地区城市现代化水平有所下滑，2017年西部城市现代化指数下降为0.79，而后缓慢上升。

从分项维度来看，城市人的现代化指数 2011～2014 年基本保持稳定态势，虽然 2014～2016 年呈现出增长态势，但 2016 年之后又呈现缓慢下降趋势。2011～2018 年，城市人的现代化指数仅仅由 0.081 上升至 0.096，增长率仅为 19%。

城市经济现代化指数在八个分项维度中名列前茅，说明西部地区的经济现代化水平较高并对西部地区城市现代化的发展贡献较大。从西部地区城市经济现代化指数的变动趋势来看，2011～2014 年，城市经济现代化水平波动平缓，2014 年之后开始快速增长，2016 年达到峰值 0.16，而后呈现迅速下滑态势。2018 年西部地区城市经济现代化水平降至 0.10，说明西部地区近几年的经济发展动力不足，经济增速有所下滑，经济发展面临下行压力。

城市社会现代化指数始终处于各分项维度的前列，西部地区的社会现代化处于高水平，西部地区的教育、医疗和社会保障也皆处于良好水平，这也推动了西部地区的城市现代化的发展。2011～2014 年，西部地区城市社会现代化水平基本呈现较为平缓的变动态势，随后迅速上升，于 2016 年达到峰值 0.16。虽然 2017 年有一定的下滑，但是 2018 年其指数又呈现上升趋势，并仍然处于各分项维度的首位。

城市生活方式现代化指数和城市政府现代化指数整体来看并未呈现明显的增长趋势，而是表现为持续低迷、下行压力较大的特征。由此可见，西部地区的城市生活方式现代化和城市政府现代化皆处于低水平，并制约了西部地区城市现代化的发展。

城市文化现代化指数整体呈现显著的增长趋势，尤其是 2012～2016 年增长较快，2016 年达到峰值 0.15，而后有所下滑，但是随后又快速增长到 0.14。2011～2018 年西部地区城市文化现代化指数整体增长速率达到 33%。城市生态现代化指数的波动较为平稳，前期几乎处于一个平稳的发展态势，2015 年该指数突然增长到 0.10，而后又有所下降，并继续呈现平缓的发展态势。整体来说，西部地区城市生态现代化指数变动较小。由此可见，西部地区城市生态文明建设仍然较落后，发展情况不甚乐观。

城市基础设施现代化指数虽然在2011年处于八大分项维度中的末位，但是一直保持显著的增长趋势，该指数由2011年的0.06上涨到2018年的0.10，整体增长了66%。这表明西部地区的基础设施建设已经取得良好的成效，并且是西部地区城市现代化发展的重要驱动力，基础设施建设将会沿着良好的增长路径继续发展。

（二）2019年西部地区城市现代化的发展态势分析

由于目前《中国城市统计年鉴》只统计截止到2018年的数据，故本文通过测算出西部地区城市现代化指数以及各分项指数的前两年的平均增长率来估算2019年西部地区城市现代化指数以及各分项维度指数。

如图1所示，2019年西部地区城市现代化指数达到0.84，整体呈现增长的态势。这说明西部地区的城市现代化建设向着良好的趋势发展，城市现代化水平逐步提升。从分项维度指数来看：（1）城市社会现代化指数和城市文化现代化指数仍然居于前列，并保持较高的增长水平。这说明城市社会现代化和文化现代化水平的提高对西部地区的城市现代化的发展具有较大的贡献。（2）城市基础设施现代化指数始终保持较快的增长速度，2019年该指数已经上涨到0.11，列各分项指数的第三位。由此可知，西部地区的城市基础设施建设发展是西部地区城市现代化水平不断上升的重要驱动力。（3）城市生态现代化指数相较于前几年有一定的增长，在各分项维度中的重要程度也逐步提升。这说明西部地区的生态文明建设逐渐有了一定的成效，但是增长态势仍然疲软，未来仍要大力推进绿色发展和生态文明建设。（4）城市经济现代化指数下行压力较大，对西部地区城市现代化水平的上升产生了制约影响。这说明在逆全球化和国内结构转换、增速换挡的背景下，西部地区经济发展受到较大冲击。原因是，首先西部地区处于新旧动能转换时期，创新能力不高，创新驱动力不足，从而导致经济发展动力不足。其次西部地区高附加值的新兴产业占比较少，高能耗低附加值的传统产业占比过多，进而阻碍了西部地区经济现代化水平的提升。（5）城市人的现代化和城市生活方式的现代化指数不高，具体而言，西部地区城市人的素质和生活方式、思想观念的现代化水平滞后于城市社会现代化和经济现代化发展。（6）城市政府现代化指数有待提升，在所有分项维度中居末位，对西部地区城市现代化贡献度最低。西部地区的城市治理水平不高，政府治理能力需要进一步完善，未来还要积极地提高政府治理能力和治理体系的现代化水平。

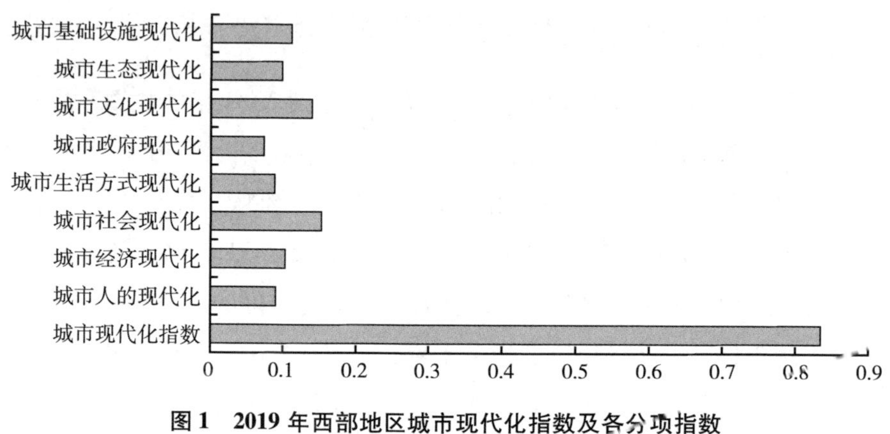

图1　2019年西部地区城市现代化指数及各分项指数

三　西部地区城市基本实现现代化的路径

（一）西部地区城市现代化差异的空间分解

基于2011～2018年西部地区82个地级市的城市现代化指数数据，本文利用Dagum基尼系数分解方法测度西部地区城市现代化水平的总体地区差异，并按照西北和西南两个地区的空间尺度对基尼系数进行分解，进而考察西部地区的城市现代化差异的空间来源。

1. Dagum基尼系数及其分解方法

参照Dagum（1997）提出的方法，总体基尼系数G可以按照空间来源分解为三个部分：区域内差异贡献Gw、区域间净值差异贡献Gnb和超变密度贡献Gt。其中，区域内差异指的是每一地区内部各城市之间的城市现代化发展的差异；区域间差异则指的是将不同区域视为整体时，这些地区之间的城市现代化发展的差异；超变密度来源于不同地区间的交叉重叠现象。Dagum 基尼系数及其分解方法充分考虑了子样本的分布状况，有效地解决了地区差距的来源问题以及子样本间的交叉重叠问题，因而能够正确识别区域差异的空间来源。

2. 西部地区城市现代化总体差异

为了刻画西部地区城市现代化发展的总体差异，本文运用 Dagum 基尼系数方法对其进行测度分析，测度结果如表 2 所示。西部地区城市现代化发展指数的总体差异值为 0. 2255 ~ 0. 2719，总体基尼系数均值为 0. 24。从其演变趋势来看（见图 2），2011 ~ 2018 年，西部地区城市现代化发展的总体差异在波动中呈现小幅收窄趋势。2011 年西部地区总体基尼系数为 0. 2530，2012 年上升为 0. 2719，此后则呈现逐年缓慢下降的态势，于 2018 年下降至 0. 2255。样本期内西部地区城市现代化发展的总体差异的收窄幅度为 10. 85%，年均缩小 1. 63%。

表 2　2011 ~ 2018 年西部地区城市现代化水平总体差异及区域内差异和区域间差异

年份	总体差异	区域内差异		区域间差异
		西北	西南	
2011	0. 2530	0. 2346	0. 2540	0. 2539
2012	0. 2719	0. 2476	0. 2809	0. 2731
2013	0. 2264	0. 2035	0. 2229	0. 2268
2014	0. 2400	0. 2146	0. 2532	0. 2413
2015	0. 2401	0. 2270	0. 2314	0. 2406
2016	0. 2392	0. 2162	0. 2239	0. 2393
2017	0. 2335	0. 2225	0. 2253	0. 2343
2018	0. 2255	0. 2223	0. 2106	0. 2266

3. 西部地区城市现代化区域内和区域间差异

西部地区城市现代化的区域内和区域间差异如表 2 所示。样本期间西北地区城市现代化的区域内差异均值为 0. 2235，而西南地区城市现代化的区域内差异均值为 0. 2378。这说明西南地区的城市现代化的区域内差距更大，且西南地区的城市现代化发展也更加不平衡。西北地区和西南地区的城市现代化发展的区域间差异水平与两地区的区域内差异水平相当，样本期内西部地区城市现代化的区域间差异均值为0.2419。

西部地区城市现代化的区域内和区域间差异的演变态势如图2所示。整体来看，样本观测期内，三者基本呈现“上升－下降－上升－下降”的波动变化态势，并且整体呈现缓慢下降趋势。具体来看，西北地区城市现代化的区域内差异均值由2011年的0.2346下降至2018年的0.2223，年均下降0.76%，下降幅度较小。而西南地区的城市现代化的区域内差异则呈现频繁波动的演变态势，其差异均值由2011年的0.2540上升到2012年的0.2809，达到峰值，又于2013年下降至0.2229，2014年又短暂地增长到0.2532，之后便呈现下降的变动趋势，2018年下降至0.2106，甚至小于西北地区城市现代化的区域内差异。从2012年到2018年，西南地区城市现代化的区域内差异均值年均下降4.69%。西部城市现代化的区域间差异在样本观测期内呈现出在波动中下降的演变态势，具体来看，两个区域间差异于2012年增至0.2731，达到峰值，而后又急剧下降，2013年该基尼系数下降至0.2268，虽然在2014年又小幅度地上升到0.2413，但是随后四年保持着平缓的变动态势，整体呈现缓慢收窄的趋势。

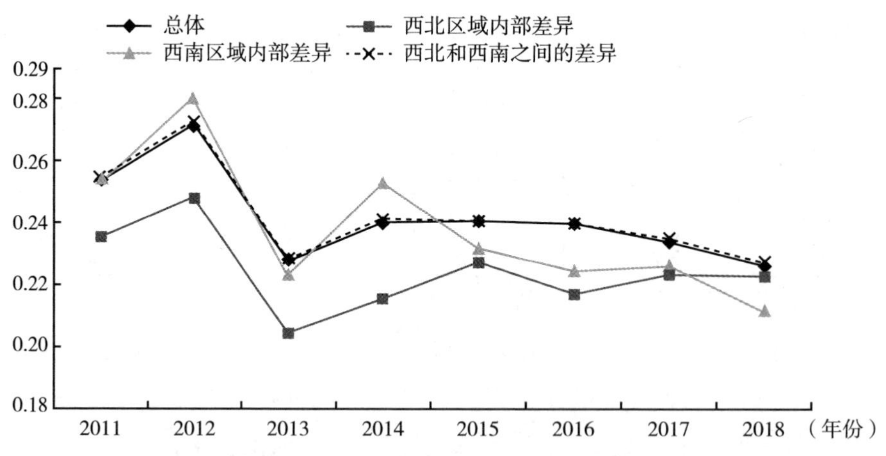

图2　2011～2018年西部地区城市现代化的区域内和区域间差异的演变态势

4. 西部地区城市现代化差异的空间来源及贡献

本文利用 Dagum 基尼系数按子群分解方法，揭示西部地区城市现代化差异的来源及其贡献率，测算结果如表 3 所示。从差异来源来看，区域内的差异来源最大，在 0.1128 ~ 0.1360 范围波动；超变密度差异来源居中，在 0.0647 ~ 0.0995 范围波动；而区域间差异来源最小，在 0.0306 ~ 0.0549 范围波动。从差异贡献率来看，在样本观测期内，区域内差异贡献率始终保持 50% 的高水平，高于区域间差异贡献率和超变密度差异贡献率。超变密度差异贡献率均值为 32.84%，对西部地区城市现代化差异的贡献居第二位。而区域间差异贡献率居末位，样本期间其贡献率的均值仅为 17.16%，对西部地区城市现代化差异的贡献最小。这就说明西部地区城市现代化总体差异最主要的来源是区域内差异，鉴于此，缩小区域内差异是解决西部地区城市现代化发展不均衡问题的关键。

表 3　2011 ~ 2018 年西部地区城市现代化差异来源及其贡献率

年份	区域内		区域间		超变密度	
	来源	贡献率(%)	来源	贡献率(%)	来源	贡献率(%)
2011	0.1265	50.00	0.0398	15.71	0.0868	34.29
2012	0.1360	50.00	0.0364	13.39	0.0995	36.61
2013	0.1132	50.00	0.0470	20.75	0.0662	29.25
2014	0.1200	50.00	0.0306	12.75	0.0894	37.25
2015	0.1200	50.00	0.0463	19.27	0.0738	30.73
2016	0.1196	50.00	0.0549	22.97	0.0647	27.03
2017	0.1167	50.00	0.0391	16.74	0.0777	33.26
2018	0.1128	50.00	0.0354	15.71	0.0773	34.29

图 3 直观地刻画了西部地区城市现代化差异的来源及贡献率的演变态势。具体来看，区域内差异贡献率在观测期内始终保持 50% 的水平不变，处于平稳的态势。而区域间差异贡献率整体呈现类似“M”形波动态势，在 12.75% ~22.97% 水平范围波动。2011 年，区域间差异贡献率为 15.71%，2013 年上升至 20.75%，于 2014 年又急剧下降至 12.75%，2016 年，其贡献率又增至 22.97%，达到峰值后又呈现逐年下降的趋势，直至 2018 年降

至 15.71%。相应的超变密度差异贡献率则呈现类似“W”形变动趋势，在 27.03% ~ 37.25% 水平范围变化。2012 年，超变密度差异贡献率为 36.61%，2013 年降至 29.25%，2014 年又呈现上升态势，达到峰值 37.25%，随后两年再次下降，于 2016 年跌至谷底 27.03% 后，再次呈现逐年上涨态势，最终在 2018 年增至 34.29%。可以看出在样本观测期内，区域间差异贡献率和超变密度差异贡献率存在着互补的波动关系，彼增我降，共同构成西部地区城市现代化差异。

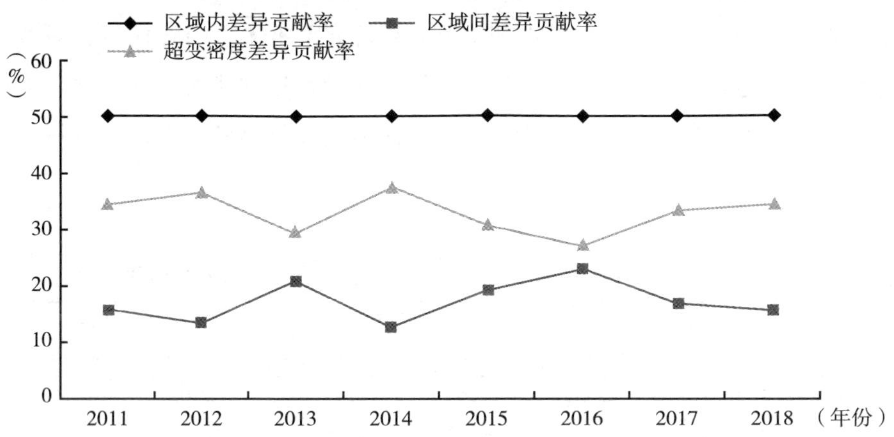

图 3　2011 ~ 2018 年西部地区城市现代化差异的来源及贡献率的演变态势

（二）西部地区城市现代化差异的结构分解

空间来源反映了地理学意义上城市现代化差异的构成，无法体现经济学含义上的城市现代化差异的来源。接下来，我们基于结构分解视角，通过方差分解方法来考察西部地区城市现代化水平差异的结构来源。

1. 方差分解

本文提出的城市现代化指数（Y）由城市人的现代化指数（$X1$）、城市经济现代化指数（$X2$）、城市社会现代化指数（$X3$）、城市生活方式现代化指数（$X4$）、城市政府现代化指数（$X5$）、城市文化现代化指数（$X6$）、城市生态现代化指数（$X7$）、城市基础设施现代化指数（$X8$）共同构成，即 $Y = X1 + X2 + X3 + X4 + X5 + X6 + X7 + X8$。那么，从结构视角来看，城市现代化的差异就来源于这八个基本维度，而方差分解能够揭示各维度的差异在多大程度上导致了城市现代化的差异，具体数理推导过程如下：

$$\begin{aligned} VAR(Y) &= COV(Y, X1 + X2 + X3 + X4 + X5 + X6 + X7 + X8) \\ &= COV(Y,X1) + COV(Y,X2) + COV(Y,X3) + COV(Y,X4) \\ &\quad + COV(Y,X5) + COV(Y,X6) + COV(Y,X7) + COV(Y,X8) \end{aligned} \tag{1}$$

两边同时除以 VAR（Y），可得：

$$\begin{aligned} 1 &= \frac{COV(Y,X1)}{VAR(Y)} + \frac{COV(Y,X2)}{VAR(Y)} + \frac{COV(Y,X3)}{VAR(Y)} + \frac{COV(Y,X4)}{VAR(Y)} \\ &\quad + \frac{COV(Y,X5)}{VAR(Y)} + \frac{COV(Y,X6)}{VAR(Y)} + \frac{COV(Y,X7)}{VAR(Y)} + \frac{COV(Y,X8)}{VAR(Y)} \end{aligned} \tag{2}$$

其中，VAR 为方差，COV 为协方差。式（1）将城市现代化差异分解为 8 个分维度的差异。式（2）通过比值来衡量这八个维度的差异分别对城市现代化差异的贡献份额，某一维度差异的贡献份额越高，就代表它导致的城市现代化差异越大。

2. 西部地区总体城市现代化差异结构来源

从图 4 可以直观地观察到 2011 ~2018 年西部地区城市现代化差异的结构分解结果。从静态角度来看，首先城市经济现代化差异和城市社会现代化差异是城市现代化差异的主要结构性来源，两者的差异贡献率的均值分别为 16.97% 和 15.22%。其次城市人的现代化差异、城市文化现代化差异和城市基础设施现代化差异对整体城市现代化差异的贡献也较大，三者的贡献份额的均值分别为 14.82%、14.55% 和 13.66%。其他的差异来源就是城市生活方式现代化差异和城市政府现代化差异，其贡献率分别为 10.99% 和 10.02%。而在各分项维度中，城市生态现代化差异的贡献最小，仅为 3.77%。从动态角度来看，城市人的现代化差异贡献率呈现“V”形变动，其贡献率在 2013 年达到最低值，随后又急速上升回归原水平并保持平缓的变动趋势。城市经济现代化差异贡献率呈现显著下降的趋势，其贡献率由 2011 年的 20.24% 降至 2018 年的 9.22%。而城市社会现代化差异贡献率不断提升，其贡献率由 2012 年的 13.39% 增长到 2018 年的 20.31%。城市政府现代化差异贡献率逐渐下降而城市文化现代化差异贡献率却逐步上升，2013 年之后，城市文化现代化差异逐渐取代城市政府现代化差异，成为城市现代化差异的主要来源。城市基础设施现代化差异的贡献份额呈 W 形上升态势，而城市生活方式现代化差异和城市生态现代化差异的贡献度相对来说波动较小，始终保持平缓的变动趋势。

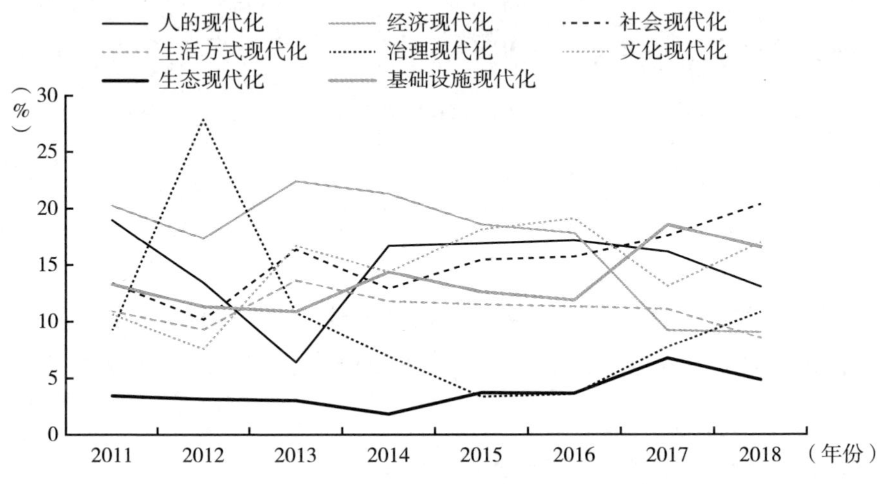

图 4　2011～2018 年西部地区城市现代化差异的结构分解

四　未来15年西部地区城市基本实现现代化的趋势预测

（一）西部地区城市现代化发展的分布动态

通过基尼系数分析，我们对西部地区城市现代化发展的空间差异及其来源有了较为清晰的认识。但基尼系数刻画的是相对区域差异，并不能反映西部地区城市现代化发展的绝对差异和动态演进特征。基于此，本文借助核密度估计方法就西部地区城市现代化水平的分布位置、分布态势、分布延展性以及极化趋势进行全面分析。

1. Kernel 密度估计方法

核密度估计方法能够用连续的密度曲线描述随机变量的分布形态，目前已经成为研究空间分布非均衡的重要工具之一。该方法假设随机变量 X 的密度函数为 $f(x)$，在点 x 处的概率密度由式（3）进行估计。式（3）中，N 为观测值的个数，X_i 为独立同分布的观测值，x 为均值，K 为核函数，h 为带宽。带宽越小，估计的密度函数曲线越不光滑，估计精度越高，因此应尽可能选择较小带宽。本文选择高斯核对西部地区城市现代化水平的分布动态演变进行估计，如式（4）所示。

$$f(x) = \frac{1}{Nh}\sum_{i=1}^{N} K\left(\frac{X_i - x}{h}\right) \tag{3}$$

$$K(x) = \frac{1}{\sqrt{2\pi}}\exp\left(-\frac{x^2}{2}\right) \tag{4}$$

2. 西部地区城市现代化发展分布动态的演变特征

为保证测度的精准性，选取 2011 年、2013 年、2015 年、2017 年和 2019 年作为测度时间点，运用 Kernel 密度估计来考察分析西部地区总体及西北和西南两个地区的城市现代化发展分布的整体态势及其动态演进特征，具体如图 5 ~ 图 7 所示。

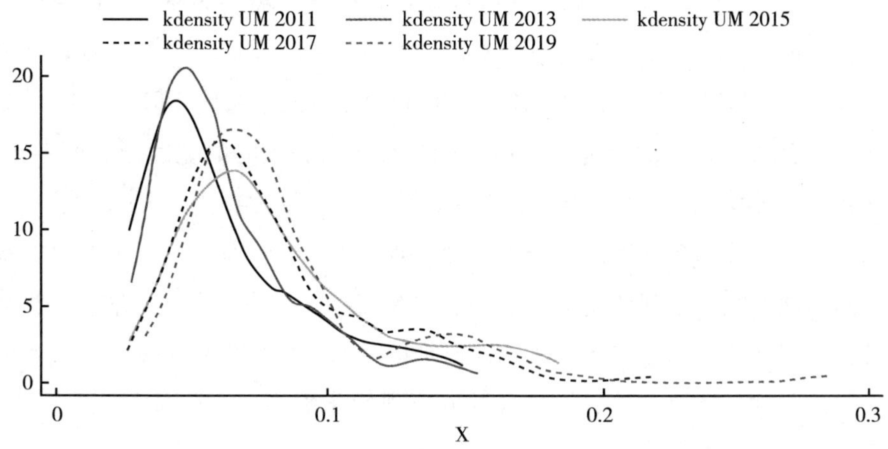

图 5　2011 年、2013 年、2015 年、2017 年、2019 年西部地区城市现代化发展的分布动态

首先，从分布位置来分析，样本考察期内，西部地区、西北地区和西南地区的城市现代化发展的分布曲线的中心逐渐右移，这表明西部地区的城市现代化水平总体呈现逐步上升趋势。具体来看，无论是西部地区总体还是西北地区和西南地区，2011～2015年，城市现代化发展的分布曲线都呈现快速右移的趋势。然而2015～2017年，三者的分布曲线皆呈现一定幅度的左移，虽然西部地区总体和西南地区的分布曲线于2019年再次右移，但是相比于2015年的分布位置来说只是小幅度右移。这说明西部地区城市现代化发展在2015～2017年遭遇了一定的阻碍，但是2017～2019年又呈现逐年好转的态势。总体来说，西部地区的城市现代化水平呈现良好的发展趋势。

其次，对西部地区和西北、西南两个地区的城市现代化发展的分布曲线的变化态势来进行分析，西部地区城市现代化发展的分布曲线的主峰峰值呈现“上升－下降－上升”的波动态势，相应的主峰的宽度则呈现“缩小－扩大－缩小”的趋势，但是整体来看呈现扩大的变动趋势，这说明总体来说西部地区城市现代化发展的绝对差异逐渐增大。西北地区城市现代化发展的分布曲线的主峰峰值于2013年急剧上升，2015年又急剧下降，随后又呈现先上升后下降的波动态势，其主峰的宽度则呈现“缩小－扩大－缩小－扩大”的变动趋势，这表明西北地区的城市现代化的绝对差异呈现“缩小－扩大－缩小－扩大”的波动趋势。西南地区的城市现代化发展的分布曲线的主峰峰值和主峰宽度的波动相对来说较为平缓。2011～2013年，其主峰的峰值和宽度基本不变，2015年峰值急剧下降，主峰的宽度也急剧增大，但是2017年未发生明显变动。直至2019年，主峰峰值有所上升，主峰的宽度则有所缩小。总体来说，样本观测期内西南地区的城市现代化发展的绝对差异有所扩大。

再次，对分布延展性进行分析，样本观测期内，西部地区总体和西北地区、西南地区的城市现代化的分布曲线始终存在明显的向右拖尾现象，且其分布的延展性均呈拓宽趋势，表明西部地区城市现代化发展水平较高城市的城市现代化水平呈上升趋势，与区域城市现代化平均水平的差距逐年增大，延展性差距逐年扩大。

最后，对分布曲线的极化趋势进行分析，西部地区总体城市以及西北地

区和西南地区现代化分布的单极化现象始终存在，但其峰值总体来看有下降的趋势，这表明随着时间推移，其极化现象逐渐得到缓解与控制。2015 年之后，单极化现象逐渐消失，西部地区总体以及西北地区和西南地区的分布形态主要由一个主峰和一个侧峰构成，但是侧峰较低，这表明西部地区城市现代化发展具有一定的梯度效应，逐渐呈现微弱的两极分化趋势。

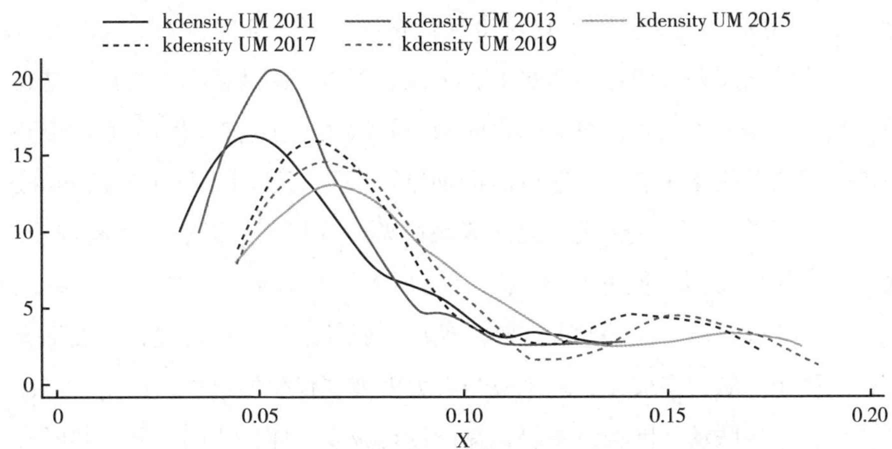

图 6　2011 年、2013 年、2015 年、2017 年、2019 年西北地区城市现代化发展的分布动态

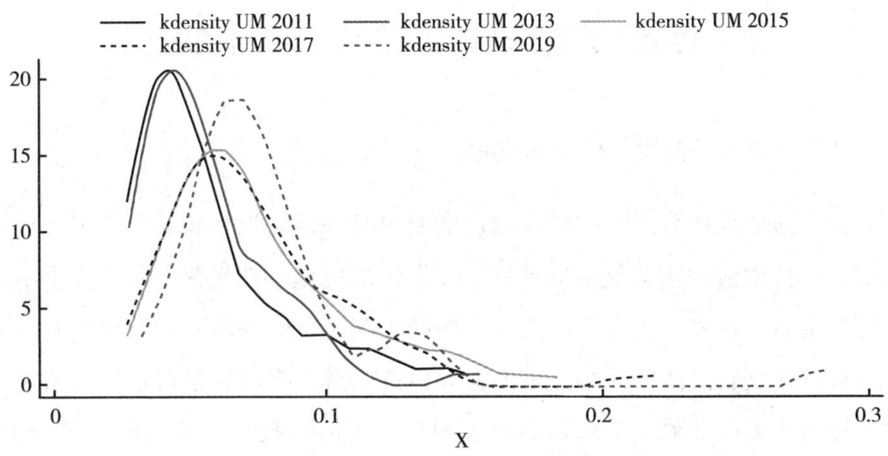

图 7　2011 年、2013 年、2015 年、2017 年、2019 年西南地区城市现代化发展的分布动态

（二）西部地区城市基本实现现代化的趋势预测

基于以上对西部地区城市现代化发展分布的整体态势以及动态演进过程的分析，本文将对未来西部地区城市基本实现现代化的趋势进行简要的预测。首先，西部地区的城市现代化水平将会以良好的发展态势逐年上升，预计可以在2035年达到基本实现城市现代化的目标。其次，未来西部地区城市现代化的发展差异将会不断扩大，不仅表现为西南地区和西北地区之间的差异扩大，也表现为各区域内部之间的差异增大，还会表现为中心城市和小城市之间的差距逐年扩大，这可能会加剧西部地区区域发展不平衡的问题。因此未来西部地区要完善现代化的区域协调发展机制，以创新发展带动点、线、面一体化发展，促进区域板块之间形成统筹有力、竞争有序、绿色协调、共享共赢的融合互动发展战略。最后，西部地区城市现代化发展将会由单极化逐步发展为多极化，未来应当大力发展现代化城市群，以中心城市带动中小城市再联动外围城镇发展，辐射带动城乡一体化协同发展，共同推进西部地区城市现代化的高水平高质量发展。

五　西部地区实现城市现代化的路径选择

（一）培育现代化发展新动能

西部地区现代化发展应当由以往的要素驱动转向创新驱动，而现代化进程中，科技创新的核心就是推进科学技术的现代化。现代化的科学技术不是单纯侧重研发投入，更强调高质量的协同创新、自主创新和产业化创新。一是释放各类创新主体的活力，瞄准世界科技前沿，推动科学技术本身的现代化。这就要求西部地区在未来要引进和吸收前沿科技，也要强化自主研发，协同提升基础研究和应用研究水平，实现科技创新从“跟跑、并跑到领跑”的飞跃。二是深化科技体制改革，促进生产和服务领域掌握现代科学技术。

借助国内巨大的市场潜能优势，以产业链、创新链和资金链的“三链融合”推动科技创新的产业化应用。

（二）促进政府治理体系和治理能力的现代化

政府治理体系是管理地区的制度体系，治理能力是运用制度管理社会各方面事务的能力。促进政府治理体系和治理能力现代化是实现政府治理同社会调节、居民自治良性互动，建设人人有责、人人尽责、人人享有的社会治理共同体的关键，为实现西部地区城市现代化提供了制度保障。新时期要推动与现代化治理体系相关的各项制度趋向成熟和完善，其重点在于：首先，坚持在中国共产党的领导下，发展现代化的社会主义民主政治以体现人民意志、保障人民权益、激发人民创造力，在制度建设上深入贯彻“发展为了人民”。其次，完善现代化的社会主义经济制度，建设具有现代化技术和制度特征的高标准市场体系，充分发挥市场的无形之手在资源配置中的决定性作用，同时做好政府有形之手在市场失灵时的补位，实现两手协调互济。再次，推动形成政府和社会良性互动的社会治理体制。健全城乡社会、行业协会和群众自治组织的制度，在社会公共事务中鼓励公众参与、扩大信息透明度、强化权力监督，并借助现代化工具和手段提升化解社会矛盾的效率。最后，实现政府治理能力的现代化需要使用科学的方法和工具，将大数据、人工智能、互联网和区块链等新方法、新技术应用于高效服务性政府建设，通过解决信息不完全来规避政府治理失灵。

（三）实现人的全面发展

人民生活质量是指一定时期内一个区域内人们生活的社会环境和生活保障状况，是反映人生活的经济社会条件质量的具体水平。社会民生的持续改善是高质量发展的内在要求，也是其重要内涵之一。高质量发展下更突出的是公众的获得感，人民生活水平的提高并不是简单指人均收入增长，而是包含着生活的幸福度、尊严感等多维度的提升，是物质生活和精神生活全方位的高质量。此外，在把握高质量发展中人民生活质量的内涵上要注意生活质量和生活水平概念并不相同，人民生活的高质量是经济生活、政治生活、精神文化生活、社会保障、社会安全和生活劳动环境的协调发展。新时代下人民群众期盼有更好的教育资源、更完善的基础设施、更高水平的医疗卫生与养老保障及更优美的居住环境，而这一切都需要我们放弃速度偏好，重视发展的质量，从而实现人民生活质量的长期提高。因此高质量的发展要更注重满足人民在多方面日益增长的高层次需要，更好推动人的全面发展、社会全面进步，将不断满足人民对美好生活的需要。

（四）推进绿色发展　促进生态文明

绿色发展是人民美好生活需要的重要组成部分。现代化新格局下的“十四五”规划要推进生态环境的现代化，通过绿色发展和生态文明建设协调经济和生态的关系、保证代际公平。一是完善知识产权制度设计，引导创新主体努力获得面向长期发展的绿色专利，以财税金融优惠政策相扶持，加强生态环境保护；加强技术创新，以绿色技术创新实现长期的双赢。二是加大对高耗能、高污染行业的技术改造力度，提升行业的综合能源效率，切实降低生产行为对生态环境的压力。三是完善生态环境保护的市场机制，健全碳排放许可证交易制度，通过明晰产权、降低生态环境保护领域的交易费用，实现帕累托最优。四是政府应弱化直接的环境规制，主导健全生态环境保护投入及污染行为的监督机制以及相关的法制建设，借助制度化的方式推进生态现代化，降低生态环境规制成本。五是加强舆论宣传和财税融资倾斜，引导和激励绿色生产和绿色消费行为。

（五）完善基础设施保障体系

西部地区被视为发展“短板”的服务基础设施有待大力发展和进一步完善。如果属于短板的服务形态的基础设施得到充分发展，那么属于长板的物理形态的基础设施的效能也能得到充分的发挥，进而使西部地区整个基础设施的效益得以最大程度地发挥。数字基础设施需要进一步发展和建设。西部地区的数字产业和相应的数字化基础设施目前还处于中低端水平，数字化产业发展还不成熟，与传统产业的结合度也不高。因此在未来发展进程中，西部地区需要加强对数字化产业的投资与扶持，积极推进数字化基础设施的建设和发展，在新时代，激发经济社会发展的新活力，引导未来的发展趋势。

B.5
西部地区人民生活现代化的路径与政策*

朱 楠　陈维茹**

摘　要：2020年全面建成小康社会已经取得决定性成就，未来15年要实现社会主义现代化远景目标，其中人民生活现代化是社会主义现代化的最终目标，而西部地区又是全国人民生活现代化进程中的短板，因此西部地区人民生活现代化实现程度是本文重要的研究内容。在对人民生活现代化概念进行界定的基础上，本文构建了西部地区人民生活现代化指标体系并将其作为现代化实现程度的评判标准。通过对2019～2020年西部地区人民生活现代化实现程度进行评估，本文提出不断提升人民收入水平、推动公共服务转型与发展、促进公共文化服务发展、坚持绿色发展观四个方面的实现路径。最后，本文运用灰色预测模型对未来15年西部地区的发展趋势进行预测，结果显示，到2035年西部地区人民生活全部实现了现代化，但具体指标实现程度差异较大。

关键词：西部地区　人民生活　现代化

中国的现代化有着鲜明的中国特色，其发展历程一直围绕着人民生活水

* 本文为2019年国家社会科学基金一般项目“基本公共服务供给提高低收入群体幸福感的路径研究”（19BJL101）的阶段性研究成果。

** 朱楠，博士，教育部人文社会科学重点研究基地——西北大学中国西部经济发展研究院兼职研究员、西北大学公共管理学院教授、博士生导师，研究方向为社会保障、公共服务；陈维茹，西北大学公共管理学院硕士研究生。

平的提升而展开。新中国成立初期，为改善人民生活水平提出“四个现代化”建设目标；1987 年，提出“三步走”发展战略，是以人民的生活状态为标尺来表述中国现代化发展的战略步骤；2002 年，十六大提出全面建设小康社会；2012 年，十八大提出了到 2020 年全面建成小康社会；2020 年，全面建成小康社会取得决定性成就，脱贫攻坚成果举世瞩目，人民生活水平显著提高，到 2035 年基本实现社会主义现代化远景目标。其中人民生活现代化是社会主义现代化的最终目标，体现在人民生活更加美好，人的全面发展以及全体人民共同富裕取得更为明显的实质性进展。①

我国幅员辽阔，地区间的不平衡制约了人民生活现代化的实现。西部地区集革命老区、民族地区、边疆地区、边远山区于一体，经济发展动力不足，人民生活水平低，是脱贫攻坚工作中的重点和难点，也是实现人民生活现代化进程中的短板。因此，本文将如何实现西部地区人民生活现代化作为研究重点。本文通过对人民生活现代化的概念进行界定，构建起西部地区人民生活现代化指标体系并将其作为现代化实现程度的评判标准，据此对 2019 ~ 2020 年西部地区人民生活现代化现状进行分析，根据评判结果提出西部地区人民生活现代化的实现路径，并对未来 15 年发展趋势进行预测。

一　西部地区人民生活现代化评判标准

（一）人民生活现代化概念界定

“现代化”一词最早于 18 世纪 70 年代出现，用于表示一个国家从传统社会走向现代社会的过程。经典现代化理论认为，现代化的核心是经济现代化，现代化的主要驱动力是经济增长，西方国家的现代化主要经历了工业化、城市化、信息化的过程。但西方现代化理论解决不了中国的现代化问题，西方国家通过长期殖民迅速完成资本原始积累的现代化发展路径是不可复制的。中国的现代化是一个追赶超越的过程，现代化既是最终的实现目

① 《中国共产党第十九届中央委员会第五次全体会议公报》。

标，也是一个包含道路、阶段、战略的过程①，且体现出鲜明的人民观，它不但包括科学技术的现代化、经济结构的现代化，还包括人的现代化。② 而人民生活现代化又是人的现代化的具体表现，能直观地反映出现代化对人民生活方式、生活观念的影响，体现现代化对人民幸福感的提升效应。

人民生活现代化具有丰富的内涵，包括实现共同富裕、丰富人民的精神生活、重视人民生命安全和身体健康、人与自然和谐共生。具体来讲，一是实现全体人民的共同富裕。十九届五中全会把“全体人民共同富裕取得更为明显的实质性进展”作为远景目标，体现了经济发展和改革的成果惠及全体人民的思想。二是注重人民的精神生活。在物质富裕的情况下，应当不断丰富人民的精神文化生活，使得人人知礼节而明荣辱。三是把人民的生命安全和身体健康放在第一位。建成世界上规模最大的社会保障体系，发挥其分散风险、配置资源、增强发展能力的功能。四是人与自然和谐共生。在现代化过程中不能再走“先破坏，再治理”的老路，应当秉承“两山理论”，营造青山绿水的宜居环境，走人与自然和谐共生的可持续发展道路。

（二）指标体系的构建

1. 指标体系构建

通过文献梳理，笔者发现尚未有关于构建人民生活现代化指标体系的文献。根据人民生活现代化的内涵，结合《西部大开发“十三五”规划》《中共中央　国务院关于新时代推进西部大开发形成新格局的指导意见》两个文件，参考江苏省苏南地区、江苏省、浙江省、广东省、北京市所构建的现代化指标体系，以及专家学者提出的现代化指标，笔者建构了西部地区人民生活现代化评价指标体系。该指标体系由经济生活现代化、社会生活现代化、文化生活现代化、生态生活现代化四个维度构成（见表1）。

---

① 我国东部发达地区率先基本实现现代化的理论和实践研究课题组：《区域现代化理论与实践研究》，江苏人民出版社，2014，第2页。

② 洪银兴：《进入新时代的中国特色社会主义政治经济学》，《管理世界》2020年第9期，第1～10页。

表 1　西部地区人民生活现代化评价指标体系

目标层	准则层	方案层	权重	措施层	单位	权重	目标值
西部地区人民生活现代化评价指标体系	经济生活现代化（40.91%）	收入水平	0.1598	居民人均可支配收入（X1）	元/年	0.1598	≥45688
		消费水平	0.1130	恩格尔系数（X2）	%	0.0373	≤30
				居民人均消费支出（X3）	元	0.0757	≥33440
		城市化水平	0.0799	常住人口城镇化率（X4）	%	0.0799	≥70
		科创水平	0.0565	R&D 经费占 GDP 比重（X5）	%	0.0379	≥2.23
				每万人专利授权数（X6）	项	0.0186	≥20
	社会生活现代化（32.18%）	社会保障及就业	0.1251	社会保障和就业支出占财政支出比重（X7）	%	0.0617	≥20
				每千老年人口养老床位数（X8）	张	0.0245	≥40
				城镇登记失业率（X9）	%	0.0389	≤5
		医疗卫生和健康	0.0964	每千人拥有医生数（X10）	人	0.0320	≥4
				每千人医疗机构床位数（X11）	张	0.0134	≥12
				医疗支出占财政支出比重（X12）	%	0.0510	≥11
		基础设施	0.0605	城市每万人拥有公共交通车辆（X13）	辆	0.0121	≥20
				人均城市道路面积（X14）	平方米	0.0242	≥30
				城市燃气普及率（X15）	%	0.0242	≥97
		社会服务	0.0397	每万人社会组织数（X16）	个	0.0238	≥8.8
				每万人自治组织数（X17）	个	0.0159	≥7
	文化生活现代化（16.53%）	教育水平	0.1241	文盲率（X18）	%	0.0243	≤4
				普通高中生师比（X19）	-	0.0386	12.5～13.5
				每十万人口高等学校在校生数（X20）	人	0.0612	≥3300
		文化娱乐	0.0412	居民教育文化娱乐支出占家庭消费支出比重（X21）	%	0.0203	≥16
				互联网普及率（X22）	%	0.0128	≥75
				人均拥有公共图书馆藏书量（X23）	册	0.0081	≥1.5
	生态生活现代化（10.38%）	绿化水平	0.0270	建成区绿化覆盖率（X24）	%	0.0135	≥45
				城市人均公园绿地面积（X25）	平方米	0.0135	≥20
		空气质量	0.0428	城市空气质量达到或优于二级标准的天数比例（X26）	%	0.0428	≥95
		环境卫生	0.0340	生活垃圾无害化处理率（X27）	%	0.0170	100
				每万人拥有公共厕所数（X28）	座	0.0170	≥6

2. 指标说明及其特点

本文基于《全面建成小康社会统计监测指标体系》《国家中长期教育改革和发展规划纲要（2010－2020年）》《中国教育现代化2035》《全国医疗卫生服务体系规划纲要（2015－2020年）》《民政事业发展第十三个五年规划》等政策规划以及《中国统计年鉴2020》，并在参考世界银行数据库数据和《江苏基本实现现代化指标体系》《苏南地区现代化建设指标体系（试行）》的基础上，设置各个指标的目标值，用于衡量当前西部地区人民生活现代化的实现程度，并作为预测2035年人民生活现代化的实现目标。

西部地区人民生活现代化指标体系具有时代性和引导性，习近平总书记在十九大报告中强调要推动西部大开发形成新格局，2020年印发的《中共中央 国务院关于新时代推进西部大开发形成新格局的指导意见》提出以人民为中心，加大美丽西部建设力度。因此，以人为本、以生态保护为先，成为新时代推动西部大开发形成新格局的重点之一，也是西部人民实现生活现代化的重要内容和前提。据此，该指标体系具有以下特点。

第一，以人民为中心。经济生活维度设计了与居民收入和生活水平密切相关的指标，且目标值设置较高，比如恩格尔系数设为30%以下，在全面建成小康社会后，未来西部地区能够实现“家庭很富裕”的水平；社会生活维度涉及人民群众极为关注的社会保障、就业、医疗卫生与健康、基础设施、社会服务等重要内容，其中社会保障具有为人民分散风险、保障基本生活和权益、促进社会公平的重要作用，在“促进社会保障事业高质发展、可持续发展”的政策理念指引下，将该指标的权重加大，目标值设计得较高；文化生活维度的指标注重人的素质与能力提升，满足人民日益增长的文化需要，重视人力资本培育；生态生活维度，用优良的空气质量、干净整洁的卫生环境来衡量人民居住环境的舒适度。

第二，区域性特色显著。在指标设计上凸显区域特色，一是西部地区未来发展离不开创新，将创新作为第一动力，通过科技创新成果转化来提高人民生活水平，因而在经济生活维度中加入R&D经费占GDP比重、每万人专利授权数；二是教育高质量发展是西部地区提高人民素质、培育人力资本的重要途径，根据《中国教育现代化 2035》提出实现优质均衡的义务教育、全面普及高中阶段教育、高等教育竞争力明显提升的具体目标，要加快提升西部地区基础教育和高等教育办学能力，因此以文盲率、普通高中生师比、每十万人口高等学校在校生数来衡量教育水平与人口素质；三是考虑到西部地区为少数民族聚居之地，自治程度较高，在社会服务中设置每万人自治组织数指标；四是西部地区具有地广人稀、生物多样的特点，又经过 20 年大开发建设，基础设施等一些指标领先于全国乃至东部地区，因此应适当调高其目标值。

第三，强调各个维度间的协调性。根据十九届五中全会的远景目标，不仅要实现经济增长，还要实现人的全面发展，这就涉及经济、社会、文化、生态各个维度的共同发展。经济发展是人民生活现代化的物质基础，社会发展是人民的生活保障，文化和娱乐满足人民的精神需求，生态环境为人民提供了宜居环境和生产生活资料，因此只有全面发展才能早日实现人民生活现代化。

二　2019年西部地区人民生活现代化的态势分析

（一）数据来源

本文数据来源于《中国统计年鉴 2020》、《2019 年全国教育经费执行情况统计公告》、《2019 年全国科技经费投入统计公报》、2010～2019 年西部地区 12 省（自治区、直辖市）《生态环境状况公报》。

（二）评价步骤及指标权重确定

本文使用层次分析法（AHP）确定指标的权重。在诸多的方法中，层次分析法集定量和定性方法于一体，既可综合研究者的主观判断，又可按照指标体系的设计对西部地区人民生活现代化进行定量评价。此外，它还是系统性的结构分析法，通过将总体目标进行合理的分层和重要性比较，最终获得每一指标的权重。[①] 根据层次分析法的原理，西部地区人民生活现代化评价步骤如下。

一是构建西部地区人民生活现代化评价的层次结构模型。根据西部地区人民生活现代化评价指标体系，确定系统评价的因素集合。

二是构建判断矩阵。通过德尔菲法的分析，得出各指标的重要程度 a_{ij}，构建层次结构模型的分层判断矩阵。根据公式 $\overline{a_{ij}} = a_{ij} / \sum_{i,j=1}^{n} a_{ij}$ 将判断矩阵 A 每一列归一化，再将归一化后的每列矩阵按行相加，得到 $\overline{W_i} = \sum_{j=1}^{n} \overline{a_{ij}}$。通过公式 $\overline{W_i} = \overline{W_i} / \sum_{i=1}^{n} \overline{W_i}$ 将向量 $\bar{W} = (\overline{W_1}, \overline{W_2}, \overline{W_3}, \overline{W_4})^T$ 归一化，得出权重向量 $W = (W_1, W_2, W_3, W_4)^T$。

三是对判断矩阵进行一致性检验。求得判断矩阵的最大特征根 $\lambda_{max} = \sum_{i=1}^{n} \frac{AW}{nW_i} = 4.1431$，一致性指标 $CI = \frac{\lambda_{max} - n}{n - 1}$，一致性比率 CR = CI × RI = 0.0536 <0.1，RI 为平均随机一致性指标，判断矩阵通过一致性检验，各层指标的权重得以确定。

（三）西部地区人民生活现代化实现程度的评价方法

1. 正指标

$$Z_i = \begin{cases} \frac{x_i}{x_{i1}} \times 100\%, 若 \frac{x_i}{x_{i1}} < 1 \\ 100\%, 若 \frac{x_i}{x_{i1}} \geqslant 1 \end{cases} \tag{1}$$

其中 Z_i 是 x_i 的评价值，x_i 是实际值，x_{i1} 是目标值。

---

① 朱楠、任保平：《中国公共服务质量评价及空间格局差异研究》，《统计与信息论坛》2019 年第 7 期，第 103 页。

2. 逆指标

$$Z_i = \begin{cases} \frac{x_{i1}}{x_i} \times 100\%,若\frac{x_{i1}}{x_i} < 1 \\ 100\%,若\frac{x_{i1}}{x_i} \geqslant 1 \end{cases} \tag{2}$$

其中 Z_i 是 x_i 的评价值，x_i 是实际值，x_{i1} 是目标值。

3. 区间指标

$$Z_i = \begin{cases} 0,如果 x_i \notin [m_1, m_2] \\ \left[-\frac{1}{(q_1 - m_1)^2}x^2 + \frac{2q_1}{(q_1 - m_1)^2}x + \frac{{m_1}^2 - 2q_1 m_1}{(q_1 - m_1)^2}\right] \times 100\%,如果 x_i \in [m_1, q_1] \\ 100\%,如果 x_i \in [q_1, q_2] \\ \left[-\frac{1}{(q_2 - m_2)^2}x^2 + \frac{2q_2}{(q_2 - m_2)^2}x + \frac{{m_2}^2 - 2q_2 m_2}{(q_2 - m_2)^2}\right] \times 100\%,如果 x_i \in [q_2, m_2] \end{cases} \tag{3}$$

其中 Z_i 是 x_i 的评价值，x_i 是实际值。$[q_1, q_2]$ 为 x_i 的目标区间，m_1、m_2 分别为 x_i 的允许下限值与上限值。普通高中生师比为区间指标，其目标区间为［12.5，13.5］，m_1、m_2 值分别为 9、17.5。

4. 西部地区人民生活现代化实现程度的测量

西部地区人民生活现代化实现程度的计算公式为：

$$F = \sum_{i=1}^{28} w_i z_i \tag{4}$$

子目标为西部地区人民经济生活、社会生活、文化生活、生态生活现代化的实现程度，计算公式为：

$$F_j = \sum_{i=m_j}^{n_j} w_i z_i / \sum_{i=m_j}^{n_j} w_i \tag{5}$$

z_i 是 x_i 的评价值，x_i 是实际值，w_i 是 x_i 的权重。F_j 指第 j 个子目标的实现程度，m_j 为第 j 个子目标中第一个评价指标在总评价指标中的序数，n_j 为第 j 个子目标中最后一个评价指标在总评价指标中的序数。

（四）西部地区人民生活现代化态势分析

根据上述公式和相关数据，本文对2019～2020年西部地区人民生活现代化实现程度进行测算。结果显示，总体上西部地区人民生活现代化实现程度已经达到68.86%（见表2），与目标值还有一定差距，但差距并不是很大，通过未来15年的发展，西部地区完全实现人民生活现代化目标有望达成。但各个维度的实现程度并不均衡，其中生态生活现代化实现程度最高，达到85.25%，主要得益于西部地区自身的资源禀赋以及西部大开发前20年对生态保护、生态修复的重视；社会生活现代化、文化生活现代化次之，实现程度达到73.22%与72.69%；经济生活现代化实现程度最低，为59.73%，是未来重点发展的领域。

表2　西部地区人民生活现代化总体实现程度

单位：%

指标	实现程度
经济生活现代化	59.73
社会生活现代化	73.22
文化生活现代化	72.69
生态生活现代化	85.25
总体实现程度	68.86

1. 经济生活现代化态势分析

在经济生活方面，西部地区城市化水平实现程度最高，达到76.15%，其中重庆、内蒙古的“常住人口城镇化率”分别为66.8%、63.37%，较为接近70%的目标值；消费水平实现程度为66.61%，该指标实现程度较高主要归功于“恩格尔系数”达标率高。然而，收入水平和科创水平的实现程度都比较低，分别为51.70%和45.34%，成为实现人民经济生活现代化的障碍。西部地区人民收入水平虽然呈逐年上升趋势，但居民人均可支配收入仍低于全国水平。[①] 甘肃、西藏有国家级贫困地区，贵州省有三个集中连片

① 2019年全国居民人均可支配收入为30762.8元，西部地区居民人均可支配收入为23618.84元。

特困地区，使得甘肃、西藏、贵州的居民人均可支配收入最低，拉低了西部地区的平均收入水平。此外“三区三州”[①] 也位于西部地区，作为中国最大的深度贫困地区，是全面建成小康社会难啃的硬骨头，脱贫后依然存在巨大的返贫风险。生态环境恶劣、资源禀赋差、交通不便成为西部贫困地区的共同特点，导致了人民收入水平低。

经济生活现代化离不开科技创新，而西部地区科技创新呈现差距显著和发展不均衡的特点。2019 年西部地区“R&D 经费占 GDP 比重”为 1.14%，“每万人专利授权数”为 6.71 件，现代化实现程度分别为 51.12% 和 33.56%，两项指标都低于全国平均水平。但陕西、重庆、四川三省市的科创能力较强，实现程度分别为 85.81%、82.95%、72.33%，并在航天、核能、太阳能等领域领先于全国。此外，2016 年贵州成为首个国家级大数据综合试验区，以此为平台的相关科研成果开始涌现，产业纷纷落户贵州。除此之外，西部其余省区科创能力普遍较弱，导致整体现代化实现程度偏低。

2. 社会生活现代化态势分析

当前西部地区社会生活现代化实现程度较高，其中社会保障及就业、基础设施的实现程度都超过了 74%，医疗卫生和健康达到 67.42%，社会服务达到 69.28%。一方面得益于一些省区、市的基本公共服务质量较高；另一方面西部地区少数民族众多且聚居，使得自治组织数量较多，组织管理体制较为完善。这样人民能够享受到保障范围更广、水平更高的社会保障与医疗卫生服务，以及日臻完善的基础设施所带来的生活便利。

但该维度还存在着发展不均衡的问题，一是指标间的发展不均衡，比如“社会保障和就业支出占财政支出的比重”、“城镇登记失业率”、“城市燃气普及率”与“城市每万人拥有公共交通车辆”等指标，通过财政投入及政策支持较容易实现现代化，但养老服务、医疗卫生服务供给方面的指标现代化实现程度较低；二是省际的发展不均衡，比如 2019

---

① “三区三州”中的“三区”是指西藏自治区和青海、四川、甘肃、云南四省藏区及南疆的和田地区、阿克苏地区、克孜勒苏柯尔克孜自治州四地区，“三州”是指四川凉山州、云南怒江州、甘肃临夏州。

年重庆、四川的社会保障和就业支出占财政支出比重为 18.15% 与 17.03%，已经接近 20% 的目标值，每千人医疗机构床位数为 7.42 张和 7.54 张，高于西部地区 6.61 张的平均水平。而西藏、宁夏社会保障和就业支出占财政支出的比重为 7.12% 和 12.9%，每千人医疗机构床位数只有 4.87 张和 5.9 张。此外，西藏和新疆医疗支出占财政支出的比重不足 6%，现代化实现程度仅为 51.13% 和 51.71%。这种指标间和省际发展不均衡不利于西部地区人民社会生活现代化目标的实现。

3. 文化生活现代化态势分析

在文化生活方面，西部地区教育水平的实现程度为 75.46%，文化娱乐的实现程度为 64.37%。整体上看该维度仍存在较多问题，首先反映在教育质量方面。“文盲率”是考察人民接受基础教育情况的重要指标，2019 年全国“文盲率”为 4.59%，而西部地区为 8.72%，其中甘肃、青海、贵州高于 10%，西藏甚至高达 33.11%，说明西部地区义务教育供给不足，未来基础教育普及依旧是其工作重点。同时较多省区出现高中在校生数量减少的情况，这与高中阶段学龄人口减少、中等职业教育学校数量减少有关。此外，西部地区高等教育发展缓慢，且存在省际差异。陕西和重庆的高等学校在校生数量最多，2019 年“每十万人口高等学校在校生数”达到 3812 人、3258 人，而西藏、青海分别为 1588 人和 1486 人。这与各省（区、市）拥有的高校数量直接相关，陕西和重庆的高等教育学校数分别为 95 所、65 所，而西藏只有 7 所，青海有 12 所，差距悬殊。

在文化娱乐方面，2019 年西部地区“居民教育文化娱乐支出占家庭消费支出比重”均值为 11.05%，落后于 11.66% 的全国水平。西部地区“互联网普及率”为 52.77%，全国为 64.5%；“人均拥有公共图书馆藏书量”为 0.65 册，全国为 0.79 册，均体现出西部地区在居民文化娱乐方面投入不足的问题，未来西部地区应当逐步满足并提升人民的精神文化需求。

4. 生态生活现代化态势分析

在生态生活方面，西部地区绿化水平的实现程度为 80%，空气质量实现程度为 93.17%，环境卫生为 79.44%。空气质量的实现程度最高，2019 年西部地区“城市空气质量达到或优于二级标准的天数比例”的均值为89.49%，西藏、云南、青海则超过了95%，空气质量优良。然而，新疆、陕西两省区的空气质量达优率只有71.4%与72.7%，一是和地理环境有关，新疆多沙漠、戈壁，陕西地处黄土高原，生态脆弱，易引发沙尘天气；二是新疆、陕西两省区拥有丰富的煤炭、石油、天然气等资源，在开采和生产过程中由于资源利用方式粗放等，环境污染、空气质量恶化的问题比较突出。

绿化水平、环境卫生指标的实现程度接近。在绿化水平方面，2019年西部地区“建成区绿化覆盖率”均值为39.44%，重庆、四川、宁夏、内蒙古达到41%以上，绿色城市建设成效显著；“城市人均公园绿地面积”均值为14.56平方米，但这一指标存在省际差异，宁夏、内蒙古分别为21.05平方米、18.71平方米，而西藏仅有9.8平方米。在环境卫生方面，西部地区“生活垃圾无害化处理率”较高，2019年已经实现98.19%，广西、甘肃两地更是达到了100%；由于人口密度小等，西部地区“每万人拥有公共厕所数”均值为3.82座，高于全国2.93座的平均水平，也高于北京、上海等发达省市，内蒙古更是以7.82座高居全国榜首。

三　西部地区人民生活现代化的实现路径

2019~2020年是脱贫攻坚、确保如期建成小康社会的关键一年，通过对这一年西部地区人民生活现代化态势分析，笔者发现一些指标已经与现代化目标值相差无几，但在另一些指标上却暴露出很多问题。西部地区在人口老龄化、经济转型、创新乏力、公共服务供给不均衡、生态脆弱等背景下，如何实现人民生活现代化，成为待解之题，本文将从以下四个方面提出西部地区人民生活现代化的实现路径。

（一）不断提升人民收入水平，促进人民经济生活现代化

经济生活现代化是人民生活现代化的核心，经济高质量发展的成果最终为西部人民所共享，具体体现在收入与消费水平的提升。而科技创新服务于

人民生活，城市化改变人民的生活和生产方式。为尽早实现人民经济生活现代化，应从以下几方面着手。

一是西部地区脱贫工作进入治理相对贫困的新阶段。通过构建长效脱贫机制实现全局性和长期性战略部署，并通过激发脱贫人口的内生发展动力实现真正脱贫。同时，注意防范边缘人口致贫返贫风险，构建返贫风险预警机制，巩固脱贫成果，而精准识别是防范风险的前提，具体包括建立返贫预警数据库、识别风险因素、制定后脱贫时代贫困标准。

二是不断提高西部地区城市化水平。发挥城市化对人民收入、消费水平的提升作用。随着城市化水平的提高，城乡收入差距将呈现缩小趋势①，且城市化水平与居民消费率呈正向关系，通过提高居民的消费能力、改变消费习惯、扩展消费领域来提升居民的总体消费水平。② 提升城市化水平，首先要进一步深化户籍制度改革，不断放宽农村转移人口的落户限制，并逐步剥除户籍上附着的各类福利，以实现农村剩余劳动力合理流动和资源的有效配置。

三是以科技创新为发展动力。科技创新在提高经济发展水平的同时还能够提高收入水平，服务于人民生活。西部地区依靠要素驱动和资源依赖的发展模式已经不适应经济发展的需要，应通过科技创新驱动发展的方式，解决结构性矛盾和转型期阵痛，并借助大数据、互联网、人工智能、新能源、新材料促进新兴产业蓬勃发展。此外，发挥产学研协同作用，以企业为主体的科技创新体系与以高校、科研机构为主体的知识创新体系有效衔接，并辅之政府提供的制度创新，使创新发挥出最大效能。

（二）推动公共服务转型与发展，促进人民社会生活现代化

西部大开发前20年，各项公共服务项目基本建立，为切实解决人民现

---

① 穆怀中、吴鹏：《城镇化、产业结构优化与城乡收入差距》，《经济学家》2016年第5期，第37～44页。

② 付波航等：《城镇化、人口年龄结构与居民消费——基于省际动态面板的实证研究》，《中国人口·资源与环境》2013年第11期，第108～114页。

实问题，已经从基本建立，向全覆盖、均等化、重体系实现重大转变。[①] 未来西部地区进入“新格局”阶段，公共服务建设秉承“以人民为中心”的理念，从以下几方面入手促进人民社会生活现代化早日实现。

一是共享发展与社会保障制度建设。经济高质量发展的目标是实现共享，而社会保障制度是实现共享的重要途径。在“完善覆盖全民的社会保障体系”的政策导向下，要进一步扩大西部地区社会保障制度的覆盖面，尤其是基本养老保险和基本医疗保险的覆盖面。在人口老龄化的背景下，老年人对社会保障及相关服务的需求上升，西部地区不能只依靠基本养老保险制度，还要大力发展补充养老保障制度以及家庭养老、养老服务、商业保险等形式，建立多层次的社会保障体系，将正式与非正式制度有机结合，将政府、市场、社会组织和个人等多种力量相融合。

二是加大财政投入力度与不断完善公共服务体系。公共服务作为一种特殊的公共产品，决定了政府的主体责任。而地区的经济发展与公共服务质量具有相关性[②]，因此西部地区公共服务的发展离不开中央财政的支持，2018年国务院出台关于基本公共服务标准化体系建设的文件中，中央对西部地区的财政分担比例高达80%。未来西部地区社会保障制度的完善、医疗卫生事业的发展、基础设施的建设，离不开各级政府的共同努力。

三是补短板与基本公共服务均等化。虽然西部地区人民社会生活现代化实现程度较好，但应清楚地看到一些指标是依靠财政投入才表现突出的，虽然提升了整体的实现程度，却掩盖了西部地区基本公共服务的现实问题，主要包括基本公共服务项目间、省际差距显著以及高层次的公共服务水平较低两个方面。因此，应当补齐供给不足的短板，尽快实现基本公共服务均等化，提升高层次的公共服务供给质量，从人才引进与培养、技术更新等方面着手，缩小与东部省市的差距。

---

① 朱楠等：《西部大开发20年来公共服务转型发展的历史、现实与未来》，《西部大开发20年：中国西部地区繁荣发展道路》，社会科学文献出版社，2019，第530~531页。

② 该观点可参考朱楠、任保平《中国公共服务质量评价及空间格局差异研究》，《统计与信息论坛》2019年第7期，第100~106页。

（三）促进公共文化服务发展，丰富人民精神文化生活

威廉·奥格本的文化堕距理论指出，经济发展、科技等物质文化的变迁速度要快于价值观念、制度等非物质文化，两者间的不同步发展导致文化堕距，会引起道德滑坡、价值观丧失等问题。2020 年我国全面建成小康社会，西部地区人民的物质生活已得到较大程度的满足，但精神文化生活发展缓慢，因此要从以下两方面减轻文化堕距的消极影响。

一是注重人力资本的培育。人力资本培育离不开教育事业，为提高西部地区的国民素质，我国政府通过实施“两基”攻坚计划①、“两免一补”政策②大力推动西部地区的义务教育以及高中阶段、中等职业教育的普及，但西部地区仍存在教育供给总量不足、质量不高的问题。因此，首先要继续加大对西部地区基础教育的投入力度，基础教育是国民素质提高的重要保障，它有利于提高人力资本积累、缩小收入分配差距；其次均衡西部地区省际公共教育支出，重点关注青海、西藏等教育水平低的省区，可联合陕西、重庆等教育资源丰裕的省市进行定点帮扶，将降低文盲率作为短期目标；最后形成教育高质量发展的新格局，重视义务教育，发展现代职业教育，增强西部地区高等教育竞争力，加快发展适应西部地区需要的学科建设，并逐步形成终身学习的现代化教育体系，不断提升人民受教育年限与学历水平。

二是进一步促进公共文化服务发展。人民生活现代化不仅包括人的身体、文化、道德素质的发展，还包括人的生活方式现代化，尤其是精神生活层面。③ 通过发展公共文化服务，满足人民的精神文化需要。首先完善公共文化服务设施网络，加强图书馆、体育馆、博物馆、乡镇（街道）和村（社区）基层综合性文化服务中心等公共文化服务设施的建设，形成网络化、系统化的体系结构，并结合西部地区少数民族聚居的特点，按照民族风

① “两基”攻坚计划：基本普及九年义务教育、基本扫除青壮年文盲。

② “两免一补”政策：国家向农村义务教育阶段的贫困家庭学生免费提供教科书、免除学杂费，并给寄宿生补助一定的生活费。

③ 洪银兴：《社会主义现代化读本》，江苏人民出版社，2014，第 107 页。

俗定期开展人民群众喜闻乐见的文化宣传与演出，促进民族地区精神文明建设；其次强化数字技术运用，畅通文化信息获得渠道，加强西部地区边疆、革命老区、山区等地的电信基础设施建设，提高互联网普及率，通过互联网和数字技术，实现民众与其他信息主体之间的信息共享与交流，为公共文化服务平台建设提供良好的信息服务条件，以更好地对接人民需求。

（四）坚持绿色发展观，实现人民生态生活现代化

绿色发展观是一种可持续发展观，能够满足人民对美好生态环境的需求，解决生态环境保护和经济发展对立的问题，实现人与自然的协调发展。

一是向绿色产业转型与发展。首先实现产业转型升级。西部地区是我国重要的生态屏障，拥有青藏高原江河水源涵养区、祁连生态保护区等重要的水源地以及物种多样化的生态保护区。因此，在经济发展过程中，西部地区要重视生态环境和资源的保护，守住生态底线，淘汰一批高耗能、高污染的产业，把握新时代创新性经济发展的机遇，培育新动能，实现经济高质量增长，具体体现在，抓住供给侧结构性改革带来产业结构转型的机遇，“一带一路”倡议、黄河流域生态保护与高质量发展带来产业结构升级的机遇，要素流动、市场培育释放出的新动能，劳动力受教育水平、人口素质提高形成的新人口红利，这些都有利于西部地区产业绿色转型与发展。

二是宜居的生活环境。在西部地区推进绿色城市（乡村）建设，为人民塑造宜居的生活环境，包括建设绿色低碳的社区（乡村）、基础设施的绿色改造、生态友好的宜居环境。首先，应当节约水资源、提升污水处理能力。将水资源作为最大的刚性约束，可采取梯度水价、推广节水设施、中水回用、加快污水管网建设等措施节约、利用水资源。其次，提升生活垃圾的无害化处理率，通过加强垃圾分类的督导队伍建设、增强物业服务企业的垃圾分类能力、建立垃圾分类的激励机制、引进市场化服务等方式做好垃圾分类工作。最后，建设绿色化基础设施，在西部地区增加公交车、地铁等公共交通设施以及共享交通方式，倡导绿色出行。另外，根据人口密度和需求，适度增加公共厕所、公园绿地面积等基础设施，以提高人民居住环境的舒适性。

四　未来15年西部地区人民生活现代化的趋势预测

新时代，西部地区进入发展新格局。到2035年西部地区基本实现社会主义现代化，基本公共服务、基础设施通达程度、人民生活水平与东部地区大体相当。[①] 因此未来15年将是西部地区实现目标的关键阶段，本研究通过对未来15年西部地区人民生活现代化趋势进行预测，为现代化实现打好理论基础，为相关部门政策制定提供理论依据。

（一）模型选择

本文将运用灰色预测模型GM（1，1）对西部地区未来15年人民生活现代化趋势进行预测。灰色预测模型是通过少量、局部数据来建立预测模型，对未来发展趋势做出预测的一种预测方法。该方法优点在于建模数据少，运算简便，预测精度高。本文收集了2010～2019年的相关数据[②]，运用该模型进行趋势预测。具体计算过程如下。

原始数据序列为：

$$X^{(0)} = \left\{x^{(0)}(1), x^{(0)}(2), x^{(0)}(3), \ldots, x^{(0)}(n)\right\} \tag{6}$$

一是对原始数据序列（6）进行累加，生成新序列：

$$X^{(1)} = \left\{x^{(1)}(1), x^{(1)}(2), x^{(1)}(3), \ldots, x^{(1)}(n)\right\}, \quad \text{其中 } x^{(1)}(k) = \sum_{i=1}^{k} x^{(0)}(i), k = 1,2,\ldots,n \tag{7}$$

二是建立$X^{(1)}$的紧邻均值生成序列：

① 《中共中央　国务院关于新时代推进西部大开发形成新格局的指导意见》。

② 数据来源于《中国统计年鉴2020》、《2019年全国教育经费执行情况统计公告》、《2019年全国科技经费投入统计公报》、2010～2019年西部地区12个省（自治区、直辖市）《生态环境状况公报》。

$$Z^{(1)} = \left\{ z^{(1)}(2), z^{(1)}(3), \ldots z^{(1)}(n) \right\}$$

其中，$z^{(1)}(k) = \frac{1}{2}\left[x^{(1)}(k) + x^{(1)}(k-1) \right], k = 2,3,\ldots,n$ (8)

三是建立 GM（1，1）模型，对新生成序列建立一阶白化微分方程：

$$\frac{dx^{(1)}}{dt} + ax^{(1)} = u \tag{9}$$

并通过下列公式估计参数（a，u）^{T}

$$(\hat{a}, \hat{u})^T = (B^T B)^{-1} B^T Y$$

$$B = \begin{bmatrix} -z^{(1)}(2) & 1 \\ -z^{(1)}(3) & 1 \\ \vdots & \vdots \\ -z^{(1)}(n) & 1 \end{bmatrix}, Y = \begin{bmatrix} x^{(0)}(2) \\ x^{(0)}(3) \\ \vdots \\ x^{(0)}(n) \end{bmatrix} \tag{10}$$

四是求解白化方程可得时间响应函数：

$$x^{(1)}(t) = \left[x^{(1)}(1) - \frac{u}{a} \right] e^{-at} + \frac{u}{a} \tag{11}$$

根据灰色预测模型公式 $x^{(0)}(k) + az^{(1)}(k) = u$，求得模型的离散时间响应序列：

$$\hat{x}^{(1)}(k+1) = \left[x^{(0)}(1) - \frac{u}{a} \right] e^{-ak} + \frac{u}{a}, k = 1,2,\cdots,n \tag{12}$$

五是可由公式（13）得出模型的预测值：

$$\hat{x}^{(0)}(k+1) = \hat{x}^{(1)}(k+1) - \hat{x}^{(1)}(k) \tag{13}$$

（二）未来15年西部地区人民生活现代化的趋势预测

根据模型预测结果，到 2029 年西部地区人民生活现代化提前实现所有目标（见表 3）。但具体到不同指标，实现程度有所不同。2019 年西部地区人民经济生活现代化实现程度最低（59. 73%），但未来显现出强劲的增长趋势，将于2028年提前实现现代化目标。社会生活、生态生活维度发展态势良好，分别于2030年和2029年提前实现现代化目标。文化生活现代化实现程度虽然起点不低（72.69%），但是最晚实现现代化目标（见图1）。

表3　2020～2035年西部地区人民生活现代化预期实现程度

单位：%

年份＼指标	经济生活	社会生活	文化生活	生态生活	总体实现程度
2020	63.90	76.72	73.85	86.10	72.02
2021	67.86	78.84	75.43	87.56	74.82
2022	72.06	81.02	77.06	89.04	77.78
2023	76.52	83.26	78.73	90.56	80.45
2024	81.26	85.56	80.46	92.11	83.69
2025	86.29	87.92	82.23	93.69	87.20
2026	91.63	90.35	84.06	95.32	90.92
2027	97.31	92.85	85.93	96.97	94.88
2028	103.33	95.41	87.87	98.66	99.09
2029	109.73	98.05	89.86	100.39	103.57
2030	116.53	100.76	91.91	102.17	108.36
2031	123.74	103.54	94.02	103.97	113.46
2032	131.41	106.40	96.20	105.82	118.91
2033	139.54	109.34	98.44	107.71	125.54
2034	148.18	112.37	100.75	109.65	130.98
2035	157.36	115.47	103.00	111.63	137.66

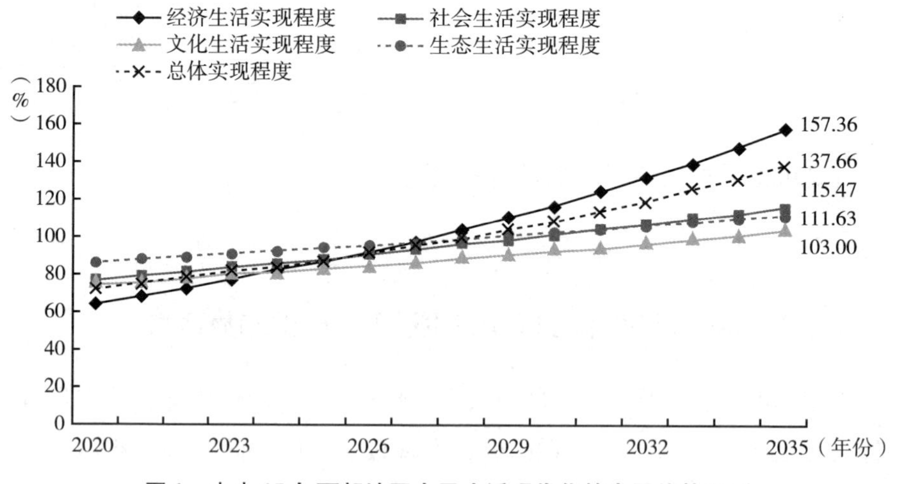

图1　未来15年西部地区人民生活现代化的发展趋势预测

1. 人民经济生活现代化实现又好又快的发展

西部地区人民经济生活现代化从 2019 年 60.52% 的实现程度到 2028 年全面实现，只用了 9 年的时间。具体来看，“收入水平”指标于 2026 年最早实现现代化目标，但“科创水平”指标在 2034 年最晚实现，“消费水平”与“城市化水平”指标发展速度趋近，分别于 2027 年与 2029 年实现现代化目标。

西部大开发已经进入 3.0 时代，经济高质量增长和脱贫工作的持续推进，会带动西部地区经济的高速增长，以及人民收入水平的不断提高。根据边际消费倾向递减规律①，西部地区“消费水平”指标实现现代化时间会晚于“收入水平”指标。“城市化水平”指标现代化的实现，不仅受制于人口规模和城市用地数量，还受制于户籍制度和依附于城市户籍的社会福利，这些制度改革会影响部分人的既得利益，因此城市化进程会受到制约。从预测结果来看，“科创水平”指标现代化实现程度最低，这符合西部地区的实际，但在新时代西部地区要抓住发展机遇，补齐短板，促进西部地区科技创新进一步发展。

2. 人民社会生活现代化发展平稳

到 2030 年西部地区人民社会生活现代化全面实现。其中“社会保障及就业”“社会服务”“基础设施”指标发展平缓，只有“医疗卫生和健康”指标发展速度最快，也是最早实现现代化的。在“大健康、大卫生”理念引领下，西部地区更加重视医疗卫生事业的发展，在每千人拥有医生数、每千人医疗机构床位数、医疗支出占财政支出比重等指标方面都将有重大突破，因此该指标现代化实现速度较快。此外，在《中共中央　国务院关于新时代推进西部大开发形成新格局的指导意见》中共有 12 次提及“基础设施”，发展重点将从城镇的公交车、道路、天然气等公共基础设施向乡村地区延伸，从完善国家重大战略中涉及的出海口、亚欧大陆桥、扶贫、旅游交

① 根据边际消费倾向递减规律，收入水平上升会带来消费水平上升，但消费水平上升的速度没有收入水平上升速度快。

通基础设施建设，到边境口岸、节点城市、跨境运输和信息通道等对外开放基础设施，从养老、医疗服务基础设施到完善安置区配套基础设施。因此，未来 15 年西部地区在基础设施、基本公共服务领域具有很大的提升空间。

3. 努力提高人民文化生活水平

人民文化生活是最晚实现现代化的。其中“教育水平”指标在 2035 年的实现程度为 92.75%，“文化娱乐”指标于 2032 年实现现代化。“教育水平”较晚实现目标归因于“文盲率”指标的实现程度低，到 2035 年仅为 69.22%。西部地区因贫困落后而产生文盲，又因文盲而贫困，形成恶性循环，因此未来西部地区扫盲工作和普及九年义务教育仍然是教育工作的核心内容。

在文化娱乐方面，“互联网普及率”指标最早实现目标，“人均拥有公共图书馆藏书量”指标最晚实现目标。随着数字经济到来、5G 技术的应用，信息科技将成为西部地区人民生活中必不可少的一部分。因此，相对互联网的快速普及，公共图书馆发展速度较慢，未来图书馆要顺应时代发展，向数字图书馆方向发展，以更好地满足人民日益增长的精神需求。

4. 为人民创造更宜居的生态环境

通过预测，人民生态生活于 2029 年提前实现现代化目标。具体来看，“环境卫生”指标于 2028 年实现现代化。环境卫生是关系西部地区人民健康的公共事业，它具有预防疾病、延长人类寿命、促进人的身心健康、保护生态环境的作用，因此它对人民生活现代化的实现具有重要意义。其中“生活垃圾无害化处理率”指标实现得较早，2019 年已经实现 98.19%，预计 2020 年便完全实现目标，而“每万人拥有公共厕所数”指标则发展缓慢，到 2035 年的实现程度为 94.85%。未来随着西部地区城市化快速发展、城市人口持续增加，还要不断增加公厕总体数量，改善人居环境。2031 年“绿化水平”与“空气质量”指标实现现代化目标，各具体指标都表现出稳健的增长态势。未来在“大保护”的理念下，加大美丽西部建设力度，坚定贯彻习近平总书记“绿水青山就是金山银山”的理念，更好地实现人与自然和谐共生。

B.6

西部地区社会现代化的路径与政策

李凯　郭莹　高鹏*

摘　要：社会现代化是社会主义现代化建设进程中的重要组成部分。本文首先明确了人的现代化是社会现代化的核心与本质，据此建立了以人为核心的西部地区社会现代化的评判标准。其次，围绕此评判标准对西部地区近年来社会现代化的态势进行了综合的评判与分析，总结和概括了西部地区近年来以人为核心的社会现代化建设的重要举措与成就，并为西部地区社会现代化的实现路径提出了针对性的看法与建议。最后，本文运用灰色预测的方法，对西部地区社会现代化未来15年间的发展趋势做出了预测和判断。

关键词：西部地区　社会现代化　人的现代化　评判标准　路径政策

中国经济社会以新发展理念为引领，正步入新的发展阶段，面临新的发展格局，党的第十九届中央委员会第五次全体会议审议通过了《中共中央关于制定国民经济和社会发展第十四个五年规划和二〇三五远景目标的建议》，开启了社会主义现代化新征程，勾勒出中国中长期发展的宏伟蓝图。正如全会公报中所指出的，社会主义现代化的核心是人的现代化，要注重保障人民的各项权利，发展人民喜闻乐见的文化产品，促进人的全面发展和人

* 李凯，博士，教育部人文社会科学重点研究基地——西北大学中国西部经济发展研究院兼职研究员、西北大学马克思主义学院教授，研究方向为政治经济学与区域发展评价；郭莹，博士，西北大学马克思主义学院讲师，研究方向为政治经济学与西部发展问题；高鹏，西北大学哲学学院硕士研究生。

民生活质量的全面提升。以此为基本遵循，认识和理解西部地区的社会现代化其核心内涵也必然是人的现代化。

一　西部地区以人为核心的社会现代化评判标准

学界从20世纪60年代开始系统讨论“现代化”问题，对现代化的认识以及标准的界定在不断精细化、具体化。最早的现代化标准集中于从人口、商业服务、环境、教育、管理等社会领域来考虑。从社会学视域定义现代化，它是在科技革命推动下社会已经和正在发生的转变过程，涉及经济、政治、社会、文化、心理等多方面的变化。[①] 美国的阿历克斯·英格尔斯从人的角度论述了人的现代化同社会现代化的关系，他认为，“人的现代化是国家现代化必不可少的因素。它并不是现代化过程结束后的副产品，而是现代化制度与经济赖以长期发展并取得成功的先决条件”。而人的现代化，就是要造就“具有现代知识、现代观念和现代行为方式的科学化的人”。[②] 这是未来社会所要达到的最重要的目标之一。人的思想观念是人的心理态度或价值观念形态，是人们在社会生活中所形成的价值信仰和态度。它包括人的价值、认同程度、态度、思想等，是人的现代化的核心，起着提高人的素质和引导人行为的作用，它相对稳定和不易改变。[③]

对西部地区社会现代化进行判断和预测，其核心与本质就是对西部地区人的现代化水平进行测度。人的现代化是指在现代化过程中人的观念、素质、行为以及与人有关的制度的变化。人的现代化在不同的时代、不同的条件下有着不同的内涵，但其主要构成是相对稳定的。依据英格尔斯的观点，如果从人的主体性角度看，实现人的现代化，就是推进人从传统向现代转型，即包括人的素质能力、行为方式、思想观念等方面的现代转型。西部地

① 洪银兴：《社会主义现代化读本》，江苏人民出版社，2014，第4页。

② 〔美〕阿历克斯·英格尔斯（殷陆君编译）：《人的现代化——心理·思想·态度行为》，四川人民出版社，1985，第8页。

③ 国家社会科学基金重大项目课题组：《区域现代化理论与实践研究》，江苏人民出版社，2014，第400页。

区现阶段的经济社会发展水平在我国整体发展格局中仍相对落后，社会现代化水平尤其是人的现代化水平与东部发达地区存在一定差距，西部地区人口整体素质、行为方式和生产生活观念仍有较大发展空间。社会现代化的判断与评价既是对西部社会现代化发展成果的客观测度，也是审视和检测西部地区社会现代化过程中存在的问题及风险的必要手段。

评判标准的构建需要厘清相关的重要概念、明确划分的基本原则，通过科学合理地选取多重指标来测定西部地区社会现代化水平并进行严谨的科学论证与推导，构建层次清晰、结构完整的评判标准，从而有利于增强西部地区社会现代化评判的信度与效度。制定评判标准一要遵循全面系统性原则，判断与评价在全面的前提下应尽量精简化，以突出研究目的和研究重点。二要坚持科学性原则，评判标准的构建不仅要借鉴东部发达地区的发展经验，更要充分考虑西部地区社会现代化的特征和实际，兼顾不同省区市、不同经济水平、不同指标的发展状况。同时，社会现代化是一个变化着的动态过程，对其的测量并不是固化的和静态的。三要坚持可操作性原则，判断指标的筛查和选用应当是明晰的和可获取的，考虑到实际的操作化与数据的真实性和可信度，一些需要计算的指标在测算方法上应尽量趋于标准化和规范化。

本文立足于西部不同省区市发展特征与现实状况，以社会现代化的内涵为理论基础，围绕人的现代化，依据系统性、科学性和可操作性的原则，借鉴东部发达地区社会现代化评价的相关成果，将西部地区以人为核心的社会现代化评判标准，操作化为人的素质现代化、行为现代化和观念现代化三个二级指标以及具体的三十个三级指标的判断指标体系，并以东部的江苏省、浙江省和广东省三个省份 2018 年的平均值作为达到一定现代化程度的参考值（见表 1）。

表 1　西部地区以人为核心的社会现代化评判指标体系

一级指标	二级指标	三级指标	计量单位	指标属性	编码	参考值
西部地区以人为核心的社会现代化	素质现代化	每十万人口高校在校生数	人	正向	A1	2685.00
		每万人拥有公共图书馆藏书量	册	正向	A2	12403.58
		每万人拥有群众艺术馆、文化馆机构数	个	正向	A3	0.08

续表

一级指标	二级指标	三级指标	计量单位	指标属性	编码	参考值
西部地区以人为核心的社会现代化	素质现代化	每十万人甲乙类法定报告传染病发病人数	人	负向	A4	202.09
		每万人拥有公共卫生机构床位数	张	正向	A5	57.68
		每万人国内发明专利申请授权量	项	正向	A6	5.20
		数字电视用户数	万户	正向	A7	1577.67
		每万人就业训练中心机构数量	个	正向	A8	0.01
		每万人职业技能鉴定获取证书人数	人	正向	A9	70.63
		恩格尔系数	%	负向	A10	28.83
	行为现代化	第三产业人员占比	%	正向	B1	41.52
		每万人私营企业和个体就业人员数	人(个)	正向	B2	4375.02
		人均教育文化娱乐支出	元	正向	B3	2788.27
		每万人接受创业服务人数	人	正向	B4	51.63
		每万人科学研究和技术服务业城镇单位就业人员数	人	正向	B5	29.81
		每万人社会组织单位数	个	正向	B6	9.06
		当年完成选举的社区选民登记数	人	正向	B7	2873144.00
		城市每万人拥有公共交通车辆数	辆	正向	B8	14.82
		单位生产总值能耗	吨标准煤/万元	负向	B9	0.35
		水利、环境和公共设施管理业投资	亿元	正向	B10	4785.35
	观念现代化	外贸出口总值	亿元	正向	C1	30186.01
		接待国际游客	百万人次	正向	C2	15.35
		城市污水处理率	%	正向	C3	91.80
		城市生活垃圾无害化处理率	%	正向	C4	99.97
		人均公园绿地面积	平方米	正向	C5	15.58
		社会服务综合指数	%	正向	C6	150.75
		每万人律师数	个	正向	C7	3.63
		现在人与人之间的信任水平	10 分制	正向	C8	6.21
		对现在社会的宽容程度的评价	10 分制	正向	C9	6.58
		社会保障总体状况	10 分制	正向	C10	6.85

二 2019年西部地区以人为核心的社会现代化态势分析

（一）西部地区社会现代化态势分析方法与数据来源

西部地区社会现代化评判体系所纳入的指标较多，各指标之间既不完全独立又不完全相关，在对数据处理的过程中往往易顾此失彼、信息重叠，使用主成分分析法可以有效解决这一问题。首先，为消除各个指标之间单位的影响，应对指标进行无量纲化处理；其次，确定需要提取的主成分个数，并得出计算各主成分得分的表达式；最后，运用综合评价模型计算出西部各省区市的综合得分及排名。根据主成分分析的基本原理，本研究以初始特征值大于1、累计贡献率达到85%作为选取主成分个数的标准，进而得到各个主成分的特征根、累计贡献率及成分矩阵图，在此我们以2018年西部十省（区、市）和东部三省（区、市）共十三省（区、市）的人口素质现代化得分结果为例（见表2和表3）。

表2 解释的总方差

成分	初始特征值			提取平方和载入		
	合计	方差贡献率(%)	累计方差贡献率(%)	合计	方差贡献率(%)	累计方差贡献率(%)
1	3.476	34.762	34.762	3.476	34.762	34.762
2	2.252	22.523	57.285	2.252	22.523	57.285
3	1.619	16.189	73.474	1.619	16.189	73.474
4	1.088	10.879	84.353	1.088	10.879	84.353
5	0.937	9.372	93.725			
6	0.295	2.953	96.679			
7	0.223	2.228	98.906			
8	0.062	0.622	99.528			
9	0.036	0.359	99.888			
10	0.011	0.112	100.000			

提取方法：主成分分析。

表 3　成分矩阵 a

类别	成分			
	1	2	3	4
每十万人口高校在校生数(人)	0.451	-0.371	0.548	-0.409
每万人拥有公共图书馆藏书量(册)	0.796	0.114	-0.395	0.425
每万人拥有群众艺术馆、文化馆机构数(个)	0.608	0.619	0.153	0.376
每十万人甲乙类法定报告传染病发病人数(人)	0.775	-0.039	0.283	-0.424
每万人拥有公共卫生机构床位数(张)	0.119	0.474	0.469	0.125
每万人国内发明专利申请授权量(项)	0.809	-0.500	-0.029	0.273
数字电视用户数(万户)	0.546	-0.777	0.064	0.196
每万人就业训练中心机构数量(个)	0.016	0.320	0.817	0.246
每万人职业技能鉴定获取证书人数(人)	0.743	0.331	-0.288	-0.409
恩格尔系数(%)	0.387	0.652	-0.290	-0.249

说明：提取方法为主成分分析。

西部地区社会现代化指标及数据均来源于中国社会状况综合调查（CSS）数据库、中国统计年鉴、中国社会统计年鉴、中国卫生统计年鉴、中国劳动统计年鉴以及各省（区、市）统计年鉴。新疆和西藏部分指标数据的可获得性较低，暂未计算该两区的社会现代化主成分得分。

（二）西部地区以人为核心的社会现代化静态与动态综合判断与分析

通过对西部10省（区、市）以及东部三省2014～2018年的以人为核心的社会现代化进行综合判断与分析，其得分与排序结果如表4、表5所示。

表 4　2018 年 13 省（区、市）以人为核心的社会现代化静态综合得分及排序

省(区、市)	素质现代化水平		行为现代化水平		观念现代化水平		综合	
	得分	排序	得分	排序	得分	排序	得分	排序
浙　江	81.89	1	81.56	2	72.40	2	83.48	1
江　苏	78.09	2	82.58	1	69.51	4	83.08	2
陕　西	74.54	3	63.37	5	53.81	10	67.35	3
广　东	45.60	12	64.11	4	80.73	1	66.15	4

续表

省(区、市)	素质现代化水平		行为现代化水平		观念现代化水平		综合	
	得分	排序	得分	排序	得分	排序	得分	排序
重　庆	53.65	9	56.54	7	69.38	5	60.68	5
宁　夏	69.05	4	57.10	6	72.11	3	58.56	6
四　川	57.81	7	54.61	10	57.00	7	58.49	7
内蒙古	57.18	8	55.80	8	60.43	6	54.82	8
甘　肃	65.30	5	55.39	9	55.00	8	53.87	9
青　海	58.36	6	65.41	3	40.73	13	53.18	10
云　南	48.64	10	51.68	11	54.45	9	49.94	11
贵　州	48.00	11	42.58	13	53.59	11	46.91	12
广　西	41.89	13	49.26	12	40.86	12	43.48	13

表5　2014~2018年13省（区、市）以人为核心的社会现代化动态综合得分及排序

省(区、市)	2014年		2015年		2016年		2017年		2018年	
	得分	排序	得分	排序	得分	排序	得分	排序	得分	排序
重　庆	59.51	6	57.79	7	58.99	7	60.73	6	60.68	5
四　川	60.45	5	52.39	9	54.12	9	58.49	7	58.49	7
陕　西	63.28	4	61.91	4	63.41	5	69.89	3	67.35	3
云　南	54.49	8	47.71	11	48.23	10	50.83	11	49.94	11
贵　州	46.09	13	45.98	12	45.76	11	48.27	12	46.91	12
广　西	47.32	12	45.42	13	45.04	13	42.81	13	43.48	13
甘　肃	53.70	9	48.12	10	45.65	12	53.13	9	53.87	9
青　海	53.23	10	56.27	8	57.80	8	51.14	10	53.18	10
宁　夏	52.22	11	61.05	5	63.68	4	60.74	5	58.56	6
内蒙古	47.32	7	60.66	6	59.32	6	55.56	8	54.82	8
江　苏	86.09	1	85.42	1	83.87	2	82.81	1	83.08	2
浙　江	76.69	2	82.82	2	85.04	1	81.61	2	83.48	1
广　东	70.36	3	74.33	3	69.09	3	64.01	4	66.15	4

从静态分析结果来看，东部地区的浙江、江苏、广东三省排名靠前，西部地区整体表现良好，陕西、重庆、宁夏、四川综合指标和各分项指标评判得分、排名相对靠前。其中，2018年陕西的素质现代化水平位列西部第一，每十万人口中高校在校生人数为3562人，每万人拥有群众艺术馆、文化馆机构数0.1个，每万人国内发明专利申请授权2.3项，三项指标均高于西部

其他省区市。陕西共有95所高校，双一流、“985”及“211”院校数量排名全国第四，整体教育资源水平领先。2018年，陕西居民健康素养水平提升至12.07%，处于西部较高水平，但仍低于国家17.06%的平均水平，未来有较大进步空间。

青海、云南、贵州和广西以人为核心的社会现代化发展水平相对较低，与其他各省区市有一定差距。2018年青海省在观念现代化水平上得分最低，但行为现代化得分却比较靠前，分析其原因，2018年青海实施更加积极的就业政策，城镇新增就业6.2万人，农牧区富余劳动力转移就业113.9万人次，第三产业就业人数占比达到45.5%；每万人科学研究和技术服务业城镇单位就业人员数为36.97人，青海省后两项指标在十三省区市中排名前列，均略高于东部率先实现现代化的苏、浙、粤三省，说明青海在实现现代化过程中人员就业结构相对科学合理。但在开放和绿色发展道路上，青海仍需发力。2018年青海外贸出口总值31.11亿元，接待国际游客7万人次；城市污水处理率81.5%，人均公园绿地面积11.45平方米，开放观念和绿色观念指数居于西部末端。尤其是青海的环境污染新老问题并存，生态价值和潜力尚需充分挖掘，仍需进一步推进更高水平、更严标准的生态保护和建设。

云南、贵州、广西三省区每万人国内发明专利申请授权数量低于1项，人均教育文化娱乐支出低于1800元，文化投入支出比重较低。云南、贵州、广西三省区位于我国西南地区，改革开放起步晚，发展慢，经济发展下行压力大。2018年每万人科学研究和技术服务业城镇单位就业人员数均低于21人，人员就业结构有待优化；恩格尔系数高于28%，居民总体生活水平有待提高。云南、贵州多年积累的结构调整矛盾凸显，要素约束趋紧，风险和挑战明显增多，应坚持调优结构、加快转型，全方位推进供给侧结构性改革。

从动态分析结果来看，2014～2018年，江苏、浙江和广东三省的以人为核心的社会现代化综合得分较高，排名靠前且稳定，这说明东部三个省份以人为核心的社会现代化水平在13省区市当中处于较高水平，并且发展态势良好。广西、贵州和云南三省区社会现代化综合评分较低，位列13省区市末尾且发展较为缓慢，这些地区社会现代化水平仍处在相对初级的阶段，其发展态势仍有充分展开的空间。例如云南省 2014 ~ 2015 年社会现代化综合得分从 54. 49 分降至 47. 71 分，得分排序也从第 8 位下降至第 11 位，并且在往后年份排序中基本稳定在第 11 位。

从变化趋势看，2014 ~ 2018 年陕西省和宁夏回族自治区社会现代化发展较为理想，以人为核心的社会现代化水平的综合得分稳中有进，发展的稳定性、韧性明显增强。2014 ~ 2018 年，陕西和宁夏两省区主要指标变化均呈现向好发展的趋势。陕西省在坚持稳中求进工作总基调、努力保持经济稳定增长的基础上，加大惠民生、调结构、补短板建设力度，深入实施创新驱动发展战略，扎实推进创新型省份建设，切实加强环境保护和生态建设，在社会现代化多方面都有了较大提升，朝着越来越文明、越来越和谐、越来越包容的方向发展。宁夏全区深入贯彻新发展理念，统筹抓好稳增长、促改革、调结构、惠民生、防风险各项工作，尤其是加大民生问题改造。2014 ~ 2018 年，宁夏每十万人口高校在校生数从 2255 人增加至 2379 人；每万人拥有公共卫生机构床位数由 49. 14 张增长至 59. 59 张；人均教育文化娱乐支出从 1416. 4 元迅速增加至 2139. 5 元；人均公园绿地面积从 17. 9 平方米增长至 20. 38 平方米；社会宽容程度的评判得分也从 5. 75 分增加至 7. 34 分（见表 6、表 7）。可以看到，在党的坚强领导下，宁夏正努力建设一个居民素质更高、生活更加丰富、环境更加优美、社会更有保障的现代化社会。

表 6　2014 ~ 2018 年陕西省主要指标变化情况

年份＼指标	每十万人甲乙类法定报告传染病发病人数（人）	每万人国内发明专利申请授权量（项）	第三产业人员占比（%）	污水处理率（%）	社会服务综合指数（%）
2014	201. 45	1. 29	25. 5	91. 6	94. 8
2015	200. 14	1. 80	29. 7	91. 6	85. 6
2016	194. 26	1. 97	31. 5	91. 4	99. 8
2017	193. 11	2. 29	33. 7	92. 4	104. 1
2018	186. 31	2. 30	38. 0	93. 2	107. 4

表7 2014~2018年宁夏回族自治区主要指标变化情况

年份＼指标	每十万人口高校在校生数（人）	每万人拥有公共卫生机构床位数（张）	人均教育文化娱乐支出（元）	人均公园绿地面积（平方米）	对现在社会的宽容程度的评价
2014	2255	49.14	1416.4	17.9	5.75
2015	2244	50.61	1707.9	18.11	6.43
2016	2225	53.81	1772.1	18.3	6.43
2017	2278	58.41	1955.6	19.17	7.34
2018	2379	59.59	2139.5	20.38	7.34

总体分析，西部地区以人为核心的社会现代化水平与东部发达地区仍有一定差距，随着西部地区一系列政策措施和战略方针的实施，西部地区以人为核心的社会现代化水平整体将呈现出上升趋势，且与东部发达地区的差距正在逐步缩小。但从静态分析结果来看，例如素质现代化维度，西部得分最高的陕西省与东部得分最高的浙江省差距仍较大，这和东部地区开放较早有关。东部地区通过长期的发展积累了较强的经济实力以及人才和技术优势，义务教育普及率和高等教育毛入学率均高于西部地区，研究与开发经费占GDP的比重较高；在追求经济效益的同时，也更加注重居民的精神文明建设，不断满足人民对于美好生活的向往。在以人为核心的社会现代化发展的稳定性方面，东部的江苏、浙江、广东省发展始终稳定在较高水平。在发展的动态趋势中，宁夏、陕西、重庆发展态势较好，五年间发展稳步向前，而云南、青海和内蒙古发展的波动则较大。综上所述，西部地区在实现以人为核心的社会现代化的道路上仍有较大提升空间，近年来西部地区各省区市为提高以人为核心的社会现代化水平、不断追赶超越东部地区也做出了持续的努力与充分的推进。

（三）西部地区积极提高以人为核心的社会现代化水平的重要举措

虽然西部地区社会现代化水平与东部发达省相比仍有较大差距，但近年来，西部各省（区、市）为实现社会现代化，在提高居民素质和生活质量方面做出了积极持续的探索。

1. 通过外向型经济发展，增强全面开放观念

开放首先表现为一种观念意识上的解放，还应该表现为对外交流、合作发展过程中的一种气度和胸襟。自“一带一路”倡议实施以来，西部地区紧抓机遇，对内进行产业结构升级，对外不断加强交流与合作，提升开放水平，西部十二省（区、市）开放型经济规模显著扩大。以陕西省为例，2014～2018 年陕西省进出口总值从 1683.5 亿元增长到 3513.78 亿元，年均增长 20.2%，进出口排名也从全国第 23 位上升到第 16 位。2019 年前 11 个月，全省进出口额 3215.1 亿元，其中进口 1486.4 亿元，同比增长 15.4%；对共建“一带一路”国家和地区的进出口额 442.3 亿元，占全省进出口总额的 13.8%，同比增长 22.5%。

2. 通过包容性增长，落实协调发展理念

西部大开发以来，西部社会广泛倡导包容性发展，努力实现机会共享、成果共享、统筹兼顾、民主开放、兼收并蓄的理念，使得西部的基本公共服务总体功能大大提升。在就业服务体系方面，西部十二省（区、市）实施更加积极的就业政策，积极稳妥应对各类风险。2018 年，陕西省政府出台《关于做好当前和今后一个时期促进就业工作的通知》，部署落实支持企业稳定发展、促进创业带动就业、帮扶下岗失业人员等一系列措施。在社会保障方面，西部十二省（区、市）积极构建覆盖城乡、制度完善、保障有力、服务优质的社会保障体系。2019 年，广西全面实施全民参保计划，持续推进参保计划扩面专项行动，全区基本养老保险入库参保率稳步提升。

3. 加速产业转型升级，提升人口劳动层次

提升劳动层次是人的现代化的重要条件，主要表现在从传统的劳动层次向现代的劳动层次转变、传统就业观念向现代就业观念转变的过程。近年来，西部的人口劳动层次出现了崭新的变化。一是城乡劳动力就业比较充分，就业总量持续攀升。2010 年，西部从业人数为 1576.91 万人，就业人口占总人口 4.66%。2018 年，西部从业人数继续增加，达到 3606.86 万人，就业人口占总人口比重达到 10.22%，增长了 5.6 个百分点。二是就业结构

日益优化，第二产业和第三产业从业人员不断增长。从产业结构调整所引起的就业结构变化来看，改革开放以来，随着西部人均国民收入水平的提高，消费结构发生了改变，产业结构也出现了由第一产业向第二产业移动，并进一步向第三产业转移的趋势。

4. 加快教育现代化建设，提升人口受教育程度

从2012年起，教育部会同国家发展改革委、财政部深入实施《中西部高等教育振兴计划（2012—2020年）》，通过东部高校“对口支援西部地区高等学校计划”等系统性政策，显著提升了中西部高校的师资建设、科研创新、人才培养、基础设施建设水平。根据全国第六次人口普查数据可知，西部各省区市人口受教育程度不断提升，接受高等教育人口的比例显著增长，人口素质普遍提升。全国第六次人口普查数据显示，陕西省人口素质快速提升，大学文化程度人口占近四成。2010年陕西省具有大学（大专以上）文化程度的人口大幅增长，达到394.03万人，其中大学本科143.82万人、占36.49%，研究生13.74万人、占3.48%，二者合计占39.97%。与2000年相比，本科人数增加了1.66倍，研究生增加了1.56倍。每10万人中具有大学文化程度的由4138人上升为10556人，比全国平均水平多1626人；文盲率由7.3%下降为3.74%，降低了3.56个百分点。高学历人口的增加和文盲半文盲人口的减少，说明陕西全社会受教育程度明显提升，人口素质显著提高。

5. 践行健康工程行动，提升人口健康水平

由中国科学院地理科学与资源研究所李日邦研究员等人计算出的中国31个省区市人群健康指数表明，大城市和东南沿海经济发达地区与西部经济欠发达地区居民的健康水平存在较大区域差异。近年来，随着西部大开发与西部医疗资源投入力度的加大，西部地区居民的健康状况得到了有效改善。到2022年，陕西省健康优先的制度设计和政策体系基本建立，影响健康的突出问题得到有效解决；到2030年，全省健康优先的制度设计和政策体系更加完善，健康生活方式全面普及，健康服务质量、保障能力和全民健康水平显著提高。

三　西部地区以人为核心的社会现代化实现路径

（一）深化体制机制改革，推进治理体系和治理能力现代化

高质量发展是中国经济发展的升级版，表现为以效率提升、结构优化、新旧动能转换为目标的质量型特征。在这样的情况下，高速增长阶段的体制机制难以完全满足高质量发展的需要，反倒成为制约高质量发展的障碍。因此，西部地区要转向高质量发展，既要推进发展方式和增长路径的转变，又要加快推进适宜高质量发展阶段的体制改革和机制创新。这就要求西部地区深化重点领域改革，不断健全与高质量发展相适应的体制机制，破除制约高质量发展的体制机制障碍，把市场活力和社会创造力充分释放出来。具体举措为：进一步转变政府职能，深入推进“放管服”改革；深化投融资体制改革，发挥投资对优化供给结构的关键性作用；加快要素市场化改革，处理好政府和市场的关系；深化供给侧结构性改革，提高供给体系质量和效率；深化科技体制改革，强化创新驱动发展的体制机制；深化生态环境保护体制机制改革，实现人与自然的和谐共生。

（二）充分贯彻新发展理念，切实推进经济高质量发展

“十三五”时期我国经济运行总体平稳，经济实力得到显著提升，随着产业结构的优化升级，国内生产总值有望在2020年突破100万亿元，发展前景良好。虽然我国的经济总量不断创造新的历史，但国内区域发展不平衡的问题尚未完全解决，西部地区较为落后的经济状况仍旧是制约总体发展水平的短板之一。因此应始终坚持新发展理念的指导，将“协调”作为衡量东西部经济发展水平的尺度。此外，西部地区单一的产业结构与有限的国内外市场是制约其经济发展的重要因素，因此应充分利用西部地区丰富且多样的自然资源发展生产，延长产业链从而提升产品的附加值，同时提升产品的管控，保证产品的质量。积极引入国内外制造业相关的先进

技术，减少制造业对环境造成的负担，坚持绿色发展与保护环境的基本国策。近年来，我国的经济发展方式由高速增长转变为高质量发展，西部地区在寻求经济发展的同时应坚持高质量的发展模式，从根本上纾解制造业的发展困境。

推动形成现代化产业体系。在培育新动能和传统动能改造升级上迈出更大步伐，促进信息技术在传统产业广泛应用并与之深度融合，构建富有竞争力的现代化产业体系。推动发展现代制造业和战略性新兴产业。积极发展大数据、人工智能和“智能+”产业，大力发展工业互联网。[①] 坚持以推动高质量发展为主题，以深化供给侧结构性改革为主线，以改革创新为根本动力，以满足人民日益增长的美好生活需要为根本目的，推动西部地区人民走向共同富裕，实现更高质量、更有效率、更加公平、更可持续、更为安全的发展，更加彰显生态之美、人文之美、和谐之美、清廉之美，全面提升人民群众获得感、幸福感、安全感。

（三）加强多元主体协同治理，促进社会组织健康发展

政府要更加有为，将供给侧结构性改革的创新突破作用和西部大市场的需求引领作用有机结合起来，把该制定的规则制定好、该放的权放到位，用政策引导市场预期、用规划明确投资方向，激发市场活力，从管理者转向服务者，把该营造的环境营造好，保证市场有序规范健康运行，推动构建高水平社会主义市场经济体制。市场要更加有效，尊重经济运行规律，着力打破行业垄断、进入壁垒、地方保护，增强企业对市场需求变化的反应和调整能力，提高企业资源要素配置效率和竞争力。通过法治手段，加快形成以保护产权、维护契约、平等交换、公平竞争、有效监管为特点的统一透明、规范有序的市场环境。

规范引导社会组织发展，发挥其促进社会现代化的积极作用。社会组织

---

① 任保平、朱晓萌：《新时代中国高质量开放的测度及其路径研究》，《统计与信息论坛》2020 年第 9 期。

作为社会现代化的重要力量，其活跃程度、规模和功能是表征社会现代化程度的重要指标。受各种因素影响，西部社会组织发展的基础还较为薄弱，影响力、推动力有限，存在内部治理机制不规范、人才缺乏等问题。社会组织应坚持社会组织的非营利性和志愿性属性，提升组织专业服务能力，改革创新社会组织的能力培育机制，通过购买服务、专业培训、公益孵化、项目运营、公益创投、建构网络、政策倾斜、必要经费支持等，保障社会组织可持续健康发展。

（四）深入实施新型城镇化战略，加快推进城乡一体化进程

不同于我国东部地区密集的人口分布特征，西部地区幅员广阔，人口密度相对较低，因此不利于形成类似于东部地区的高度集约的城市群。人口分布分散意味着城市群需要较强的辐射能力和带动能力，从而吸纳不同的人群向城市聚集，以实现城市化的推进。西部地区应当创新城市发展方式，提升重点城市的辐射带动能力，加强不同城市之间的沟通合作，从而提高西部地区内部的资源整合能力。城镇化并不意味着单独发展城市，而是建立在城乡协调基础上的综合发展。

促进城乡公共资源均衡配置，加快形成以工促农、以城带乡、工农互惠、城乡一体的工农城乡关系，不断缩小城乡发展差距。既要有序推动新型城镇化建设，又要贯彻落实好乡村振兴战略，促使乡村人口平等享有改革发展成果，以推进城乡和区域实现协调发展、融合发展。坚定不移地走以人为核心的新型城镇化道路，坚持把解决好“三农”问题作为重中之重，实施农业农村现代化建设行动，强化以工补农、以城带乡，构建城乡新格局，巩固提高城乡融合发展水平。加强西部城市的基础设施建设，完善其公共资源配置，提升城市的环境承载力，从而有效地增强城市的辐射能力，带动人群向城市聚集。

（五）加强教育发展与人民生产生活相结合

百年大计，教育为本，推动教育现代化是实现社会现代化的必经途径。

与东部发达地区相比，现阶段我国西部地区教育水平仍较为低下，教育理念较为落后，高等教育与区域经济联系和市场化程度不足，导致教育和科研成果转化为现实生产力动力不足。教育作为精神文明建设的重要手段之一，对人的生活理念和行为方式都有着极其重要的影响。西部地区应加速推进教育市场化进程，推动西部地区人民生产生活方式、生活网络和生活资源与教育相结合，通过增加教育投入、调整教育结构、优化教育资源配置、提升整体教育水平，促进西部地区人民生产生活方式朝着更为先进的方向发展，进而推动西部地区人民素质、行为和观念的现代化发展。同时，面对日新月异的现代社会和人民思想，西部地区还应及时调整教育的理念、方式和策略，加快发展“互联网+教育”，完善终身学习体系，建立终身职业技能培训体系，建设学习型社会，使教育能够及时回应人民生产生活方式、行为方式和思想观念的变化，以充分发挥教育的作用，促进人的全面发展。

（六）健全公共文化服务体系，推进新时代精神文明建设

完善西部公共文化服务体系建设，丰富群众精神文化生活。西部地区的公共文化服务体系建设还存在底子薄、欠账多，城乡和区域发展不平衡，财政投入偏少，服务效能不高，基层工作队伍不稳定等问题。公共文化服务体系建设的投入应向贫困地区、民族地区、边疆地区倾斜，促进均衡发展。同时将民族特色文化作为公共文化服务体系建设的重要内容，加大扶持力度，对民族文化传承、产业培育发展、人才队伍建设等方面适当予以政策倾斜。加大公共文化产品和服务供给力度，创新公共文化管理体制和运行机制，推进基本公共文化服务标准化、均等化、法制化，让西部人民享有更多更好的文化发展成果。通过规范、引导、促进文化产品市场发展，健全现代文化产业体系。深化文化市场监管的“放管服”改革，提高办事效率，强化服务，为各类市场主体的进入、文化经营活动的开展营造便利环境。对文化市场经营主体加强法律法规宣传教育，增强文化经营者守法经营、安全经营、文明经营的意识，促进文化市场健康有序发展。

四　未来15年西部地区以人为核心的社会现代化趋势预测

在本研究中运用灰色预测的方法进行分析，即通过少量的、不完全的信息，建立灰色微分预测模型，对事物发展规律做出模糊性的长期描述。基于西部10省区市2015年的基础指标数据，对2020～2035年的西部地区社会现代化水平的变化情况做出预测，结果如表8和图1～图9所示。

表8　2015～2035年西部地区主要指标预测值变化

年份	每万人高校在校生数(人)	每万人拥有公共图书馆藏书量(册)	每万人甲乙类法定报告传染病发病人数(人)	第三产业人员占比(%)	每万人接受创业服务人数(人)	每万人科学研究和技术服务业城镇单位就业人员数(人)	每万人社会组织数(个)	每万人拥有公共交通车辆数(辆)	社会服务综合指数(%)
2015	233.82	4471.82	22.76	34.41	17.33	26.59	4.91	11.89	85.15
2020	262.54	5735.32	22.53	38.72	35.47	27.44	6.80	12.58	99.47
2025	296.85	7325.45	22.50	43.28	70.50	29.34	9.42	13.17	114.47
2030	335.64	9356.45	22.48	48.38	140.15	31.36	13.06	13.78	131.74
2035	379.51	11950.54	22.45	54.08	278.62	33.53	18.10	14.42	151.62

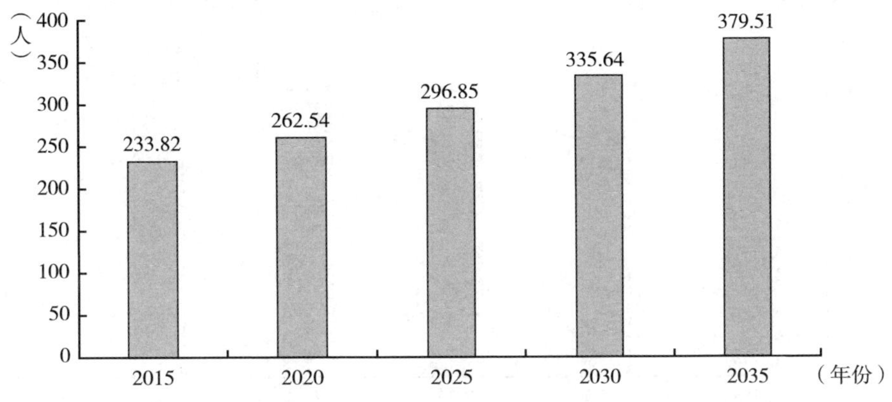

图1　2015～2035年西部地区每万人高校在校生数预测值变化

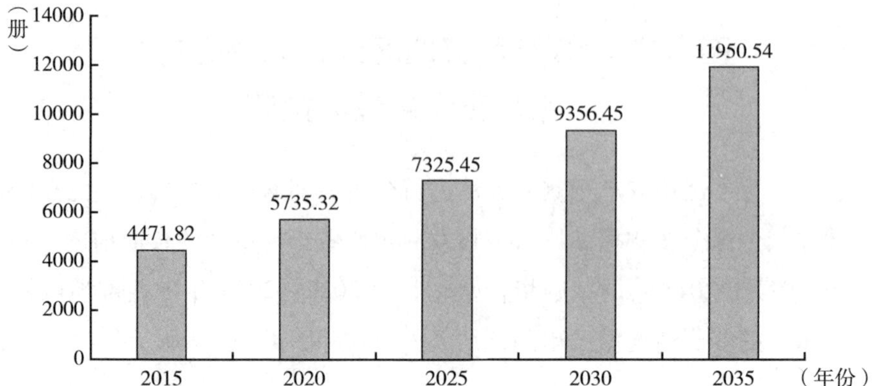

图 2　2015～2035 年西部地区每万人拥有公共图书馆藏书量预测值变化

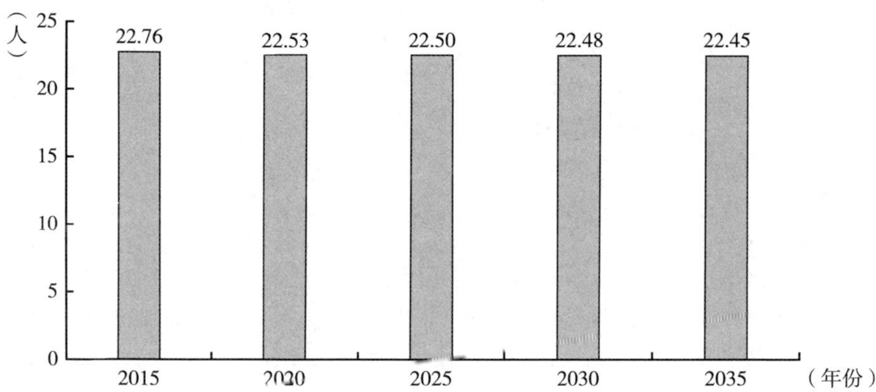

图 3　2015～2035 年西部地区每万人甲乙类法定报告传染病发病人数预测值变化

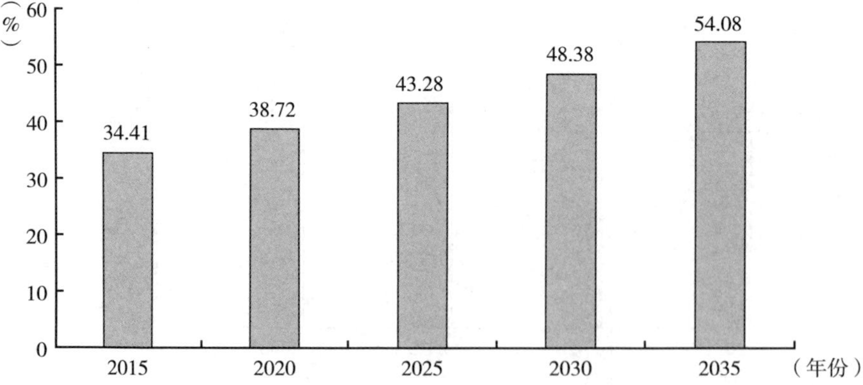

图 4　2015～2035 年西部地区第三产业人员占比预测值变化

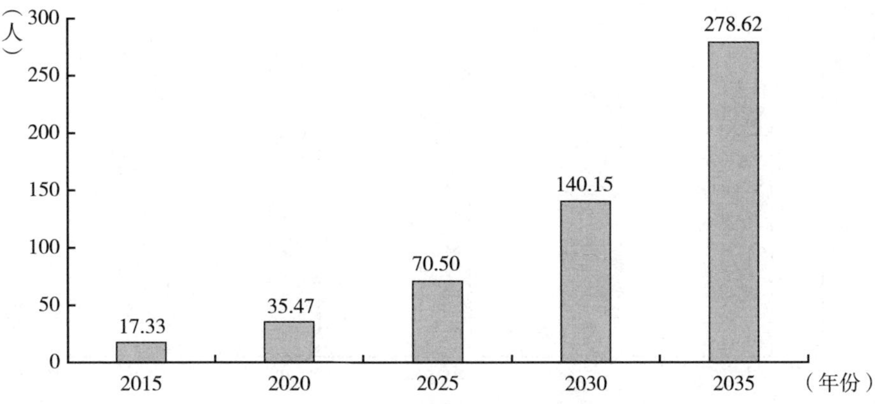

图5　2015～2035 年西部地区每万人接受创业服务人数预测值变化

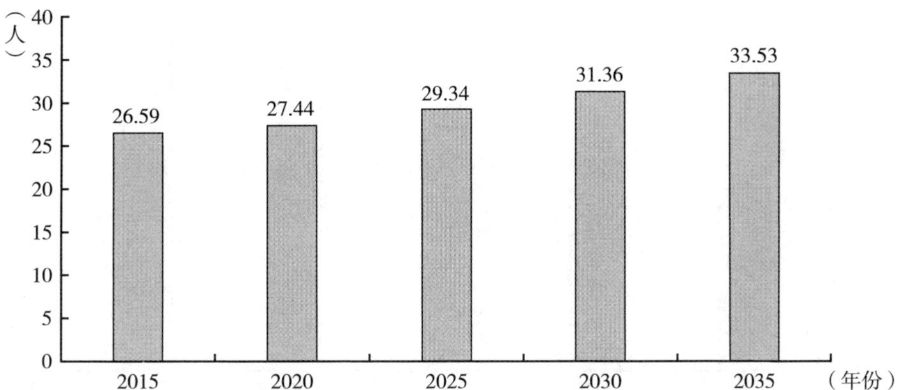

图6　2015～2035 年西部地区每万人科学研究和技术服务业城镇单位就业人数预测值变化

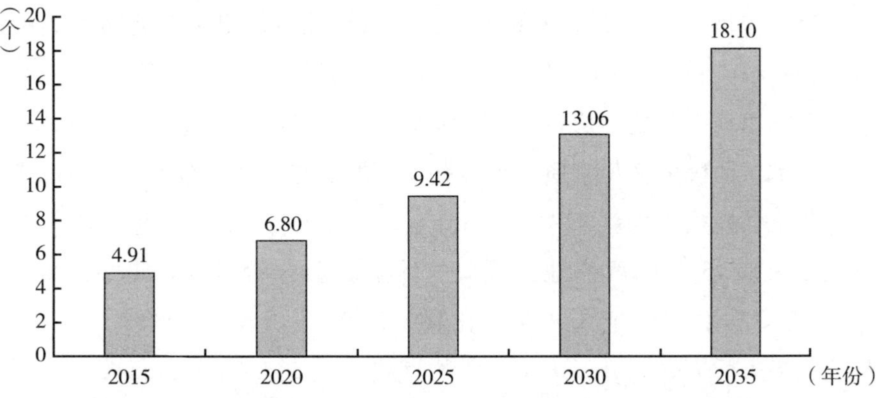

图7　2015～2035 年西部地区每万人社会组织数预测值变化

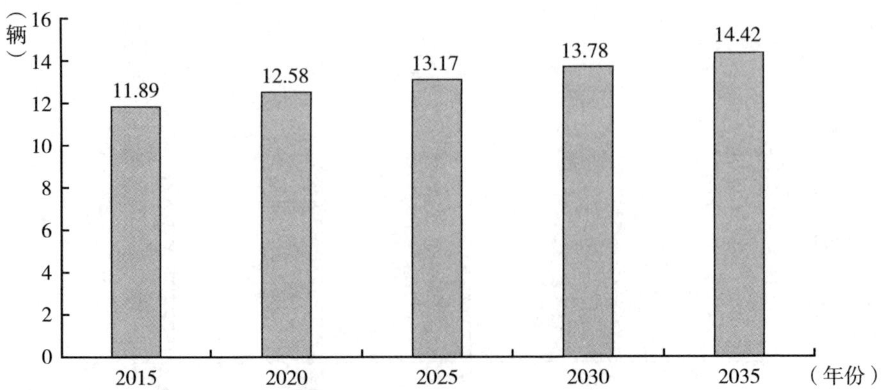

图8　2015～2035年西部地区每万人拥有公共交通车辆数预测值变化

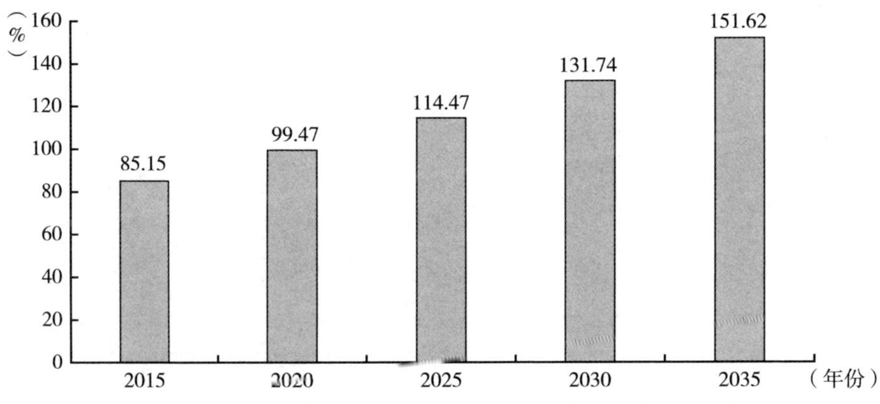

图9　2015～2035年西部地区社会服务综合指数预测值变化

2015～2035年，西部地区的所有正向指标预测值呈上升趋势。其中每万人高校在校生数由2015年的233.82人上升至2035年的379.51人；每万人公共图书馆藏书量更是从4471.82册增长至11950.54册，说明未来15年间，西部地区居民的文化素质水平会有较大程度的提升。而每万人甲乙类法定报告传染病发病人数从22.76人下降至22.45人，虽然下降幅度不大，但也反映出未来15年间西部地区人口身体素质会有所提升。此外，2015～2035年，西部地区第三产业人员占比从34.41%上升至54.08%；每万人接受创业服务人数大幅上升，由17.33人直线升至278.62人；每万人科学研究和技术服务业城镇单位就业人员数也由26.59人增加至33.53人。这一系列的数据变化意味着未来 15 年间，西部地区人民都将以更加积极、更加奋进的态度投入日常工作与生活中，勇于拼搏，敢于创新，锐意进取，促进现代化水平较快提升。在社会观念方面，未来 15 年间，西部地区人民思想更为开放和包容，绿色、共享的观念也越来越深入人心。这体现在 2015 ~ 2035 年，西部地区每万人社会组织数从 4. 91 个增长至 18. 1 个；每万人拥有公共交通车辆从 11. 89 辆上升至 14. 42 辆；社会服务综合指数增长最快，由 85. 15% 增长至 151. 62% 。

总体来看，未来 15 年间，西部地区的主要指标预测值都呈现向好趋势，由此可见西部地区人民的整体素质将越来越高，行为越来越积极，观念越来越开放，西部社会现代化整体水平呈现出良好的发展态势。

B.7
西部地区高等教育现代化的路径与政策

姚聪莉　刘源宏*

摘　要： 新时代以来，我国高等教育已由大众化迈入普及化阶段，力争在2035年总体实现教育现代化，教育现代化成为教育发展的重要战略目标。为了系统了解西部地区高等教育现代化发展的进程，本文在界定高等教育现代化的内涵与基本特征的基础上，构建了西部地区高等教育现代化的指标体系，运用主成分分析法对其发展态势进行总体评价。评价结果显示：当前西部地区高等教育现代化发展呈现出逐年向好的趋势，但仍存在高等教育信息化建设相对滞后、高等教育高质量发展水平较低、高等教育现代化综合实力不均衡等问题。基于此，本文提出应以改革创新为根本动力，以高质量为战略方向，以协同发展为关键路径，以内涵式发展为重要保障，促进西部地区高等教育现代化的实现，并对未来15年西部地区高等教育现代化的发展趋势进行预测。

关键词： 西部地区　高等教育　指标体系　现代化指数

2019年2月，中共中央、国务院印发了《中国教育现代化2035》，明确

* 姚聪莉，博士，教育部人文社会科学重点研究基地——西北大学中国西部经济发展研究院兼职研究员，西北大学公共管理学院教授、博士生导师，西北大学高等教育研究中心主任，研究方向为转型时期的经济发展与公共政策、西部经济发展中的高等教育理论及政策分析；刘源宏，西北大学公共管理学院教育经济与管理专业硕士研究生。

指出要“促进高等教育竞争力明显提升，建设有中国特色、世界一流的高等教育体系”，为高等教育现代化发展指明了前进方向。西部地区是我国现代化协调发展中的重要组成部分，其高等教育现代化的发展对我国教育现代化的实现起着举足轻重的作用。目前，我国高等教育现代化整体存在发展不平衡、不充分，尤其是东西部差距较大的问题，呈现出东部较强、西部较弱且差距越来越大的现象和趋势[①]，这势必影响我国高等教育现代化的发展水平。因此系统梳理西部地区高等教育现代化的发展态势，准确把握西部地区高等教育现代化发展的现状以及存在的问题，探寻西部地区高等教育现代化发展的路径显得尤为重要。

一　西部地区高等教育现代化评判标准

（一）高等教育现代化的内涵与基本特征分析

党的十八大明确指出，教育要率先基本实现现代化，高等教育作为整个教育体系的最高阶段，其现代化是教育现代化发展的重要组成部分，在我国现代化建设中起着举足轻重的作用。为较为准确地把握高等教育现代化的本质，本研究首先界定高等教育现代化的概念，厘清高等教育现代化的内涵，并在此基础上对其基本特征进行分析。

2013 年宁波举办了题为“高等教育现代化：改革、质量、责任”的高等教育国际论坛，论坛上瞿振元教授认为“高等教育现代化要求我们要以先进的教育思想理念为指导，使高等教育与经济、社会的现代化发展相适应，达到现代世界高等教育先进水平，培育出满足现代经济和社会建设要求的新型劳动者和高素质人才”[②]。这一诠释得到学界的广泛认同。高等教育

---

① 袁占亭：《振兴中西部高等教育：我国高等教育现代化的必由之路》，《中国高教研究》2019 年第 11 期，第 5 ~ 8 页。

② 瞿振元：《实现高等教育现代化需要理论先行》，《中国高教研究》2013 年第 12 期，第 3 ~ 5 页。

现代化具有丰富的内涵，目前学界并没有一个明确的概念定义，但众多专家学者对其内涵认识基本一致：从静态看，高等教育现代化是高等教育发展到最好水平及其综合实力达到最强状态，在外部功能上实现了与经济社会发展的高度适应、高度协调和高度契合；从动态看，高等教育现代化是以国际高等教育最高水平、最先进状态为参照的目标和追求，反映未来某阶段或现实高等教育发展的最高水平及其综合实力的最强状态。基于已有研究，笔者认为高等教育现代化是一个动态概念，其根本目标是推动和引领国家现代化发展，高等教育现代化是以人的现代化为核心，以改革创新为动力，以高质量为支撑，以内涵式发展为前提的具有国际竞争力的高等教育体系。

根据高等教育现代化的内涵，本研究梳理了高等教育现代化的六大特征。

一是动态性。高等教育现代化既意味着高等教育达到世界先进水平，又是追赶或保持这种先进水平的过程,① 其发展过程不是从无到有，而是逐渐由传统高等教育向现代高等教育转变的一个动态过程。

二是育人性。高等教育现代化的根本属性是育人性，实现人的现代性是现代化发展的出发点和立足点。② 高等教育的育人性特征应主要表现在具备充足的育人条件和提高人的现代化水平两方面。生均教育经费这一指标不仅反映了不同地区对高等教育质量的保障力度，还直接体现出不同地区在财政投入上的差异。每十万人口平均在校大学生数可以反映一个国家或地区的高等教育规模，进而反映出人民的受教育水平和居民的文化素质，即人的现代化水平。③

三是创新性。高等教育现代化建设应以改革创新作为其发展动力，使高

---

① 何传启：《制度、质量、公平：实现高等教育现代化的突破口》，《中国高等教育》2014 年第 7 期，第 8 ~ 10 页。

② 史静寰等：《走向 2030：中国高等教育现代化建设之路》，《中国高教研究》2017 年第 5 期，第 1 ~ 14 页。

③ 刘耀、蒋凯：《重庆市高等教育现代化指标体系研究》，《长江师范学院学报》2017 年第 3 期，第 101 ~ 108 页。

等教育在国家现代化发展中发挥作用。中国高等教育学会专题研究报告指出："追求高等教育现代化，要利用现代科学技术成果，提升高等教育的整体水平与质量。"① 创新的主体在高校，高校研发活动是推动高等教育创新的有力保证，高校研究与开发活动（R&D）是高校创新持续发展的动力源泉，通用的、用于比较 R&D 活动的指标有 R&D 人员全时当量、高校 R&D 经费内部支出以及高校 R&D 项目课题数等，常用发表论文数和专利数对科研成果的转化进行统计。②

四是高质量。迈入普及化阶段，从"有学上"到"上好学"，从数量追求到质量提升的转变，高质量作为高等教育发展的首要目标和生命线，是高等教育现代化的特征之一。高质量指标包括师资队伍质量和杰出人才培养两方面。③ 衡量师资队伍的指标包括年龄、学历、职称、教龄，其中专任教师队伍中拥有博士学位教师的比例在一定程度上反映了高校教师队伍的专业素质，体现教师专业水平。④ 人才培养指标包括高等教育毛入学率、研究生培养规模以及培养的学生是否具有现代精神等。

五是信息化。现代化的信息技术正在逐步改变传统高等教育的教学观念、教学手段和教学方法，将高等教育推向了全新的信息化时代。高等教育现代化的实现应以信息化为前提，这是现代化高等教育体系区别于传统高等教育体系的重要特征。信息化不仅包括教材所提供的信息资源，还包括通过现代信息技术平台提供的信息资源，本研究采用信息化设备资产值这一指标来衡量高等教育信息化的发展水平。⑤

六是国际化。高等教育现代化的最后一个特征即高等教育的国际化。首

① 刘辉、李园芳：《全球化视野下的高等教育现代化变革》，《中国高等教育》2018 年第 17 期，第 50 ~ 52 页。

② 蔡芳：《高校科技创新活动与经济发展关系的研究——基于高校 R&D 活动的统计分析》，《高教学刊》2020 年第 7 期，第 40 ~ 42 页。

③ 眭依凡：《高等教育现代化的理性思考》，《高等教育研究》2014 年第 10 期，第 1 ~ 10 页。

④ 朱益明：《上海高等教育现代化框架及其指标的展望》，《教育发展研究》2007 年第 4 期，第 16 ~ 23 页。

⑤ 邱白莉：《教育现代化指标体系比较研究》，南京师范大学博士学位论文，2006。

先，高等教育现代化的实现应以具有国际竞争力的高水平人才作为支撑；其次，现代化的高等教育应在国际上具有较强的竞争力，这是高等教育现代化发展的重要战略目标。高等教育的国际化包括国内外师资交流、科研合作、学分学历互认、教育机构的跨国合作等方面，可以通过外国留学生数量及比例、国外学术刊物发表论文数、中外联合办学等指标来衡量高等教育国际化水平。①

（二）西部地区高等教育现代化评判的原则

根据高等教育现代化的基本特征与西部地区的区域特色，结合推进西部大开发形成新格局的决策部署，科学合理规划西部地区高等教育现代化的评判原则，进而推动西部地区高等教育高质量发展，实现高等教育现代化，笔者认为西部地区高等教育现代化评判应遵循以下原则。

一是分区原则。《中国教育现代化 2035》明确指出，实现高等教育现代化的路径是总体规划、分区推进。西部地区特殊的地理位置和发展环境使其与东中部地区发展差距较大，与之相应地，高等教育也存在着较大差距，因此不能将所有地区置于同一个起点进行评判，评先、评优的评判标准无法推进西部地区高等教育现代化的实现。我们需要考虑地区经济文化发展的不同现状，把握国家教育现代化总体规划框架，基于西部地区高等教育的现实状况制定发展规划。

二是综合性原则。本文研究的是西部地区高等教育现代化评判标准，必须与西部的现代化发展整体目标一致，充分体现高等教育与社会发展之间的联系。评判标准不应单是指标的简单堆积、统计数据的集合，还应通过多元化的指标组合形式反映高等教育现代化的内涵特征，有效描述西部地区高等教育现代化的发展情况，综合反映其实现过程中的水平和状态。

三是发展性原则。我国高等教育现代化的研究是一个不断深入的过

① 俞佳君：《高等教育现代化指标体系构建探析》，《中国高等教育评估》2016 年第 1 期，第 13～17 页、第 30 页。

程，评判标准同样也需要进行动态地调整，对西部地区高等教育现代化的发展坚持可持续性的评判原则，突出目标引领和有效评判等功能，满足高等教育现代化发展的可持续性要求，一方面有利于监督高等教育现代化整体建设，另一方面也能避免地区教育发展中出现短期行为。

（三）新时代西部地区高等教育现代化评判指标体系构建

研究制定符合地区发展实际且具前瞻性的评判指标体系，是客观评价区域高等教育现代化发展水平的主要工具之一，也是有效推进西部地区高等教育现代化的有力抓手。笔者认为评判指标体系构建的基本维度如下：一要体现信息化，这是实现西部地区高等教育现代化的基本前提；二要强调育人性，这是西部地区高等教育现代化的关键任务；三要聚焦高质量，这是西部地区高等教育现代化的核心内涵；四要体现创新性，这是西部地区高等教育现代化建设的动力；五要体现国际性，这是西部地区高等教育现代化推进的核心竞争力。本研究以上述五个维度为框架，结合已有研究中关于高等教育现代化指标体系的论述，综合考虑数据的科学性和可获得性，构建出西部地区高等教育现代化评判指标体系，具体如表 1 所示。

表 1　西部地区高等教育现代化评判指标体系

<table>
<tr><th>一级指标</th><th>二级指标</th><th>监测点</th></tr>
<tr><td>信息化</td><td>基础设施信息化</td><td>信息化设备资产值</td></tr>
<tr><td rowspan="3">育人性</td><td rowspan="2">育人保障</td><td>生均教育经费支出</td></tr>
<tr><td>一般公共预算教育事业费</td></tr>
<tr><td>育人成果</td><td>每十万人口平均在校大学生数</td></tr>
<tr><td rowspan="2">高质量</td><td>师资队伍质量</td><td>专任教师队伍拥有博士学位教师比例</td></tr>
<tr><td>人才培养质量</td><td>研究生毕(结)业生数</td></tr>
<tr><td rowspan="4">创新性</td><td rowspan="2">创新动力</td><td>高校 R&D 经费内部支出</td></tr>
<tr><td>高校 R&D 项目(课题数)</td></tr>
<tr><td rowspan="2">创新成果</td><td>科技论文发表数</td></tr>
<tr><td>有效发明专利数</td></tr>
<tr><td>国际性</td><td>科研国际化</td><td>国外学术刊物发表论文数</td></tr>
</table>

二 2012~2018年西部地区高等教育现代化的态势分析

为消除评判指标间的相关影响，以更客观地评价西部地区高等教育现代化的发展态势，本研究进一步对具体指标进行处理和测度，运用主成分分析法提取特征值大于1的主成分，赋予其相应权重，得到西部地区高等教育现代化发展水平的综合赋分，再根据主成分综合模型计算综合主成分值及其变动，对西部地区高等教育现代化的发展态势进行总体评价分析。

（一）指标数据主成分分析的基本步骤

（1）明确评判指标，采集样本数据。根据上文构建的评判指标，通过《中国统计年鉴2019》《中国科技统计年鉴》《中国教育经费统计年鉴》和《教育部年度教育统计数据》得到基础数据。

（2）标准化处理指标数据。由于诸多指标数据值有着各自的计量单位，无法相互进行比较，因此本文通过采用 SPSS. 20 软件的 Z 分数标准化法（Z－Scores）将基础数据转化为标准化无量纲数据 Zi。

（3）确定主成分个数 N。通常通过贡献率、特征值两个方面来提取主成分个数。

（4）确定主成分 Fi 表达式。

（5）计算综合主成分值。

（二）输出结果分析

表2 高等教育现代化指标体系方差分解主成分提取分析

成分	初始特征值			提取平方和载入		
	合计	方差贡献率（%）	累计方差贡献率（%）	合计	方差贡献率（%）	累计方差贡献率（%）
1	8.226	74.782	74.782	8.226	74.782	74.782
2	1.209	10.989	85.771	1.209	10.989	85.771
3	0.677	6.153	91.924			

续表

成分	初始特征值			提取平方和载入		
	合计	方差贡献率（%）	累计方差贡献率（%）	合计	方差贡献率（%）	累计方差贡献率（%）
4	0.374	3.399	95.323			
5	0.137	1.242	96.565			
6	0.102	0.927	97.492			
7	0.096	0.875	98.367			
8	0.059	0.538	98.906			
9	0.050	0.450	99.356			
10	0.036	0.329	99.685			
11	0.035	0.315	100.00			

表3　高等教育现代化指标体系成分矩阵

指标	成分	
	1	2
生均教育经费支出	-0.526	0.689
每十万人口平均在校大学生数	0.784	0.039
国外学术刊物发表论文数	0.874	-0.261
研究生毕（结）业生数	0.949	0.080
高校R&D经费内部支出	0.012	0.973
高校R&D课题数	0.933	0.192
科技论文发表数	0.918	0.216
有效发明专利数	0.939	-0.061
专任教师队伍拥有博士学位教师比例	-0.151	0.925
信息化设备资产值	0.119	0.929
一般公共预算教育事业费	0.192	0.952

（1）特征值可以表示主成分所具备的影响力，通常提取特征值大于1的前N个成分。通过表2可知，通过主成分提取方法共提取了2个主成分。

（2）从表3可知，研究生毕（结）业生数、科技论文发表数、高校R&D课题数、有效发明专利数等指标在第一主成分上有较高载荷，说明第一主成分基本反映了以上这些指标的信息，该成分体现的是高等教育效益维度；生均教育经费支出、高校R&D经费内部支出、专任教师队伍拥有博士学位教师比例等指标在第二主成分上有较高载荷，说明第二主成分基本反映了这些指标的信息，该成分体现的是高等教育投入维度。两个主成分解释的总方差已经达到85.771%，基本能够反映所有指标的信息，所以用2个新变量来代替初始的11个变量。

（3）采用表3高等教育现代化指标体系成分矩阵中的数据除以特征向量$A1$和特征向量$A2$，以每个主成分所对应的特征值占所提取主成分的特征值之和的比例作为权重计算主成分综合模型，得出主成分表达式：

$$\begin{aligned}F1 =& 0.084ZX_1 + 0.095ZX_2 - 0.032ZX_3 + 0.115ZX_4 + 0.118ZX_5 \\ &+ 0.113ZX_6 + 0.112ZX_7 + 0.114ZX_8 + 0.112ZX_9 + 0.113ZX_{10} \\ &+ 0.116ZX_{11}\end{aligned}$$

$$\begin{aligned}F2 =& -0.435ZX_1 + 0.032ZX_2 + 0.723ZX_3 + 0.066ZX_4 \\ &+ 0.010ZX_5 + 0.159ZX_6 + 0.178ZX_7 - 0.050ZX_8 - 0.125ZX_9 \\ &+ 0.099ZX_{10} + 0.159ZX_{11}\end{aligned}$$

（4）根据主成分综合模型计算综合主成分值F3：

$$F3 = (F1 \times 74.782 + F2 \times 10.989)/85.771$$

（三）西部区域内高等教育现代化的态势分析

1. 西部地区高等教育现代化发展呈现逐年向好趋势

根据图1可知，2012～2018年七年来西部地区高等教育现代化的发展呈现出向好趋势，其高等教育现代化体系指数值逐年增长，且显现出持续上升的发展趋势。特别是在2016年通过的“十三五”规划纲要提出“要推进教育现代化，全面贯彻党的教育方针，坚持教育优先发展，加快完善现代教育体系，全面提高教育质量，促进教育公平，培养德智体美全面发展的社会主义建设者和接班人”后，这一综合指标的环比发展速度显著提高，增速达到了10.26%，这进一步表示西部地区高等教育现代化发展速度在逐年加快（见图2）。

2. 西部各省区市高等教育现代化发展速度较为一致

通过列出2012年以来西部各省区市高等教育现代化评判指数及排名，本文进一步分析2012～2018年西部地区各省区市高等教育现代化指数的具

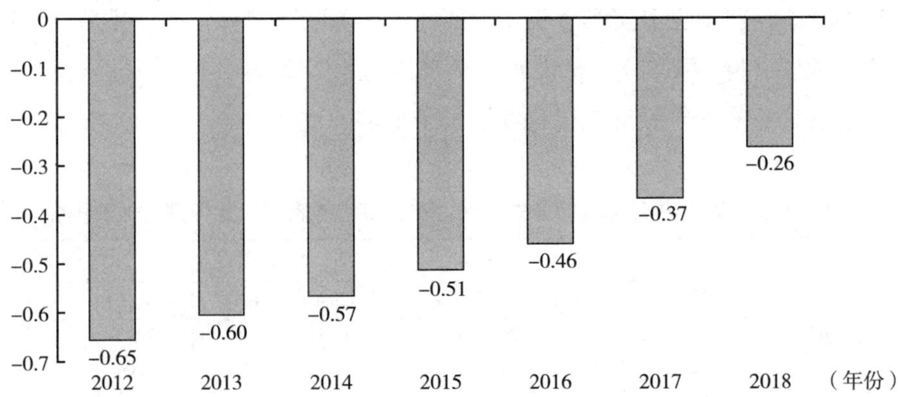

图 1　2012～2018 年西部地区高等教育现代化评价指数变动趋势

说明：研究中是将东部、中部和西部地区的数据放在一起比较，输出结果为负值。

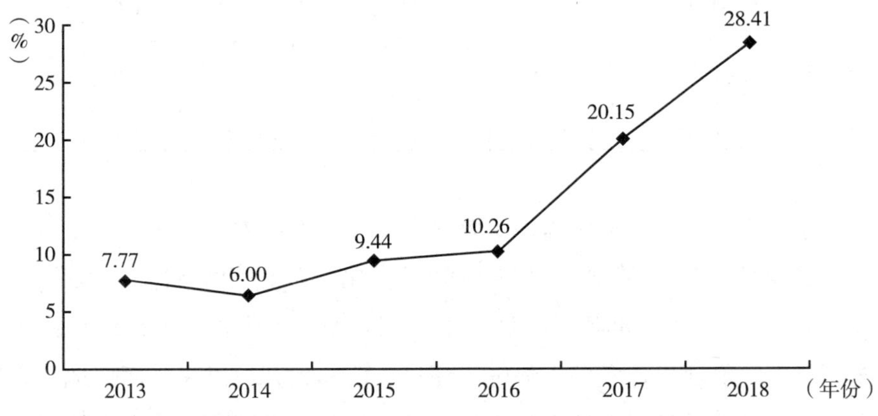

图 2　2013～2018 年西部地区高等教育现代化环比发展速度

体变动情况。根据表 4 可以发现，2012～2018 年西部各省区市高等教育现代化发展的指数及排名没有发生明显的波动，这表明西部各省区市高等教育现代化的发展速度较为一致。此外，根据综合指数及排名可知，陕西、四川和重庆是西部地区高等教育现代化进程中发展水平最高的地区，它们在这 7 年间位于西部地区前三名，表明这三个省市具有良好的高等教育发展基础和雄厚的发展实力；而青海和西藏长期以来一直处于末位，是西部地区高等教育现代化发展滞后的地区；值得一提的是，贵州在西部地区的排名一直处于上升的状态，目前已升至第六位；而西北地区除陕西之外，整体排名低落后于西南地区（除西藏外），这说明在西部地区高等教育现代化发展过程中，西北各省区应对高等教育现代化发展给予足够的重视。

表4　2012～2018年西部地区各省（区、市）高等教育现代化评判指数及排名

年份	2012		2014		2016		2018	
省(区、市)	指数值	排名	指数值	排名	指数值	排名	指数值	排名
重　庆	-0.37	3	-0.26	3	-0.11	3	0.13	3
四　川	0.12	2	0.32	2	0.53	2	1.04	1
贵　州	-0.86	8	-0.74	8	-0.62	7	-0.41	6
云　南	-0.68	6	-0.56	5	-0.45	5	-0.24	5
西　藏	-1.12	11	-1.21	12	-1.1	11	-1.11	12
陕　西	0.21	1	0.4	1	0.6	1	1	2
甘　肃	-0.64	4	-0.63	6	-0.61	6	-0.48	7
青　海	-1.25	12	-1.19	11	-1.12	12	-1.03	11
宁　夏	-0.89	9	-0.9	10	-0.84	10	-0.77	10
新　疆	-0.92	10	-0.79	9	-0.73	9	-0.6	9
内蒙古	-0.78	7	-0.68	7	-0.67	8	-0.56	8
广　西	-0.67	5	-0.54	4	-0.39	4	-0.12	4

3. 西部地区高等教育现代化区域内省际发展不均衡

为进一步分析西部地区高等教育现代化发展的协调性，本文绘制了2012年以及2018年西部各省（区、市）高等教育现代化发展的综合雷达指数图，对各省份现代化发展态势进行评价。西部大开发以来，西部地区高等教育规模、质量虽呈现出较大幅度的提升，但其各省区市之间的高等教育现代化综合实力极不均衡。如图3所示，从时序上来看，西部地区各省（区、市）2018年的高等教育现代化体系综合指数值均高于2012年，这表明西部地区各省（区、市）高等教育现代化发展水平都处于持续上升态势。从高等教育现代化评判指数变动情况来看，西部地区各省（区、市）高等教育现代化的发展进程存在较大差异，四川省和陕西省的发展速度处于前两位，说明其高等教育在规模、质量、信息化以及国际化等方面遥遥领先于西部其他地区，而甘肃、宁夏、西藏、内蒙古以及青海地区一直排名靠后，显示出这些省区高等教育现代化综合实力整体偏弱。

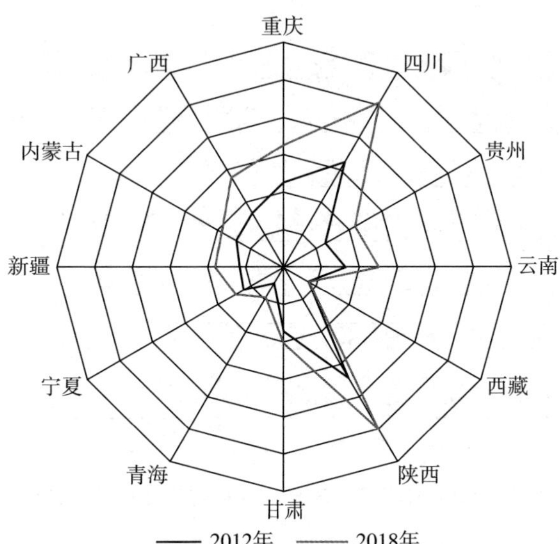

图 3　2012 年、2018 年西部地区各省（区、市）高等教育现代化评判指数雷达示意

从高等教育现代化指数增长幅度来看，2012～2018 年四川增长幅度最大，达到了 0.92，而增长幅度最小的是西藏地区，只有 0.01（见图 4）；从指数极差数据可以看出，西部地区内部的整体绝对差距在逐年拉大，高等教育现代化指数极差由 2012 年的 1.46 扩大到 2018 年的 2.15，分布也越来越不均衡，方差由 0.18 增加到 0.44（见图 5）。这进一步显示，西部地区高等教育现代化区域内发展水平差距逐渐拉大。

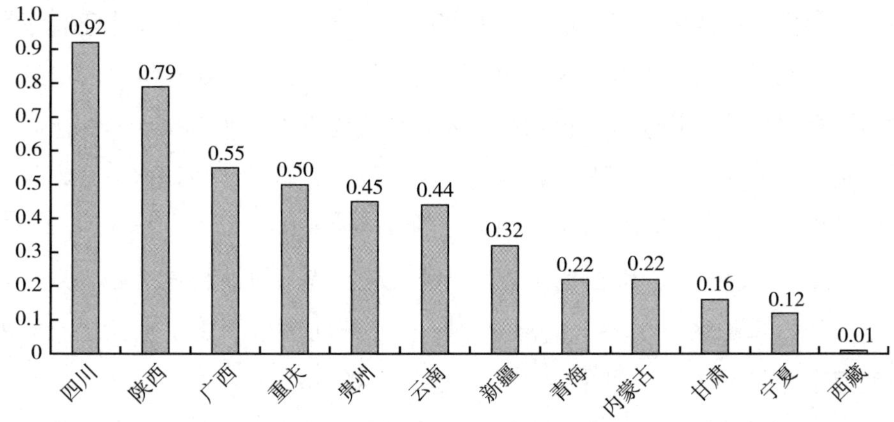

图 4　2012～2018 年西部地区各省（区、市）高等教育现代化指数增长幅度

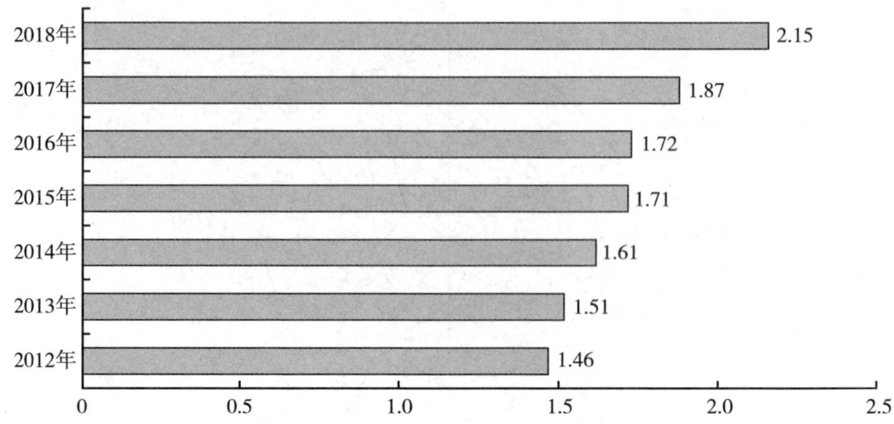

图5 2012～2018年西部地区高等教育现代化指数极差变化情况

（四）我国高等教育现代化发展区域间比较分析

在对西部地区内部高等教育现代化的态势进行分析之后，本研究进而对全国高等教育现代化发展现状进行对比分析，探讨西部地区相比东部、中部、全国平均而言高等教育现代化发展态势。

1. 西部地区高等教育现代化发展水平远落后于其他地区

如图6所示，2012～2018年，东部、中部以及西部地区的高等教育发展水平均处于稳步上升的状态，其中东部地区高等教育现代化发展水平最高，中部次之，西部地区最低，中西部的高等教育现代化发展水平不仅远落后于东部地区，也低于全国平均水平。根据图7可知，2018年，西部地区除四川和陕西外，其余省区市的高等教育现代化发展水平都低于全国平均水平，整体发展水平较低。总之，西部地区高等教育现代化发展水平长期位于全国平均水平以下，远落后于其他地区的发展水平。

2. 西部地区与东、中部地区高等教育现代化发展重要指标的分项分析

（1）西部地区高等教育信息化水平与东部地区差距逐年扩大，但发展速度超过中部地区。如图8所示，从高等教育现代化的信息化维度看，东部、中部、西部地区以及全国平均水平均呈现出逐年上升态势。信息化发展

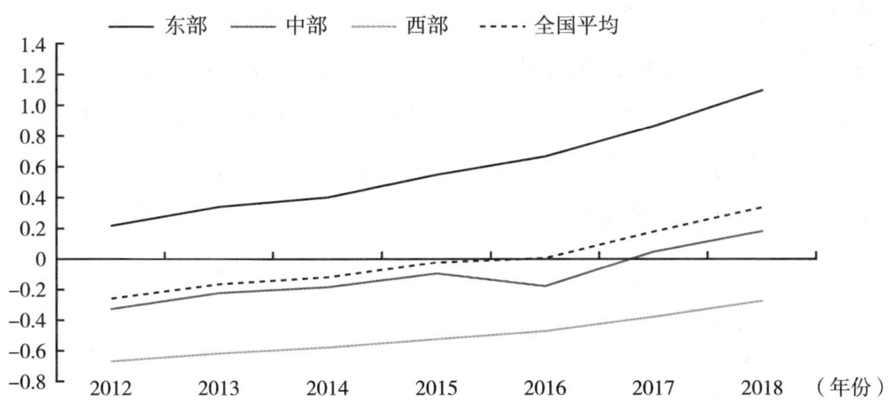

图 6　2012 ~ 2018 年东、中、西部地区以及全国高等教育现代化发展水平

说明：图中的数据是以全国东、中、西部区域高等教育现代化发展指数除以各区域省份数据得出。

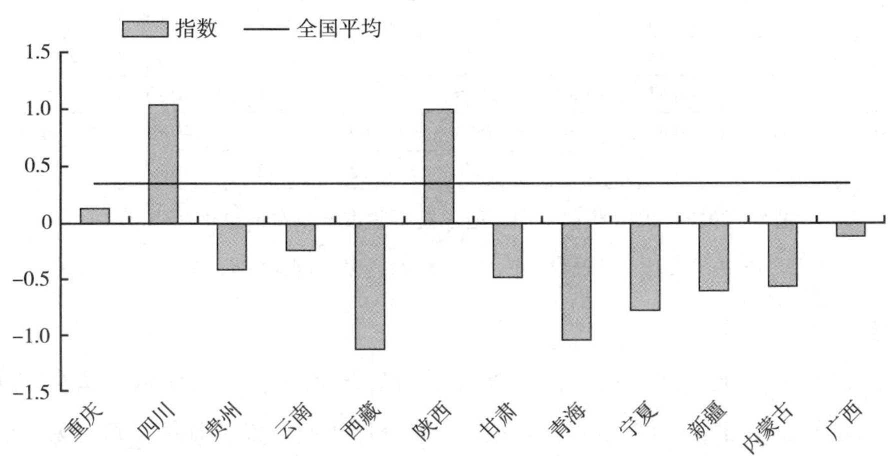

图 7　2018 年西部地区各省（区、市）及全国高等教育现代化指数

说明：图中的数据是以全国东、中、西部区域高等教育现代化发展指数除以各区域省份数据得出。

水平最高的是东部地区，其次是中部地区，西部地区的高等教育信息化发展水平最低，且中西部地区信息化的发展水平均低于全国平均水平。与此同时，西部与东部地区的差距也在逐年扩大，自 2012 年到 2018 年信息化指数

差值从 -0.96 扩大到 2.38，西部地区与中部地区的差值由 -0.42 扩大到 0.22。从增长幅度来看，东部地区七年间信息化指数增长了 2.37，西部地区增长了 0.95，而中部地区仅增长了 0.75。虽然西部地区高等教育信息化发展绝对水平落后于东部、中部地区，但发展速度超过了中部地区，高等教育信息化水平也在不断提高。

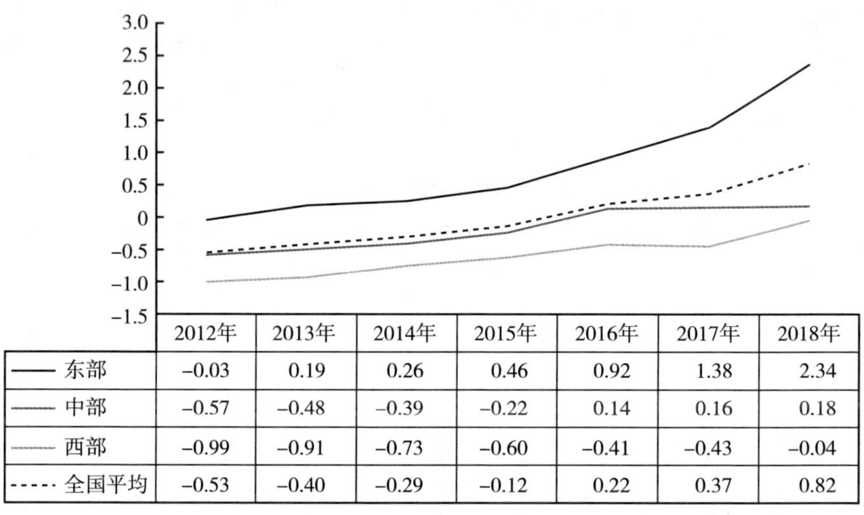

	2012年	2013年	2014年	2015年	2016年	2017年	2018年
东部	-0.03	0.19	0.26	0.46	0.92	1.38	2.34
中部	-0.57	-0.48	-0.39	-0.22	0.14	0.16	0.18
西部	-0.99	-0.91	-0.73	-0.60	-0.41	-0.43	-0.04
全国平均	-0.53	-0.40	-0.29	-0.12	0.22	0.37	0.82

图 8　2012～2018 年东、中、西部及全国高等教育信息化发展水平

说明：图中的数据是以全国东、中、西部区域高等教育现代化发展指数除以各区域省份数据得出。

（2）西部地区高等教育高质量发展滞后于东部、中部地区。从全国来看，东部、中部、西部地区以及全国高等教育高质量发展整体态势良好，其中东部仍然是发展水平最高的地区，其次是中部地区，西部地区高等教育高质量发展虽然速度较快，但是与东、中部地区差距仍然较大。如图 9 所示，在高质量指数增长幅度这一测度上，东部地区增长了 1.25，西部地区七年间实现了 0.76 的增长，超过了中部地区 0.62 的增幅，与中部地区的指数差值也由 2012 年的 1.06 缩小到 2018 年的 0.92。

（3）西部地区高等教育国际化发展水平与东、中部地区的差距在不断缩小。与其他分类维度指标类似，各区域在国际化指标上都呈现向上趋势，

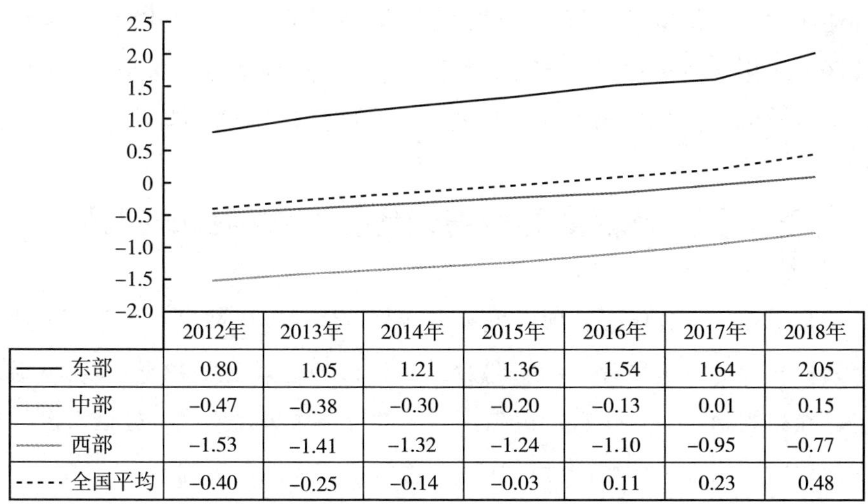

	2012年	2013年	2014年	2015年	2016年	2017年	2018年
—— 东部	0.80	1.05	1.21	1.36	1.54	1.64	2.05
—— 中部	−0.47	−0.38	−0.30	−0.20	−0.13	0.01	0.15
—— 西部	−1.53	−1.41	−1.32	−1.24	−1.10	−0.95	−0.77
----- 全国平均	−0.40	−0.25	−0.14	−0.03	0.11	0.23	0.48

图 9　2012～2018 年东、中、西部及全国高等教育高质量发展水平

资料来源：图中数据是以全国东、中、西部区域高等教育现代化发展指数除以各区域省份数据得出。

东部依然保持明显的优势，但中、西部地区高等教育的国际化发展对比产生了变化。如图 10 所示，借力国家“一带一路”政策，自 2014 年起，

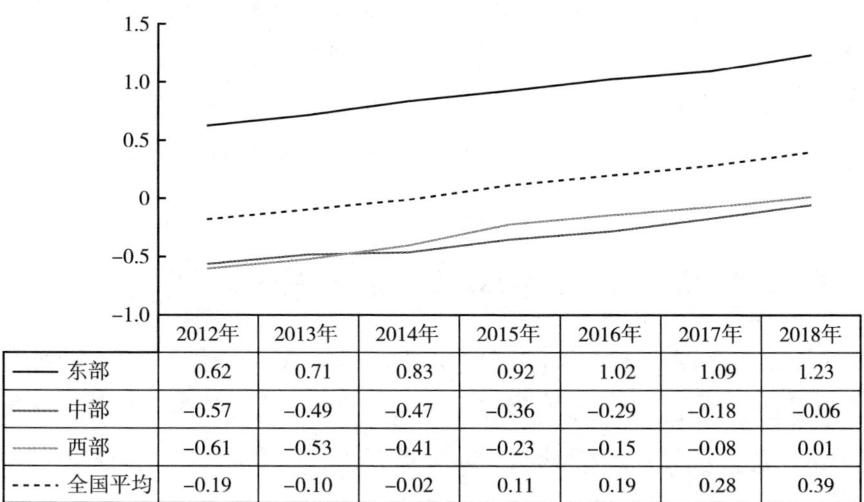

	2012年	2013年	2014年	2015年	2016年	2017年	2018年
—— 东部	0.62	0.71	0.83	0.92	1.02	1.09	1.23
—— 中部	−0.57	−0.49	−0.47	−0.36	−0.29	−0.18	−0.06
—— 西部	−0.61	−0.53	−0.41	−0.23	−0.15	−0.08	0.01
----- 全国平均	−0.19	−0.10	−0.02	0.11	0.19	0.28	0.39

图 10　2012～2018 年东、中、西部及全国高等教育国际化发展水平

说明：图中的数据是以全国东、中、西部区域高等教育现代化发展指数除以各区域省份数据得出。

西部地区的国际化指数已超过中部地区。在增长幅度上，2012～2018 年西部地区国际化指数实现了 0.62 的增幅，超过了东部地区（0.61）、中部地区（0.51）和全国平均水平（0.58），综合发展速度表现为最优。

三　西部地区高等教育现代化发展存在的问题

结合上述指标分析西部地区近年来高等教育的发展情况，当前西部地区高等教育现代化发展呈现出逐年向好的趋势，各省区市发展速度较为一致，但仍存在高等教育信息化有待提高、高等教育高质量发展水平较低、高等教育现代化发展内部不均衡程度加深以及落后于其他地区等问题。

（一）西部地区高等教育信息化水平有待进一步提高

《关于新时代推进西部大开发形成新格局的指导意见》肯定了“互联网＋教育”推动现代化发展的作用，新冠肺炎疫情突袭而至催生了高校大规模的在线教学，这对高等教育信息化发展提出了新的挑战，必将深刻影响高等教育理念、教学模式以及教学组织方式。西部地区高等教育信息化发展绝对水平仍落后于东、中部地区，在硬件建设、资源整合和师生信息素养等方面与时代要求还有较大差距，如何抓住在线教育发展契机，进一步提高高等教育信息化发展水平，是西部地区高等教育现代化发展亟待解决的问题。

（二）西部地区高等教育高质量发展水平较低

随着近年来国家出台诸多对西部地区的扶持政策和指导意见，西部高等教育质量迅速提升，但由于发展缓慢、生源短缺、人才流失严重等，高质量发展已经成为制约西部地区现代化水平提高的一个重要短板。一方面，2018 年西部地区高校中专任教师队伍拥有博士学位的比例仅有 18.46%，比全国平均水平（25.07%）低 6.61 个百分点，高学历师资数量严重不足；另一方面，西部地区研究生层次的教育发展严重不足，2018 年研究生毕业人数省均规模为 10886 人[①]，远低于东部（31573 人）、中部（19309 人）和全国平均水平（20589 人）。

（三）西部地区高等教育现代化内部发展不均衡

西部地区内部高等教育综合实力发展不均衡是影响西部地区高等教育现代化的重要原因。实证分析结果显示，西部地区高等教育现代化发展速度加快，意味着西部地区与全国其他地区的发展差距在逐渐缩小，然而西部地区各省（区、市）高等教育现代化发展水平差异较大，发展的不均衡现象较为突出。一方面，陕西、四川、重庆的高等教育现代化发展领先于西部其他地区；另一方面，西部地区部属院校的办学规模、办学质量、师资结构、生源结构以及教学质量普遍优于其他普通高校，这些因素都进一步加剧了西部地区之间、高校之间资源配置不均和发展不同步，影响西部地区高等教育现代化发展水平的整体提升。

（四）西部地区高等教育现代化发展水平远低于全国平均水平

从西部地区高等教育现代化发展的绝对水平来看，总体发展及其各维度都呈现出由东部、中部到西部的阶梯递减趋势，西部地区处于发展劣势，这对西部乃至全国高等教育现代化发展水平的提高都产生了不利影响。西部地区高等教育现代化在全国现代化进程中扮演着重要的角色，其与全国高等教育现代化之间差距越大，越影响国家整体高等教育现代化的协同发展。因此，如何缩小东、西部地区之间高等教育现代化的差距是提升全国高等教育现代化建设水平的重中之重。

四　西部地区高等教育现代化的实现路径

基于对西部地区高等教育现代化发展态势的统计分析，立足于《中国教育现代化 2035》对西部地区的战略规划，着眼于西部地区高等教育现代

---

① 数据来源：《中国教育统计年鉴》。

化发展面临的问题，本研究提出以改革创新为根本动力、以高质量为战略方向、以协同发展为关键路径、以内涵式发展为重要保障的西部地区高等教育现代化实现路径。

（一）以改革创新为动力，引领高等教育信息化快速发展

高等教育现代化发展的关键点在于其发展动力的转变，西部地区高等教育现代化的实现应以改革创新为动力，加快高等教育信息化发展。① 信息化是教育现代化的基本特征，也是实现教育现代化的重要途径。目前，西部地区高校已基本实现校园网络全覆盖，并根据教学需求建设及使用多媒体教室，然而省域与省域之间、学校与学校之间的优质教育资源缺乏共享机制，使之与东部地区教育信息化相比存在较大差距。因此，西部地区高校应通过加快智慧校园建设，打造教学、管理和服务三位一体的智能化平台；利用现代科学技术成果改革人才培养模式，创新教学形式、内容和方法；开展互联网远程教育，全面提升教育信息化水平和师生信息素养，以教育信息化带动教育现代化。

（二）把握现代化发展需求，着力提高教育质量

高质量发展是实现高等教育现代化的必由之路，高等教育从“量”的增长转向“质”的提升是高等教育高质量发展的最显著特征。② 首先，随着西部地区现代化产业升级和经济结构优化步伐的加快，现代化发展对应用技术型人才和高素质创新型人才的需求扩大，本科教育和现代职业教育的建设是西部地区提高教育质量的两大着力点。一方面，针对本科教育，西部地区高校应推进“双一流”建设，改善西部地区高校办学条件，持续推动西部本科高等学校转型发展；着力加强适应现代化发展需求的学科建设，通过打造高水平专业化创新型教师队伍和优化高等学校创新体系建设，提升高校培

---

① 杨灿明：《意蕴与追求：“四位一体”推动中国高等教育现代化进程》，《国家教育行政学院学报》2019 年第 5 期，第 10 ~ 14 页、第 36 页。

② 贺祖斌：《论高等教育高质量发展的十大要点》，《高校教育管理》2020 年第 5 期，第 42 ~ 48 页、第 124 页。

养一流人才和创新人才的能力，为西部地区高等教育现代化提供人才支撑。另一方面，西部地区职业院校应紧跟现代化发展需要，完善多样化职业高等教育人才培养质量标准；实施东部地区职业院校对口西部职业院校发展计划，促进现代职业教育东西协作；通过产教融合、校企合作建设一批西部地区高水平职业院校。

（三）充分发挥各省（区、市）比较优势，促进西部高等教育协同发展

西部地区高等教育现代化的实现，依赖于各省（区、市）高等教育协调发展，进而推动区域整体现代化发展。因此，各省（区、市）应从西部地区高等教育现代化发展的全局、从本区域现状出发，通过把握好政策支持、抓住战略机遇等为高等教育现代化的实现贡献力量。比如，新疆可利用丝绸之路经济带核心区建设这一机遇形成西向文化科教服务中心；甘肃可发挥丝绸之路经济带重要节点这一定位充分发掘历史文化优势；重庆、四川和陕西可通过打造内陆开放高地，发挥各方面综合优势引领西部地区高等教育现代化的发展；而对于高等教育基础薄弱的西藏、青海和宁夏等地区则应该根据自身经济和高等教育发展的现状，确立自身的阶段发展目标，走与自身适切的现代化之路。另外，在各省（区、市）高等教育现代化发展的过程中，通过现代化思想传播、现代化发展经验借鉴以及现代化教育教学技术传递等方式推动西部地区高等教育现代化的实现，如促进西北地区和西南地区的高等教育合作互动，推动成渝两市、关中平原城市群高等教育现代化的协同发展。

（四）坚持内涵式发展，加快西部地区高等教育现代化步伐

高等教育的内涵式发展是指教学、科研、社会服务、文化传承等方面的综合发展，以立德树人、发展素质教育、推进教育公平为根本任务。[①] 第

---

① 《全国政协十三届常委会第八次会议王光谦常委发言》，http：//www.rmzxb.com.cn/c/2019－08－27/2415280.shtml。

一，发挥政策杠杆作用，强化政策倾斜，加大对西部地区高校的教育资源支持力度。中央公共财政应加大对西部地区高校的财政投入，重点支持西部地区一流大学和一流学科建设，在“双一流”建设的同时，可以重点支持西部地区部分有特色、高水平的大学发展，全面提高西部地区高等教育的办学能力和办学水平。第二，对西部地区特色高水平学科增设专业博士学位点，如青海大学的高原医学、高原农牧学、盐湖化工，宁夏大学的化工，新疆石河子大学的绿洲农业以及西藏大学的生态学，这些学科不仅具有无法比拟的西部特色，与国内外相比更是具有较高水平，应加强对相关特色学科的博士点设置支持，将相关专业领域建设成为具有西部特色的优势学科。

五　西部地区未来15年高等教育现代化的趋势预测

预测西部地区未来 15 年高等教育现代化的发展趋势，是推进西部地区高等教育现代化战略目标和任务实现的重要依据。本文从静态和动态角度出发，对西部地区高等教育现代化的发展趋势做出预测。

（一）趋势一：西部地区高等教育普及化程度继续提高

根据马丁·特罗（Martin Trow）提出的高等教育发展三阶段理论，我国高等教育毛入学率已突破 50%，各类高等教育在学总规模达到 4002 万人，迈入普及化阶段。[①]《教育 2030 行动框架》指出，高等教育普及化发展不仅是 21 世纪世界经济社会发展的现实选择，更是人类社会可持续发展的必然趋势。[②] 高等教育的普及化是高等教育现代化发展需要达成的基本目标，根据教育部的部署，到 2035 年，我国高等教育毛入学率将达到 60% 以上。近年来，西部地区高等教育也得到了显著发展，各省（区、市）毛入学率快速上升，2019 年西部地区各省（区、市）国民经济和社会发展统计公报显

① 数据来源：《2019 年教育事业发展公报》。

② 别敦荣、易梦春：《面向 2030 世界高等教育发展的主要趋势与战略选择》，《中国高教研究》2018 年第 1 期，第 57 ~ 63 页。

示，宁夏、陕西、四川、新疆、重庆的高等教育毛入学率均超过40%，接近高等教育普及化水平。迈入高等教育普及化阶段，高等教育面临巨大挑战：不仅要为学生提供非正式的终身学习机会、提供灵活的入学选择机会，更是需要培养学生适应当今社会快速变化的能力。因此在未来15年的高等教育现代化发展进程中，将在高等教育毛入学率这一指标发展的基础上，西部地区要在高等教育观、泛化特色课程结构、类型多样的学校等方面深入发展。

（二）趋势二：高等教育信息化发展加快

1999年，教育部发布的《面向21世纪教育振兴计划》明确指出，要实施现代远程教育工程、形成开放式教育网络以及构建终身学习体系。西部地区在教育手段、教学组织形式以及信息化基础设施等方面都较为落后，而高等教育信息化将使得传统高等教育发展为教育资源共享的开放式现代化高等教育，通过利用信息网络和数字图书馆等各种数据库，人们可以在任何时间和地点学习知识。《关于新时代推进西部大开发形成新格局的指导意见》也提到要积极发展大数据、推动“互联网+教育”等新业态发展，2020年突如其来的新冠肺炎疫情使基于互联网的在线学习在全国展开，这不仅是疫情防控时的学习措施，更是未来教育领域发展的趋势和新常态，西部地区在这一时期也面临了教育信息化的挑战。未来15年，信息技术必将在西部高等学校教学实践过程中得到广泛应用，并引发一系列的教学信息技术变革。

（三）趋势三：高等教育国际化进程加快

随着全球化进程的加快，国际一体化趋势逐渐形成，高等教育与国际接轨是社会发展的必然趋势。伴随着“一带一路”建设的实施，西部地区高等教育国际化发展有了强劲动力，西部地区作为连接亚欧非的桥梁，战略地位日益突出。2016年教育部发布了《推进共建“一带一路”教育行动》后，甘肃、宁夏、福建、广西等八个省（区）分别展开了教育行动国际合作，到今天，这一合作已涵盖西部九省区市。2020年6月印发的《教育部等八部门关于加快和扩大新时代教育对外开放的意见》指出，教育对外开放是教育现代化的鲜明特征和重要推动力，高等教育国际化是新时代教育对外开放的重要途径，更是高等教育现代化发展的必然选择。高等教育国际化是发展的必然趋势，国际化趋势增强表现为留学人数增加、加大师资引进和培训力度、校际国际交流增多、高等教育不断扩大对外开放，这些举措能提升西部地区在国际竞争和交流中的国际影响力和话语权。

（四）趋势四：高等教育质量显著提升

《关于新时代推进西部大开发新格局的指导意见》对西部地区高等教育质量发展做出明确规划，提出大力支持西部地区高校“双一流”建设、促进符合西部地区高等教育现代化发展需求的学科建设、不断推进东部地区对西部地区的教育对口支援工作、适当倾斜优秀人才引进平台建设等意见。西部地区高等教育高质量发展是促进西部地区发展的内生力量，区域间经济社会不均衡造成的高等教育高质量发展以及现代化进程滞后是西部地区面临的挑战，从历史经验来看，西部地区高等教育质量提升需要自身全面发展来带动。未来 15 年，西部地区高等教育会充分发挥地理和区域优势，主动对接“一带一路”倡议、西部大开发、黄河流域高质量发展、振兴中西部高等教育以及《中国教育现代化 2035》等发展倡议及战略，优化区域高等教育育人结构，形成优质高等教育集聚区，建设与西部地区经济社会发展相协调相适应的高等教育高质量体系。

B.8

西部地区企业管理现代化的路径与政策

潘 颖 王傲雪*

摘 要： 我国正处于现代化进程之中，作为市场主体的企业，其现代化管理是整个国家现代化的重要内容和保证。本文根据已有文献界定了企业管理现代化的概念，从创新能力、信息化、人力资本、社会责任、开放发展和精益经营六个维度构建了企业管理现代化评价指标体系，并利用2014～2018年数据，对西部地区企业管理现代化的发展形势进行了评价，提出了未来西部地区企业管理现代化发展的路径。

关键词： 西部地区 企业管理模式 管理现代化

改革开放以来，我国经济持续快速发展，2000 年我国总体上步入小康社会，“三步走”战略的前两步如期实现。我国进入全面建设小康社会、加快推进社会主义现代化发展的新阶段，党的第十六次全国代表大会进一步明确了中国进入新世纪的伟大任务，即以经济建设为中心，到本世纪中叶基本实现现代化。企业是我国社会主义经济的基本组成单位，是国民经济的细胞，因此，要实现国民经济的管理现代化就必须首先实现企业管理的现代化。当前全球形势的深刻变革要求企业朝着管理现代

---

* 潘颖，博士，教育部人文社会科学重点研究基地——西北大学中国西部经济发展研究院兼职研究员、西北大学经济管理学院副教授，研究方向为会计学；王傲雪，西北大学经济管理学院硕士研究生。

化的方向发展以适应我国不断提高的生产力水平，使之达到或接近国际先进水平。

西部大开发战略实施20年来，西部地区变化日新月异，但西部地区发展不平衡、不充分问题依然突出，作为全面建成小康社会、实现社会主义现代化的短板和薄弱环节的西部地区①，其企业管理现代化在以经济建设为中心、全面建设社会主义现代化国家的新征程中具有重大意义。因此，对西部地区企业管理现代化进行态势分析有助于及时、全面、深入地了解西部地区企业管理现代化的状况，为正确制定和部署发展战略提供依据，帮助企业对自身管理做出科学评价并进行系统的诊断，以明晰未来西部地区企业管理现代化的思路和路径，助力西部地区企业加快管理现代化进程。

一　西部地区企业管理现代化评判标准

现代化是中华民族的百年梦想。何为现代化？对发展中的我国而言，现代化就是追赶发达国家的进程。一方面，现代化是一种发展目标；另一方面，现代化是一个社会进程，涉及现代化的阶段和战略。何为企业现代化？本文根据现代化内涵，结合已有研究，进行如下界定。

（一）企业管理现代化内涵界定

我国正处于现代化进程之中，企业管理现代化是整个国家现代化的重要内容和保证。自1978年党的十一届三中全会决定，把全国工作重点转移到社会主义现代化建设上来，国内学者便开始关注企业管理现代化，从不同视角对企业管理现代化的概念进行了界定。

何盛明认为，企业管理现代化是在企业管理中广泛应用现代科学技术的最新成就，使企业管理系统的各个因素、各项活动，与以物质技术为基本标

① 《中共中央国务院关于新时代推进西部大开发形成新格局的指导意见》，2020年5月17日。

志的现代生产力水平及其发展相适应、相促进的过程。①

赵有生认为，企业管理现代化是指为适应现代化生产力发展的客观要求，按照社会主义市场规律，积极运用现代经营的思想、组织、方法和手段，对企业的生产经营进行有效的管理，使之达到或接近国际先进水平，创造最佳经济效益的过程。②

马岩认为，现代化企业管理模式是针对传统企业管理模式而言的，新时代、新背景、新形势下的管理手段，是以现代化的管理理念对企业生产经营过程中的产品设计、市场营销、人力资源、技术研发、财务管理等方面进行整体调控，其目的是对企业整体资源进行整合，提高经营效率和经济效益。③

虽然不同的学者对企业现代化的界定各有不同，但均强调了企业管理现代化作为一个系统工程，要适合社会生产力的发展水平，达到资源整合、提高效益的目的。企业管理现代化突出表现为以下特点：（1）企业管理现代化是一个不断发展的、相对的、与时俱进的过程。企业管理现代化要求在企业管理的过程中运用新技术，依托新思想，立足新时代。由于时代是不断变迁的，社会是不断发展的，因此时代对于企业管理的要求也在不断变化，处于同一个时代，存在着共同的大趋势，但由于企业所处环境不同、所属行业及企业实力不同，因此企业之间也存在着一定的差异。（2）企业管理现代化是一个综合的、系统的概念。企业管理本身就是一个庞杂的系统，因此企业管理现代化也必然涉及方方面面，是一个系统性的工程，包括管理思想、管理组织、管理方法、管理手段、管理人员等各个方面。（3）企业管理现代化的目的是促进企业发展。通过企业的发展，推动生产力的发展，追求更高的发展质量和经济效益。

因此，本文将企业管理现代化定义为：在当前时代下，与时俱进地应用新技术、新手段对企业管理做出改进，使得企业更好地适应生产力发展水平，进而实现精益经营的综合性持续改进过程。

---

① 何盛明：《财经大辞典》，中国财政经济出版社，1990。

② 赵有生：《现代企业管理》，清华大学出版社，2004。

③ 马岩：《现代化企业管理模式创新研究》，《知识经济》2020 年第 1 期，第 100 ~ 102 页。

（二）企业管理现代化综合评判体系

企业管理是企业对环境的适应和改造的互动过程和行为。根据本文对企业管理现代化的界定，企业家的判断和学者前期研究成果以及企业管理事务中具有重大推进作用的事件并结合现代企业管理的六大特征，即客户导向、绩效导向并兼顾社会责任，以人为本与企业文化，开放整合，精益经营，信息化与智能化，变革与创新常态化①，本文构建企业管理现代化的评价体系，包括6个维度、19个初始指标，具体情况如表1所示。

表1　企业管理现代化评价体系

<table>
<tr><th rowspan="2">维度</th><th rowspan="2" colspan="2">基础指标</th><th rowspan="2">计量单位</th><th colspan="3">指标属性</th></tr>
<tr><th>正指标</th><th>逆指标</th><th>适度指标</th></tr>
<tr><td rowspan="5">创新能力</td><td rowspan="3">综合 R&D</td><td>R&D 人员</td><td>万人</td><td>√</td><td></td><td></td></tr>
<tr><td>R&D 经费投入强度</td><td>%</td><td>√</td><td></td><td></td></tr>
<tr><td>专利授权数</td><td>万件</td><td>√</td><td></td><td></td></tr>
<tr><td rowspan="2">规模以上工业企业 R&D</td><td>规模以上工业企业 R&D 人员</td><td>万人</td><td>√</td><td></td><td></td></tr>
<tr><td>规模以上工业企业 R&D 经费内部支出</td><td>亿元</td><td>√</td><td></td><td></td></tr>
<tr><td rowspan="4">信息化</td><td rowspan="2">基础环境</td><td>每百家企业拥有网站数</td><td>个</td><td>√</td><td></td><td></td></tr>
<tr><td>网络普及率</td><td>%</td><td>√</td><td></td><td></td></tr>
<tr><td rowspan="2">应用水平</td><td>有电子商务交易活动企业数占比</td><td>%</td><td>√</td><td></td><td></td></tr>
<tr><td>电子商务销售额</td><td>亿元</td><td>√</td><td></td><td></td></tr>
<tr><td rowspan="4">人力资本</td><td>人员素质</td><td>就业人员中本科及以上文化程度人员占比</td><td>%</td><td>√</td><td></td><td></td></tr>
<tr><td rowspan="2">福利待遇</td><td>工伤保险参保率</td><td>%</td><td>√</td><td></td><td></td></tr>
<tr><td>工资性收入</td><td>元/月</td><td>√</td><td></td><td></td></tr>
<tr><td>继续教育</td><td>职业技术培训结业人数</td><td>万人</td><td></td><td></td><td>√</td></tr>
</table>

① 黄津孚、王建军：《企业管理现代化的六大趋势》，《福建论坛》（人文社会科学版）2010年第3期，第14～19页。

续表

维度	基础指标		计量单位	指标属性		
				正指标	逆指标	适度指标
社会责任	制度环境	市场化指数		√		√
	绿色行为	一般工业固体废物综合利用率	%	√		√
开放发展	“引进来”	外商投资企业数	户	√		
		外方注册资本	亿美元	√		
	“走出去”	对外承包工程营业额	亿美元	√		√
精益经营	投入产出效率	全要素生产率	%	√		

说明：R&D 指研发投入。

企业本质上是一种资源配置的机制，在经营过程中，企业不可避免地与外部市场进行资源交换，实现整个社会资源的优化配置，降低整个社会的经营“交易成本”。企业管理是企业对环境的适应和改造的互动过程与行为。在评价企业管理现代化时，既要关注企业内部的管理方式，又要重视企业所处的外部经营环境。因此，基于数据可得性，本文各维度评价指标涵盖了内外部评价指标。

1. 创新能力维度

对于现代化而言，创新具有十分重要的意义：一是以科技创新来节省资源的投入，二是依靠创新来提高产品附加值。随着技术发展和创新形态演变，“产学研”合作不断推进深化，科研、教育、生产不同社会分工在功能与资源优势上协同与集成化，从而在技术创新上形成上、中、下游的对接与耦合。因此，文中创新能力不仅包含企业自身对于创新的投入和产出，也涵盖了科研教育机构的创新能力。本文从创新要素投入角度出发，对科技创新的人力资源、R&D 经费投入强度和专利授权数进行评价。同时本文选取了规模以上工业企业 R&D 人员、规模以上工业企业 R&D 经费内部支出两个指标来反映企业自身创新能力。

2. 信息化维度

中国特色现代化是工业化、信息化、城市化、农业现代化“四化”同步发展；信息化与工业化相互融合，将大大缩短工业现代化进程。企业信息化水平一方面受到地区网络建设环境影响，另一方面与自身对于互联网信息技术的应用能力有关，因此本文从基础环境和应用水平两方面选取指标对西部地区信息化水平进行衡量。基础环境层面选取每百家企业拥有网站数、网络普及率；应用水平层面选取电子商务交易活动企业数占比、电子商务销售额。

3. 人力资本维度

人的现代化不只是现代化的目标，也是现代化的动力。相比物质资本，人力资本是更为重要的现代化资源。人的现代化是衡量企业管理现代化的必需指标。人力资本的水平与所处的产业、行业密切相关。以人为本在经营战略上以企业文化体现，在组织体制中要求具有员工参与机制，在企业营销中体现为个性化服务，在财务管理中体现为利润分配，在人力资源管理中表现为员工有多通道发展。[①] 本文主要从从业人员素质、福利待遇和继续教育三方面评价企业“以人为本”管理理念的落实情况。本文选取就业人员中本科及以上文化程度人员占比来反映人员素质，选取工伤保险参保率、工资性收入来衡量员工的福利待遇水平，选取各省区市职业技术培训结业人数来反映各企业对职工继续教育的投入。

4. 社会责任维度

在经济高质量发展阶段，粗放式发展不可持续，资源约束倒逼企业寻求新的发展方式，承担更多绿色责任。本文一方面从企业自身出发，衡量其环保力度，另一方面从地区环境出发，衡量其制度环境。制度环境作为外部环境的一种，影响着企业社会责任的履行。企业作为市场的主体，与市场之间有着千丝万缕的联系。市场经济的本质是契约经济，需要一定的规则和制度保障市场的稳定运行，良好的市场环境对企业社会责任的履行有着重要影响。只有在发达完善的市场中，声誉机制、信

① 黄津孚：《中国企业管理现代化评价体系研究》，载中国管理现代化研究会《第五届（2010）中国管理学年会——组织与战略分会场论文集》，2010，第 12 页。

号传递等机制才能更好地发挥作用，企业才可以构建有效的社会责任战略，保证社会责任的顺利履行。发达有效的市场环境才能为企业履行社会责任创造良好的环境。因此，本文选取市场化指数反映企业承担社会责任的制度环境；选取一般工业固体废物综合利用率，反映企业承担社会责任的水平。

5. 开放发展维度

在新的国际经济背景下，对外开放继续成为发展的外部驱动力，我国实施扩大内需的基本战略，要求在更高层次上对外开放。开放性经济的转型升级，涉及出口和引进两个方面。本文基于“引进来”和“走出去”视角，选取外商投资企业数、外方注册资本以及对外承包工程营业额反映地区企业开放整合资源的能力。

6. 精益经营维度

企业管理现代化的核心目标是提升企业核心竞争力，实现企业的精益经营。本文以2000年为基期的全要素生产率来衡量地区的产业升级与生产力的发展。全要素生产率是指各要素（如资本和劳动等）投入之外的技术进步和能力实现等导致的产出增加，是剔除要素投入贡献后所得到的残差，最早由索洛提出，故也称为索洛残差。

二　2019年西部地区企业管理现代化的态势分析

在对西部企业各维度现代化水平以及综合水平进行评价之前，先对西部地区企业的概况进行分析。

（一）西部地区企业发展概况

根据国家统计局数据，截至2019年底，西部地区12个省（区、市）共有企业法人3141893家，总体企业法人数量较少。西部地区企业法人数量是东部10省（市）的38%；与中部六省相比，少约41万家；约为东北三省的3.46倍。就上市公司规模看，截至2019年底，西部地区上市公司共467家，总市值61482亿元，上市公司数量和市值均高于中部地区和东北地区，但与东部地区差距较大，仅为东部地区上市公司数量的18.6%、市值的13.9%（见表2）。这说明我国各地区企业的现代化水平存在明显的差异，西部地区的优质上市公司数量少，市值低，企业发展不充分。从上市公司行业分布来看，西部地区上市公司以制造业为主，如信息传输、软件和信息技术服务业，电力、热力、燃气及水的生产和供应业，与其他地区大体相同。内蒙古、甘肃、青海和新疆的上市公司所处行业除集中于制造业外，还集中在采矿业，这与自然资源禀赋有关。

从西部地区各省（区、市）之间的情况来看，企业管理现代化水平地区间差异较大。就企业法人数量而言，重庆、云南、广西、四川企业数量较多，均在40万家以上；而青海、宁夏企业数量均不到10万家。就上市公司数量而言，四川、新疆、陕西均在50家及以上，其中四川122家；而青海、宁夏上市公司数量均不足20家。就上市公司市值而言，四川和贵州均达到了1万亿元以上，而青海仅为885亿元，四川是青海的17.4倍（见表3）。

表2　2019年底我国四大地区企业概况

地区	企业法人数量(家)	上市公司数量(家)	上市公司市值(亿元)	上市公司集中行业
东部地区	8352790	2512	440908	制造业,信息传输、软件和信息技术服务业,批发和零售业
东北地区	907941	143	12050	制造业,信息传输、软件和信息技术服务业,批发和零售业
中部地区	3547127	454	45702	制造业,批发和零售业,电力、热力、燃气及水的生产和供应业
西部地区	3141893	467	61482	制造业,信息传输、软件和信息技术服务业,电力、热力、燃气及水的生产和供应业

资料来源：企业法人数量的数据来自国家统计局，上市公司相关数据来自CSMAR数据库。

表 3　2019 年底西部各省（区、市）企业概况

地区	企业法人数量(家)	上市公司数量(家)	上市公司市值(亿元)	上市公司集中行业
内蒙古	222801	24	5147	制造业,采矿业
广西	409008	34	2467	制造业,信息传输、软件和信息技术服务业
重庆	520514	49	4959	制造业,房地产业,电力、热力、燃气及水的生产和供应业
四川	401716	122	15433	制造业,信息传输、软件和信息技术服务业,电力、热力、燃气及水的生产和供应业
贵州	342972	28	12844	制造业,信息传输、软件和信息技术服务业,电力、热力、燃气及水的生产和供应业
云南	457374	33	4244	制造业,房地产业
西藏	9461	20	2119.27	医药制造业,有色金属采选业,化学原料及化学制品制造业
陕西	333776	47	6071	制造业,金融业,采矿业
甘肃	127899	30	1954	制造业,采矿业,农、林、牧、渔业
青海	76169	12	885	制造业,采矿业
宁夏	63463	14	1379	制造业,电力、热力、燃气及水的生产和供应业
新疆	176740	52	6099	制造业,采矿业,农、林、牧、渔业

资料来源：企业法人数量的数据来自国家统计局，上市公司相关数据来自 CSMAR 数据库。

（二）西部地区企业管理现代化各维度评价

从西部地区企业法人数量、上市公司数量、上市公司市值可以看出，西部地区企业管理现代化水平与东部地区存在一定的差距，这说明西部地区企业管理在现代化的进程中，还有很大的发展空间，要努力追赶东部地区。本文基于企业管理现代化评价体系，对西部各省区市 2014～2018 年企业管理各维度的现代化水平进行评价，进而基于因子分析法进行总体评价。

1. 西部地区企业创新能力评价与分析

西部地区近年来 R&D 人员、R&D 经费投入强度以及专利授权数均呈现逐年上升趋势，但从全国范围来看，仍相对落后；从西部地区内部

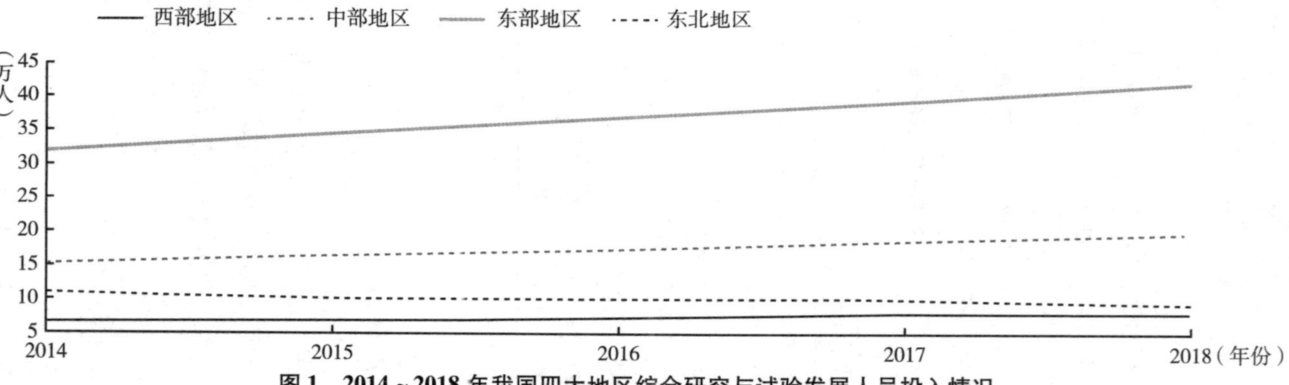

图1　2014～2018年我国四大地区综合研究与试验发展人员投入情况

资料来源：EPS数据库。

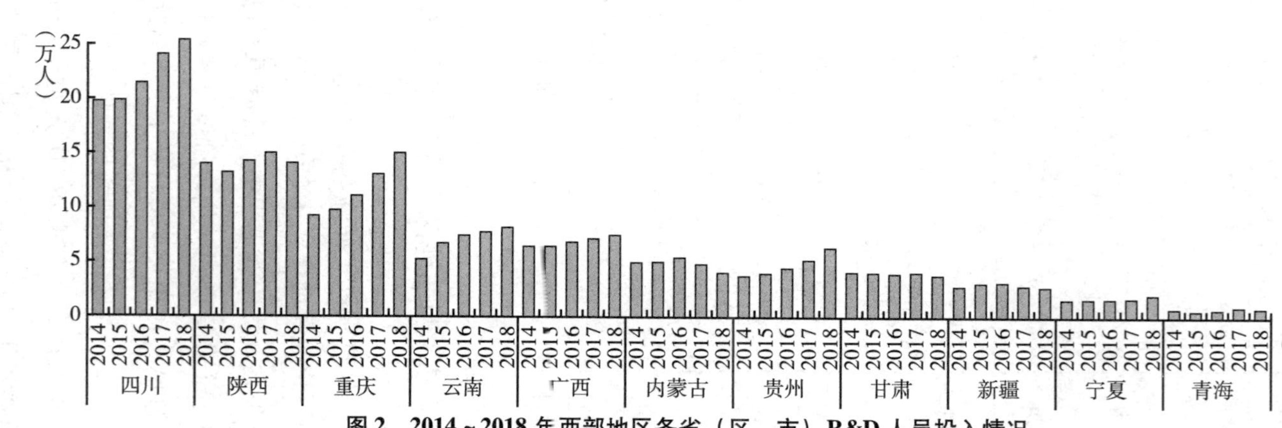

图2　2014～2018年西部地区各省（区、市）R&D人员投入情况

资料来源：EPS数据库。

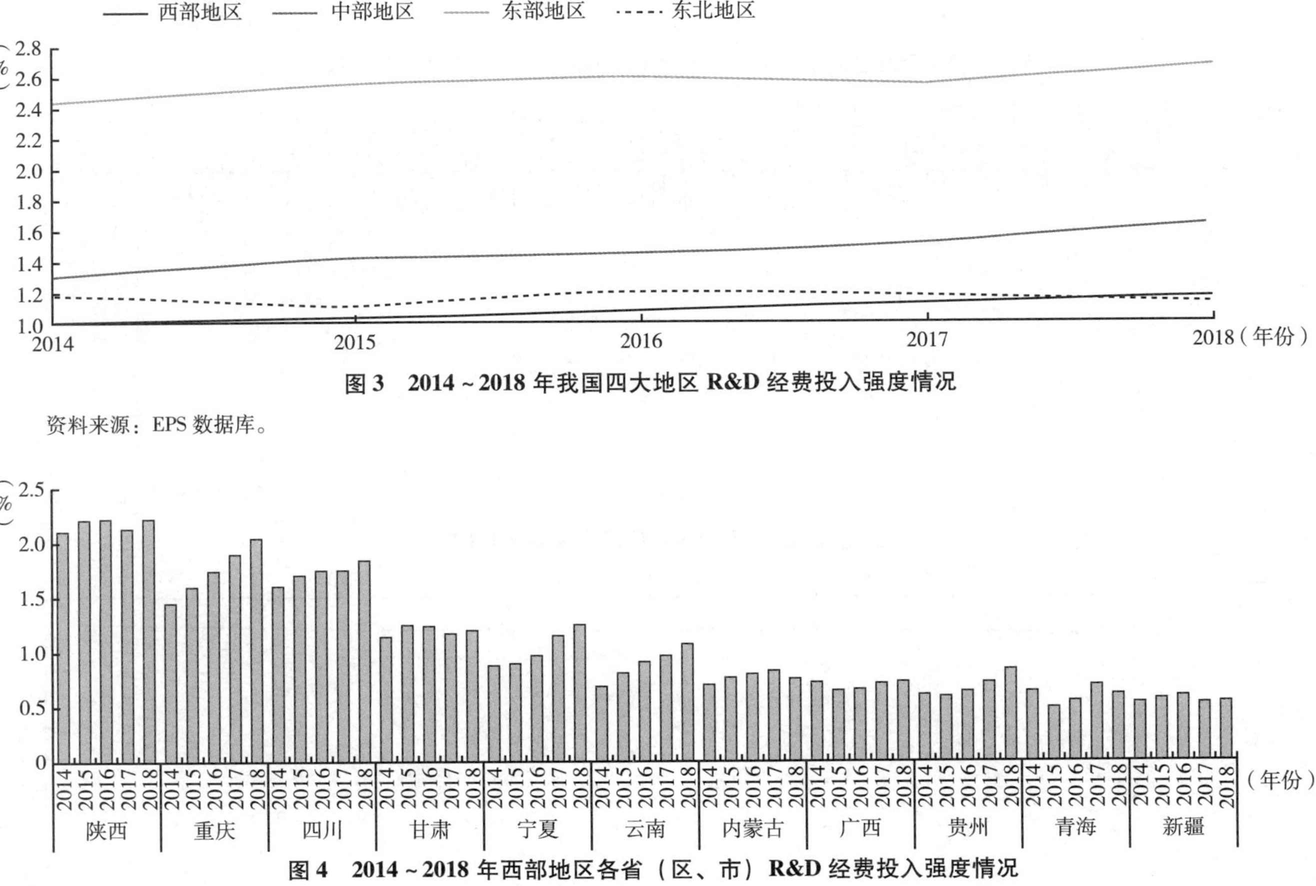

图 3 2014～2018 年我国四大地区 R&D 经费投入强度情况

资料来源：EPS 数据库。

图 4 2014～2018 年西部地区各省（区、市）R&D 经费投入强度情况

资料来源：EPS 数据库。

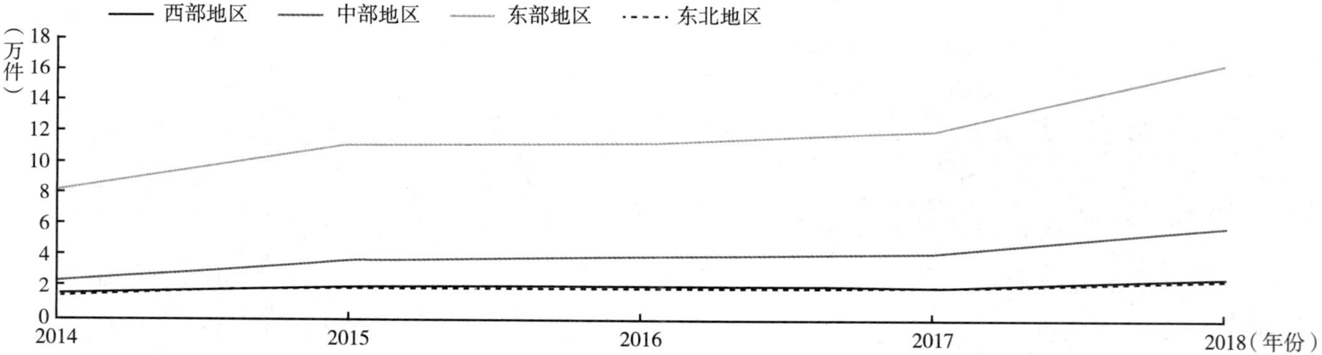

图 5　2014～2018 年我国四大地区专利授权数情况

资料来源：EPS 数据库。

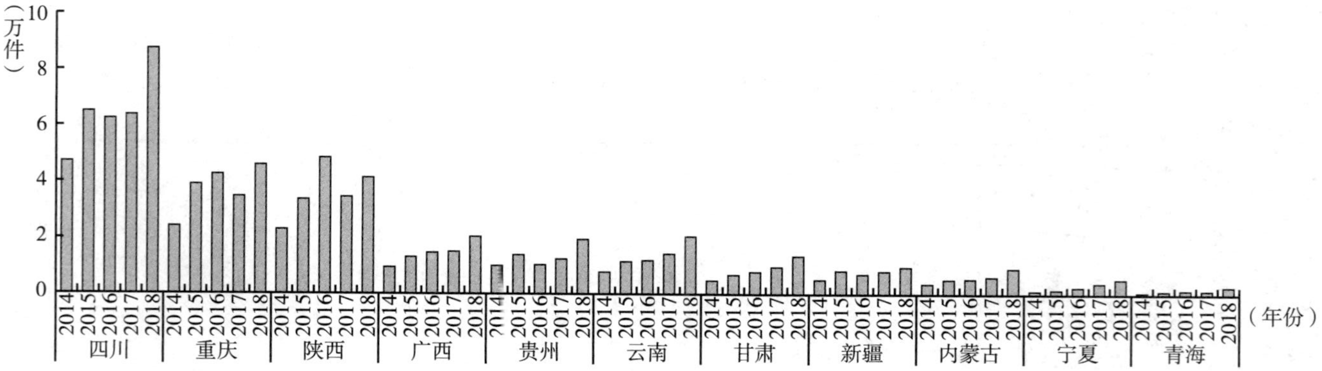

图 6　2014～2018 年西部地区各省（区、市）专利授权数情况

资料来源：EPS 数据库。

来看，西南地区企业创新能力以及地区创新环境整体水平高于西北地区。

从创新的人力资源投入来看，西部地区企业、高校以及科研机构的综合研究与试验发展人员数量整体水平处于全国落后地位，但上升趋势明显；西部地区内部差距较大，西南地区整体好于西北地区，四川、陕西以及重庆处于区域领先地位，尤其是四川、重庆增长势头强劲。

从 R&D 经费投入强度来看，西部地区整体水平依旧处于全国落后地位，但上升趋势明显，2018 年已超越东北地区水平，且西部区域该指标内部差距较人力资源投入差距有所减小，陕西处于龙头地位，但重庆、四川增长速度相对较快。

从专利授权数来看，西部地区整体水平处于全国落后地位，但呈现出上升趋势，并在 2015 年开始与东北地区持平，在 2017 年呈现反超东北地区之势；但西部地区内部差距较大，西南地区整体好于西北地区，四川、重庆以及陕西创新成果占总量的 50% 以上，并且增长势头强劲。由于西部地区的人力、财力投入水平处于全国落后地位，相比较而言，西部地区创新产出率较高。

单从工业规模以上企业创新来看，其发展态势与西部地区的总体创新发展态势大体相近，虽处于全国落后地位，但上升趋势明显；四川、重庆、陕西依旧处于区域领先地位。在人员投入上，陕西、内蒙古、甘肃呈逐年下降趋势。在内部经费支出上，内蒙古呈现先升后降趋势，广西则呈现先降后升趋势，其他省（区、市）保持上升趋势。西部地区企业自身的创新投入以及产出水平较差，创新体系中企业的作用有所欠缺，这表明西部地区企业可以加强与高校、科研机构的合作，通过“产学研”合作的路径提升企业创新能力（见图 1 ~ 图 10）。

2. 西部地区企业信息化发展的评价与分析

西部地区信息化水平相较于其他指标表现较好，总体变化趋势与其他地区大体一致。西部地区每百家企业拥有的网站数量虽与中东部地区差距较大，但在 2014 ~ 2015 年高于东北地区，2015 年以后逐年下降；互联网普及率在2014 ~ 2016 年高于中部地区，但与东北地区以及东部地区仍然差距明显

显；西部地区有电子商务交易活动的企业数占比较大，仅次于东部地区，说明西部地区企业参与电子商务活动的积极性较高；但这与其电子商务销售额并不匹配，西部地区电子商务销售额与东北地区大致相近，无明显上升趋势，和中东部地区差距较大，可见西部地区企业参与电子商务活动的积极性虽高，但收效甚微，发展质量较差。基础环境区域内部差异较小，应用水平差距较大，四川、重庆无论是参与电子商务活动的企业占比还是电子商务销售额都处于区域领先地位（见图 11 ~ 图 18）。

3. 西部地区企业人力资本的评价与分析

西部地区人力资本水平相较于其他指标表现较好，西北地区整体好于西南地区。从从业人员素质来看，西部地区就业人员中本科及以上文化程度人员占比虽与东部差距较大，但高于中部地区，且上升趋势明显；从福利待遇来看，西部地区的工伤保险参保率与中部地区大致持平，且呈上升趋势，2016 年超过中部地区，西部区域内差距较小，重庆、陕西、新疆工伤保险参保率位于地区前列，工资性收入虽呈现出明显的上升趋势，但依旧处于全国落后地位；从继续教育来看，西部地区职业技术培训机构结业人数虽与东部地区差距较大，但领先于中部地区、东北地区，区域内差异较大，云南参与职业技术培训机构培训并结业的人数约占西部地区的 1/4，而宁夏、青海和广西参与人数极少，表明西部地区从业人员素质较高，企业对员工继续教育的意识较强，与现代化的其他方面相比表现更好，应保持并持续发展，但福利待遇还有待提高，以激发人的积极性，充分发挥人的作用（见图 19 ~ 图 26）。

4. 西部地区企业社会责任的评价与分析

西部地区市场化指数处于全国落后地位，表明制度环境较差，但有上升趋势，环境在向好发展，有利于西部地区企业转变管理理念，积极承担社会责任，重庆、四川、陕西依旧位于区域前列水平。2014 ~ 2018 年一般工业固体废物综合利用率除中部地区外，全国总体都呈现出一定的下降趋势。综合来看，我国一般工业固体废物综合利用率还有明显的提升空间。西部地区一般工业固体废物综合利用率在 2014 年虽与东部地区差距较大，但是与中

部地区和东北地区水平大体相当，但自 2015 年后逐年下降至全国最低水平，废物综合利用水平较低，企业主动承担社会责任的观念较为落后，进行环保行为的能力较差（见图 27 ~ 图 30）。

5. 西部地区企业开放发展的评价与分析

西部地区的开放发展水平总体落后，与其他地区有显著差距，且无明显的上升趋势，吸引外资的能力较差，但对外承包工程营业额在 2017 年略有提升，区域内差异较大，四川、重庆和陕西依旧处于前列水平（见图 31 ~ 图 36）。

6. 西部地区精益经营的评价与分析

西部地区内部企业发展质量水平总体差距不大，但是发展态势及层次不同，除内蒙古逐年提升、广西呈“U”形趋势发展外，其他省区市都呈现出下降趋势。与其他地区相比，西部地区企业发展质量较差，2014 年虽然和东部地区差距较大，但领先于其他地区，2015 ~ 2017 年下降趋势显著，开始落后于东北地区。西部地区企业精益经营的综合能力有待进一步提升（见图 37 ~ 图 38）。

（三）西部地区近年来各省（区、市）企业管理现代化发展态势分析

进一步地，本文利用主成分分析法将西部地区各省（区、市）的六个维度进行了降维处理，加总后得到各省（区、市）近年来的企业管理现代化总体水平。经分析，西北地区内部企业管理现代化发展水平不充分、不平衡，四川、重庆、陕西企业管理现代化水平处于区域领先地位，2014 ~ 2018 年四川企业管理现代化水平在西部地区均排名第一，重庆排名第二，陕西排名第三，广西有上升趋势，从 2014 年的第六名上升至 2018 年的第四名，贵州上升趋势同样明显，从 2014 年的第九名上升至 2018 年的第六名，除云南呈下降趋势以外，西南地区总体水平和发展态势好于西北地区，内蒙古、宁夏、甘肃排名波动，无显著提升，青海连续五年排名最后（见表 4）。

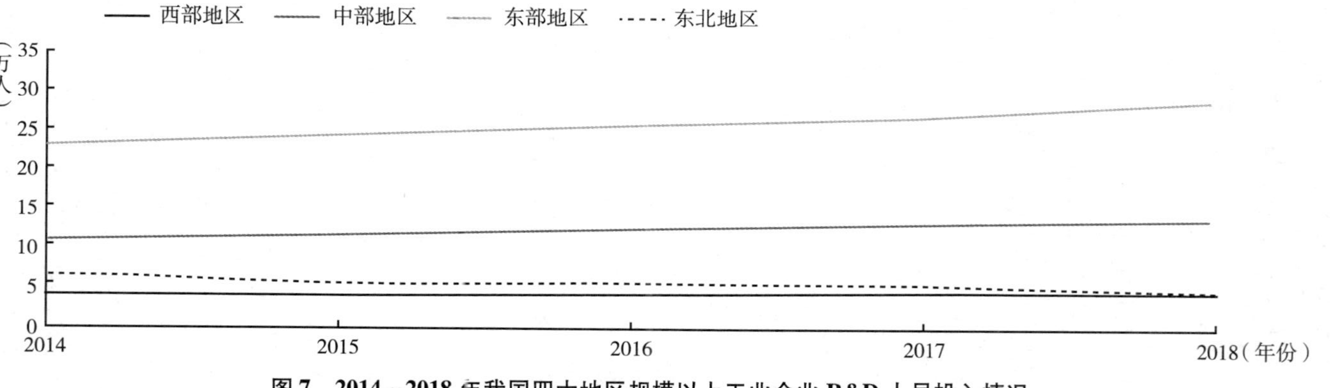

图7　2014～2018年我国四大地区规模以上工业企业R&D人员投入情况

资料来源：EPS数据库。

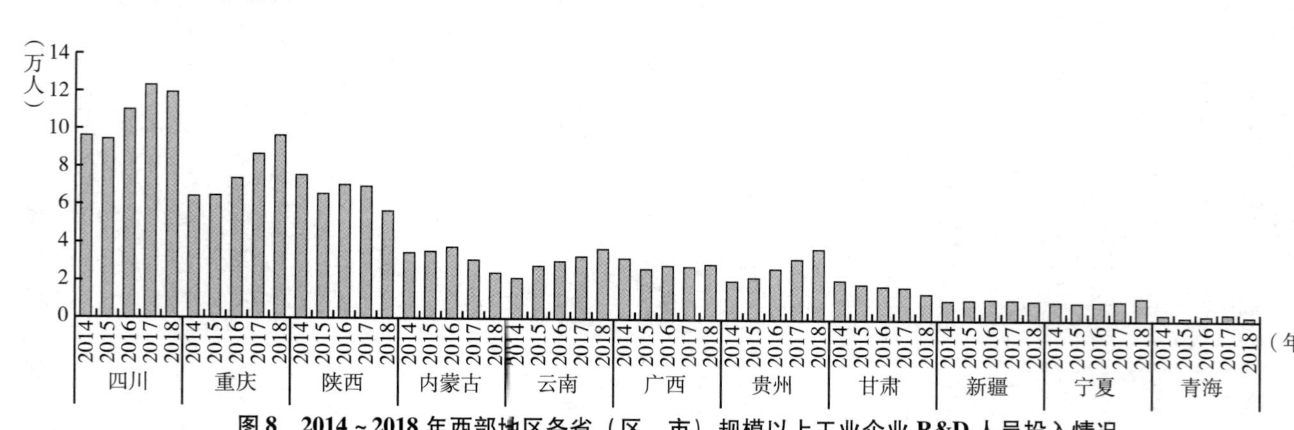

图8　2014～2018年西部地区各省（区、市）规模以上工业企业R&D人员投入情况

资料来源：EPS数据库。

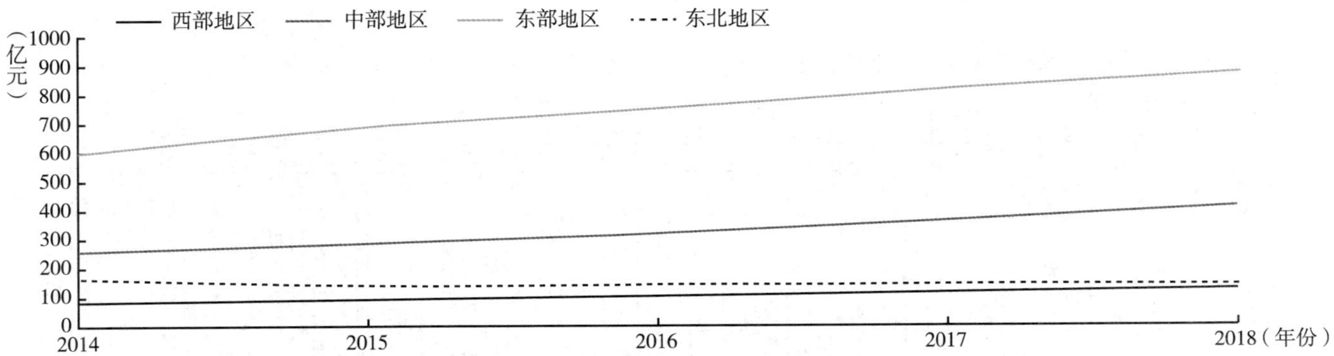

图 9　2014~2018 年我国四大地区规模以上工业企业 R&D 内部经费支出情况

资料来源：EPS 数据库。

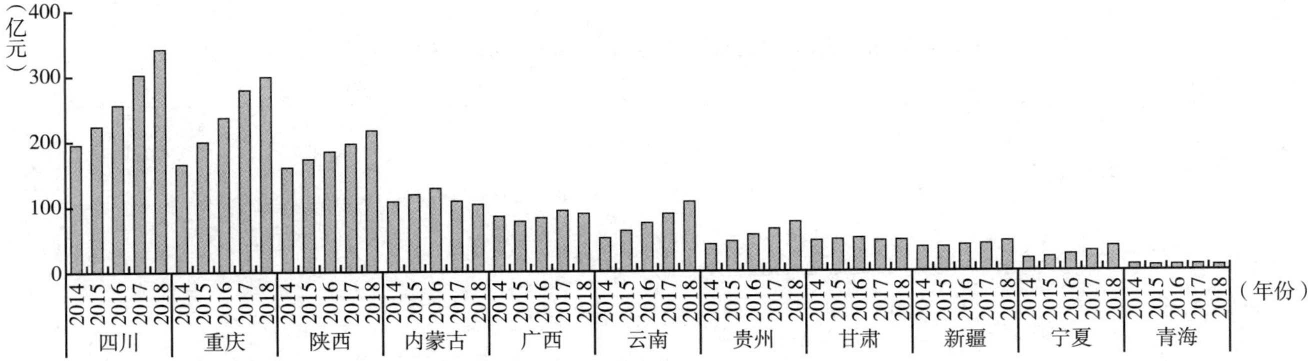

图 10　2014~2018 年西部地区各省（区、市）规模以上工业企业 R&D 内部经费支出情况

资料来源：EPS 数据库。

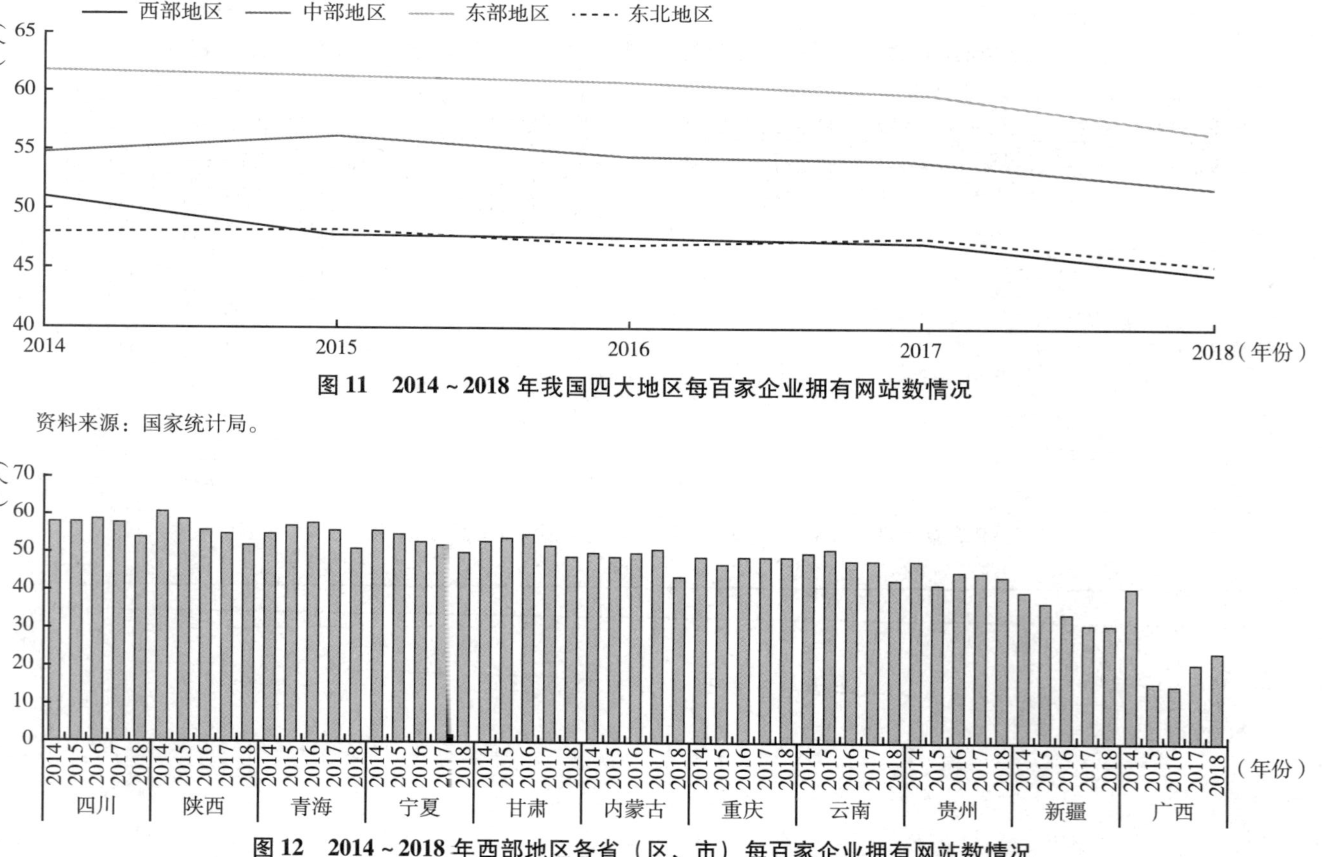

图 11　2014～2018 年我国四大地区每百家企业拥有网站数情况

资料来源：国家统计局。

图 12　2014～2018 年西部地区各省（区、市）每百家企业拥有网站数情况

资料来源：国家统计局。

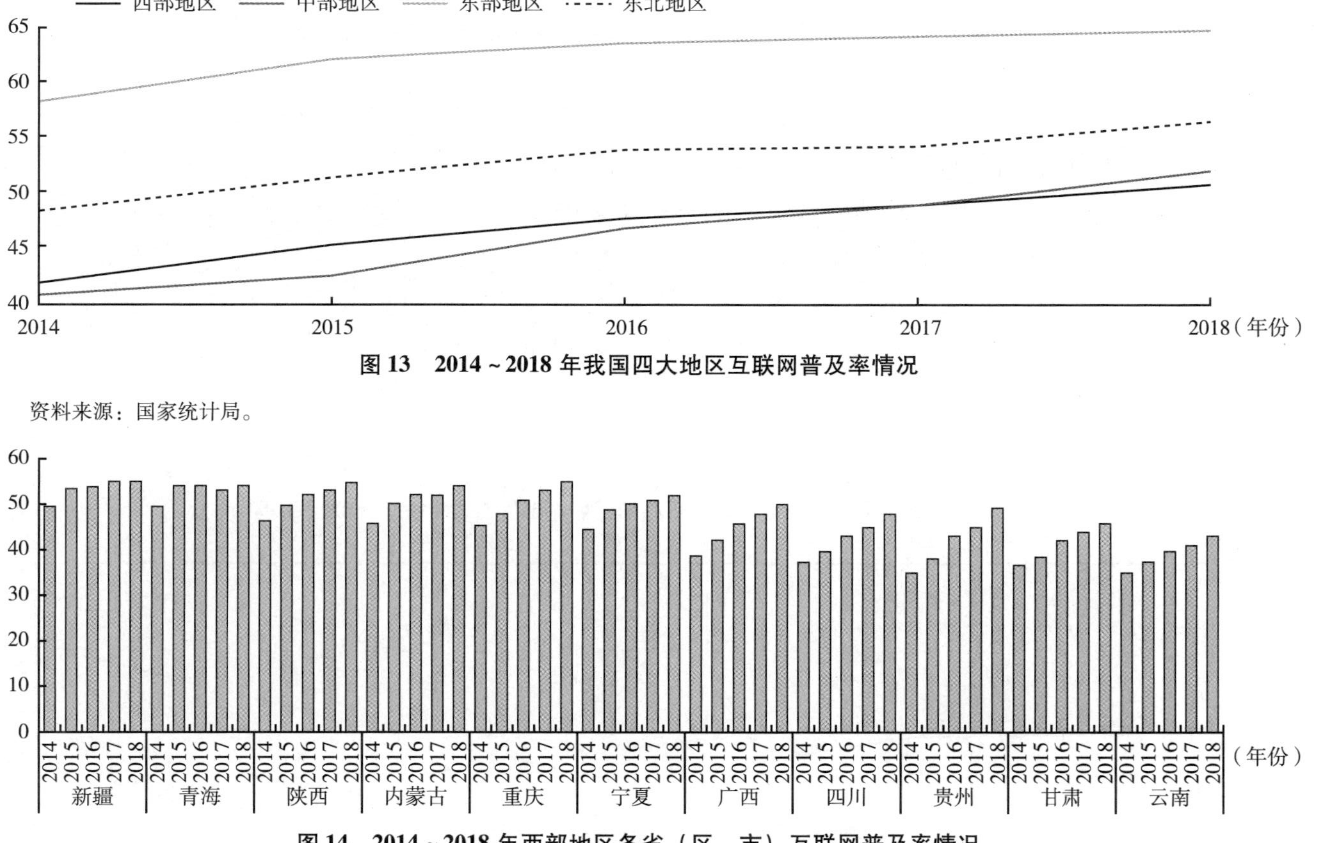

图 13　2014～2018 年我国四大地区互联网普及率情况

资料来源：国家统计局。

图 14　2014～2018 年西部地区各省（区、市）互联网普及率情况

资料来源：国家统计局。

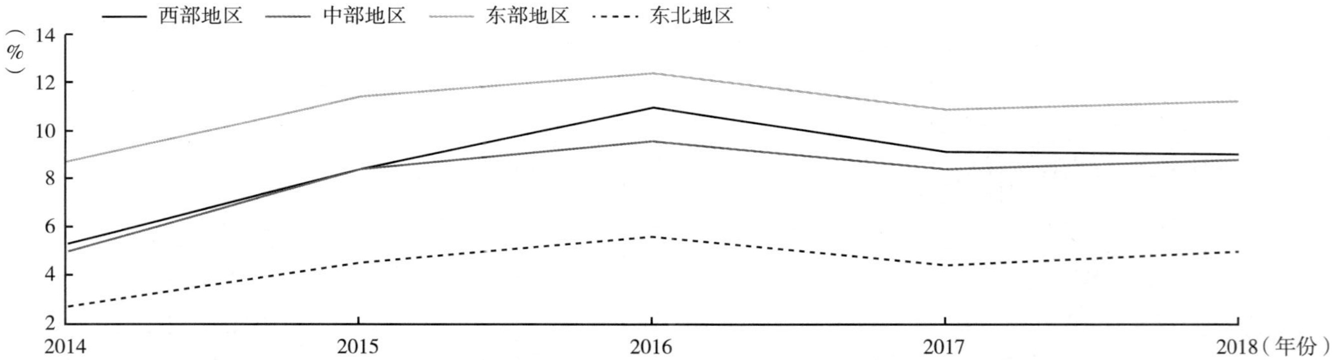

图15　2014～2018年我国四大地区有电子商务交易活动的企业数占比情况

资料来源：国家统计局。

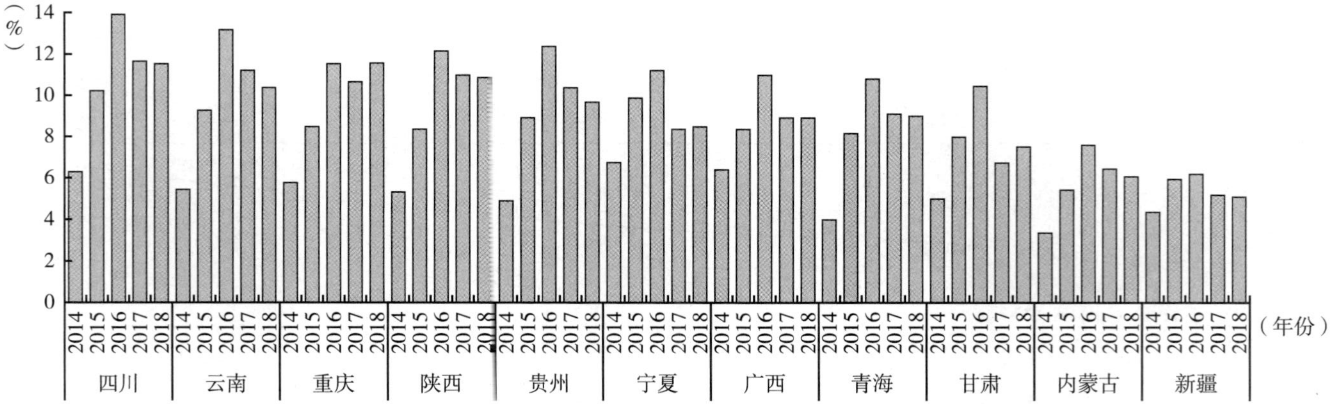

图16　2014～2018年西部地区各省（区、市）有电子商务交易活动的企业数占比情况

资料来源：国家统计局。

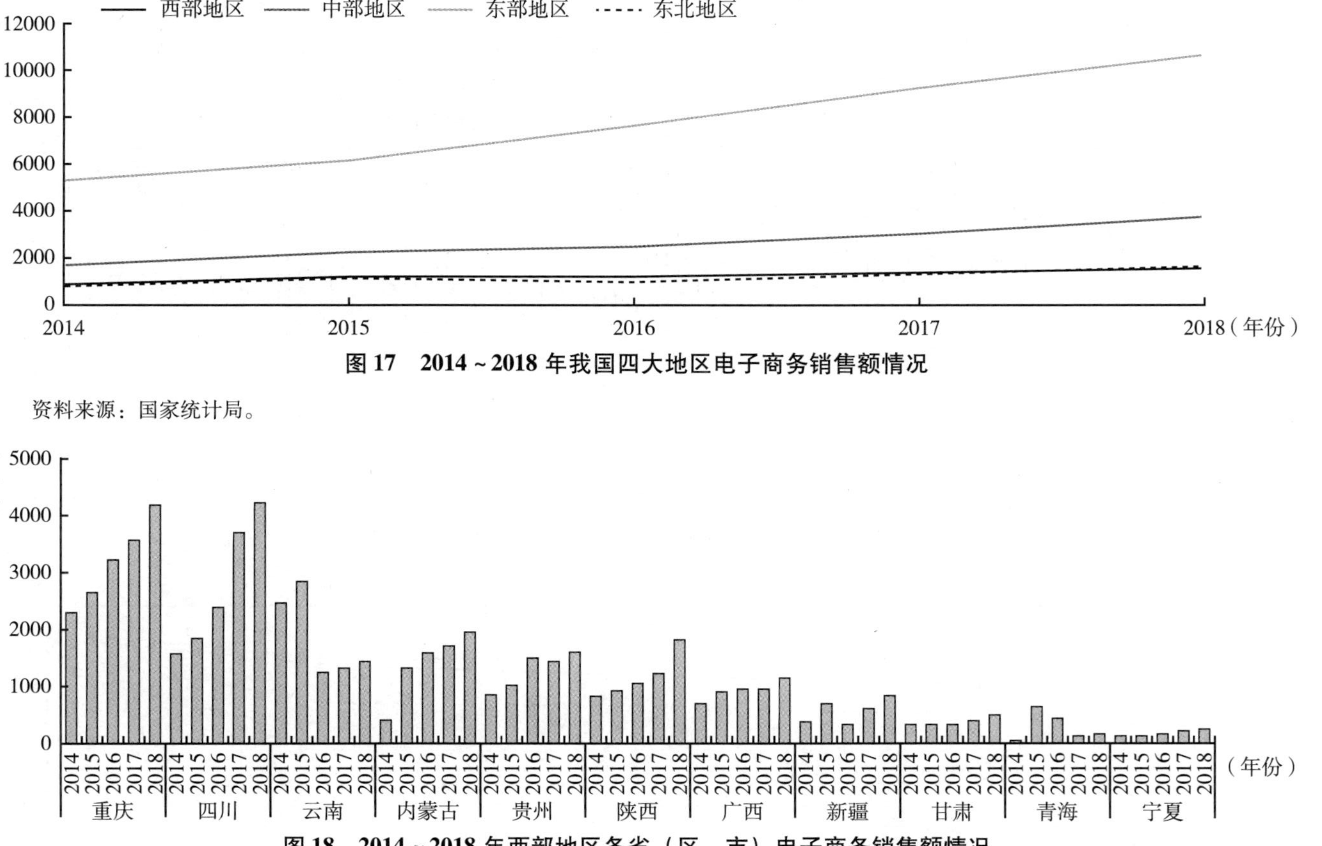

图 17　2014～2018 年我国四大地区电子商务销售额情况

资料来源：国家统计局。

图 18　2014～2018 年西部地区各省（区、市）电子商务销售额情况

资料来源：国家统计局。

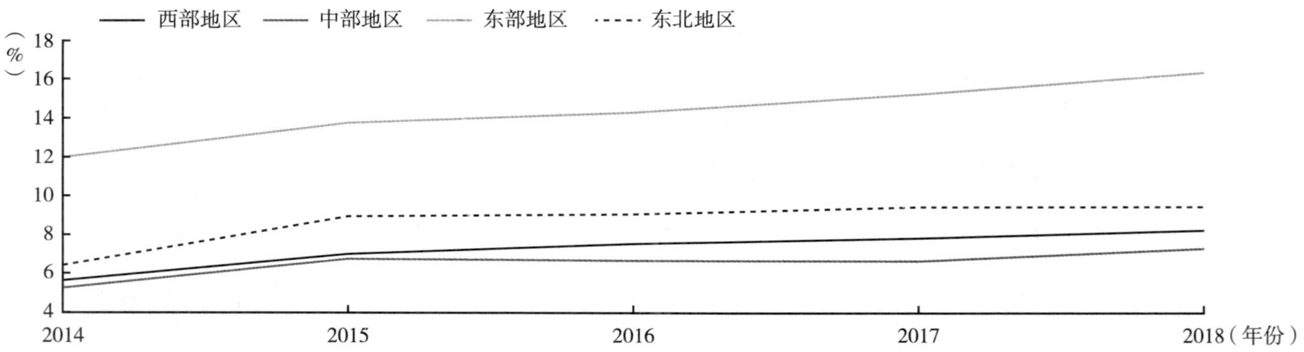

图19　2014～2018年我国四大地区就业人员中本科及以上文化程度人员占比情况

资料来源：EPS数据库。

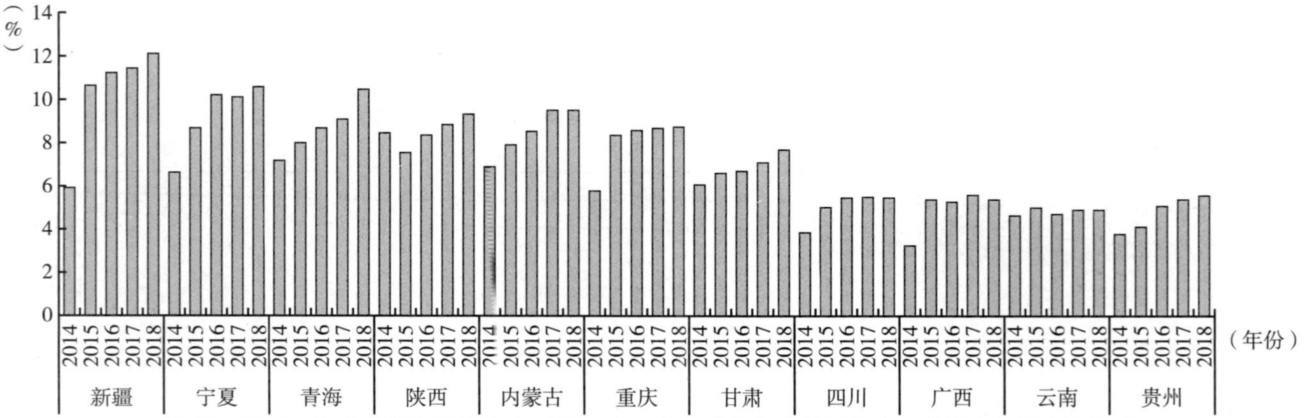

图20　2014～2018年西部地区各省（区、市）就业人员中本科及以上文化程度人员占比情况

资料来源：EPS数据库。

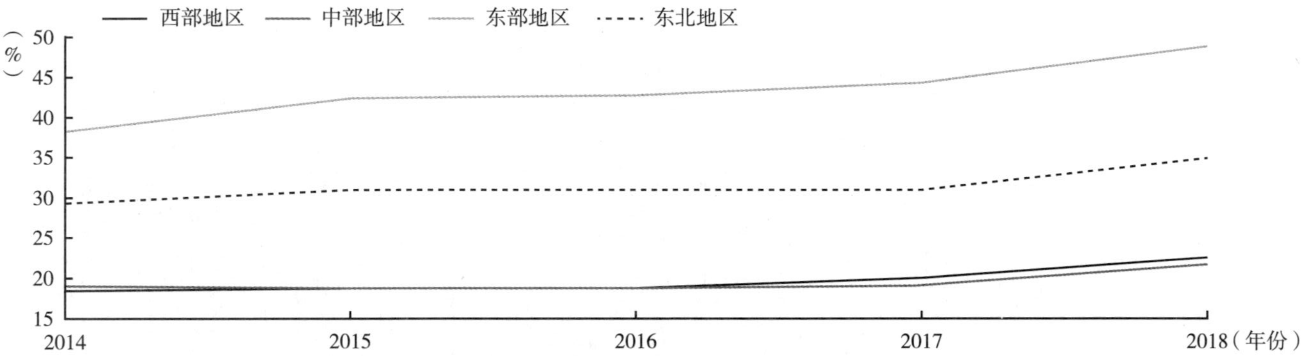

图 21　2014～2018 年我国四大地区工伤保险参保率情况

资料来源：EPS 数据库。

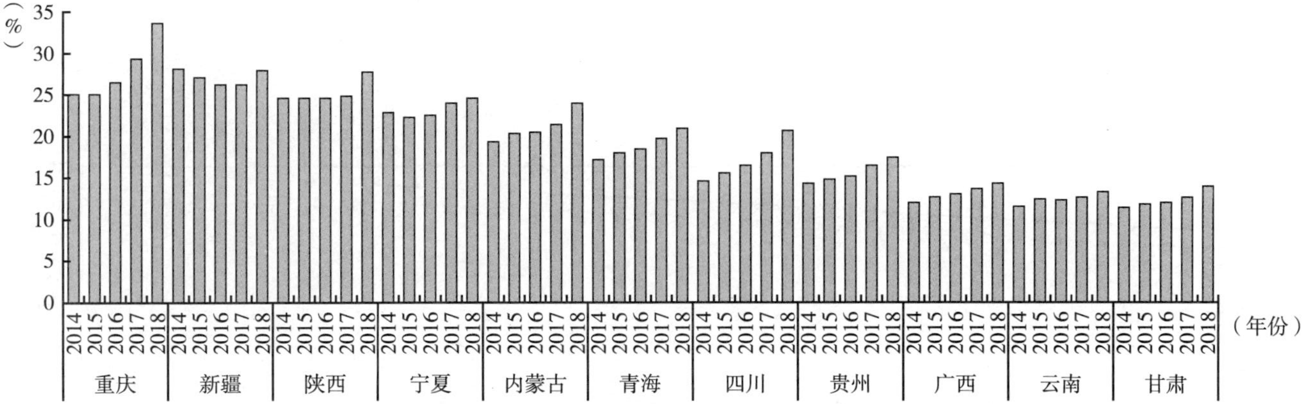

图 22　2014～2018 年西部地区各省（区、市）工伤保险参保率情况

资料来源：EPS 数据库。

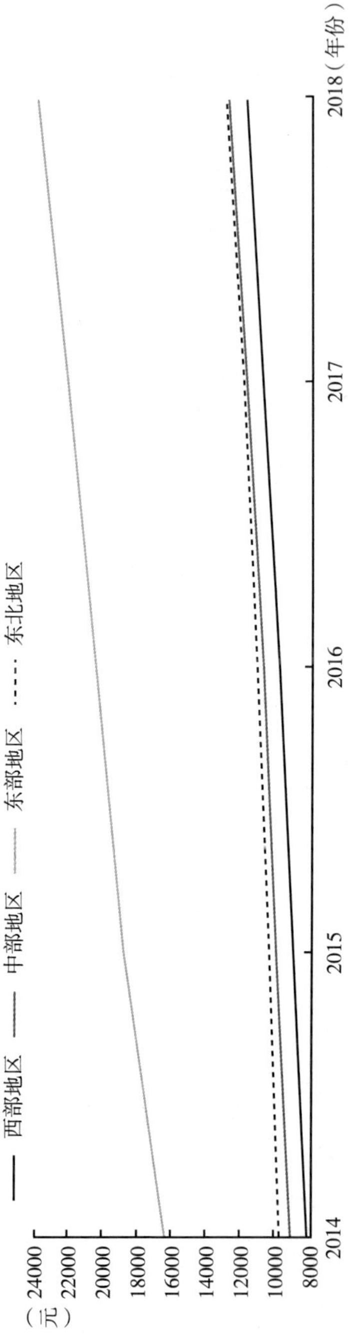

图 23　2014～2018 年我国四大地区年工资性收入情况

资料来源：EPS 数据库。

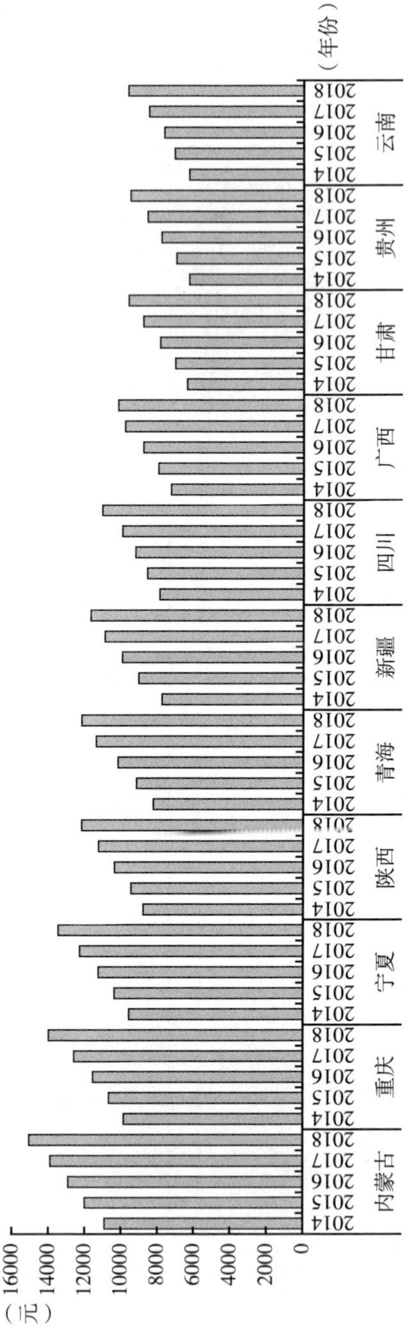

图 24　2014～2018 年西部地区各省（区、市）年工资性收入情况

资料来源：EPS 数据库。

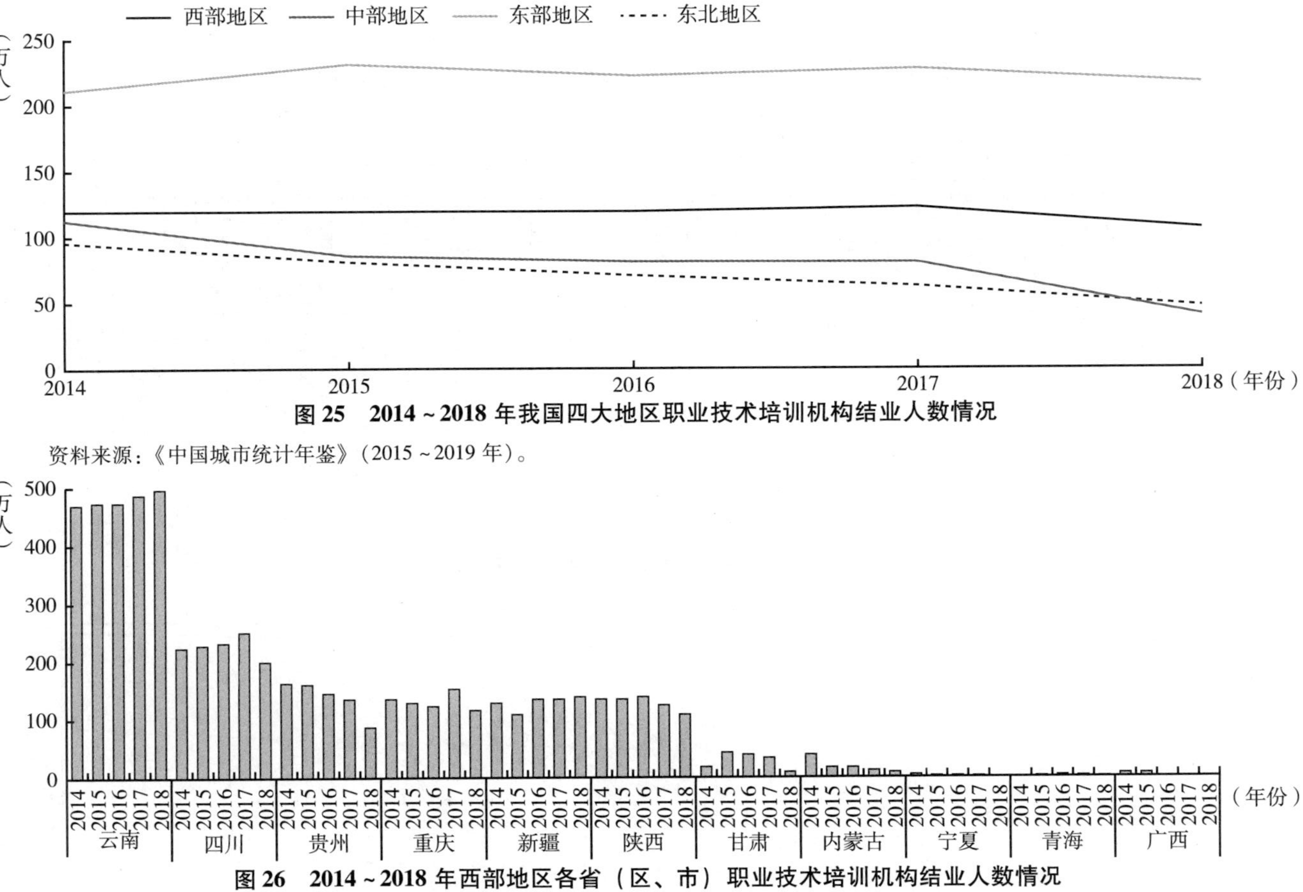

图 25　2014～2018 年我国四大地区职业技术培训机构结业人数情况

资料来源：《中国城市统计年鉴》（2015～2019 年）。

图 26　2014～2018 年西部地区各省（区、市）职业技术培训机构结业人数情况

资料来源：《中国城市统计年鉴》（2015～2019 年）。

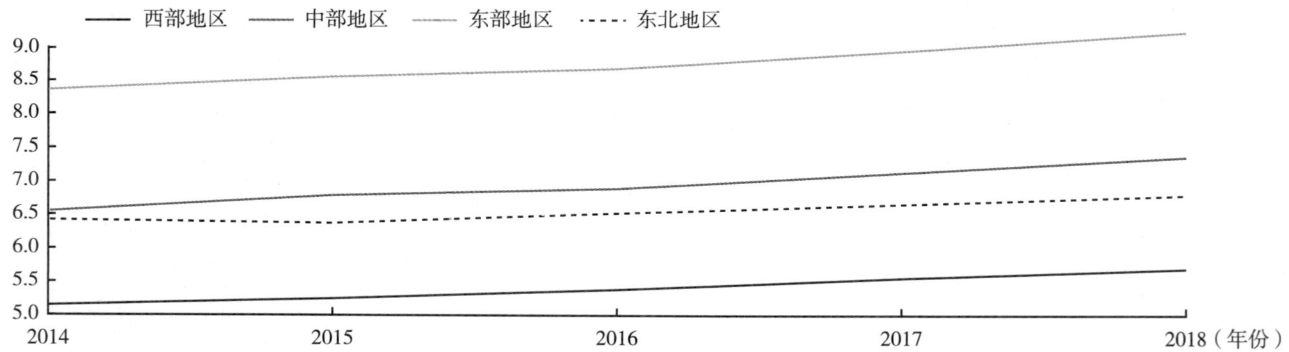

图 27　2014 ~ 2018 年我国四大地区市场化指数情况

资料来源：中国分省份市场化指数报告。

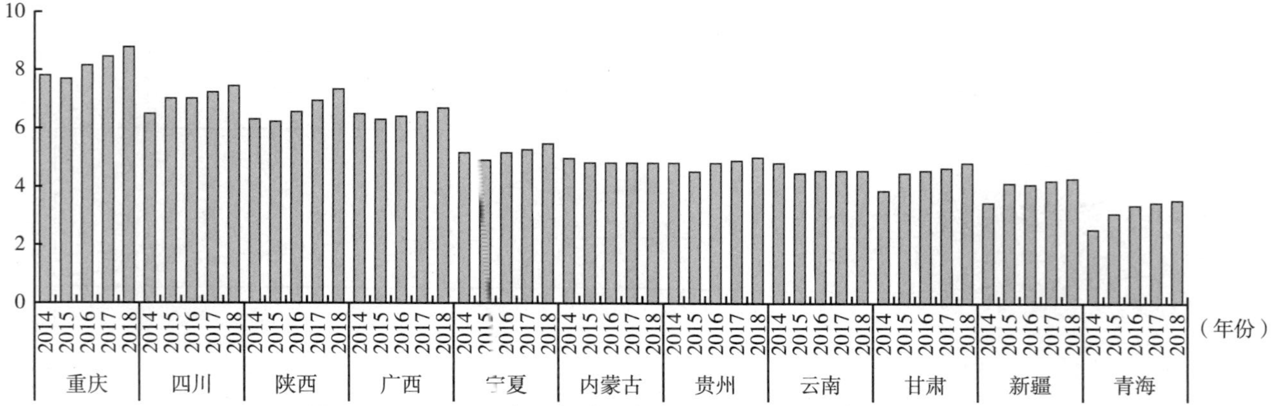

图 28　2014 ~ 2018 年西部地区各省（区、市）市场化指数情况

资料来源：中国分省份市场化指数报告。

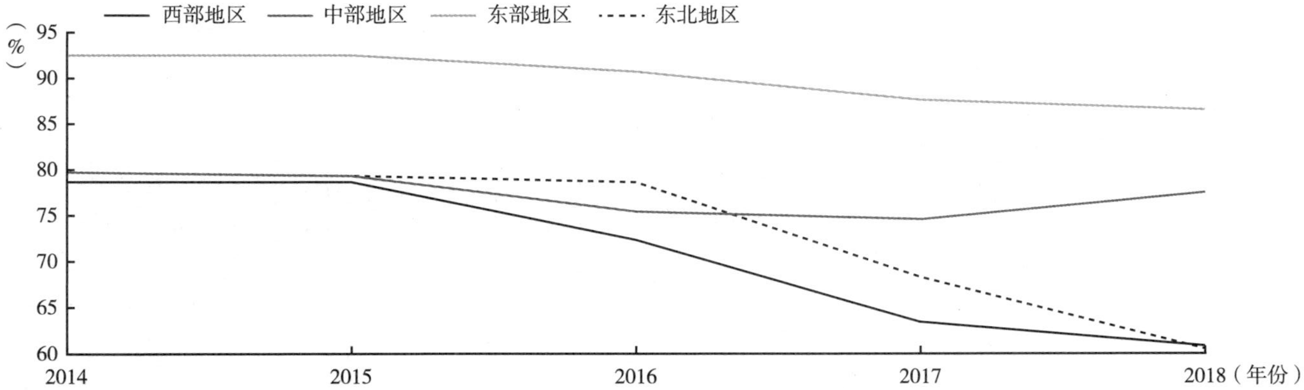

图 29　2014～2018 年我国四大地区一般工业固体废物综合利用率情况

资料来源：EPS 数据库。

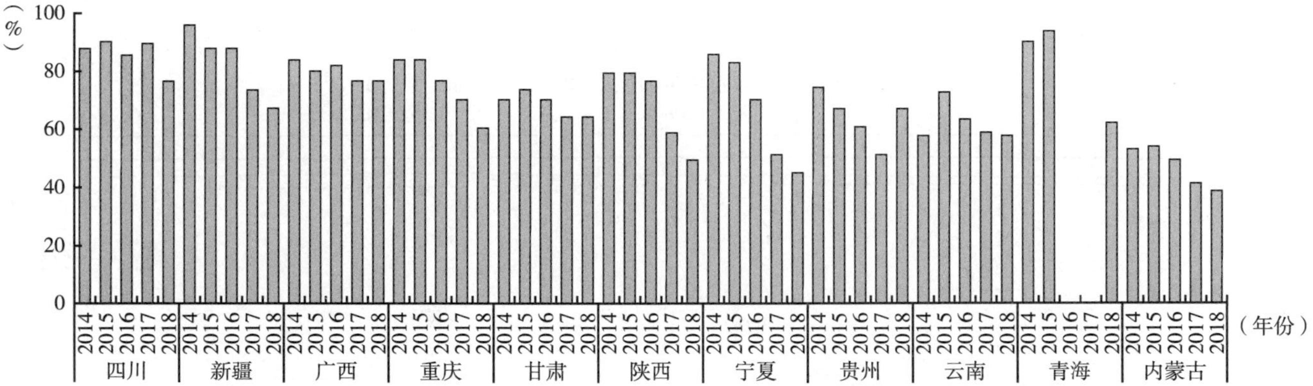

图 30　2014～2018 年西部地区各省（区、市）一般工业固体废物综合利用率情况

资料来源：EPS 数据库、中国城市统计年鉴、中国各省（区、市）市场化指数报告。

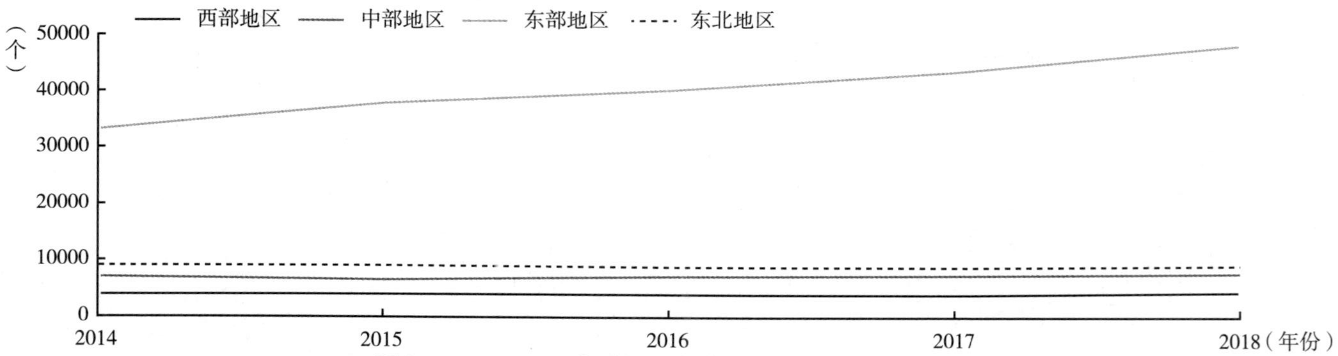

图 31　2014～2018 年我国四大地区外商投资企业数情况

资料来源：EPS 数据库。

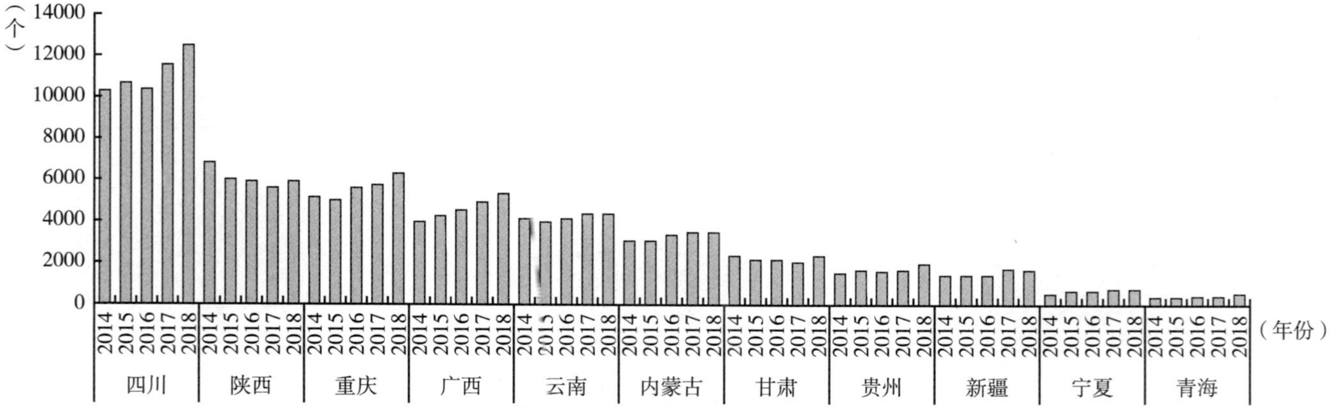

图 32　2014～2018 年西部地区各省（区、市）外商投资企业数情况

资料来源：EPS 数据库。

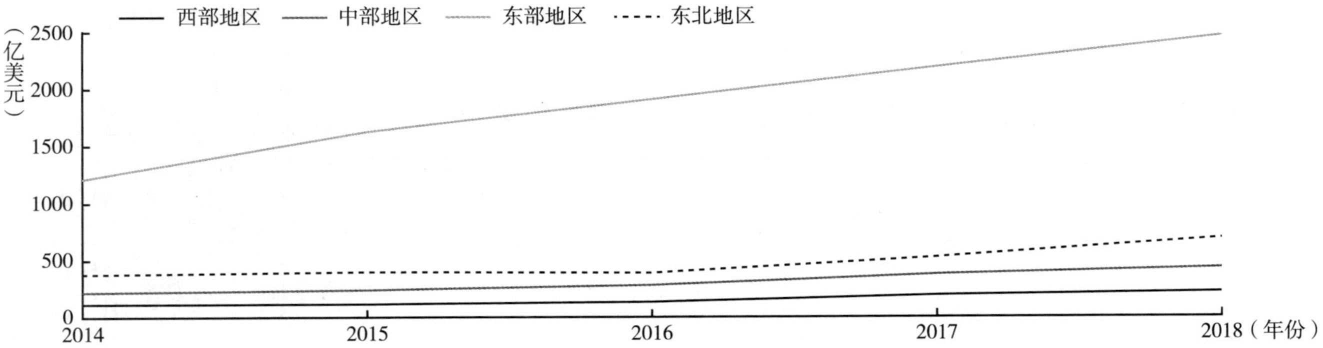

图 33　2014～2018 年我国四大地区外方注册资本情况

资料来源：EPS 数据库。

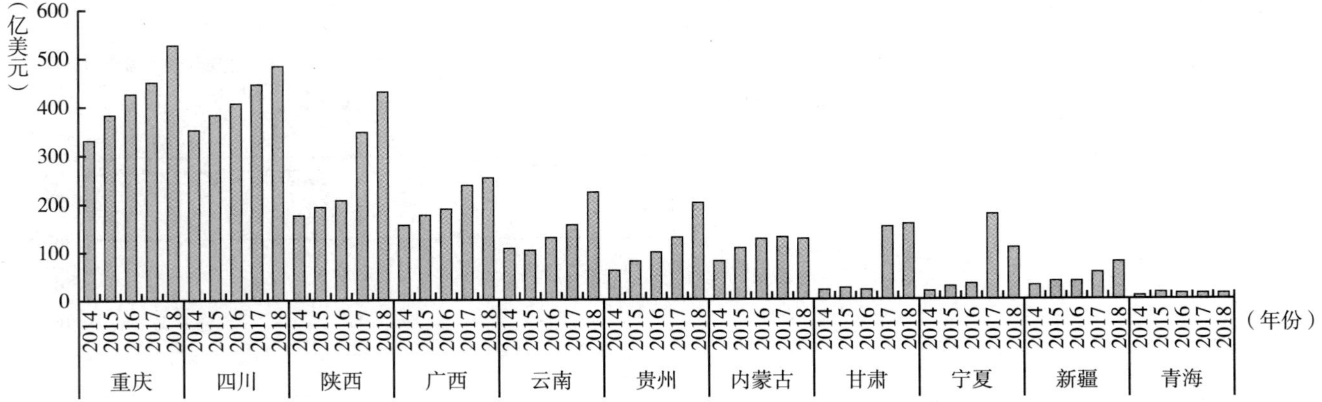

图 34　2014～2018 年西部地区各省（区、市）外方注册资本情况

资料来源：EPS 数据库。

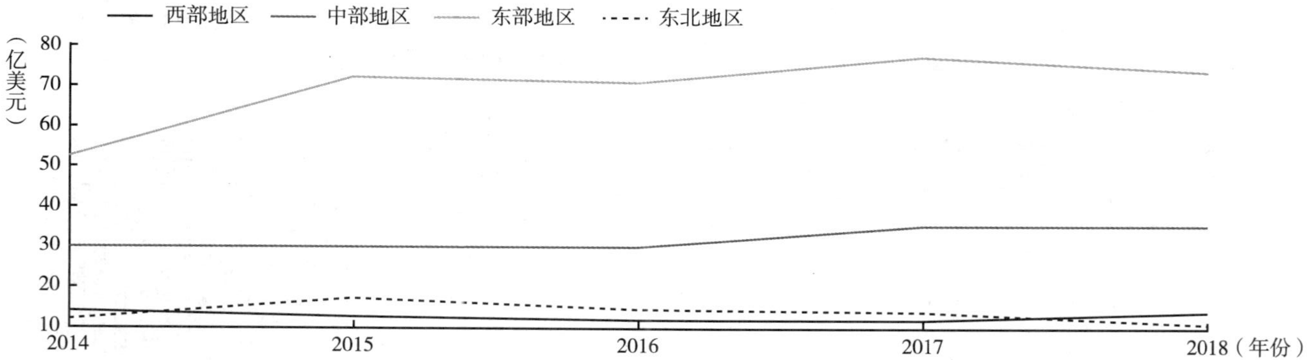

图35　2014～2018年我国四大地区对外承包工程营业额情况

资料来源：EPS数据库。

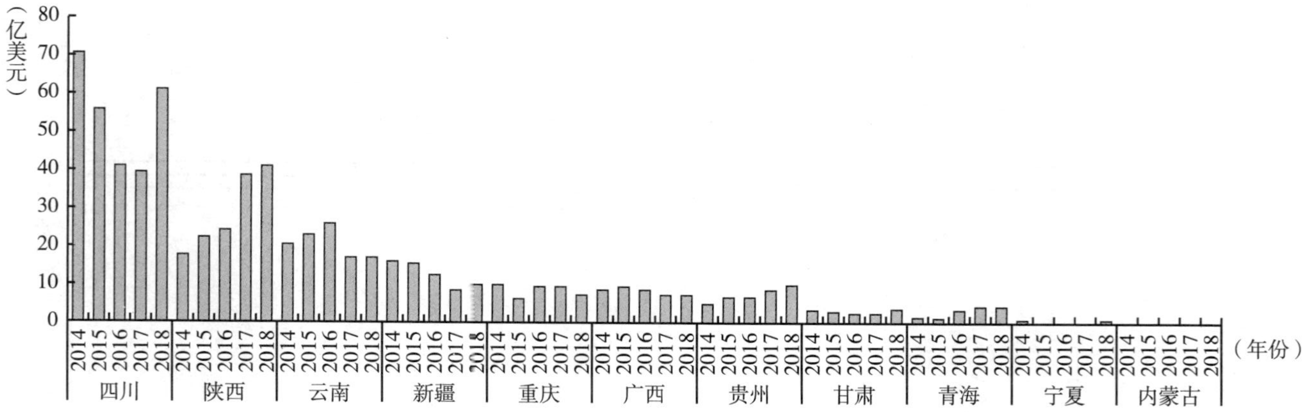

图36　2014～2018年西部地区各省（区、市）对外承包工程营业额情况

资料来源：EPS数据库。

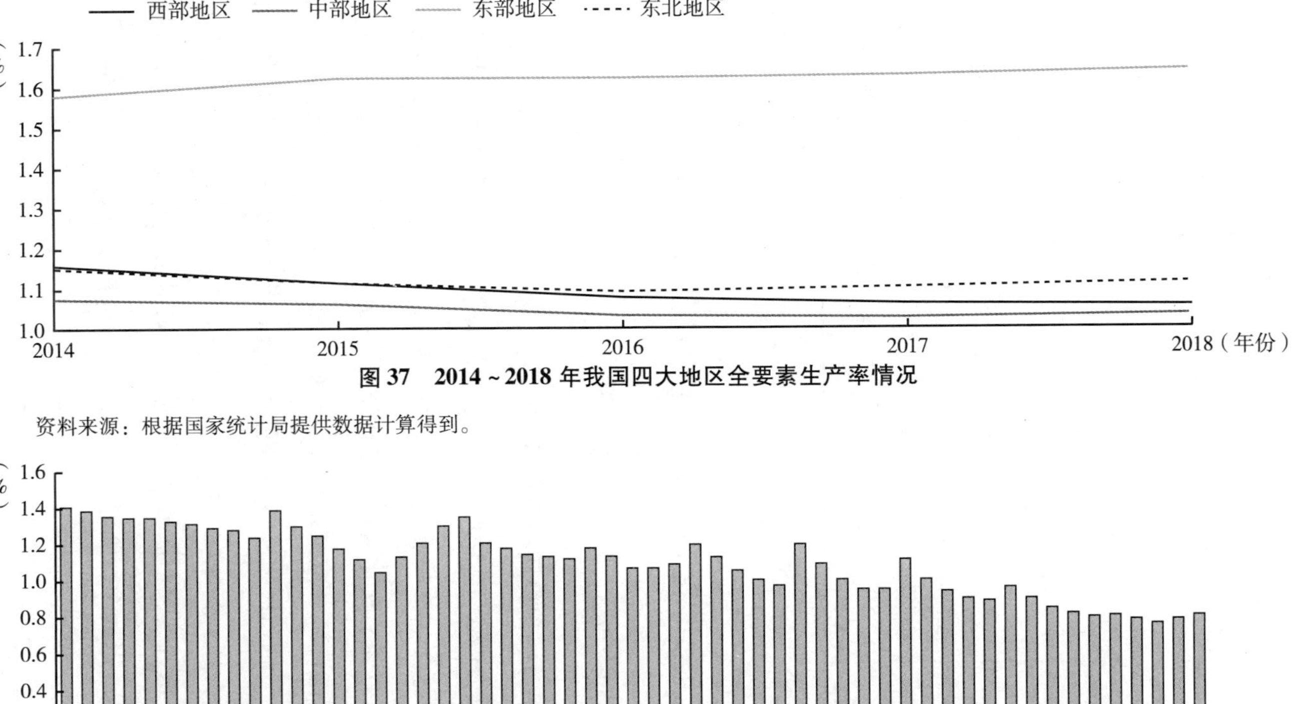

图 37 2014～2018 年我国四大地区全要素生产率情况

资料来源：根据国家统计局提供数据计算得到。

图 38 2014～2018 年西部地区各省（区、市）全要素生产率情况

资料来源：根据国家统计局提供数据计算得到。

表 4　2014～2018 年西部地区各省（区、市）企业管理现代化水平总体评价

地区	2014 年		2015 年		2016 年		2017 年		2018 年	
	总分	排名	总分	排名	总分	排名	总分	排名	总分	排名
云　南	0. 536	5	-0. 824	6	-1. 607	7	-2. 086	7	-2. 423	8
内蒙古	1. 142	4	-1. 689	8	-1. 316	5	-0. 910	4	-1. 517	5
四　川	10. 343	1	11. 859	1	11. 689	1	12. 489	1	12. 553	1
宁　夏	-0. 779	7	-0. 680	5	-1. 462	6	-1. 631	6	-1. 936	7
广　西	0. 139	6	-0. 308	4	-0. 503	4	-1. 026	5	-1. 240	4
新　疆	-3. 779	10	-1. 318	7	-2. 262	8	-3. 035	9	-3. 039	10
甘　肃	-1. 614	8	-2. 566	9	-2. 847	10	-3. 149	10	-2. 721	9
贵　州	-2. 092	9	-3. 031	10	-2. 717	9	-2. 788	8	-1. 555	6
重　庆	7. 439	2	8. 357	2	9. 019	2	9. 502	2	10. 200	2
陕　西	6. 982	3	5. 929	3	6. 873	3	7. 035	3	6. 627	3
青　海	-5. 528	11	-3. 447	11	-3. 447	11	-3. 447	11	-3. 317	11

三　西部地区企业管理现代化的实现路径

（一）紧抓政策机遇，开放整合资源

2013 年习近平总书记先后提出共建“丝绸之路经济带”和“21 世纪海上丝绸之路”的重大倡议。2020 年国务院发布关于新时代推进西部大开发形成新格局的指导意见，支持新疆加快丝绸之路经济带核心区建设，形成西向交通枢纽和商贸物流、文化科教、医疗服务中心；支持重庆、四川、陕西发挥综合优势，打造内陆开放高地和开发开放枢纽；支持甘肃、陕西充分发掘历史文化优势，发挥丝绸之路经济带重要通道、节点作用；支持贵州、青海深化国内外生态合作，推动绿色丝绸之路建设；支持内蒙古深度参与中蒙俄经济走廊建设；提升云南与澜沧江－湄公河区域开放合作水平。西部地区企业应紧抓政策机遇积极参与到“一带一路”的项目中去，整合优质资源，加快“走出去”的步伐，协同竞争，开拓国际市场，借助政策优势提升企业开放整合资源的能力。

2016 年贵州省第十二届人民代表大会常务委员会第二十次会议通过了

中国首部大数据地方法规《贵州省大数据发展应用促进条例》，将大数据产业纳入法治轨道。贵州数字经济增速连续四年居中国第一；数字经济吸纳就业增速连续两年居全国第一；贵州两化融合指数在中国排名从 2014 年的第 29 位提升至 2018 年第 19 位；数据中心加速由量变转向质变，绿色数据中心数量居中国第二。2015 ~ 2018 年贵州省网络零售交易额年均增长 48.79%，西部地区企业应发挥地缘优势，依托贵州省大数据产业的快速发展加快企业信息化建设。在企业管理现代化水平整体落后于中东部地区的情况下，西部地区应紧抓政策优势，把握新兴产业和加大开放力度带来的机会，大力发展大数据产业、促进国际贸易往来，加强西部地区企业的信息化建设，提升企业开放整合资源的管理能力。

（二）区域推进，协同发展

基于以上对西部地区企业管理现代化的态势分析，可以看出，西部地区企业管理现代化存在着区域内差距较大、发展不平衡的现象，西南地区总体水平好于西北地区，四川、重庆和陕西不论是发展水平还是发展态势都处于地区前列，而西藏、新疆、青海以及宁夏由于历史、文化等原因发展水平较低。因此，西部地区企业管理现代化过程不仅要划分不同阶段，还要采取“区域推进”的方式。发展水平相对落后、发展条件还不充分的地区应结合自身情况，先打好现代化企业的基础，完善企业制度。发展水平较好但依旧没有达到全国平均水平的地区应紧抓政策机遇，从六个维度全面推进企业管理现代化，缩小与东部地区企业管理现代化发展水平的差距。

分区域推进提高企业现代化水平不代表割裂式的发展，一定区域的现代化不是封闭的。例如连锁董事的存在可能会影响一定区域内的企业管理方式，某个区域独特的营商环境、传统文化、风俗习惯不仅会影响这一区域内的企业管理方式，还可能会通过地缘潜移默化地影响相邻地区，这意味着企业管理现代化的空间尺度不可能是一市一县的范围。因此，要结合西部地区各省区市的独特优势，例如陕西省的科教资源、贵州省的信息资源、四川省的创新资源、重庆市的开放资源，协同发展，推进西部地区企业管理现代化。

（三）培育西部地区企业家精神，促进企业文化转变

西部地区市场中具备企业家精神的人才缺失，长期以来，西部地区政府如企业家般直接参与企业经营，为区域经济发展引入大项目，使得西部地区在与东部地区差距较大的情况下，没有出现“循环累积因果理论”所描述的恶性循环。① 然而在企业管理现代化的进程中，由政府调配资源的策略仅能在一定程度上改善企业的外部环境，而从内部迸发的企业家精神才能够更好地促进企业现代化。

同时，企业家精神可以促进企业文化的转变。西部地区开放度较低，长久以来，受到历史、政策、传统文化的影响，企业不重视文化建设。科学的管理体系是企业文化建设的基础，而现阶段西部地区许多企业的经营管理体系尚不够健全，存在着战略不明确、组织结构不合理、缺乏科学的人力资源管理等问题。因此，西部地区企业管理现代化的过程中，通过培育西部地区企业家精神，促进企业文化转变是重中之重。要根据企业的经营与发展情况，着眼于提升企业文化的引导性、教育性以及凝聚功能，深入地研究和分析企业文化，强化企业管理工作的文化内涵。切实加强企业文化管理工作，将其纳入企业管理体系当中，进一步强化企业管理工作的“文化属性”。

（四）加大人力资本投入，坚持以人为本

根据内生增长理论，人力资本能够激发经济持续增长。对于现代企业而言，人才团队的建设具有十分重要的作用。尤其是高新技术企业，比如华为、苹果、微软等公司对顶尖人才非常重视。在现代企业的竞争中，一旦核

---

① 李鑫：《从“政府企业家”到“市场企业家”——新常态下西部地区创新发展的策略转变》，《西部论坛》2017 年第 2 期，第 80 ~ 89 页。

心技术人才缺失，将会对企业的竞争力产生不利影响。所以，只有加大对人力资本的投入，不断加强人才团队的建设，才能为企业的发展与进步提供源源不断的动力。由过去的“以物为中心”转移到“以人为中心”，调动人的积极性，提高员工的素质，使员工自身的专业价值得到实现，减少人才专业不对口现象，使企业的公共资源得到合理化使用。

（五）优化制度环境

从西部地区的市场化指数来看，对于西部地区企业管理现代化而言，需要优化制度环境，为企业管理现代化营造良好的外部环境。

西部地区应加大对企业自主创新的支持力度，以产业园区为单位，建立企业科技创新协同机制，进一步提升企业整体创新力。立足当地重点高校，基础性研究和应用性研究并重，构建产学研协同创新体系，还要在重大科技创新项目中用好国内国际知名专家学者的智力成果，实现柔性引智。

西部地区应切实深化“放管服”改革，以一流营商环境引资筑巢，并通过多举措支持金融业发展，打造特色明显、功能突出的金融中心城市，不断提高金融机构效率，鼓励金融机构创新金融工具以支持实体经济，为企业管理现代化提供足够的资金支持。

四　未来西部地区企业管理现代化的展望

本文采用一阶自回归模型对西部地区各省（区、市）2021～2025 年企业管理现代化水平进行了预测，结果如表 5 所示。重庆、四川、陕西由于基础良好，发展势头强劲，预计 2021～2025 年将继续领跑西部地区企业管理现代化水平，贵州增速明显，未来六年稳居西部地区第四，广西和云南同样上升趋势明显，交替排在第五、第六位，内蒙古、宁夏、新疆和青海如果按照目前态势发展，企业管理现代化水平无明显提升。总体而言，西南地区企业管理现代化水平未来会整体好于西北地区。

表5　2021～2025年西部地区各省（区、市）企业管理现代化水平预测

地区	2021年		2022年		2023年		2024年		2025年	
	总分	排名	总分	排名	总分	排名	总分	排名	总分	排名
云　南	-1.536	5	-0.857	5	0.157	5	-0.759	6	0.347	5
内蒙古	-2.256	7	-3.193	8	-3.191	10	-3.479	11	-3.079	11
四　川	7.223	3	8.49	1	4.985	3	7.652	1	4.577	2
宁　夏	-2.32	8	-2.407	6	-2.479	8	-2.539	10	-2.589	9
广　西	-1.849	6	-3.386	9	-2.239	6	0.106	5	-1.293	6
新　疆	-3.399	11	-4.189	11	-3.465	11	-1.496	8	-2.877	10
甘　肃	-2.904	9	-3.648	10	-3.129	9	-2.23	9	-2.494	8
贵　州	0.636	4	0.553	4	1.599	4	2.251	4	1.21	4
重　庆	8.729	2	8.137	2	6.349	1	2.268	3	3.631	3
陕　西	10.55	1	7.764	3	6.185	2	6.677	2	5.501	1
青　海	-2.68	10	-2.725	7	-2.421	7	-1.239	7	-2.398	7

到2025年，西部地区整体发展水平与中部地区、东北地区大体相当，且增速领先；到2030年，发展水平与东部地区差距显著缩小；到2035年，西部地区企业在经营战略方面，积极承担社会责任，有清晰的低碳经济与可持续发展规划，企业文化与时代精神相适应，开放发展水平良好，能够协同竞争，出现具有代表性的全球化企业。在组织体制方面，企业内部治理体系完善，学习型组织建成，员工参与机制合理运行，云计算、云存储现代化的信息管理手段，将助力企业内部各部门协作创新；在企业运营管理方面，供应链管理现代化，广泛应用ERP系统或其他先进信息管理系统；在营销方面，贯彻绿色营销理念，提供个性化服务，推广连锁经营，精准营销，商业模式创新能力显著提升；在财务管理方面，完善利益分配机制，实行全面预算管理，进行战略成本管理，建立利益相关者尤其是投资者关系管理系统，增加对创新的资本投入；在人力资源方面，制定并完善员工援助计划，提供多通道发展，不断提升人力资本水平。西部地区企业管理基本实现现代化，与东部地区的差距进一步缩小。

B.9

西部地区产业链现代化的路径与政策

魏 婕　杜欣娱*

摘　要：推进西部地区产业链现代化对于实现西部地区产业结构升级和经济高质量发展具有重要意义。本文将产业链定义为从产业上游到下游的所有环节，以及需求链、知识链和价值链三个维度的有机组合，并从这三方面出发衡量西部地区产业发展与产业链现代化水平。研究表明，观察期内西部地区无论是需求链、知识链、价值链还是产业链现代化发展水平都取得了重大进展，但与中东部地区特别是东部地区相比，仍然存在较大差距，在国家以更大力度、更强举措推动西部大开发形成新格局的条件下，西部地区应抓住各种政策机遇，发挥自身比较优势和潜在竞争优势并积极借鉴发达地区的产业发展经验来实现产业链现代化。

关键词：产业链现代化　价值链　园区经济

一　引言

改革开放四十年来，我国实现了从以代工贴牌为主的低附加值产品

---

* 魏婕，博士，教育部人文社会科学重点研究基地——西北大学中国西部经济发展研究院兼职研究员、西北大学经济管理学院副教授，研究方向为经济发展与创新；杜欣娱，西北大学经济管理学院硕士研究生。

生产到拥有自主品牌和自主知识产权的中高附加值产品的生产，产业结构取得显著进步，在全球分工链和价值链中的地位不断提升。但随着中美贸易战、科技战、人才战等方方面面冲突的不断加剧及美国联合其盟友在科技方面对中国高科技产业和公司的打压，我国在关键技术和关键行业面临的“断链”风险不断增加，对我国产业安全构成较大威胁。在此情况下，2019 年 8 月召开的中央财经委员会第五次会议指出，要充分发挥我国集中力量办大事的制度优势和超大规模的市场优势，打好产业基础高级化、产业链现代化的攻坚战。党的十九届五中全会提出“十四五”时期经济社会发展主要目标也包括创新能力显著提升，产业基础高级化、产业链现代化水平明显提高，现代化经济体系建设取得重大进展。可见我国已将产业基础高级化、产业链现代化上升到国家战略层面，诚然这是我国经济走向高质量发展的必然要求，也是应对外部复杂环境的立足之本。

自西部大开发战略实施以来，西部地区生产总值占全国的比重从 2000 年的 16.61% 上升到 2019 年的 20.71%，人均 GDP 从 566 美元上升到 7790 美元，经济发展取得巨大成就，但与东部地区在人均收入、科技创新和产业发展等方面仍相差较大。新时期，“一带一路”倡议的实行与国内国际双循环的新发展格局的形成为西部地区经济发展和产业发展打开了一扇机遇之门，在这一背景下推动产业链现代化、提高产业基础能力是西部地区实现弯道超车和经济跨越式发展的必由之路。

二　产业链现代化的界定与评价标准

（一）产业链与产业链现代化的界定

关于产业链的概念，学术界尚未形成统一的认识。国外学者倾向于对与产业链相关的供应链、企业网络等内容的研究，从企业和产业这两个层面出发来研究产业链而非将其看作一个单独的经济组织。我国学者最早提出了

"产业链"这一概念但始终没有形成明确的定义，现有文献对产业链的研究视角也较为多样，主要从具体的产业链、产业组织、供应链、价值链等角度出发进行探讨。

从具体的产业链角度出发，可将产业链的定义分为狭义和广义两种。狭义的产业链是指某一具体行业中从原材料开始到产品生产出来各个环节，主要聚焦于生产和制造过程。郁义鸿认为，产业链是最终产品生产制造过程中所包含的各个环节组成的完整的生产链条。[①] 广义的产业链则是在狭义基础上向上下游拓展延伸。汪先永等认为，产业链是在产品的研究开发、生产加工与销售过程中能够增加价值的一系列相互联系的基本活动的集合。[②] 从产业组织角度出发，蒋国俊、蒋明新认为，产业链是在一定的产业集聚区内由一个行业中处于支配地位的企业与本行业的其他企业组成的一种战略联盟关系链；[③] 从产业链的生成机制看，吴金明、邵昶认为，产业链是产业上游到下游的各个环节，包括供需链、企业链、空间链和价值链有机组合而成的链条。[④]

基于产业链的概念，学者们进一步探讨了产业链现代化的内涵并提出了现阶段推进我国产业链现代化的思路与方法。黄汉权认为，产业链现代化是我国特殊情况下的术语，是指将先进技术、组织模式和经营理念应用于产品生产和服务全过程，从而使得产业链中上中下游各环节的技术水平和经营效益达到领先水平。我国产业链现代化水平的提升需要从降低制造业成本、支持中西部地区精准承接东部产业转移和加快改造提升传统制造业等措施出

① 郁义鸿：《产业链类型与产业链效率基准》，《中国工业经济》2005 年第 11 期，第 35～42 页。

② 汪先永、刘冬、贺灿飞、胡雪峰：《北京产业链与产业结构调整研究》，《北京工商大学学报》（社会科学版）2006 年第 2 期，第 16～21 页。

③ 蒋国俊、蒋明新：《产业链理论及其稳定机制研究》，《重庆大学学报》（社会科学版）2004 年第 1 期，第 36～38 页。

④ 吴金明、邵昶：《产业链形成机制研究——"4+4+4"模型》，《中国工业经济》2006 年第 4 期，第 36～43 页。

发。[①] 盛朝迅认为，产业链现代化是包括产业基础能力提升、运行模式优化、产业链控制能力增强等方面内容的产业链水平的现代化，并从实施产业基础再造工程、加快培育产业生态主导企业、加大行业协会和中间组织建设等方面提出了促进产业链现代化的措施；[②] 刘志彪从研发和技术创新能力、企业链角度和创造价值的能力等方面分析了产业链现代化的内涵，指出我国要打赢产业链现代化的攻坚战需要在产业关联、产业组织和产业结构三大方面实现突破；[③] 罗仲伟、孟艳华认为，产业链现代化是用先进的技术和组织方式来改造传统产业链以使其具备高端链接能力和自主可控能力等，并保持较强的竞争力，“十四五”时期区域产业链现代化水平的提升需要选好主题、选好主业、选好主角、选好主事、选好主策。[④]

（二）产业链现代化的评价标准

基于以上分析，笔者认为产业链是从产业上游到下游的所有环节，以及需求链、知识链和价值链三个维度的有机组合。需求链促使企业或产业进行研发，对产业的发展具有重要的导向作用；知识链决定了一个产业发展的广度和深度，对产业发展起着决定性作用；在需求链和知识链作用下产业的发展结果集中表现在它在价值链上所处的位置。产业链现代化反映了一个地区通过不断提升产业链水平，即不断提高需求链、知识链和价值链发展水平来实现产业升级和提高在全球价值链中地位的过程。

本文选取了多维度的指标来衡量西部地区需求链、知识链和价值链的发展程度及产业链现代化水平，具体如表 1 所示。

---

① 黄汉权：《聚焦四大发力点　打好产业链现代化攻坚战》，《经济日报》2020 年 2 月 13 日，第 11 版。

② 盛朝迅：《推进我国产业链现代化的思路与方略》，《改革》2019 年第 10 期，第 45 ~ 56 页。

③ 刘志彪：《产业链现代化的产业经济学分析》，《经济学家》2019 年第 12 期，第 5 ~ 13 页。

④ 罗仲伟、孟艳华：《“十四五”时期区域产业基础高级化和产业链现代化》，《区域经济评论》2020 年第 1 期，第 32 ~ 38 页。

表 1　西部地区产业链现代化衡量指标

	组成	第一层面	第二层面	单位	指标解释
产业链的组成及产业链现代化的衡量标准	需求链	居民收入和消费状况	居民消费水平	元	
			人均可支配收入	元	
			居民消费水平占居民人均可支配收入比例	%	居民消费水平/居民人均可支配收入
		经济开放度	进口贸易依存度	%	地区进口总额/地区生产总值
			出口贸易依存度	%	地区出口总额/地区生产总值
			贸易依存度	%	(地区出口总额 + 地区进口总额)/地区生产总值
	知识链	知识投入与创新	各地区 R&D 经费内部支出	亿元	
			各地区 R&D 经费投入强度	%	R&D 经费支出/地区生产总值
			科研机构 R&D 经费内部支出	亿元	
			规模以上工业企业 R&D 经费内部支出	亿元	
			高等院校 R&D 经费内部支出	亿元	
	价值链	产业结构	第一产业增加值占比	%	第一产业增加值/地区生产总值
			第二产业增加值占比	%	第二产业增加值/地区生产总值
			第三产业增加值占比	%	第三产业增加值/地区生产总值
		生产效率	全员劳动生产率	元/人	地区生产总值/地区总就业人数
		高技术产业竞争力	R&D 经费内部支出	亿元	
			新产品销售收入	亿元	
			发明专利申请数	件	
			有效发明专利数	件	

三　西部地区产业链现代化水平的衡量及发展态势分析

（一）西部地区需求链发展水平的评价及态势分析

波特在其1985年的著作《竞争优势》中最先提出需求链的概念并将其看作价值链商业模式的一部分，此后学者们更多地从企业与管理学的角度来分析需求链。但如果将这一概念置于更广大的范围，则有必要对需求链的内涵作进一步的扩展。

本文从西部地区的居民收入和消费情况以及经济开放度来反映西部地区的需求链水平，其中居民收入和消费情况包括居民消费水平、居民人均可支配收入和居民消费水平占居民人均可支配收入比例，经济开放度包括进口贸易依存度、出口贸易依存度和贸易依存度。

一个地区居民的收入与消费状况反映了该地区产业与经济发展的水平和潜力，居民收入与消费增长是需求链水平提升的主要动力。从图1可以看出，2010～2018年全国及四大地区的人均可支配收入有明显提升，其中东部地区人均可支配收入增幅最大且远远高于全国平均水平与其他三个地区，

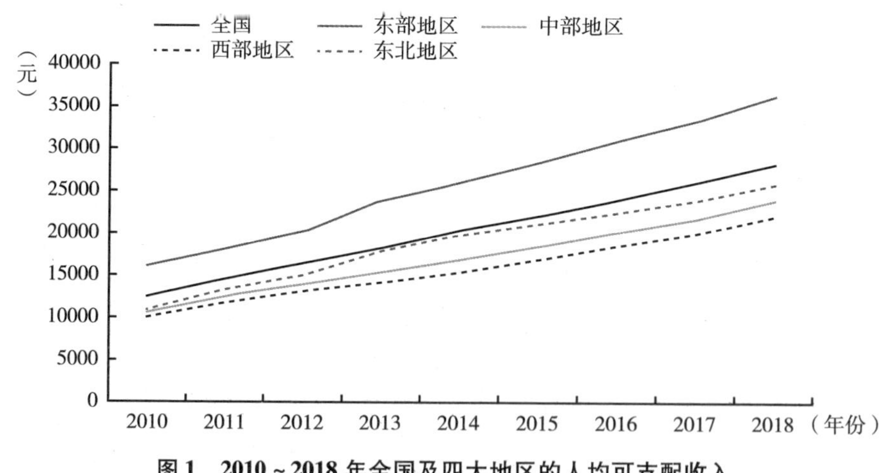

图1　2010～2018年全国及四大地区的人均可支配收入

资料来源：《中国统计年鉴》及西部各省区市统计年鉴。

东北地区、中部地区和西部地区2010～2018年人均可支配收入均低于全国平均水平且差距日益拉大。西部地区的人均可支配收入自2013年以来与全国平均水平和东部、中部地区间的差距不断拉大，这反映出西部地区经济发展水平较为落后，相对于全国与中、东部地区而言西部地区仍有较大的提升空间。

居民消费水平是按人口计算的居民消费额，它的内涵更加广泛，表明国家对人民的物质文化需要的满足程度。结合数据可以发现，观察期内西部地区各省（区、市）的人均可支配收入和消费水平逐年提高，但均低于全国平均水平，西部地区人均可支配收入和消费水平排名较靠前的省区市包括重庆、内蒙古、四川、陕西和宁夏。总体而言，西部地区各省（区、市）的人均可支配收入与消费水平还有待提升。

从经济开放度来看，2010～2018年我国东、中、西部及东北四大地区的货物出口总额及进口总额呈现出上升趋势，但从数值上来看，中部、西部和东北地区与东部地区的对外贸易总额仍相差较大，中部、西部、东北三个地区2018年的货物进出口总额相加仍不及东部地区的1/4。从四大地区的货物出口总额占全国的比例看，2010～2018年东部地区占比始终最高但呈现出下降的趋势，出口占全国出口总额的比例从2010年的87.37%下降到2018年的82.1%，中部地区出口占全国的比重不断上升，西部地区出口占全国的比重先上升并于2014年达到最大值（9.3%）后缓慢下降，东北地区出口所占比重连年下降。从进口情况看，东部地区进口占全国进口比例呈现出下降态势，中部、西部与东北地区的进口比例不断上升，其中西部地区进口占全国的比例增幅最大，从2010年的4.04%增长到2018年的8.8%。

外贸依存度反映了一个国家或地区对于对外贸易的依存程度，同时也体现出其经济发展水平和参与国际贸易的程度。从表2可以看出，2010～2018年我国外贸依存度总体而言呈现出下降的态势。西部地区12个省（区、市）的外贸依存度均低于全国整体水平，具体来看，西部地区贸易依存度呈上涨态势的省（区、市）包括重庆、四川、陕西、内蒙古和广西，或与其经济体量和加工贸易发展有关，或是受益于特殊的地理位置。贵州、云南和宁夏的外贸依存度小幅下降，西藏、甘肃、青海和新疆2010～2018年的

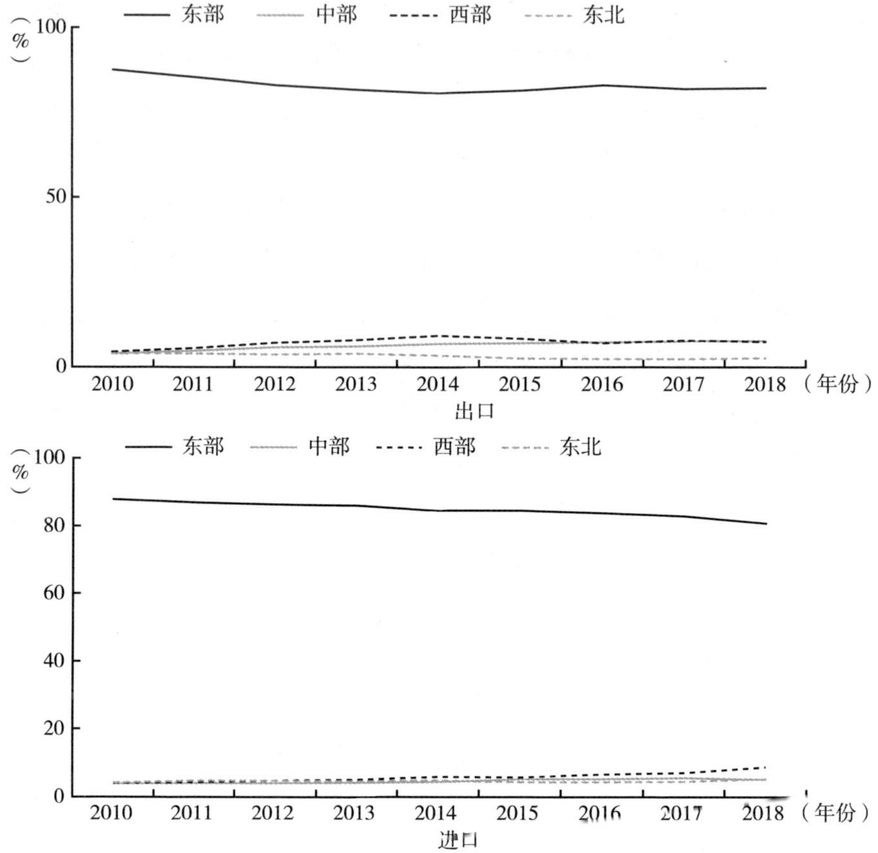

出口

进口

图 2　我国四大地区出口与进口贸易占全国出口与进口贸易总额的比例

资料来源:《中国统计年鉴》及西部各省(区、市)统计年鉴。

外贸依存度下降幅度较大,外贸依存度较低,说明这些省区经济开放度较低,产业缺少稳定性。

表 2　2010～2018 年全国及西部各省(区、市)的外贸依存度变动情况

单位:%

年份	2010	2011	2012	2013	2014	2015	2016	2017	2018
全　国	48.95	48.45	45.33	43.54	41.21	35.79	32.89	33.88	33.88
重　庆	10.66	18.85	29.31	33.62	41.10	29.54	23.58	23.12	25.65
四　川	13.13	14.68	15.65	15.23	15.12	10.67	10.03	12.46	14.62
贵　州	4.62	5.53	6.15	6.41	7.18	7.29	3.24	4.07	3.38

续表

年份	2010	2011	2012	2013	2014	2015	2016	2017	2018
云　南	12.53	11.85	12.86	13.65	14.20	11.14	8.93	9.60	11.03
西　藏	11.15	14.49	31.07	25.45	15.04	5.29	4.49	4.49	3.21
陕　西	8.15	7.62	6.46	7.69	9.54	10.52	10.19	12.40	14.38
甘　肃	12.11	11.26	9.95	10.16	7.77	7.03	6.48	4.45	4.79
青　海	3.96	3.65	3.89	4.13	4.59	4.75	3.81	1.68	1.61
宁　夏	8.07	7.02	6.02	7.69	12.07	8.06	6.85	9.88	6.73
新　疆	21.32	22.30	21.10	32.89	19.86	19.62	22.93	12.81	10.87
内蒙古	5.06	5.41	4.44	4.41	5.03	4.44	4.05	5.85	5.98
广　西	12.61	12.86	14.28	14.14	15.89	18.99	17.38	18.96	20.18

资料来源：《中国统计年鉴》及西部各省（区、市）统计年鉴。

从全国层面来看，西部地区各省（区、市）无论是人均可支配收入、消费水平还是外贸依存度都低于全国平均水平，说明西部地区经济发展较为落后，需求不足。具体而言，西部 12 个省区市分化明显，重庆、四川、陕西的收入、消费及对外贸易状况总体而言都明显好于其他省区，西藏、甘肃、青海、新疆经济和产业发展较为落后。

（二）西部地区知识链发展水平的评价及态势分析

胡大立等认为，知识链是核心企业、供应商、客户、高校、科研院所等建立的一种战略合作伙伴关系，包括知识需求、知识响应、知识创造、知识扩散和知识迭代等知识流动过程而形成的链式结构。① 卫林英等认为，知识链是对知识的流动阶段进行分层以满足不同主体的需求，并将知识链分为知识传播、知识创新和知识转化三大阶段。② 结合以上定义，本文主要从知识的投入与创新角度来考察西部地区的知识链水平，衡量指标包括各地区 R&D 经费内部支出和投入强度以及各地区科研机构、规模以上工业企业和高等院校的 R&D 经费内部支出。

① 胡大立、谌飞龙、刘志虹、殷宵雯、伍亮：《基于知识链的战略性新兴产业全球价值链高端化研究》，《经济研究导刊》2018 年第 15 期，第 59～60 页。

② 卫林英、张荣光、王格格、佘红伟：《基于知识链、产业链的陕西省高新技术产业协同创新发展探析》，《科学管理研究》2020 年第 1 期，第 71～77 页。

从科技创新的投入情况来看，2010 年以来我国整体与四大地区无论是总的 R&D 经费内部支出还是科研机构、工业企业和高等院校的 R&D 经费内部支出都呈现出上涨趋势，东部地区 R&D 经费内部支出最高，中部和西部地区次之，东北地区最低。但细分来看则会发现，东部地区和中部地区的 R&D 经费内部支出企业的占比较大，而西部地区则恰恰相反，表现为科研院所的研发投入占比较高，而企业研发投入强度实际上并不占优势，正如图 3

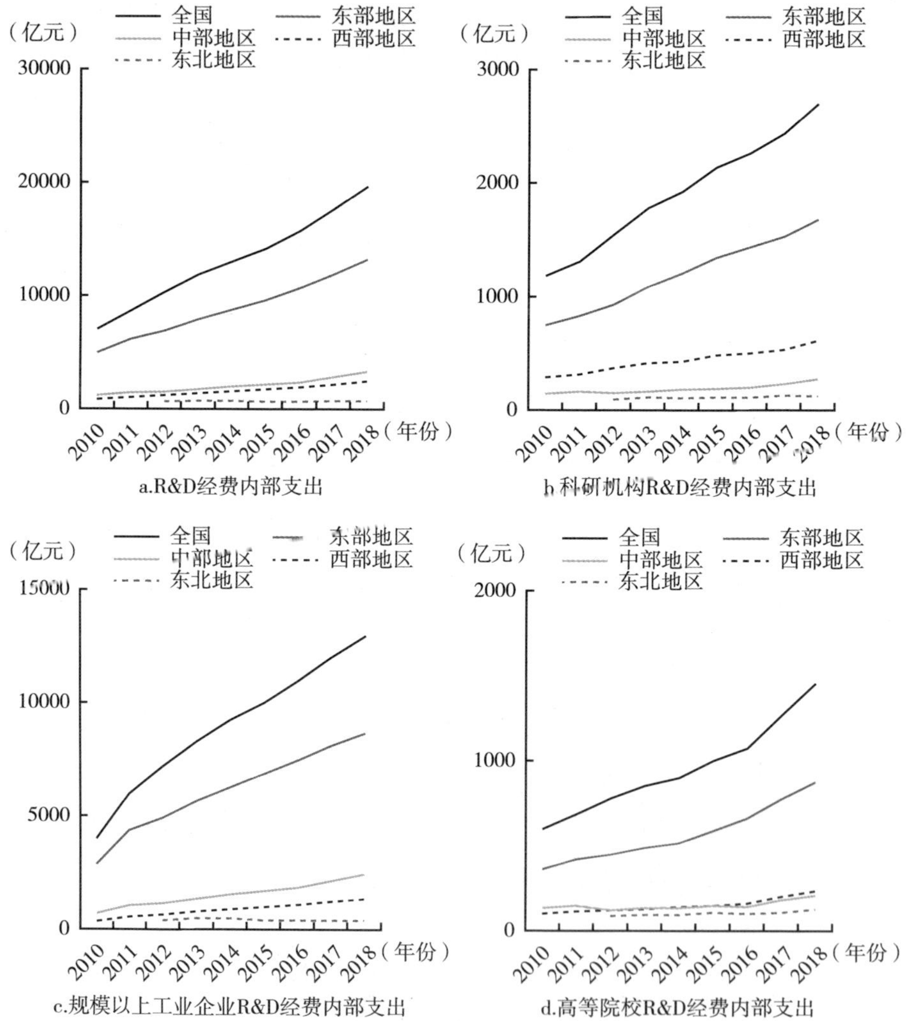

a.R&D经费内部支出

b.科研机构R&D经费内部支出

c.规模以上工业企业R&D经费内部支出

d.高等院校R&D经费内部支出

图 3　2010～2018 年我国四大地区及各地区不同部门的 R&D 经费内部支出

资料来源：《中国科技统计年鉴》。

所示，在中部与西部地区 2010～2018 年 R&D 经费内部支出相差不大的情况下，西部地区规模以上工业企业 R&D 经费内部支出低于中部地区，而科研机构 R&D 经费内部支出高于中部地区，说明西部地区还未形成以企业为主的创新体系。

如表 3 所示，从西部地区各省（区、市）的 R&D 经费投入强度来看，2010～2018 年除西藏和青海外其他 10 个省（区、市）的 R&D 经费投入强度不断提升，但西部地区各省（区、市）R&D 经费投入强度除陕西外均低于全国平均水平，说明西部地区各省（区、市）的 R&D 经费还有待增加、R&D 投入强度有待提升。从研发支出投入的三大主体来看，西部各省（区、市）科研机构、规模以上工业企业和高等院校的 R&D 经费内部支出大幅增长，四川、陕西和重庆这三个省市的各项支出总额较高，其 2018 年规模以上工业企业 R&D 经费内部支出都突破了 200 亿元，远高于其他省区。但若从三大主体研发支出的结构看，则会发现除重庆外西部地区各省区的企业研发支出占比低于全国水平，说明西部地区大部分省区的创新活动仍依赖于国有科研机构与高等院校，因此应加大科技成果转化力度，推动产学研融合，促进知识密集型产业发展。

表 3　2010～2018 年全国及西部各省（区、市）的 R&D 经费投入强度

单位：%

年份	2010	2011	2012	2013	2014	2015	2016	2017	2018
全　国	1.71	1.78	1.91	2.00	2.03	2.07	2.12	2.15	2.19
重　庆	1.27	1.28	1.40	1.38	1.42	1.57	1.72	1.87	2.01
四　川	1.54	1.40	1.47	1.52	1.57	1.67	1.72	1.72	1.81
贵　州	0.65	0.64	0.61	0.58	0.60	0.59	0.63	0.71	0.82
云　南	0.61	0.63	0.67	0.67	0.67	0.80	0.89	0.95	1.05
西　藏	0.29	0.19	0.25	0.28	0.26	0.30	0.19	0.22	0.25
陕　西	2.15	1.99	1.99	2.12	2.07	2.18	2.19	2.10	2.18
甘　肃	1.02	0.97	1.07	1.06	1.12	1.22	1.22	1.15	1.18
青　海	0.74	0.75	0.69	0.65	0.62	0.48	0.54	0.68	0.60
宁　夏	0.68	0.73	0.78	0.81	0.87	0.88	0.95	1.13	1.23

续表

年份	2010	2011	2012	2013	2014	2015	2016	2017	2018
新　疆	0.49	0.50	0.53	0.54	0.53	0.56	0.59	0.52	0.53
内蒙古	0.55	0.59	0.64	0.69	0.69	0.76	0.79	0.82	0.75
广　西	0.66	0.69	0.75	0.75	0.71	0.63	0.65	0.70	0.71

资料来源：《中国科技统计年鉴》。

（三）西部地区价值链的发展水平评价及态势分析

20世纪80年代，一大批管理学学者开始探讨价值链相关问题并取得重大进展，其中波特在其《竞争优势》中对于价值链的定义产生了广泛影响，波特在初期提出的价值链主要针对垂直一体化公司，也即强调单个企业的竞争优势。为了将价值链理论与经济和产业相关联，20世纪90年代一些学者在价值链等相关理论基础上提出了全球商品链（GCC）和全球价值链（GVC）理论。价值链理论的基本观点是，在企业生产经营的众多环节中，只有企业价值链上的某些特定活动才能够创造价值，并不是每个环节都能创造价值。以微笑曲线为例，在产业链中，附加值更多体现在研发和市场两端，而低中端制造环节的价值最低，一个地区的产业链也是如此，企业只有不断提高研发与创新水平，才能在价值链中处于优势地位。

产业结构直接关系地区经济发展水平和资源配置效率，随着我国工业化进程的不断加深，西部地区产业结构也逐渐走向高级化、合理化，产业结构重心由第一产业向第二产业和第三产业转移，多数省份的产业结构逐渐由“二三一”形式转为“三二一”形式。以2018年为例，如表4所示，除西藏和陕西外西部其他省区市的产业结构均以第三产业为主，产业结构不断走向合理化。但相较全国平均水平而言，西部省（区、市）中除了重庆和甘肃外其他省区的第三产业占比明显偏低，第二产业比重偏高，以及新疆、贵州和广西等部分省区中第一产业占比偏高，说明西部省（区、市）产业结构还有待优化，第三产业占比仍有较大的提升空间。从生产效率来看，西部省（区、市）中除重庆、陕西、新疆和内蒙古外其他省区的全员劳动生产率均低于全国水平，特别是甘肃、西藏和云南三个省（区）全员劳动生产率均低于60000元/人，表明西部地区生产效率偏低且各省区市间差距较大。

表4 2018年全国及西部12省区市的三大产业占比及全员劳动生产率

单位：%，元/人

地区	第一产业增加值占比	第二产业增加值占比	第三产业增加值占比	全员劳动生产率
全国	7.20	40.70	52.20	107327
重庆	6.80	40.90	52.30	118647
四川	10.90	37.70	51.40	83340
贵州	14.60	38.90	46.50	68958
云南	14	38.90	47.10	59304
西藏	8.80	42.50	48.70	56788
陕西	7.50	49.70	42.80	118003
甘肃	11.20	33.90	54.90	50510
青海	9.40	43.50	47.10	87010
宁夏	7.60	44.50	47.90	97274
新疆	21.70	41.70	36.60	166073
内蒙古	10.10	39.40	50.50	128201
广西	14.80	39.70	45.50	71455

资料来源：中国及西部各省（区、市）《2018年国民经济和社会发展统计公报》。

高技术产业是指研发投入高、研发人员占比大及产品或服务附加值高的企业，高技术产业的发展水平决定着一个地区在价值链中所处的位置。近年来西部地区大力发展战略性新兴产业，例如贵州、四川等省份在大数据、人工智能等产业上取得重大发展，青海省在新能源领域实现重大进步，为了探究西部地区高技术产业的发展水平，本文主要从高技术产业R&D经费内部支出、新产品销售收入、发明专利申请数和有效发明专利数四方面来分析西部地区高技术产业的发展情况。

如图4所示，2010~2018年除东北地区外，我国东、中、西部三大地区高技术产业的R&D经费内部支出、新产品销售收入、发明专利申请数和有效发明专利数都实现了快速增长。但具体而言，东部地区在R&D经费

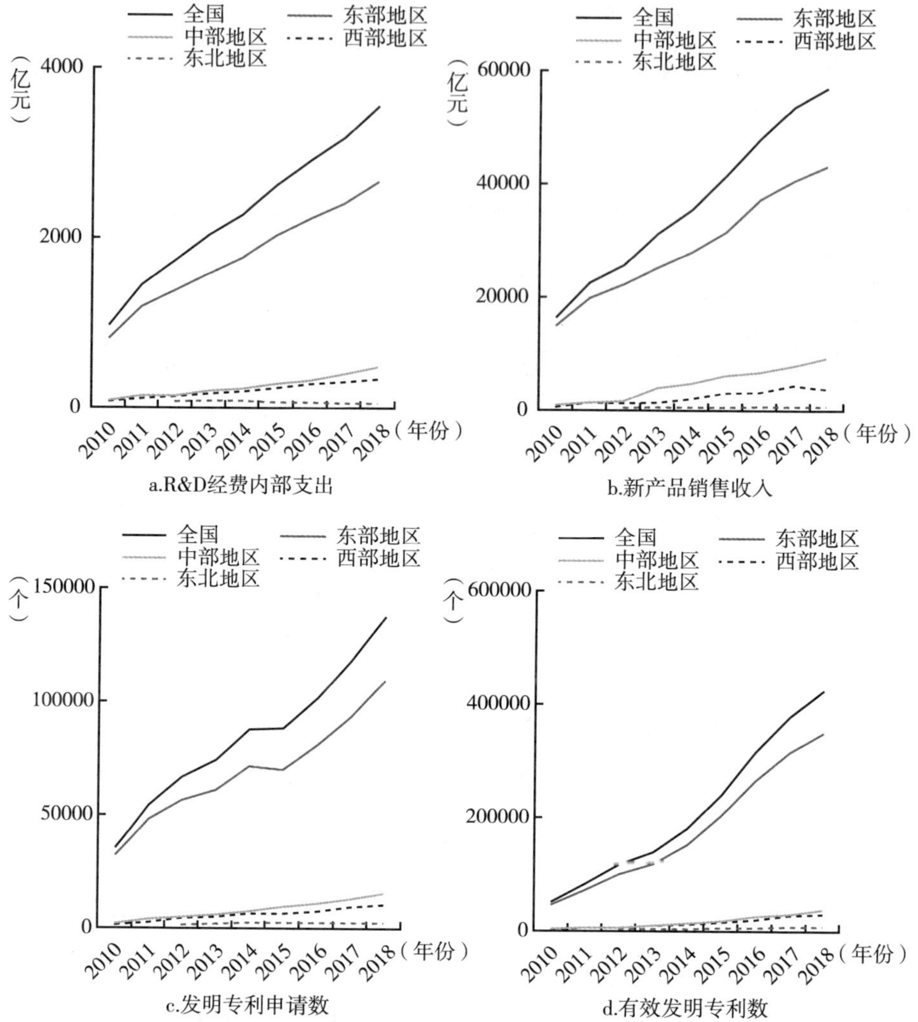

a.R&D经费内部支出

b.新产品销售收入

c.发明专利申请数

d.有效发明专利数

图 4　全国及西部地区高技术产业的 R&D 经费内部支出、新产品销售收入和专利情况

资料来源：《中国科技统计年鉴》。

内部支出、新产品销售收入、发明专利申请数和有效发明专利数这四方面的起点和增速都远高于中、西部地区。西部地区和中部地区这些数值的起点较为接近，但近年来西部地区却明显被中部地区反超，说明我国四大地区间高技术产业发展的马太效应越来越明显，发达地区高技术产业借助资本、技术、市场等优势往往可以实现迅速发展，而不发达地区的高技术产业即便有政策扶持也发展得较为缓慢，无论是研发、专利还是销售环节和东部地区相比都有较大差距，在产业链、价值链中始终处于不利地位。

从上述对西部地区需求链、知识链和价值链相关情况的分析可以发现，2010～2018年我国西部地区产业链现代化的发展程度虽然有所提高，但仍低于东中部地区和全国平均水平，并且与发达地区间的差距在不断扩大。西部地区产业与经济发展虽然取得了重大成就，但发展不平衡、不充分问题依然突出，经济现代化体系建设的各个方面亟须完善，为加快形成西部大开发新格局，推动西部地区高质量发展，中共中央、国务院于2020年5月17日提出了《关于新时代推进西部大开发形成新格局的指导意见》。该《意见》分别从推动西部高质量发展、加大西部开放力度、筑牢国家生态安全屏障、深化重点领域改革、坚持以人民为中心及加强政策支持和组织保障六方面提出了推动西部大开发形成新格局的相关措施。① 其中在产业链现代化建设方面，从创新能力、现代化产业体系和对外开放力度角度阐述了通过“知识链－价值链－需求链”的三链融合来实现产业链现代化的思路和方向。

由此可见，在国家以更大力度、更强举措推进西部大开发形成新格局的条件下，西部地区应积极把握机遇，充分利用地区比较优势和政策优势，加快传统产业转型升级和新兴产业发展，提升产业链协同与合作水平，重塑产业竞争新优势，打好产业链现代化攻坚战。

四　西部地区产业链现代化的实现路径——江苏现代化产业链打造的案例借鉴

（一）江苏省产业链现代化的历程：从“苏南模式”到“新苏南模式”

江苏省通过“苏南模式”“新苏南模式”实现了经济发展与产业升级，

① 《中共中央国务院关于新时代推进西部大开发形成新格局的指导意见》，http://www.gov.cn/zhengce/2020－05/17/content_5512456.htm，2020年5月17日。

2019 年江苏省地区生产总值达到 99631.5 亿元，位居全国第二，外贸进出口额 43379.7 亿元，占同期我国进出口总值的 13.8%，其产业结构、贸易结构持续优化，同时其经济与产业发展方式对于欠发达地区也有重要借鉴意义。

"苏南模式"最先由费孝通在 1983 年提出，主要是指苏州、无锡、常州、南通等地通过发展乡镇企业来实现初步工业化与经济发展。其基本特征包括：农民依靠自己的力量发展乡镇企业；乡镇企业的所有制结构以集体经济为主；乡镇政府主导乡镇企业的发展等。20 世纪 70 年代末开始的改革开放使乡镇居民收入水平提升、消费需求增加，催生了对于低档次工业品的需求。在这种情况下，具有位置优势和产业基础优势的苏南地区一批批乡镇企业"异军突起"，利用较少的资本和较低层次的技术，将农民从传统农业吸引到工业生产中，促进了农村工业化，这也在一定程度上形成了江苏产业集群的初步布局形态，为具有综合优势的产业集群和随后而来的外资涌入打下基础。

苏南模式虽然促进了江苏乡镇企业和经济的快速发展，但进入 20 世纪 90 年代中期后，其弊端越来越多地显露出来，例如乡镇企业负担重、环境污染严重等，使得苏南经济开始滑坡，于是"新苏南模式"应运而生。江苏省通过对乡镇企业进行产权界定等大规模改制，赋予了企业新活力；再加上公司化政府的亲外资制度安排以及苏南地区的产业基础、基础设施、地理区位和劳动力供给，大大地降低了外资的交易成本，大批外资开始进入并带来了先进的知识、技术和管理优势。同时，地方政府并没有满足于简单的加工贸易，而是通过制定一系列产业发展支持政策来推动产业结构升级与产业链现代化，其中苏州工业园就是典型的代表。苏州工业园区坚持以创新引领转型升级，截至 2019 年底，园区内国家高新技术企业超 1400 家，累计培育独角兽及独角兽（培育）企业 50 家，在对传统企业进行转型升级的过程中也大力发展战略性新兴产业，生物医药、纳米技术应用和人工智能产业已初具规模，2019 年分别实现产值 900 亿元、810 亿元、320 亿元，产值连续多年年均增长约 20%。① 以苏州工业园为主的园

---

① 苏州工业园区管理委员会，园区概况，http://www.sipac.gov.cn/szgyyq/yqjjfz/common_tt.shtml。

区经济极大地带动了苏州的产业链升级与加工贸易发展，对苏州市经济发展发挥了巨大作用。

从以上分析可以看出，改革开放后江苏省经济与产业发展除了得益于优越的地理区位优势外，还与政府行为密切相关。在苏南模式下，江苏地方政府积极参与到乡镇企业的经营管理中，在乡镇企业发展初期，政府通过为企业提供银行信用担保和寻找计划外的原料等措施促进了资本原始积累和乡镇企业快速发展。在苏南模式陷入困境时，江苏地方政府又通过界定产权、推动产业升级等一系列措施实现了苏南经济跨越式发展。可以说从“苏南模式”到“新苏南模式”对于不同地区实现产业链现代化仍然具有重要的借鉴作用。

（二）新时期苏州高技术产业的发展路径——以生物医药产业为例

2019 年苏州全市生物医药产业规模达 1728 亿元，短短十几年时间，苏州从一个没有浓厚的医药底蕴、没有龙头制药企业及学术研究氛围的城市跻身中国医药城市第一梯队并培育了一批自主创新型企业，其发展方式对于西部地区新兴产业发展与推动产业链现代化具有重要借鉴意义。苏州医药产业的发展始于 2006 年苏州生物医药产业园（BioBAY）的建立。BioBAY 位于苏州工业园区，其能够在十几年时间里取得重大发展主要得益于以下两个方面：①政府推动与科学规划。BioBAY 是一个由政府推动成立的产业园区，长期以来以孵化器的身份，在企业与政府之间充当沟通的桥梁。园区同时在不同的范围内实行差异化竞争的路线，既避免了同质化和内部竞争，同时也有利于园区内部的沟通交流。[①] 除此之外，BioBAY 还在园区内建立了 BioCAPITAL，汇聚了国内外优秀的风投机构，为企业搭建投融资平台；建立了面对客户的一站式服务中心，为创业公司提供多方面的零距离服务。由此可见，正是通过政府推动和科学规划，BioBAY 成为国内一流的生物医药

---

① 苏州生物医药产业园，园区新闻，http：//www. biobay. com. cn/news/recent/biobay/2019/0723/2259. html，2019 年 7 月 27 日。

“孵化器+加速器”。②在园区内打通产业链。BioBAY持续关注着园区内企业的上下游生态，并有意识地在园区内打通上下游产业链。2011年，BioBAY就将自己园区内的公共技术服务平台整合，成立了全资子公司“百拓”（BioTOP），从最初的只是为企业提供仪器租赁服务，到现在已经发展成了具有CNAS资质的独立第三方分析检测技术服务公司，为园区内的生物医药企业提供从分析检测、生物技术服务到试剂耗材采购、人员技术培训和生物材料国际物流平台的多种上游服务，通过自建、引进、投资等多种渠道，BioBAY在园区内部打通了生物医药产业的整个链条。可以说产业链的打通，使得信达生物、康宁杰瑞、基石药业等公司从当初前途未卜的初创企业发展到目前在生物医药界大名鼎鼎，苏州生物医药板块的上市企业达到13家，为江苏制药业整体水平和能力提升做出了贡献。

（三）江苏产业链现代化对西部地区产业链现代化实现的启示

江苏省产业链发展历程对西部地区产业链现代化的启示主要有以下三方向。

第一，西部地区推动产业链现代化需要重塑政府与市场的关系。一方面，在产业发展初期，政府需要“集中力量办大事”，参与资源资本化的经济结构调整，通过科学规划与资金政策支持来促进产业升级，成为产业发展的推动者和引导者；另一方面，政府干预需要把握尺度，不能只追求短期的经济利益，随着产业发展到不同阶段，政府的行为也需相应调整，最终实现从“保姆”角色到监督者角色的转变。

第二，政府要有思路地促进产业集群发展，通过有规划地发展园区经济来打通产业链。在产业集聚的过程中，要打造良好的产业环境，既要注重基础设施和配套设施建设，也要注重“软环境”建设，着力构建产业生态圈，积极推动职能转变，加强海关、安检、外管、国税、金融等相关部门的协调配合，增强服务意识，提高服务质量，营造良好的经营环境和加强体制保障。

第三，西部地区要完善产业链协同创新机制，加大地区内部及与发达地区的合作。要破除地方保护主义，提升产业发展效率，推动“产业公地”的建设。设立专门的产业创新基金，推进企业之间共享信息资源和研发平台建设；通过行业协会或中介机构，组织先进制造企业进行联合投资，共同建设并分享技术成果和基础设施，让企业及行业协会成为创新主体。继续扩大对外开放，利用“一带一路”、RCEP 等政策带来的机会，大力发展对外贸易，积极融入全球分工链。

五　未来西部地区产业链现代化的展望

新时期，西部地区经济与产业发展的机遇和挑战并存，既面临着发达地区在人才、资本等生产要素上虹吸效应不断加强的挑战，也面临着西部大开发不断深化、“一带一路”倡议等带来的机遇。在新的起点，西部地区应积极利用“一带一路”、新基建等带来的弯道超车机会，充分发挥地区比较优势与竞争优势，积极参与全球价值链分工，通过需求链、知识链和价值链这三方面的提升来推动产业链现代化。

1. 西部地区拓展需求链的展望和路径：积极融入“一带一路”，提高开放型经济水平

2013 年 9 月和 10 月，国家主席习近平在出访中亚和东南亚国家期间，先后提出共建“丝绸之路经济带”和“21 世纪海上丝绸之路”（简称“一带一路”）的重大倡议。2015 年国家发改委、外交部、商务部联合出台的《推动共建丝绸之路经济带和 21 世纪海上丝绸之路的愿景与行动》对西部地区发展路径做出了明确指示，提出要发挥新疆独特的区位优势和向西开放重要窗口作用，打造丝绸之路经济带核心区；发挥陕西、甘肃综合经济文化和宁夏、青海民族人文优势，打造西安内陆型改革开放新高地，推进宁夏内陆开放型经济试验区建设等。① 可见“一带一路”倡议有利于充分发挥国内各地区比较优势，加强我国东部、中部与西部地区的互动合作，为我国各地

---

① 《推动共建丝绸之路经济带和 21 世纪海上丝绸之路的愿景与行动》，新华网，http：//www.xinhuanet.com/world/2015 -03/28/c_ 1114793986.htm.，2015 年 3 月 28 日。

区经济平衡协调发展提供重要机遇。

《"一带一路"贸易合作大数据报告（2018）》显示，2017年东部地区与共建"一带一路"国家的贸易占比达到79.8%，西部地区是10%，中部地区是6.0%，东北地区是4.3%，这也与我国的进出口总额分布情况相一致。但从各地区的增速来看，东北地区与共建"一带一路"国家的贸易额增速最快，较2016年增长22.0%，其次为西部地区（15.6%）。这说明虽然在贸易总量上东部地区有着压倒性优势，但中西部地区普遍受惠，发展潜力巨大。"一带一路"建设下西部地区的地缘劣势一定程度上变为优势，成为我国向西开放的前线。

2. 西部地区打造知识链的展望和路径：发挥地区比较优势，抓住技术机会实现追赶超越

西部地区大部分省份的R&D经费内部支出、投入强度以及规模以上企业R&D经费支出占比都低于全国平均水平，反映出西部地区知识链发展水平较低，与之相关的知识投入、知识转化和创新环节也较为薄弱。但这并不意味着西部地区知识链水平会始终处于落后状态，例如贵州省大数据产业的快速发展让我们看到了西部地区的后发优势。

自2014年贵州最先出台一系列促进大数据发展的地方法规以来，大数据产业取得了迅速的发展，2019年全省规模以上电子信息制造业增加值增长12.9%，贵州数字经济增速已经连续五年排名全国第一，数字产业取得长足发展。贵州省大数据产业能够取得快速发展除了地方政府的大力支持与招商引资外，还与贵州省大力发挥资源禀赋优势有关。大数据产业虽然极具发展前景，但数据中心的建设与维持需要大量的能源消耗；此外，大数据产业的信息网络设备还需要稳定的地质构造。因此在我国大数据产业发展的初期，贵州省将适宜的气候、稳定的地质构造和低廉的水电火电优势转化为产业发展的优势，从低附加值的数据采集加工、数据存储等环节入手，不断提升知识链和产业链水平，向数据交易、智能终端等环节拓展。此外，贵州省还将大数据与工业、农业和服务业相结合，不断拓展大数据融合应用的广度、深度、精度，推进大数据与实体经济深度融合，使数字经济成为贵州省经济发展的

新支撑。

在整体研发与技术水平落后于中东部地区的情况下，西部地区应从自身劳动力要素、资本要素和技术要素的优势出发，把握一系列新兴产业及新基建、国际国内双循环政策带来的机会，打造地区代表性高科技企业和相关产业链，促进地区科技水平和知识链水平提升。

3. 西部地区提升价值链的展望和路径：加快产业结构升级，向价值链的高端环节靠拢

无论传统行业还是新兴行业，西部地区产业的发展质量和效益都与东部地区有较大差距。从传统产业看，西部地区产业具有明显的资源依赖性，且多以附加值较低的初级产品为主，缺少深加工等附加值较高的产业；从新兴产业发展看，西部地区部分省份虽然形成了具有比较优势的高科技产业集群，但其无论是从研发投入、发明专利申请数还是销售收入看都与东部地区有显著差距。

因此，西部地区要提升自身在价值链中的位置就应转变以往的产业结构，积极主动进行产业结构升级。对于传统产业，要加强核心技术研发，加强产业链协同能力，推动产品不断升级，提高市场竞争力，加快传统产业转型升级；对于新兴产业发展，要着重长远，注重顶层设计，因地制宜、因时制宜发挥比较优势，让新兴产业成为地区经济发展的新动能。同时西部地区价值链水平要提升还应将自身产业链嵌入全球价值链中，加大引进外资力度，通过 OEM、ODM 等模式鼓励本地企业和外商合作，从基础的代工或贴牌开始，通过研发和技术转移实现自主创新，也即通过工艺流程升级、产品升级、产业功能升级和链条升级，从价值链的低端环节向高端环节攀升。

B.10
西部地区基础设施现代化的路径与政策*

钞小静　刘　璐**

摘　要： 基础设施现代化对于推进西部地区现代化建设进程具有重要支撑作用。本文构建基础设施现代化的综合评价指标体系，采用纵横向拉开档次法和BP神经网络算法对2004～2019年西部地区的基础设施现代化发展水平进行测算，在此基础上分析西部地区基础设施现代化的典型特征与实现路径，并预测其未来15年的变动趋势。研究发现：西部地区基础设施现代化水平随着时间推移呈现持续上升趋势，但区域内部各省区市之间的基础设施现代化水平差异不同程度地扩大。西部地区基础设施现代化的实现路径在于充分利用社会资本、加快人才培育进程、与东中部地区形成良好互动。未来15年西部地区基础设施总体及分维度的现代化水平将持续升高，其中信息通信基础设施现代化水平提升速度最快，将成为推动西部地区基础设施现代化的重要动力。

关键词： 基础设施现代化　西部地区　评价体系

---

* 本文为2019年陕西省社会科学基金项目“数字基础设施推动陕西制造业转型升级的路径及机制研究”（项目编号：2019D018）的部分研究成果。

** 钞小静，博士，教育部人文社会科学重点研究基地——西北大学中国西部经济发展研究院兼职研究员，西北大学经济管理学院教授、博士生导师，研究方向为新经济与中国经济高质量发展；刘璐，西北大学经济管理学院西方经济学专业硕士研究生。

2020 年 10 月 30 日习近平总书记在十九届五中全会上强调，要统筹推进基础设施建设，加快建设交通强国，推进能源革命，加快数字化发展。基础设施是组织社会化大生产的基础物质条件，是国民经济的基础性、先导性、战略性、引导性产业，在中国经济发展新常态下，基础设施现代化成为除新型工业化、信息化、城镇化、农业现代化发展之外的“第五大发动机”[①]，对西部地区来说尤其如此。目前西部地区基础设施发展滞后已经严重制约其新型工业化、信息化、城镇化、农业现代化的发展。因此，对西部地区基础设施现代化的研究，有助于我们深刻认识西部地区基础设施建设的现状，进而为西部地区后续现代化进程提供决策参考和政策建议。本文将从以下四部分展开研究：第一部分对西部地区基础设施现代化的评判标准进行探讨，在对其理论内涵进行清晰界定的基础上构建西部地区基础设施现代化的综合评价指标体系；第二部分对 2004 ~ 2019 年西部地区基础设施现代化的发展态势进行整体及分维度的测算与分析；第三部分基于测算结果的分析提出西部地区基础设施现代化的实现路径；第四部分对未来 15 年西部地区基础设施现代化的发展趋势进行预测。

一 西部地区基础设施现代化评判标准

（一）基础设施现代化的理论内涵界定

基础设施现代化是中国特色社会主义现代化的题中之义，嵌入现代化发展的各领域、全过程中。基础设施现代化能够为工业化、信息化、城镇化、农业现代化提供基本的物质基础，改善工业发展条件，提升产品运输效率；提高信息传播速度，促进万物互联互通；有利于资本、人才的跨区域流动，为实现城镇化提供物质保障；改善农村人居环境，便捷农村对外沟

① 胡鞍钢：《基础设施现代化：从“四化同步”到“五化同步”》，党建读物出版社，2017，第 101 ~ 108 页。

通交流，加速农业现代化。反之，工业化、信息化、城镇化、农业现代化的发展也能大大提高基础设施现代化水平和效率。对基础设施现代化进行研究，有助于我们横向和纵向比较以肯定成绩、发现差距，使基础设施现代化持续为工业化、信息化、城镇化、农业现代化发展提供支撑和保驾护航。

学界已对基础设施现代化进行较为详尽的探讨，从研究内容上看，文献大多从基础设施对经济发展的影响展开研究。魏后凯、吴利学认为基础设施的滞后阻碍了地区工业竞争力的提升①；张学良测度了中国交通基础设施水平的地区差异，结论证明，交通基础设施的发展对经济增长有显著的正向效应②；对于西部地区来说，基础设施现代化更是促进其经济增长的重要力量，刘生龙等建立增长模型使用GMM法分析得出结论，西部大开发促进西部地区经济增长的机制主要是通过基础设施投资实现的③。从测度方法上看，蔡龙等将主成分分析法与德尔斐法相结合，从道路交通、公用设施、排水防洪、城市环境以及综合类五个方面对中国主要城市基础设施现代化进行了分析④；陈仲常等从城市技术性指标入手，构建了城市基础设施现代化评价模型，结论证明，国家应加大对中西部城市基础设施建设的投资力度⑤。

基于以上分析，我们将基础设施现代化界定为能与工业化、信息化、城镇化、农业现代化发展良性互动并形成正向反馈机制，用以满足人民日益增长的对美好生活需要并最终为建设社会主义现代化国家提供支撑保障的基础设施体系，具体包含道路基础设施、给排水基础设施、能源基础设施、信息通信基础设施和园林环卫基础设施五个方面的内容。

① 魏后凯、吴利学：《中国地区工业竞争力评价》，《中国工业经济》2002年第11期。

② 张学良：《中国交通基础设施与经济增长的区域比较分析》，《财经研究》2007年第8期。

③ 刘生龙、王亚华、胡鞍钢：《西部大开发成效与中国区域经济收敛》，《经济研究》2009年第9期。

④ 蔡龙、章波、黄贤金、翟文侠：《我国城市基础设施现代化水平综合评价研究》，《城市发展研究》2004年第4期。

⑤ 陈仲常、姜建慧、龚锐：《城市基础设施现代化评价模型研究》，《经济与管理研究》2010年第6期。

（二）基础设施现代化的评判标准及体系构建

基于基础设施现代化的理论内涵，在充分考虑数据可得性与可靠性的基础上，我们分别从道路基础设施、给排水基础设施、能源基础设施、信息通信基础设施和园林环卫基础设施 5 个维度出发构建包含 19 个二级指标的基础设施现代化的评价体系（见表 1）。

表 1　基础设施现代化评价体系

评价维度	评价指标	计量单位	指标属性		
			正指标	逆指标	适度指标
道路基础设施	道路长度	万公里	√		
	每万人拥有公共交通车辆数	标台	√		
	客运量	万人	√		
	货运量	万吨	√		
给排水基础设施	供水总量	亿吨	√		
	供水管道长度	公里	√		
	城市排水管道长度	万公里	√		
	城市污水日处理能力	万立方米	√		
能源基础设施	发电量	亿千瓦小时	√		
	天然气管道长度	公里	√		
	天然气供气总量	亿立方米	√		
	城市燃气普及率	%	√		
信息通信基础设施	邮电业务总量	亿元	√		
	快递量	万件	√		
	光缆线路长度	公里	√		
园林环卫基础设施	医疗卫生机构床位数	万张	√		
	人均公园绿地面积	平方米	√		
	每万人拥有公共厕所数	座	√		
	生活垃圾无害化处理率	%	√		

注：指标体系由笔者自行构建。

道路基础设施现代化是基础设施现代化中最重要的环节之一，是社会赖以生存发展的一般物质条件。道路长度可以从一定程度上代表道路基础设施的发展程度，每万人拥有公共交通车辆数能够从公共交通方面体现道路基础

设施的公共服务水平，客运量和货运量则能对道路承载能力和水平进行综合考量，因此选择道路长度、每万人拥有公共交通车辆数、客运量和货运量表征道路基础设施的现代化发展水平；对给排水基础设施现代化的评价需综合考虑地区的供水能力、排水能力以及污水处理能力，因此选择供水总量、供水管道长度、城市排水管道长度以及城市污水日处理能力进行评价；能源基础设施关系着地区发展的命脉，因此选择发电量、天然气管道长度、天然气供气总量以及城市燃气普及率来表现地区能源供给水平；信息通信基础设施是信息时代人与人、人与物、物与物互联互通的关键，因此选择邮电业务总量、快递量和光缆线路长度进行表征；园林环卫基础设施能够显著提升人们的生活质量，因而选择医疗卫生机构床位数、人均公园绿地面积、每万人拥有公共厕所数以及生活垃圾无害化处理率进行衡量。

考虑到样本数据的可得性，选择以 2004～2019 年为样本期来考察西部地区基础设施现代化的发展水平。相关统计数据来源于 2005～2020 年中国统计局年度统计数据，部分缺失值通过查询《中国统计年鉴》《中国能源统计年鉴》等补充，依旧存在缺失值的采用插值法进行补充。

二　西部地区基础设施现代化的发展态势分析

本部分主要以 2004～2019 年陕西省、四川省、重庆市、云南省、贵州省、甘肃省、青海省、广西壮族自治区、宁夏回族自治区、新疆维吾尔自治区、内蒙古自治区 11 个西部省（区、市）为样本对象，从整体层面和分维度层面对西部地区基础设施现代化的发展水平进行测算分析。

（一）基础设施现代化的测度方法

现有研究对各基础指标进行合成的方法主要有相对指数法、层次分析法、熵值法、模糊评价法或主成分分析法等。为了最大限度地保留各评价对象间的整体差异，同时对计算过程中产生的可能误差进行修正，最终选择将纵横向拉开档次法与 BP 神经网络算法相结合的方式对西部地区基础设施现代化水平进行测算。

纵横向拉开档次法作为一种客观赋权法，是利用信息中的横向和纵向差距进行赋权，具体公式如下：

$$y_i(t_k) = \sum_{j=1}^{m} \omega_j x_{ij}^*(t_k); k = 1,2,3,\cdots,T, i = 1,2,3,\cdots,n; \tag{1}$$

其中，$y_i(t_k)$ 为对象 y_i 在 t_k 时刻的综合评价值，ω_j 为权重，$x_{ij}^*(t_k)$ 为所选取的指标 x_{ij} 在 t_k 时刻的标准化值。

确定权重 ω_j 的准则是能最大限度地体现出各评价对象的差异，其整体差异可用 $y_i(t_k)$ 的总体离差平方和 $\sigma^2 = \sum_{k=1}^{T}\sum_{i=1}^{T}[y_i(t_k) - \bar{y}]^2$ 来表示。首先通过数据的标准化处理使 $\bar{y} = 0$ ，由此可得：

$$\sigma^2 = \sum_{k=1}^{T}\sum_{i=1}^{T}[y_i(t_k)]^2 = \sum_{k=1}^{T} \omega^{\tau} H_k \omega = \omega^{\tau}(\sum_{k=1}^{T} H_k)\omega \tag{2}$$

其中，$H_k = X_k^T X_k(k = 1,2,3,\cdots,T)$ ，$H = \sum_{k=1}^{T} H_k$ ，对矩阵 H 求解最大特征值的特征向量并进行归一化处理即可得到权重 ω 。

BP 神经网络算法是人工神经网络的一种比较典型的学习算法，主要结构是由一个输入层、一个或多个隐含层以及一个输出层组成，各层由若干个神经元（节点）构成，每一个节点的输出值由输入值、作用函数和阈值决定。网络的学习过程包括信息正向传播和误差反向传播两个过程。在正向传播过程中，输入信息从输入层经隐含层传到输出层，经作用函数运算后得到输出值与期望值，两者再进行比较，若有误差，则误差反向传播，沿原先的连接通路返回，通过逐层修改各层神经元的权值，减少误差，如此循环直到输出的结果符合精度要求为止。本文将指标标准化处理后的结果放入输入层，在输出层放入通过纵横向拉开档次法得到的装备制造业高质量发展指数，利用数学方法将输出层的结果进行整数化处理，为了获得良好的修正结果，需要将修正率控制在 80% ~90% 区间。具体步骤如下：首先，将所有指标通过极大极小值法进行标准化处理后，借助 MATLAB 软件采用纵横向拉开档次法求出五个不同层面基础设施的能力评价得分；其次，求出五个不同层面基础设施的权重，对五个不同层面基础设施能力评价得分进行加权平均，得到西部地区基础设施现代化指数；最后，运用 Python 软件使用 BP 神经网络法对纵横向拉开档次法求出的结果进行修正，确定各层节点的个数和对应的层数，得到修正后的西部地区基础设施现代化指数结果。

（二）西部地区基础设施现代化测度结果分析

1. 西部地区基础设施现代化测度结果整体评价

运用纵横向拉开档次法和 BP 神经网络法，经处理运算得到了西部地区（除西藏外）的基础设施现代化指数测算结果（见图 1、表 2）。西部地区的整体基础设施现代化发展水平随着时间推移是在不断提升的，集中趋势呈马鞍形，先下降后上升，表明西部地区各省区市基础设施现代化水平的分布有一个先分散后集中的过程。

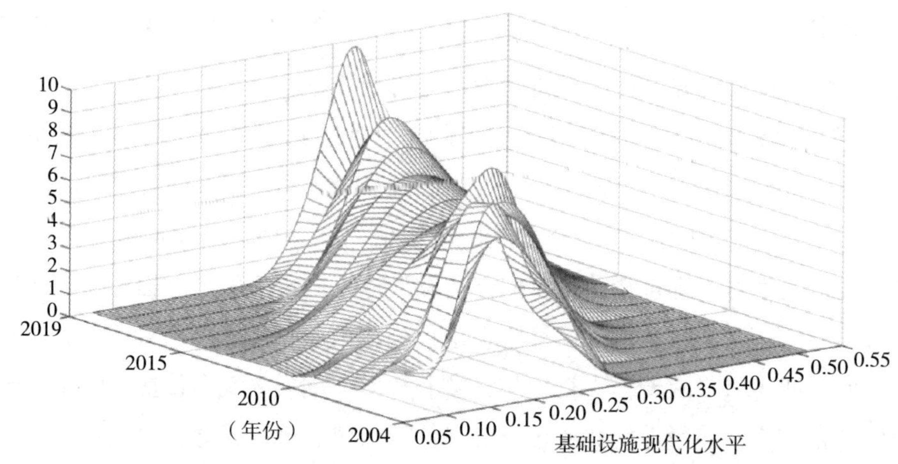

图 1　2004 ~ 2019 年西部地区基础设施现代化水平核密度分析

资料来源：《中国统计年鉴》（2005 ~ 2020 年）、《中国能源统计年鉴》（2005 ~ 2020 年）。

2004 ~ 2019 年西部地区各省区市的基础设施现代化发展水平都呈现持续上升趋势，但与全国平均水平对比来看，除四川外其他省区市基础设施

现代化发展水平都位于全国平均水平之下，整体表现较差，在 2019 年也仅有四川和内蒙古两个地区超过全国平均水平。四川是西部地区在基础设施现代化发展过程中表现最好的地区，在观察期内均位于全国平均水平之上，并且超出全国平均水平的绝对量在逐年增加。同时也需要注意，西部地区内部的极差从 2004 年的 0.17 增长至 2013 年的 0.224，在 2013 年达到顶峰后又开始下降至 2019 年的 0.156。四川和内蒙古是西部地区基础设施现代化发展水平最高的两个省区，在 2013 年之后持续保持第一名和第二名的位置；青海和甘肃则是西部地区基础设施现代化发展水平最低的两个省份，基本处于末位。总体来看，西部大部分地区基础设施现代化发展水平长期居于全国平均水平之下，表明基础设施是西部地区在现代化发展过程中的短板，掣肘了西部地区现代化发展进程，因此西部各省（区、市）未来应着力推进基础设施现代化，为建设社会主义现代化强国提供坚实支撑。

表 2（a） 2004～2011 年全国及西部地区各省（区、市）基础设施现代化水平指数

地区	2004 年	2005 年	2006 年	2007 年	2008 年	2009 年	2010 年	2011 年
全　国	0.215	0.226	0.225	0.266	0.288	0.301	0.320	0.337
甘　肃	0.133	0.077	0.077	0.130	0.133	0.133	0.160	0.160
广　西	0.187	0.203	0.203	0.247	0.283	0.317	0.320	0.333
贵　州	0.133	0.167	0.167	0.187	0.207	0.210	0.230	0.230
内蒙古	0.160	0.187	0.203	0.240	0.247	0.263	0.293	0.317
宁　夏	0.077	0.133	0.160	0.187	0.210	0.203	0.307	0.260
青　海	0.247	0.253	0.273	0.297	0.283	0.247	0.247	0.290
陕　西	0.160	0.160	0.187	0.227	0.273	0.277	0.303	0.340
四　川	0.230	0.250	0.237	0.283	0.313	0.340	0.357	0.380
新　疆	0.183	0.183	0.160	0.203	0.237	0.243	0.270	0.297
云　南	0.203	0.210	0.133	0.243	0.243	0.247	0.260	0.243
重　庆	0.133	0.160	0.190	0.260	0.290	0.307	0.320	0.353

表 2（b） 2012～2019 年全国及西部地区各省（区、市）基础设施现代化水平指数

地区	2012 年	2013 年	2014 年	2015 年	2016 年	2017 年	2018 年	2019 年
全　国	0. 354	0. 369	0. 385	0. 396	0. 411	0. 431	0. 442	0. 421
甘　肃	0. 183	0. 203	0. 247	0. 250	0. 283	0. 340	0. 350	0. 357
广　西	0. 350	0. 350	0. 350	0. 357	0. 373	0. 390	0. 407	0. 387
贵　州	0. 253	0. 277	0. 293	0. 317	0. 337	0. 357	0. 367	0. 360
内蒙古	0. 343	0. 363	0. 393	0. 403	0. 417	0. 447	0. 453	0. 453
宁　夏	0. 250	0. 313	0. 317	0. 313	0. 337	0. 347	0. 357	0. 370
青　海	0. 290	0. 250	0. 277	0. 270	0. 293	0. 307	0. 313	0. 317
陕　西	0. 347	0. 370	0. 383	0. 393	0. 400	0. 410	0. 423	0. 400
四　川	0. 400	0. 427	0. 433	0. 450	0. 467	0. 493	0. 513	0. 473
新　疆	0. 310	0. 317	0. 337	0. 347	0. 360	0. 377	0. 403	0. 397
云　南	0. 250	0. 287	0. 313	0. 313	0. 333	0. 350	0. 380	0. 350
重　庆	0. 360	0. 370	0. 370	0. 383	0. 393	0. 403	0. 413	0. 383

资料来源：《中国统计年鉴》（2005～2020 年）、《中国能源统计年鉴》（2005～2020 年）。

从增长幅度看，2004～2019 年内蒙古和宁夏增长幅度最大，均为 0. 293；青海的增长幅度最小，仅有 0. 07。图 2 和图 3 进一步从定基发展速度和环比发展速度两个方面对西部地区各省（区、市）基础设施现代化的进展进行详细刻画。从图 2 的定基发展速度来看，2019 年宁夏的定基发展速度最快，达到了 483%；青海和云南的定基发展速度最慢，分别为 128% 和 172%，只有宁夏的 1/3。其他地区中，重庆、内蒙古、贵州、甘肃的定基发展速度达到了 268%，相对较快，而陕西、广西的定基发展速度介于 206%～250%之间，相对较慢。尽管陕西、广西、四川从发展速度来看表现较差，但其基础设施现代化绝对水平依然处于西部地区前列。与此类似，发展速度上表现优异的宁夏、重庆、贵州、甘肃等地由于基础薄弱，有较大发展空间，但在发展的绝对水平上却表现欠佳。从图 3 的环比发展速度可以看到，西部各地区的发展速度整体上处于平稳状态，略有下降趋势，说明西部地区基础设施现代化发展的绝对水平在全国较低，发展速度也渐趋缓慢，也即缺乏支撑基础设施现代化发展的强劲动力。整体而言，西部地区基础设施现代化发展的形势较为严峻。

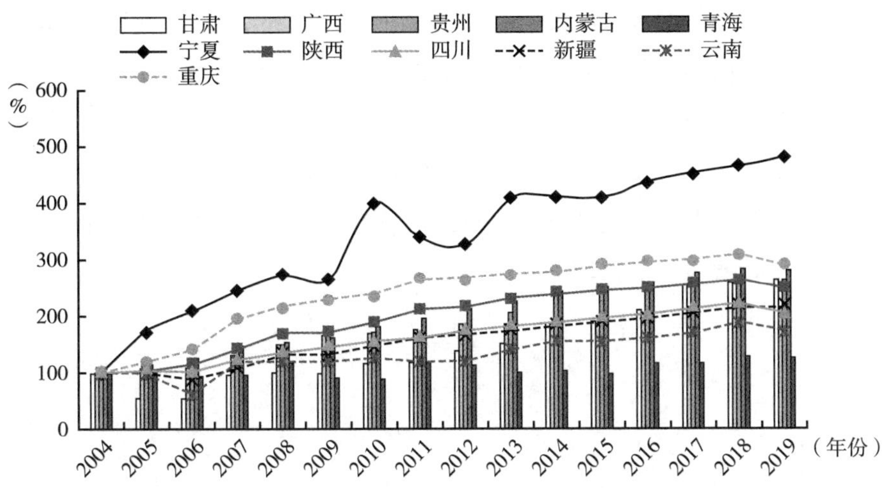

图2　2004～2019年西部地区基础设施现代化水平定基发展速度

资料来源：《中国统计年鉴》(2005～2020年)、《中国能源统计年鉴》(2005～2020年)。

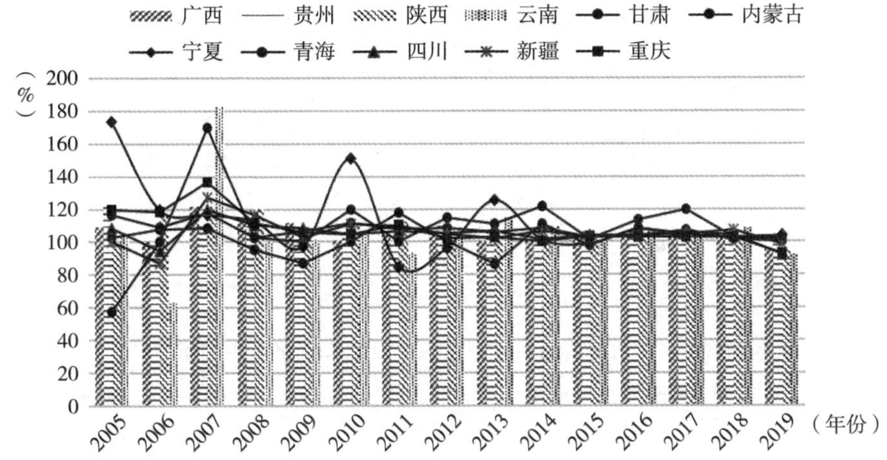

图3　2005～2019年西部地区基础设施现代化水平环比发展速度

资料来源：《中国统计年鉴》(2005～2020年)、《中国能源统计年鉴》(2005～2020年)。

2. 西部地区基础设施现代化的分维度比较

根据基础设施现代化所包含的内容，本文在指标体系构建上选择了道路基础设施、给排水基础设施、能源基础设施、信息通信基础设施以及园林环卫基础设施5个维度进行测度，上一部分对西部地区基础设施现代化的整体发展情况做了概述，为了对其分维度的发展情况有更细致深入的了解，该部分对这5个维度的发展水平分别进行了测算，具体步骤与上文保持一致。

观察图4可知，2004～2019年，西部地区道路基础设施现代化水平呈波动上升，但集中趋势逐渐分散，也即西部地区各省区市之间的道路基础设施现代化发展差距逐渐扩大。

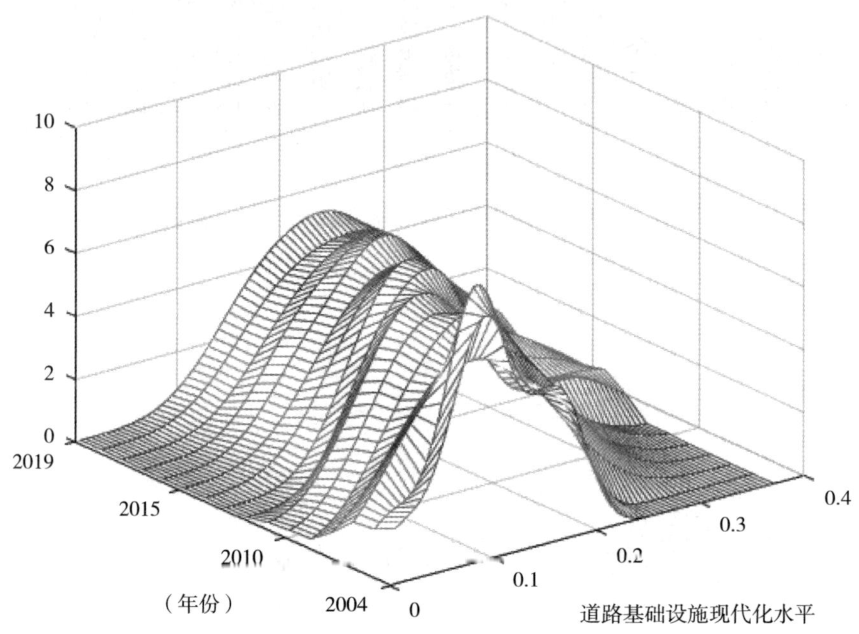

图4　2004～2019年西部地区道路基础设施现代化水平核密度分析

资料来源：《中国统计年鉴》（2005～2020年）、《中国能源统计年鉴》（2005～2020年）。

具体看表3可知，除四川和陕西外，西部其余省（区、市）在样本期的发展水平均处于全国平均水平之下，且排名基本没有发生变化。这表明道路基础设施现代化发展滞后是导致整个西部地区在基础设施现代化过程中表现较差的重要原因之一。除此之外，西部各省区市道路基础设施现代化的差距还在逐渐扩大，基本指数极差从2004年的0.16上升至2019年的0.217，表明西部地区整体的不均衡状况还在加剧。在道路基础设施现代化发展中表现最

好的是四川省和陕西省，2007 年后其基本保持在第一名和第二名的位置。陕西省在观察期内上升幅度最大，由 2004 年的 0.098 上升至 2019 年的 0.312。但贵州、宁夏和青海一直处于落后地位，道路基础设施现代化水平较差，提升幅度也较小。这与道路基础设施高度依赖地理环境相关，也正因为如此，发展相对不足的省份更应大力发展道路基础设施，破解交通问题导致的发展困境。

表 3（a） 2004～2011 年全国及西部地区各省（区、市）道路基础设施现代化水平指数

地区	2004 年	2005 年	2006 年	2007 年	2008 年	2009 年	2010 年	2011 年
全　国	0.149	0.160	0.172	0.193	0.216	0.224	0.224	0.263
甘　肃	0.050	0.063	0.063	0.082	0.094	0.099	0.102	0.131
广　西	0.085	0.099	0.109	0.126	0.155	0.188	0.179	0.209
贵　州	0.091	0.100	0.062	0.097	0.096	0.104	0.111	0.119
内蒙古	0.074	0.090	0.107	0.135	0.140	0.153	0.164	0.192
宁　夏	0.005	0.017	0.061	0.069	0.096	0.109	0.121	0.132
青　海	0.166	0.197	0.204	0.210	0.197	0.197	0.208	0.190
陕　西	0.098	0.106	0.123	0.157	0.204	0.231	0.232	0.289
四　川	0.165	0.177	0.191	0.220	0.264	0.275	0.272	0.335
新　疆	0.165	0.165	0.173	0.207	0.186	0.171	0.168	0.199
云　南	0.124	0.130	0.143	0.164	0.153	0.132	0.139	0.153
重　庆	0.103	0.119	0.132	0.147	0.164	0.146	0.150	0.188

表 3（b） 2012～2019 年全国及西部地区各省（区、市）道路基础设施现代化水平指数

地区	2012 年	2013 年	2014 年	2015 年	2016 年	2017 年	2018 年	2019 年
全　国	0.282	0.278	0.290	0.288	0.302	0.326	0.319	0.315
甘　肃	0.143	0.145	0.142	0.135	0.141	0.165	0.188	0.206
广　西	0.232	0.220	0.227	0.220	0.238	0.264	0.282	0.280
贵　州	0.129	0.157	0.182	0.191	0.199	0.201	0.208	0.200
内蒙古	0.208	0.215	0.241	0.234	0.260	0.285	0.290	0.280
宁　夏	0.153	0.162	0.163	0.175	0.169	0.191	0.164	0.161
青　海	0.187	0.155	0.155	0.140	0.158	0.158	0.162	0.154
陕　西	0.303	0.308	0.315	0.300	0.314	0.324	0.308	0.312
四　川	0.368	0.349	0.342	0.334	0.333	0.367	0.364	0.371
新　疆	0.211	0.227	0.248	0.258	0.248	0.246	0.265	0.248
云　南	0.164	0.209	0.233	0.230	0.242	0.257	0.260	0.251
重　庆	0.191	0.206	0.212	0.217	0.219	0.240	0.221	0.222

资料来源：《中国统计年鉴》（2005～2020 年）、《中国能源统计年鉴》（2005～2020 年）。

观察图5可知，2004～2019年，西部地区道路基础设施现代化水平基本保持缓慢波动上升的状态，但集中趋势呈现逐渐分散的现象，也即西部地区各省区市之间的道路基础设施发展差距逐渐扩大。

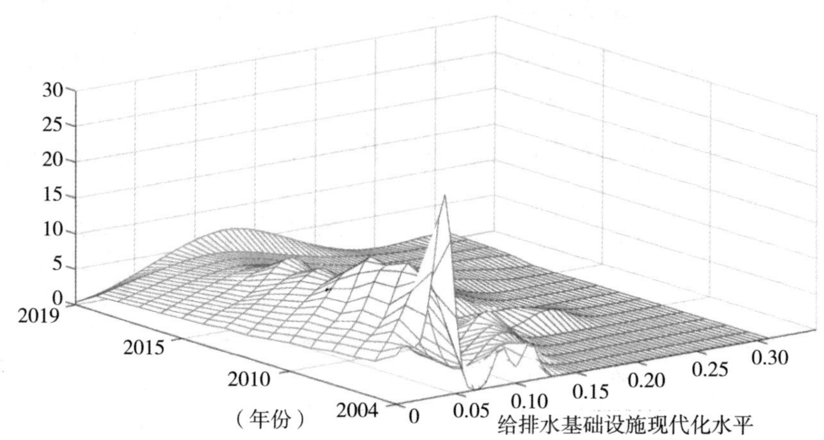

图5　2004～2019年西部地区给排水基础设施现代化水平核密度分析

资料来源：《中国统计年鉴》（2005～2020年）、《中国能源统计年鉴》（2005～2020年）。

具体看表4可知，西部地区各省区市给排水基础设施现代化水平也大多处于全国平均水平之下，且排名基本保持稳定。整体来看，西部地区给排水基础设施现代化水平指数均值从2004年的0.043上升至2019年的0.14，其初期发展基础较好且后期增速相对较快，是子维度中表现最佳的一个维度。但是需要注意的是，西部各省（区、市）之间给排水基础设施现代化水平的差距还在逐渐扩大，极差从2004年的0.11上升至2019年的0.24，方差也由0.03增长至0.06，这表明西部地区整体的不均衡状况还在加剧。西部地区各省区市在给排水基础设施现代化发展中表现最好的是四川、广西、重庆，四川省在观察期内上升幅度最大，由2004年的0.111上升至2019年的0.310。但宁夏和青海一直居于末位，且增长幅度仅有0.054和0.067，这表明宁夏和青海给排水系统上存在一定欠缺，需在后期发展中给予更高的重视。

表4（a） 2004～2011年全国及西部地区各省（区、市）给排水基础设施现代化水平指数

地区	2004年	2005年	2006年	2007年	2008年	2009年	2010年	2011年
全　国	0.108	0.115	0.130	0.133	0.140	0.148	0.158	0.164
甘　肃	0.034	0.035	0.038	0.038	0.043	0.038	0.038	0.041
广　西	0.088	0.101	0.134	0.144	0.152	0.215	0.209	0.166
贵　州	0.024	0.025	0.027	0.029	0.030	0.033	0.039	0.043
内蒙古	0.042	0.044	0.045	0.050	0.051	0.056	0.066	0.069
宁　夏	0.011	0.012	0.014	0.013	0.016	0.016	0.018	0.020
青　海	0.000	0.000	0.002	0.002	0.003	0.003	0.005	0.007
陕　西	0.033	0.036	0.047	0.046	0.054	0.057	0.063	0.063
四　川	0.111	0.118	0.115	0.127	0.141	0.149	0.162	0.171
新　疆	0.040	0.039	0.046	0.048	0.051	0.055	0.056	0.063
云　南	0.043	0.048	0.053	0.045	0.048	0.049	0.061	0.065
重　庆	0.041	0.055	0.059	0.060	0.065	0.069	0.074	0.081

表4（b） 2012～2019年全国及西部地区各省（区、市）给排水基础设施现代化水平指数

地区	2012年	2013年	2014年	2015年	2016年	2017年	2018年	2019年
全　国	0.170	0.181	0.189	0.199	0.210	0.219	0.234	0.224
甘　肃	0.043	0.047	0.049	0.051	0.046	0.050	0.054	0.091
广　西	0.170	0.165	0.171	0.183	0.191	0.194	0.206	0.181
贵　州	0.044	0.057	0.055	0.060	0.070	0.083	0.097	0.128
内蒙古	0.074	0.080	0.085	0.086	0.093	0.094	0.097	0.126
宁　夏	0.016	0.018	0.016	0.019	0.021	0.023	0.023	0.065
青　海	0.008	0.010	0.011	0.013	0.014	0.015	0.016	0.067
陕　西	0.070	0.075	0.082	0.095	0.101	0.109	0.124	0.127
四　川	0.184	0.197	0.222	0.236	0.274	0.293	0.315	0.310
新　疆	0.068	0.074	0.077	0.081	0.085	0.089	0.090	0.122
云　南	0.065	0.072	0.085	0.093	0.103	0.107	0.112	0.142
重　庆	0.088	0.096	0.104	0.120	0.133	0.146	0.161	0.179

资料来源：《中国统计年鉴》（2005～2020年）、《中国能源统计年鉴》（2005～2020年）。

观察图6可知，2004～2014年十年间，西部地区能源基础设施现代化水平波动较为剧烈，升降交替发生，但区域差距相对较小；2014年之后，其发展基本平稳向好，但区域差距却逐渐拉大。

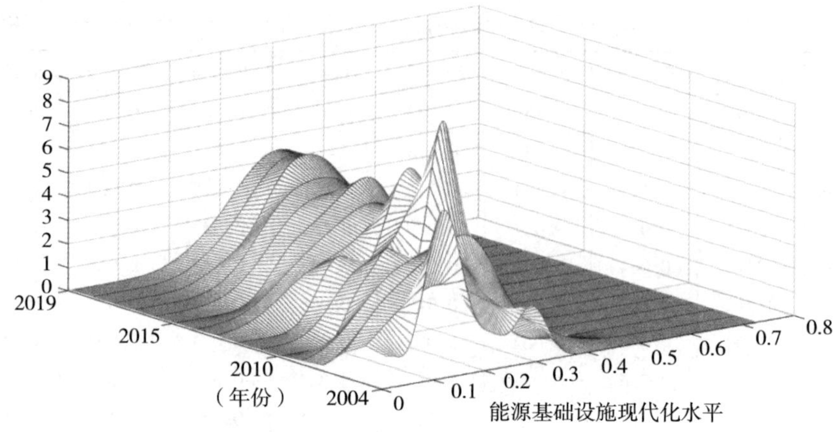

图6　2004～2019年西部地区能源基础设施现代化水平核密度分析

资料来源：《中国统计年鉴》（2005～2020年）、《中国能源统计年鉴》（2005～2020年）。

仔细观察表5可知，2004～2019年西部地区能源基础设施现代化水平的均值从0.148增长至0.405，增速相对较快。四川和新疆排名大致居于前两位，且绝对水平基本超过全国平均水平；而云南和贵州长期居于末位。从各省（区、市）上升幅度看，云南和青海仅上升了0.163和0.192，远低于西部平均水平0.257；从整体发展均衡程度看，以2014年为分界点，极差经历了先下降后上升的“V”形变化过程，由0.291下降至0.205后又逐渐回升至0.26。

表5（a）　2004～2011年全国及西部地区各省（区、市）能源基础设施现代化水平指数

地区	2004年	2005年	2006年	2007年	2008年	2009年	2010年	2011年
全　国	0.223	0.237	0.232	0.290	0.309	0.330	0.344	0.362
甘　肃	0.124	0.054	0.070	0.125	0.133	0.189	0.202	0.216
广　西	0.138	0.177	0.181	0.246	0.267	0.329	0.334	0.330
贵　州	0.086	0.120	0.092	0.106	0.147	0.154	0.165	0.181
内蒙古	0.108	0.151	0.177	0.219	0.212	0.223	0.260	0.294
宁　夏	0.010	0.029	0.135	0.195	0.204	0.284	0.295	0.304
青　海	0.153	0.168	0.234	0.295	0.335	0.314	0.308	0.320
陕　西	0.210	0.234	0.178	0.289	0.316	0.319	0.330	0.347
四　川	0.301	0.308	0.234	0.299	0.315	0.334	0.351	0.378

续表

地区	2004年	2005年	2006年	2007年	2008年	2009年	2010年	2011年
新　疆	0.277	0.294	0.256	0.326	0.300	0.309	0.361	0.373
云　南	0.100	0.089	0.073	0.218	0.210	0.223	0.217	0.207
重　庆	0.125	0.165	0.219	0.309	0.330	0.332	0.342	0.356

表5（b）　2012~2019年全国及西部地区各省（区、市）能源基础设施现代化水平指数

地区	2012年	2013年	2014年	2015年	2016年	2017年	2018年	2019年
全　国	0.371	0.386	0.396	0.407	0.420	0.434	0.449	0.463
甘　肃	0.235	0.256	0.281	0.298	0.314	0.337	0.346	0.359
广　西	0.347	0.349	0.348	0.361	0.373	0.391	0.402	0.416
贵　州	0.183	0.211	0.224	0.282	0.297	0.320	0.320	0.356
内蒙古	0.315	0.345	0.383	0.403	0.412	0.431	0.437	0.454
宁　夏	0.247	0.318	0.321	0.307	0.334	0.343	0.363	0.384
青　海	0.328	0.275	0.305	0.284	0.295	0.345	0.351	0.345
陕　西	0.367	0.370	0.385	0.387	0.394	0.397	0.426	0.452
四　川	0.389	0.409	0.425	0.448	0.458	0.463	0.501	0.523
新　疆	0.392	0.410	0.429	0.442	0.452	0.462	0.466	0.478
云　南	0.156	0.196	0.231	0.234	0.253	0.238	0.253	0.263
重　庆	0.364	0.366	0.382	0.394	0.405	0.415	0.428	0.432

资料来源：《中国统计年鉴》（2005~2020年）、《中国能源统计年鉴》（2005~2020年）。

由图7可知，西部地区信息通信基础设施现代化水平2015年之前发展较为稳定，但2015年之后开始发生急剧变动，整体发展水平快速上升至2018年后回归平稳状态。进而从表6可以看到，2004~2019年西部地区信息通信基础设施现代化水平的均值以2011年为分界点，呈现出先下降后上升的趋势，西部地区内部的差距也同样如此。

表6（a）　2004~2011年全国及西部地区各省（区、市）信息通信基础设施现代化水平指数

地区	2004年	2005年	2006年	2007年	2008年	2009年	2010年	2011年
全　国	0.162	0.150	0.138	0.128	0.117	0.106	0.096	0.062
甘　肃	0.133	0.119	0.105	0.092	0.080	0.068	0.055	0.032
广　西	0.287	0.255	0.224	0.193	0.163	0.133	0.103	0.054
贵　州	0.300	0.263	0.227	0.191	0.156	0.121	0.084	0.037

续表

地区	2004 年	2005 年	2006 年	2007 年	2008 年	2009 年	2010 年	2011 年
内蒙古	0. 133	0. 120	0. 108	0. 097	0. 087	0. 076	0. 063	0. 038
宁　夏	0. 026	0. 022	0. 019	0. 016	0. 013	0. 010	0. 007	0. 001
青　海	0. 083	0. 072	0. 061	0. 050	0. 040	0. 028	0. 018	0. 004
陕　西	0. 172	0. 156	0. 141	0. 127	0. 112	0. 097	0. 082	0. 048
四　川	0. 137	0. 135	0. 134	0. 134	0. 134	0. 136	0. 139	0. 107
新　疆	0. 030	0. 032	0. 035	0. 039	0. 042	0. 046	0. 050	0. 042
云　南	0. 123	0. 114	0. 106	0. 100	0. 093	0. 086	0. 079	0. 055
重　庆	0. 034	0. 036	0. 039	0. 043	0. 046	0. 048	0. 052	0. 042

表 6（b）　2012～2019 年全国及西部地区各省（区、市）信息通信基础设施现代化水平指数

地区	2012 年	2013 年	2014 年	2015 年	2016 年	2017 年	2018 年	2019 年
全　国	0. 076	0. 093	0. 112	0. 139	0. 159	0. 208	0. 221	0. 198
甘　肃	0. 039	0. 053	0. 060	0. 070	0. 096	0. 114	0. 128	0. 118
广　西	0. 064	0. 075	0. 085	0. 103	0. 137	0. 169	0. 200	0. 181
贵　州	0. 047	0. 071	0. 068	0. 099	0. 123	0. 133	0. 160	0. 151
内蒙古	0. 045	0. 050	0. 058	0. 069	0. 095	0. 144	0. 135	0. 129
宁　夏	0. 004	0. 005	0. 008	0. 012	0. 036	0. 041	0. 045	0. 049
青　海	0. 007	0. 009	0. 012	0. 016	0. 039	0. 043	0. 054	0. 053
陕　西	0. 056	0. 078	0. 092	0. 114	0. 139	0. 174	0. 184	0. 168
四　川	0. 129	0. 167	0. 211	0. 257	0. 279	0. 390	0. 403	0. 358
新　疆	0. 051	0. 062	0. 076	0. 092	0. 120	0. 136	0. 204	0. 212
云　南	0. 070	0. 081	0. 091	0. 127	0. 140	0. 164	0. 224	0. 207
重　庆	0. 052	0. 064	0. 080	0. 100	0. 128	0. 143	0. 162	0. 156

资料来源：《中国统计年鉴》（2005～2020 年）、《中国能源统计年鉴》（2005～2020 年）。

西部地区园林环卫基础设施现代化发展水平在所有子维度中表现优良，大部分省区市在 2019 年达到了全国平均水平，区域差距也在不断缩小，这表明西部地区在生态以及人居环境上存在的问题较少。

具体由表 7 可知，2004～2019 年西部地区园林环卫基础设施现代化水平指数均值从 0. 26 增长至 0. 607，增速最快且水平最高。从整体排名状况来看，内蒙古和宁夏表现最好，青海和广西表现最差。从发展均衡程度看，西部地区内部的差距呈现逐渐缩小的态势（见图 8）。

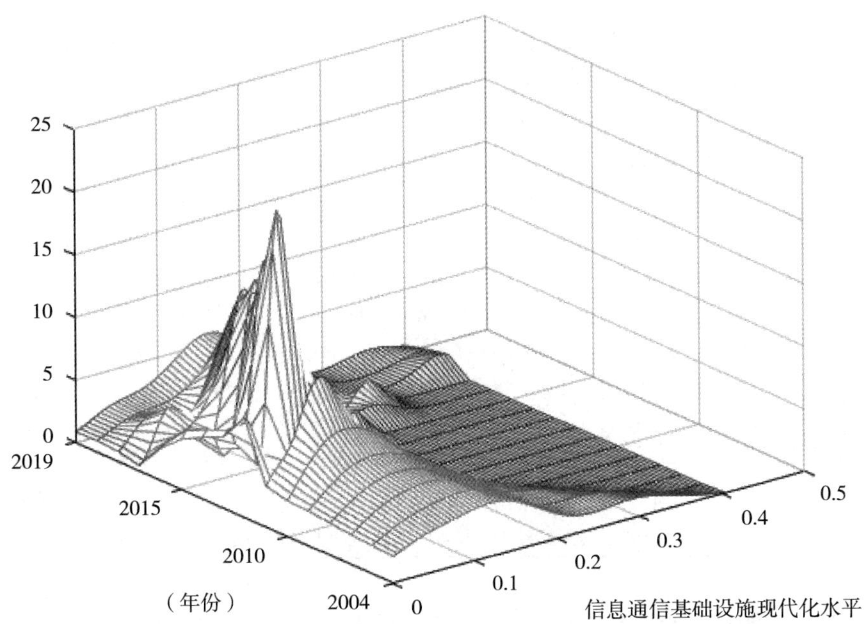

图7　2004～2019年西部地区信息通信基础设施现代化水平核密度分析

资料来源：《中国统计年鉴》（2005～2020年）、《中国能源统计年鉴》（2005～2020年）。

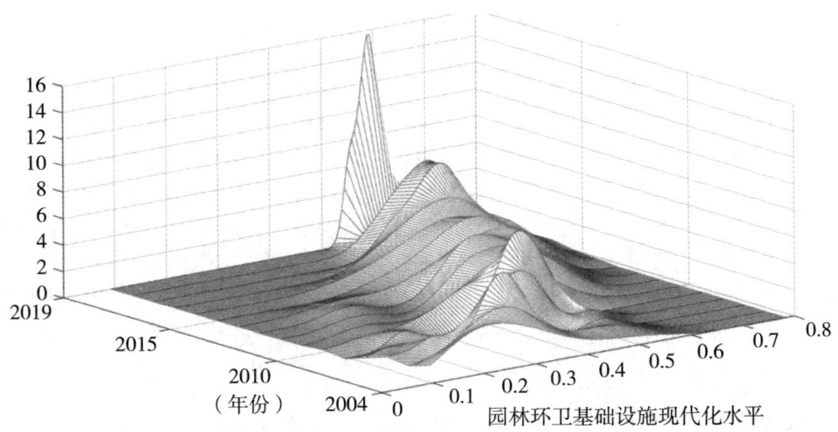

图8　2004～2019年西部地区园林环卫基础设施现代化水平核密度分析

资料来源：《中国统计年鉴》（2005～2020年）、《中国能源统计年鉴》（2005～2020年）。

表7（a） 2004~2011年全国及西部地区各省（区、市）园林环卫基础设施现代化水平指数

地区	2004年	2005年	2006年	2007年	2008年	2009年	2010年	2011年
全　国	0.298	0.317	0.313	0.374	0.417	0.436	0.482	0.505
甘　肃	0.193	0.094	0.096	0.134	0.207	0.187	0.217	0.242
广　西	0.292	0.306	0.297	0.371	0.448	0.473	0.500	0.550
贵　州	0.172	0.276	0.320	0.341	0.398	0.402	0.462	0.452
内蒙古	0.297	0.316	0.360	0.399	0.430	0.486	0.539	0.581
宁　夏	0.141	0.250	0.325	0.336	0.404	0.311	0.609	0.467
青　海	0.498	0.501	0.507	0.527	0.475	0.380	0.393	0.515
陕　西	0.156	0.190	0.294	0.302	0.410	0.409	0.483	0.554
四　川	0.283	0.329	0.336	0.410	0.460	0.515	0.548	0.568
新　疆	0.222	0.210	0.195	0.220	0.345	0.352	0.407	0.464
云　南	0.388	0.431	0.177	0.405	0.432	0.446	0.492	0.440
重　庆	0.218	0.259	0.298	0.422	0.498	0.541	0.568	0.641

表7（b） 2012~2019年全国及西部地区各省（区、市）园林环卫基础设施现代化水平指数

地区	2012年	2013年	2014年	2015年	2016年	2017年	2018年	2019年
全　国	0.533	0.560	0.582	0.595	0.615	0.633	0.648	0.591
甘　肃	0.263	0.299	0.413	0.412	0.482	0.620	0.624	0.596
广　西	0.572	0.569	0.561	0.572	0.577	0.594	0.607	0.554
贵　州	0.503	0.538	0.564	0.577	0.608	0.637	0.648	0.605
内蒙古	0.634	0.661	0.698	0.715	0.728	0.781	0.787	0.752
宁　夏	0.462	0.597	0.606	0.595	0.638	0.653	0.673	0.682
青　海	0.510	0.448	0.506	0.500	0.548	0.546	0.556	0.554
陕　西	0.551	0.602	0.622	0.642	0.642	0.663	0.661	0.596
四　川	0.584	0.631	0.628	0.651	0.675	0.690	0.709	0.587
新　疆	0.468	0.467	0.499	0.508	0.528	0.565	0.596	0.580
云　南	0.501	0.537	0.565	0.551	0.590	0.634	0.689	0.592
重　庆	0.648	0.653	0.650	0.653	0.662	0.672	0.681	0.573

资料来源：《中国统计年鉴》（2005~2020年）、《中国能源统计年鉴》（2005~2020年）。

本文对2004~2019年西部地区基础设施现代化的各项子指标进行平均化，结果如图9所示。西部地区基础设施现代化发展呈现以下特征：第一，整体来看，西部地区基础设施现代化发展程度较低；第二，就西部地区来看，其基础设施现代化发展水平以及分维度指标均处于稳步上升的状态；第

三，西部地区在基础设施现代化总指数和分维度指标上均不同程度地呈现区际差距扩大的现象。

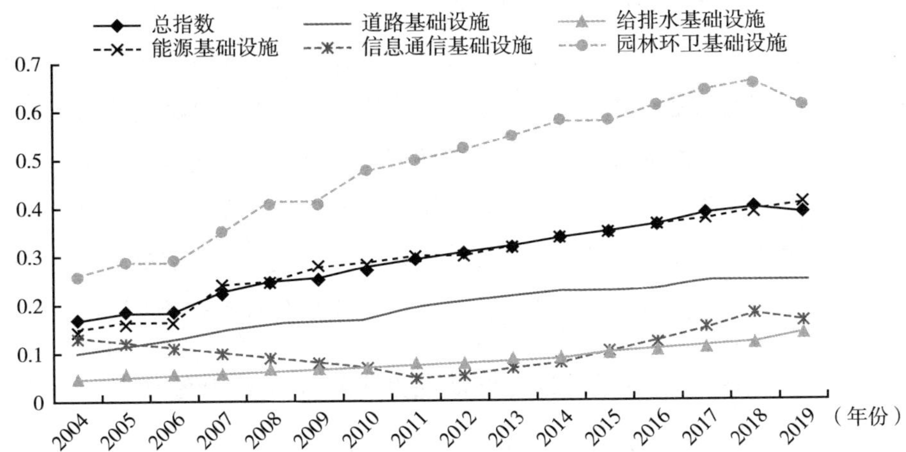

图 9　2004 ~ 2019 年西部地区基础设施现代化总指数及其分项指标平均发展水平

资料来源：《中国统计年鉴》（2005 ~ 2020 年）、《中国能源统计年鉴》（2005 ~ 2020 年）。

三　西部地区基础设施现代化的实现路径

新时代对基础设施现代化发展提出了更高要求，中国必须进入统筹存量和增量、传统和新型基础设施以及全面推进基础设施现代化的新阶段。对于西部地区来说，一方面要“补短板”，在道路基础设施、给排水基础设施、能源基础设施以及园林环卫基础设施上巩固现有成果，尽力缩小与全国平均水平的差距；另一方面要“挖潜力”，提前部署信息通信基础设施的发展格局，大力推进新基建发展，为未来基础设施现代化发展提供技术支撑和动力保障。本部分将对西部地区未来如何推动基础设施发展以实现基础设施现代化这一目标进行路径分析。

（一）充分利用社会资本，创新基础设施现代化建设融资机制

基础设施现代化建设需要大量的资金投入，且资金回收期较长，但现有

的基础设施投资资金来源单一化，这严重阻碍了西部地区基础设施现代化建设。为了大力推进新型基础设施建设进而对西部地区基础设施现代化建设产生引领作用，需要明确认识到新型基础设施的建设刚刚起步，相关领域的投资需求、投资主体技术、商业模式等尚不明晰，大量社会资本尤其是民间资本对于进入新型基础设施建设领域仍犹豫不决，而且新型基础设施的软件部分往往以知识产权的形式存在，具有开发周期长、持续迭代投资、应用交叉互联等特点，因此，需要充分利用社会资本，创新基础设施现代化建设融资机制，运用政府产业投资基金、政府引导基金、股权融资等融资工具，通过政府引导、市场化为主体的模式，弥补基础软件开发的资金供求缺口。

（二）加快人才培育进程，推动西部地区基础设施建设

创新带来的全要素生产率提升是推动建设社会主义现代化强国的最主要动力，西部地区由于自身的人才吸引力不足和新型数字基础设施不健全等原因创新能力不足，要想提高创新能力和创新水平必须有一流的企业和一流的人才。西部地区先天区位条件不占优势，因此对投资吸引力不强，但西部也有可以充分发挥自身优势的特色产业，所要做的就是给予更优惠的投资政策，政策思路是要使潜在的投资者有资金可投，也要让资金拥有者有投资西部地区的积极性，因此地方政府应该在产业政策和金融信贷上对投资企业有所支持，以达到吸引优质企业的目的。人才是创新的主力，要想吸引人才并留住人才，尤其是科技教育类工作者，就必须提高在西部地区工作的尖端人才的工资待遇，只有更高的经济待遇才能对外地人才形成吸引力，同时也要加强本地区的人才培育，本土人民更有建设西部、改善西部现状的积极性，要促进西部地区形成现代化教育体系，尤其要着重加强西部地区高等教育建设。

（三）与东中部地区形成良好互动，更好发挥基础设施协同效应

该路径与国家提出的促进现代化经济体系建立六大战略任务之一的区域协调发展战略具有一致性，其中既需要国家的支持，也需要西部自身的努力。就国家而言，要转变区域发展战略，统筹生产力总体布局，区域政策着力点

逐步转向促进地区间的经济协调发展，实现生产力的合理布局，与东中部地区形成良好互动，推动东部地区向西部地区投资和技术转移，缩小东西部之间的差距。就西部地区而言，自身也要利用基础设施的发展进一步扩大对外开放，扩大沿边开放的地域范围，加强区域经济技术合作，西部地区要把自身的资源优势与东部地区的技术优势结合起来，大力促进区域协调发展，这是促进西部与东部优势互补形成良性互动的必然趋势。西部地区要抓住时代变革机遇，提升基础设施供给效率和质量，破除基础设施发展的制度性瓶颈，更好发挥基础设施的协同效应，提高人性化服务水平，畅通社会资本进入基础设施投资的渠道，为相关市场主体提供公平、开放、透明的良好商业环境。

四 未来15年西部地区基础设施现代化的趋势预测

为了实现到2035年全面建成社会主义现代化国家的远景目标，西部地区需要着力提升基础设施现代化发展水平。因此，本节将对未来15年西部地区基础设施现代化发展水平进行趋势预测，以便对未来西部地区基础设施现代化建设做出方向指引。由于基础设施从投资到建设时间相对较长，发展具有渐进性，且一般不会发生跳跃式变动，因此这部分采用较为基础的趋势外推法对西部地区基础设施现代化水平进行预测。

图10展示的是2004～2035年东、中、西部及全国基础设施现代化发展水平的变化走势，散点为2004～2019年已有数据，曲线为拟合线。2020～2035年东、中、西部及全国基础设施现代化发展水平将持续升高，且区域间差距逐渐缩小。到2035年，西部地区基础设施现代化发展水平指数与全国平均水平的差值为0.035，远小于2004年的0.047，与东部之间的差距变化最大，这表明随着时间推移，西部地区基础设施现代化发展水平将逐渐赶上全国平均水平。

图11体现了2004～2035年东、中、西部及全国道路基础设施现代化发展水平的变化走势，2020～2035年东、中、西部及全国道路基础设施现代化发展水平将进一步提高，但增速将逐渐减缓，这也符合2004～2019年东、中、西部及全国道路基础设施现代化发展水平的基本特征。但是照此趋势发

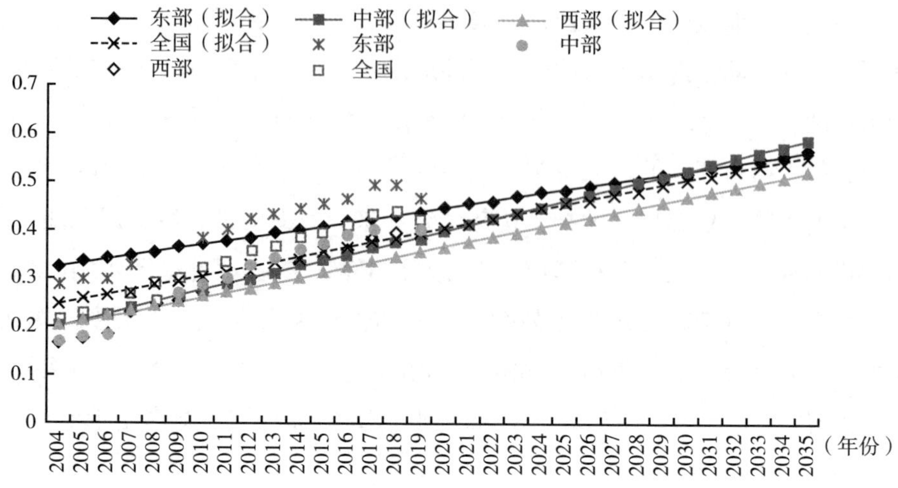

图 10　2004～2035 年东、中、西部及全国基础设施现代化发展水平及预测

资料来源：《中国统计年鉴》（2005～2020 年）、《中国能源统计年鉴》（2005～2020 年）。

展，西部地区与全国道路基础设施现代化水平的差距将进一步拉大。这表明未来 15 年西部地区应大力加强道路基础设施现代化建设，提高道路基础设施承载能力和水平，为人员流动和货物运输提供更为便利的条件。

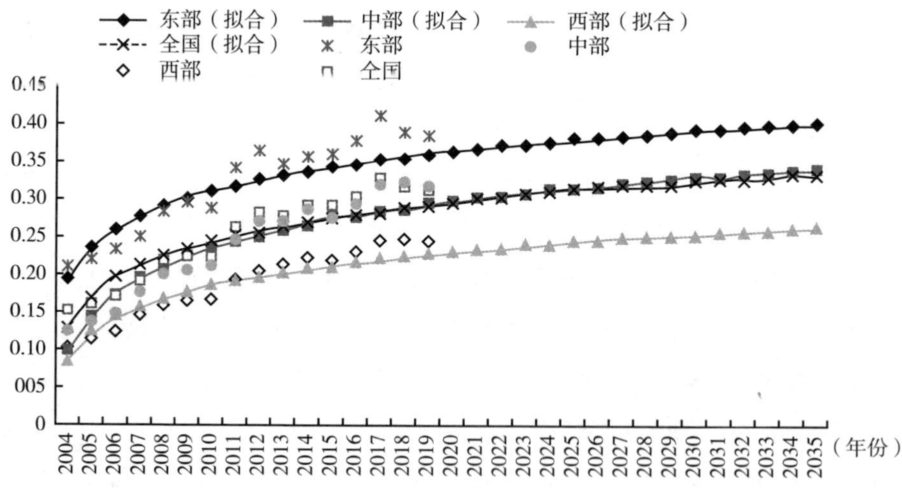

图 11　2004～2035 年东、中、西部及全国道路基础设施现代化发展水平及预测

资料来源：《中国统计年鉴》（2005～2020 年）、《中国能源统计年鉴》（2005～2020 年）。

图 12 体现了 2004 ~2035 年东、中、西部及全国给排水基础设施现代化发展水平的变化走势，根据拟合值可知，2020 ~2035 年东、中、西部及全国给排水基础设施现代化发展水平将进一步提高，但增速将逐渐减缓，西部地区给排水基础设施现代化水平与全国的差距将进一步拉大。

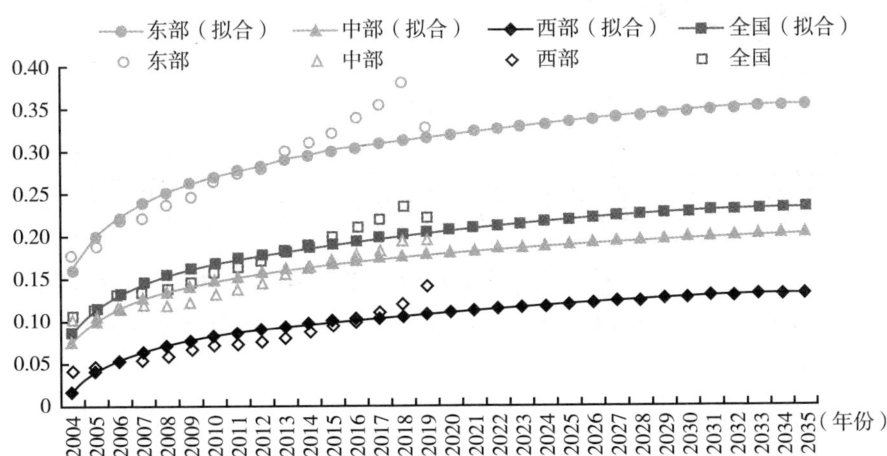

图 12　2004 ~2035 年东、中、西部及全国给排水基础设施现代化发展水平及预测

资料来源：《中国统计年鉴》（2005 ~2020 年）、《中国能源统计年鉴》（2005 ~2020 年）。

图 13 反映了 2004 ~2035 年东、中、西部及全国能源基础设施现代化发展水平的变化走势，2020 ~2035 年东、中、西部及全国能源基础设施现代化发展水平将进一步提高，且区域间差距逐渐缩小。

图 14 反映了 2004 ~2035 年东、中、西部及全国信息通信基础设施现代化发展水平的变化走势，根据拟合值可知，2020 ~2035 年东、中、西部及全国信息通信基础设施现代化发展水平将进一步提高，且增速将逐渐加快。随着信息化应用程度的加深，以 5G 为基础的大数据、云计算、人工智能等为代表的新基建在社会现代化发展过程中将扮演越来越重要的角色。因此，西部地区应抓住机遇，大力推进信息通信基础设施现代化建设，并以此为契机进一步推动基础设施现代化能力和水平提升。

图 15 展示的是 2004 ~2035 年东、中、西部及全国园林环卫基础设施现

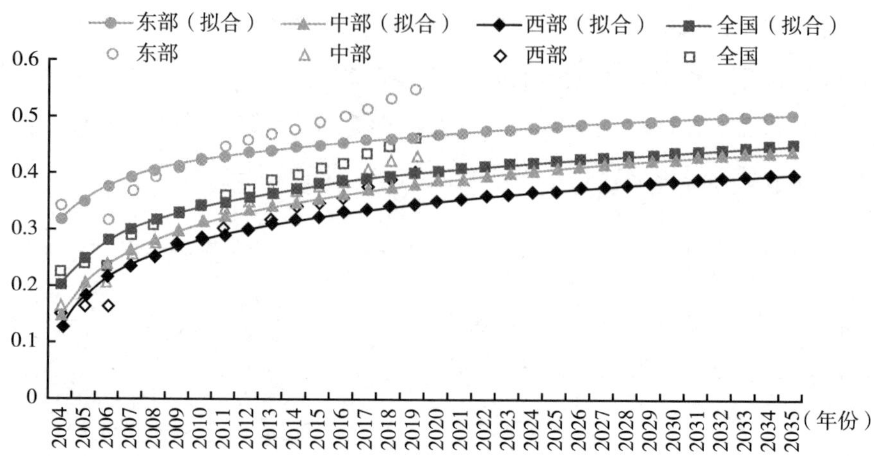

图 13　2004～2035 年东、中、西部及全国能源基础设施现代化发展水平及预测

资料来源：《中国统计年鉴》（2005～2020 年）、《中国能源统计年鉴》（2005～2020 年）。

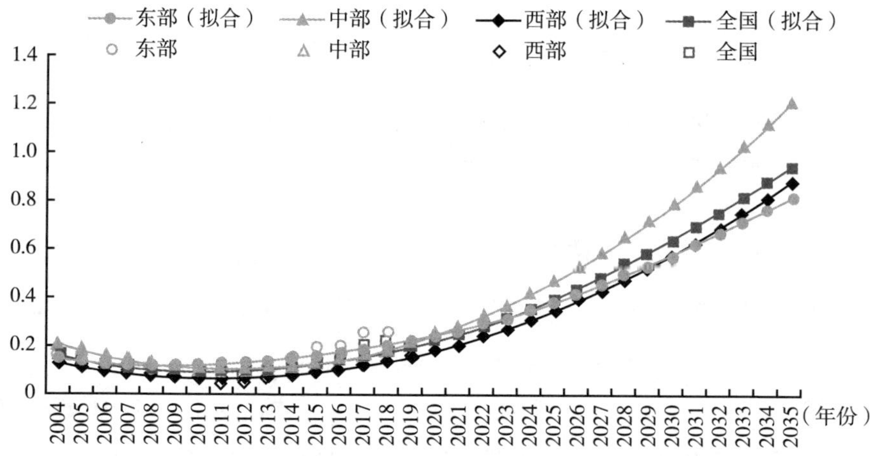

图 14　2004～2035 年东、中、西部及全国信息通信基础设施现代化发展水平及预测

资料来源：《中国统计年鉴》（2005～2020 年）、《中国能源统计年鉴》（2005～2020 年）。

代化发展水平的变化走势，2020～2035 年东、中、西部及全国园林环卫基础设施现代化发展水平将持续提高，但增速将逐渐减缓。到 2035 年，西部地区园林环卫基础设施现代化发展水平将超过全国平均水平。

综合以上分析可知，未来 15 年西部地区总体及分维度基础设施现代化

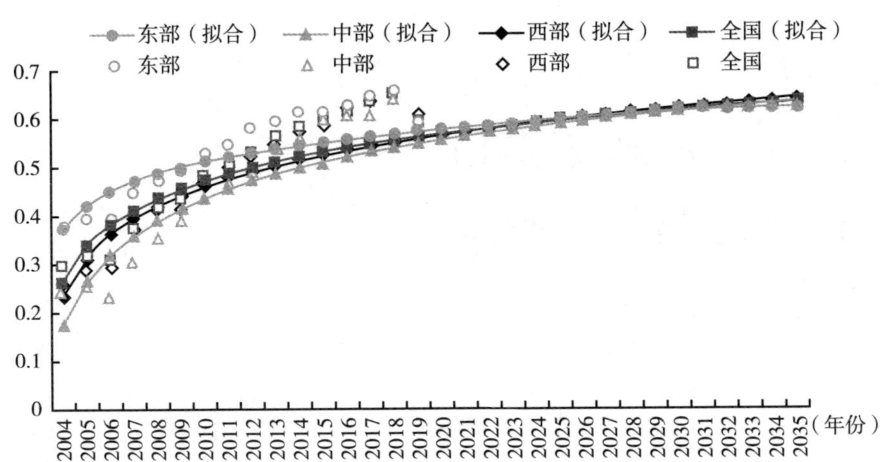

图15　2004～2035年东、中、西部及全国园林环卫基础设施现代化发展水平及预测

资料来源：《中国统计年鉴》（2005～2020年）、《中国能源统计年鉴》（2005～2020年）。

水平将持续提高，道路基础设施和给排水基础设施现代化水平与全国平均水平的差距将逐渐拉大，因此西部地区首先要在这两方面着重发力以补齐短板，提升西部地区整体基础设施现代化水平；西部地区能源基础设施和园林环卫基础设施现代化水平将逐渐逼近全国平均水平，需在巩固现有成果的同时持续推进其现代化；信息通信基础设施现代化水平提升速度最快，将成为推动西部地区基础设施现代化的最重要动力之一，因此目前来看，西部地区应提前部署信息通信基础设施的发展格局，大力推进新基建发展，为未来基础设施现代化发展提供技术支撑和动力保障。

B.11
西部地区治理体系和治理能力现代化的路径与政策

李 勇　王小会　柴华婷*

摘　要：西部地区地广人稀，经济发展水平较低，区域协调发展格局的构建与西部地区的发展密不可分，推动西部地区治理体系和治理能力现代化，对于建设社会主义现代化国家具有重要意义。本文在阐述治理现代化概念的基础上，对西部地区政府治理体系和经济、政治、社会、文化和生态五个方面的治理能力的现状进行了分析。结果表明，西部地区政府的治理体系和治理能力现代化水平均存在不平衡性，而且在全国范围内处于中低位；进一步运用 SPSS 因子分析和聚类分析的方法，通过19个三级指标，对西部地区各省（区、市）治理体系和治理能力进行了测度和综合评价，发现各省（区、市）财政投入保障不同，治理水平也不同；最后根据评价结果，提出西部地区实现治理体系和治理能力现代化的路径。

关键词：西部地区　治理能力现代化　治理体系现代化　测度与评价

* 李勇，博士，教育部人文社会科学重点研究基地——西北大学中国西部经济发展研究院兼职研究员，西北大学经济管理学院副教授，研究方向为经济发展与创新；王小会，西北大学经济管理学院金融硕士研究生；柴华婷，西北大学经济管理学院金融硕士研究生。

一　引言

2020年，中国将全面建成小康社会，实现第一个百年奋斗目标，并在此基础上开启全面建设社会主义现代化国家新征程。中国要实现现代化，就要转变经济发展方式，推进国家治理体系和治理能力现代化。[①] 十九届四中全会，党首次将推进国家治理体系和治理能力现代化作为大会的主题。西部地区主要包括甘肃、广西、贵州、内蒙古、宁夏、青海、陕西、四川、西藏、新疆、云南、重庆12个省（区、市），面积约占全国总面积的72%，人口约占全国总人口的27%，2019年西部地区GDP总量205185.15亿元，占全国GDP总量20.71%。[②] 西部地区地广人稀，经济发展水平较低，与中东部地区存在明显差距。因此区域协调发展格局的构建与西部地区的发展密不可分，推动西部地区治理体系和治理能力现代化，对于建设社会主义现代化国家具有重要意义。

二　概念界定

根据习近平总书记的解释，国家治理体系，是管理国家的制度体系，包括经济、政治、文化、社会、生态文明和党的建设等各领域机制体制、法律法规的安排，即一整套紧密相连、相互协调的国家制度。国家治理体系现代化是指适应时代变化，既改革不适应实践发展要求的旧制度，又不断地构建新的制度，使经济、政治、文化、社会、生态文明和党的建设等各领域的制度更科学、更完善。国家治理能力则是运用国家制度管理社会各方面事务的能力。治理能力现代化是国家治理者善于运用法治思维和法律制度治理国家，从而把中国特色社会主义制度优势转化为治理国家的效能。洪银兴认

---

① 洪银兴：《社会主义现代化读本》，江苏人民出版社，2014，第142页。

② 数据来源：各地方政府公报、统计局统计数据。

为，国家治理能力现代化基本目标是建立高效的服务型政府。[①] 俞可平认为，政府治理、市场治理和社会治理是现代国家治理体系中三个最重要的次级体系，国家治理的理想状态是善治，善治不仅要有好的政府治理，还要有好的社会治理，但是政府对人类实现善治仍然有着决定性的作用。[②] 陈琪认为，国家治理体系和治理能力是一个有机整体，推进国家治理体系现代化与增强国家治理能力是同一个政治过程中相辅相成的两方面。[③] 在上述研究的基础上，本文提出实现国家治理能力现代化不仅是建立高效的服务型政府，而且应发挥公众在国家治理中的重要作用。国家治理能力现代化要通过政府治理能力现代化实现，政府治理能力是国家治理能力的体现。政府治理能力现代化是政府整合资源、协调指挥社会各个主体正确高效参与政治社会治理的能力。治理体系和治理能力是一个有机整体，想要实现治理能力的现代化，就必须构建与之协调的现代化治理体系。

三　西部地区政府治理体系和治理能力的现状

（一）西部地区政府治理体系的现状

政府的治理体系包括行政体系、法律体系等等，行政治理体系和法律治理体系的现代化水平大致反映出政府的治理体系现代化程度。政府行政体系的现代化程度，表现在行政体系的制度化、规范化和程序化的实现程度，而这可以从政府的行政效果来看，例如政府与公众的联系和交流程度、政府应对突发事件的表现等，浙江大学公共政策研究院、浙江省公共政策研究院联合发布的《中国政府网络透明度指数评估报告》，根据行政

① 洪银兴：《社会主义现代化读本》，江苏人民出版社，2014，第 142 页。

② 俞可平：《推进国家治理体系和治理能力现代化》，《前线》2014 年第 1 期，第 5 ~6 页。

③ 陈琪：《地方治理框架构建及地方治理能力的评价指标》，《市场研究》2018 年第 3 期，第 17 ~18 页。

主体与公众的交流程度、应对突发事件的表现以及行政主体和重要公务人员的行为等进行综合评估，进而得出政府网络透明度指数。法律体系的完善程度一定程度上反映了政府的法律治理体系的现代化程度，而政府的法律体系完善程度，可以通过政府依法行政的表现进行评估，中国政法大学发布的《中国法治政府评估报告》中的依法行政制度体系指数，是对政府依法行政表现的综合评价。因此，网络透明度指数和依法行政制度体系指数两个指标能够很好地反映政府治理体系中的行政治理体系和法律治理体系的现代化程度。

1. 行政治理体系

西部地区政府的网络透明度指数参差不齐，从图1可以看出，2020年西部地区政府网络透明度指数最高的贵州省，高达77.70，而最低的西藏，透明度指数仅为49.40。除此之外，西部各地区的政府网络透明度指数2017～2020年涨幅不大，由此可见政府治理体系的完善是一个长期的过程，西部政府需要持续增加对行政体系方面的重视程度。西部地区和东部地区之间是切实存在一定差距的，政府网络透明度指数排名靠前的北京、江苏、海南和

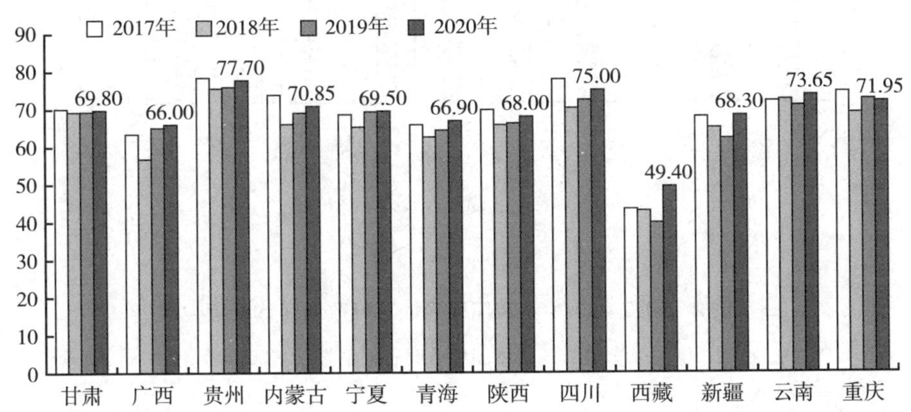

图1　2017～2020年西部地区各省（区、市）政府网络透明度指数

资料来源：浙江大学公共政策研究院、浙江省公共政策研究院联合发布的2017～2020年《中国政府网络透明度指数评估报告》。

浙江，集中在东部地区，并且北京的政府网络透明度指数是78.90①，而西部地区政府网络透明度指数平均值是68.92。总体而言，整个西部地区总体行政治理体系在全国处于低水平。

2. 法律治理体系

西部地区不仅行政治理体系不协调，而且在法律治理体系上也存在不协调的问题。从图2可以看出，2018年依法行政制度体系指数最高的地区（南宁）和最低的地区（拉萨）差距较大，最高的地区指数高达70，最低的地区是10。但是近几年，西部地区总体的法律治理体系现代化在不断提高，西部大部分地区的依法行政制度体系指数有所上升。从全国法律治理体系水平来看，全国100个城市的依法行政制度体系指

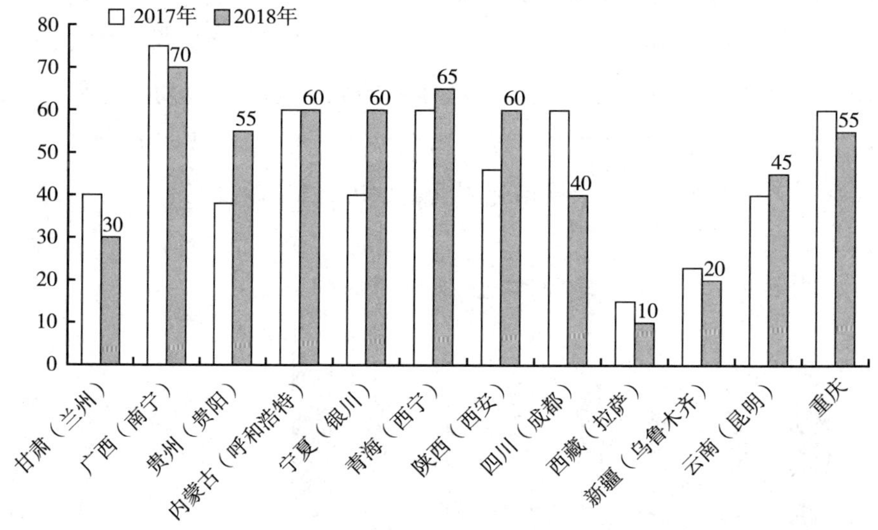

图2　2017～2018年西部地区依法行政制度体系指数

资料来源：中国政法大学发布的《中国法治政府评估报告（2017）》《中国法治政府评估报告（2018）》。

① 资料来源：浙江大学公共政策研究院、浙江省公共政策研究院联合发布的《2020年中国政府网络透明度指数评估报告》。

数平均值是45.50，及格分数是48.00[①]，2018年西部地区依法行政制度体系指数平均值是47.50，并且西部地区12个省会城市中仅有7个达到及格分值，西部地区表现相当不错，说明西部地区政府高度重视法律体系的建设，但是法律治理体系现代化程度呈现不平衡性，例如西藏（拉萨）和新疆（乌鲁木齐）的指数仅分别为10和20，远低于其他地区的法律治理体系的建设水平。

（二）西部地区政府治理能力的现状

评估政府治理能力的现代化既要体现出价值取向，又要与政府职能紧密结合，故本文遵循“五位一体”的总布局，分别从经济、政治、社会、文化、生态五个方面分析西部地区政府治理能力的现状。

1. 政府经济治理能力

政府治理的绩效能够很好地体现政府的治理能力，政府的经济治理能力可以通过GDP这一指标评估，但是由于各地区资源禀赋和人口的差异，GDP的总量差距较大，而人均GDP可以较为准确地反映一个地区的经济发展状况。

西部各地区的政府经济治理能力存在区域性差异，从图3可以看出，2015～2018年内蒙古人均GDP的平均值是68808元，而甘肃人均GDP的平均值是28410元，两者相差40000元左右，差额约是甘肃人均GDP的1.4倍。西部地区政府虽然经济治理能力水平不高，但是近几年，其经济治理能力和经济治理水平得到了很大提升，从图4可以看出，2015～2018年，西部各地区除内蒙古小幅波动外，人均GDP水平均呈现稳步上涨趋势，且涨幅较大。但是对比中东部地区，西部地区人均GDP水平仍然较低，全国人均GDP排名靠前的是北京、上海、天津、江苏、浙江等，其中北京的人均GDP是140211元[②]，西部地区人均GDP最高的内蒙古，仅68302元，与北京相差71909元。

---

① 资料来源：中国政法大学发布的《中国法治政府评估报告（2018）》。

② 资料来源：国家统计局《中国统计年鉴2019》。

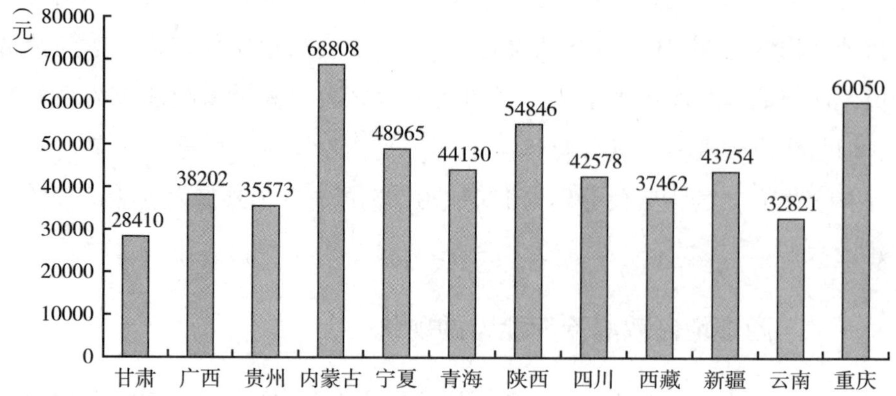

图 3　2015～2018 年西部地区各省（区、市）人均 GDP 的平均值

资料来源：国家统计局《中国统计年鉴》。

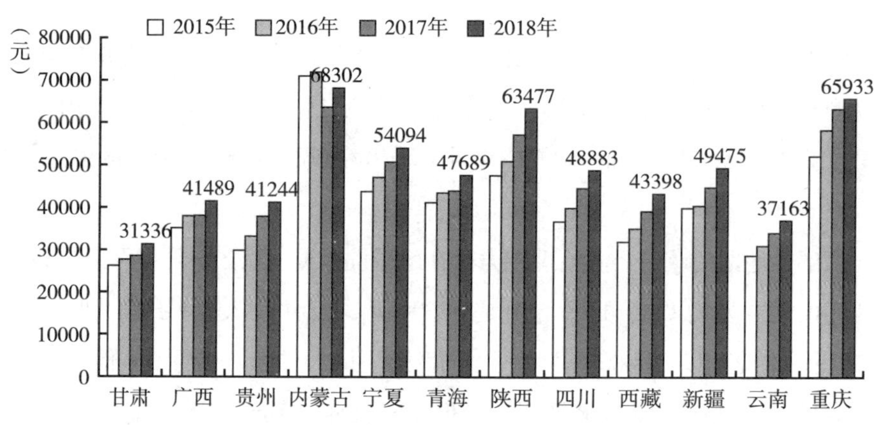

图 4　2015～2018 年西部地区各省（区、市）人均 GDP

资料来源：国家统计局《中国统计年鉴》。

2. 政府政治治理能力

反腐倡廉是十八大以来中国共产党长期坚持的工作，各地政府在反腐倡廉工作上取得的成果，一定程度上可以反映出其政治治理能力。反腐倡廉工作主要是由纪委监委负责，通过纪委监委的工作成果可以看出政府反腐倡廉工作的效果，进而评估政府的政治治理能力，而对于纪委监委工作的成果可以根据中国社会科学院中国廉政研究中心发布的《省级纪委监委机关信息公开评估报告》中的纪委监委工作信息公开评价结果进行大致判断。从图5可以看出，西部各地区政府政治治理能力指数参差不齐，政治治理能力呈现梯度差异。从全国范围来看，西部地区政府政治治理能力得分较高，2018年评价结果显示，排名靠前的广西、云南、贵州和陕西，均属于西部地区，反而东部地区得分较低，上海和江苏分别得分34.05和44.87，说明政府的政治治理能力与经济关联度不大，也反映了西部地区政府对于政治治理能力的重视程度较高。

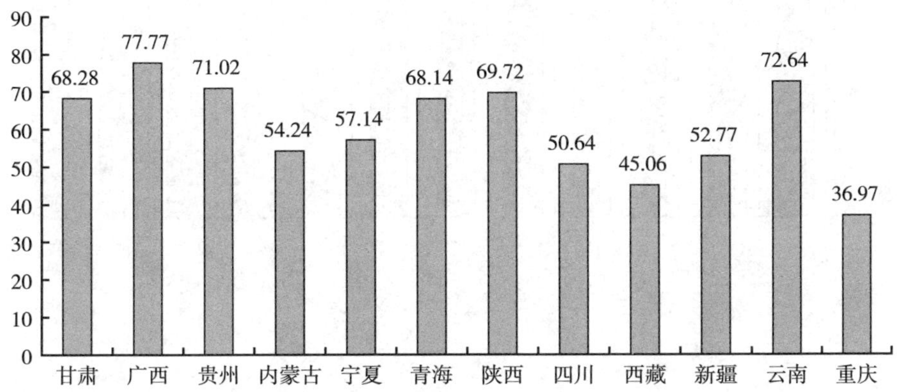

图5　2018年西部地区各省（区、市）政府政治治理能力指数

资料来源：中国社会科学院中国廉政研究中心发布的《2018省级纪委监委机关信息公开评估报告》。

3. 政府社会治理能力

政府的社会治理能力也就是政府“保民生”的能力，主要体现在公共交通、医疗、教育、社保、文化体育、就业等各个方面，《中国城市基本公共服务满意度评估与发展报告》中的城市基本公共服务满意度指数采用问卷调查的形式，分别对公共交通、公共安全、公共住房、基础教育、社保、医疗卫生等九方面进行公众的满意度调查，较为全面真实地体现了公众对城市公共服务的满意度。从图6可以看出，西部各地区基本公共服务满意度指数较为均衡，并且2014～2017年西部地区政府基本公共服务满意度指数除内蒙古（呼和浩特）和宁夏（银川）外，大多数实现稳步上涨。从全国范围来看，2017 年全国基本公共服务满意度指数排名前五的分别是厦门、珠海、大连、青岛、济南[①]，主要是东部城市，可见政府的社会治理能力与经济存在一定的关联，社会治理能力的提高离不开经济治理能力的提高。

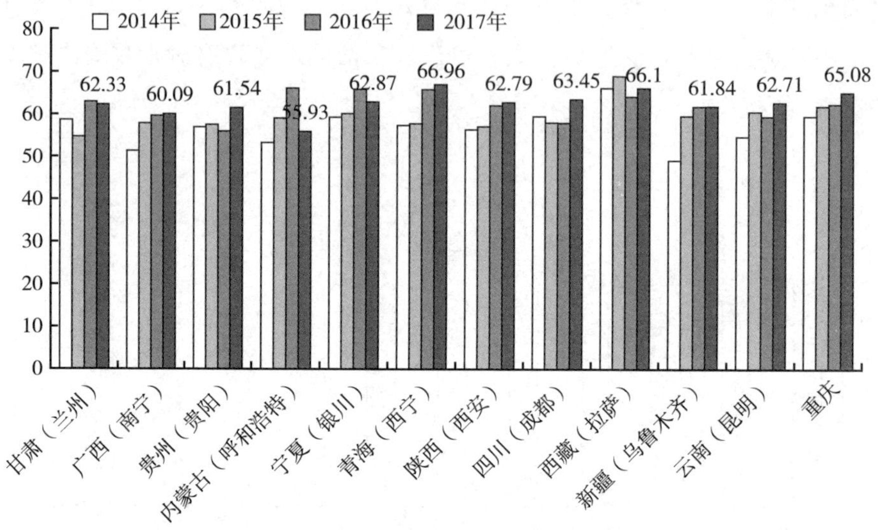

图 6　2014～2017 年西部各省（区、市）基本公共服务满意度指数

资料来源：《2017 年中国城市基本公共服务满意度评估与发展报告》。

4. 政府文化治理能力

政府的文化产业发展水平一定程度上反映了政府的文化治理能力，评估文化产业的发展水平既要考察文化产业要素投入、资源禀赋以及产业发展的实力和潜力，又要考察产业发展的外部环境，本研究以中国人民大学创意产业研究院、四川文化创意产业研究院联合发布的文化产业生产力指数、产业影响力指数和产业驱动力指数三个指标，全面测度西部各省区市的文化产业发展情况。

① 资料来源：《2017 年中国城市基本公共服务满意度评估与发展报告》。

从图 7 可以看出，西部各地区文化产业发展指数高低不一，其中四川、陕西和重庆的文化产业发展指数连续三年位列前三，西部文化产业已初步形成以四川、陕西、重庆两省一市为第一方阵的产业格局，其他地区与之仍存在一定差距。从全国范围来看，2019 年西部地区各省区市文化产业发展综合指数低于全国平均水平，但差距进一步缩小，文化产业发展指数全国最高的北京，得分 82.67①，与四川的 81.39 分和陕西的 80.55 分相差不大。

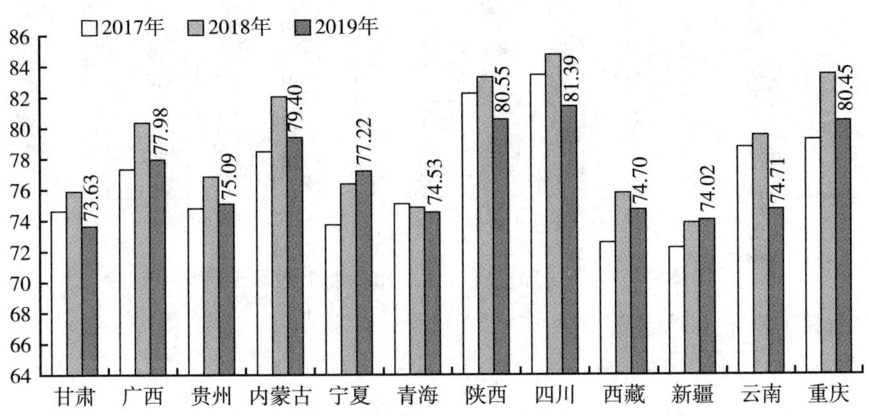

图 7　2017～2019 年西部各省（区、市）文化产业发展指数

资料来源：中国人民大学创意产业研究院、四川文化创意产业研究院联合发布的《中国西部省市文化产业发展指数》。

5. 政府生态治理能力

城市每年产生的生活垃圾数量都是巨大的，有效地清理和处理生活垃圾，一定程度上反映出政府的生态治理能力。从图 8 可以看出，2018 年广西和重庆生活垃圾的无害化处理率已达到 100%，但新疆的生活垃圾无害化处理率仅 91.40%，西部地区在生态治理能力上存在地区性的差异，2015～2018 年，西部地区的生活垃圾无害化处理率平均涨幅为 9.53%，呈现稳步

① 资料来源：中国人民大学发布的《2019 年中国省市文化产业发展指数与中国文化消费指数》。

上升的趋势。2018 年全国共 11 个地区的生活垃圾无害化处理率达到了 100%①，主要集中在东部和中部地区，其中西部有两个地区达到了 100%，西部地区政府的生态治理能力还有待进一步提高。

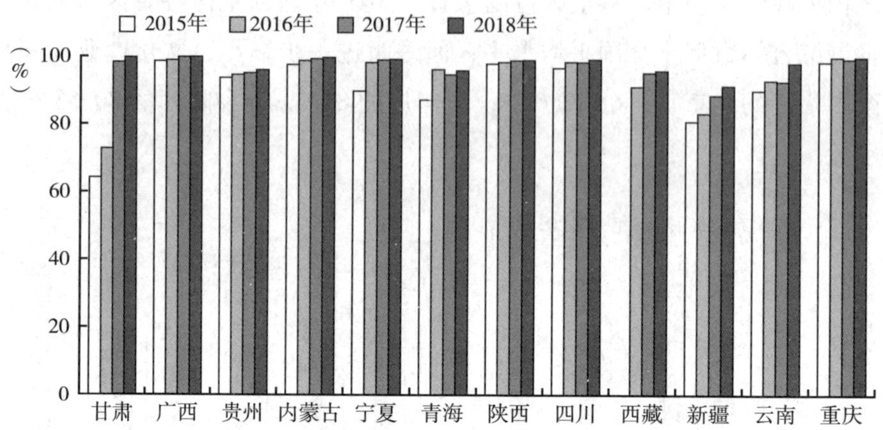

图 8　2015～2018 年西部各省（区、市）生活垃圾无害化处理率

资料来源：国家统计局《中国统计年鉴 2019》。

四　西部地区治理能力和治理体系现代化评价标准

（一）测度指标体系的构建

对于我国西部地区政府治理体系和治理能力的现代化水平的测度是可量化的，根据不同地区政府的治理特点，并结合政府治理体系与治理能力现代化的理论与实践②，本文构建了对于西部地区政府治理体系与治理能力现代化的测度体系（见表 1）。

---

① 资料来源：国家统计局《中国统计年鉴 2019》。

② 徐越倩、李拓：《我国省级政府治理现代化水平的测度与评价》，《中共杭州市委党校学报》2020 年第 3 期，第 59～65 页。

表1　西部地区政府治理体系与治理能力现代化测度体系

一级指标	二级指标	三级指标
政府治理体系现代化	行政体制现代化	政府透明度指数
		政务微博影响力指数
政府治理能力现代化	经济治理现代化	人均 GDP
		失业率
		第三产业增加值占 GDP 比重
		国有单位就业人员占全部就业人员比重
	政治治理现代化	一般公共服务支出占 GDP 比重
		网上政务服务能力指数
		政府行政执法法治指数
	社会治理现代化	每千人卫生技术人员数
		平均每位小学教师负担的学生数
	生态治理现代化	生活垃圾无害化处理率
		空气质量二级以上天数
		废水排放量
		废气排放量
		固体废物排放量
	文化治理现代化	文化产业生产力指数
		文化产业影响力指数
		人均文化娱乐消费支出

本文有关西部地区政府治理体系与治理能力现代化的原始数据主要来自《中国统计年鉴 2019》、西部地区各省（区、市）2019 年的统计年鉴以及各研究机构所发布的研究报告。其中数据来自《中国统计年鉴 2019》的指标有一般公共服务支出、人均 GDP、失业率、生活垃圾无害化处理率、空气质量二级以上天数、每千人卫生技术人员数、平均每位小学教师负担的学生数；来自西部各省（区、市）2019 年统计年鉴的指标有国有单位就业人员占全部就业人员比重、第三产业增加值占 GDP 比重、废水排放量、废气排放量和固体废物排放量和人均文化娱乐消费支出；政府行政执法法治指数来自《中国法治政府评估报告（2018）》；政府透明度指数是从中国社会科学院发布的《中国政府透明度指数报告（2019）》得来的；政务微博影响力指数是来自舆情数据中心发布的《2020 年上半年度政务微博影响力报告》；网

上政务服务能力指数来自中央党校电子政务研究中心发布的《省级政府和重点城市网上政务服务能力（政务服务“好差评”）调查评估报告（2020）》；文化产业生产力指数、文化产业影响力指数来自中国人民大学与四川省政府合作的《2019 中国西部文化指数》。

（二）政府治理体系治理能力现代化的实证分析

本文选取了西部地区十二个省、自治区与直辖市的上述十九个指标的数据，通过 SPSS（26.0）软件进行因子分析与聚类分析，对中国西部地区政府治理体系与治理能力的现代化水平进行测度与评价。

1. 因子分析

（1）确定公共因子

本文是按照特征值大于 1 的方法来提取公共因子的，从表 2 可见，通过 SPSS 软件进行主成分分析后，将原始的 19 个指标归结为 6 个指标，累计载荷平方和达到了 90.605%，大于 85%。所以用这 6 个指标来代替原始的 19 个指标，对西部地区政府治理体系和治理能力进行评估，足以保证其准确性。

表 2　总方差解释

单位：%

成分	初始特征值			提取载荷平方和			旋转载荷平方和		
	总计	方差百分比	累计百分比	总计	方差百分比	累计百分比	总计	方差百分比	累计百分比
1	6.667	35.089	35.089	6.667	35.089	35.089	4.302	22.640	22.640
2	3.899	20.519	55.609	3.899	20.519	55.609	3.299	17.366	40.005
3	2.205	11.607	67.215	2.205	11.607	67.215	3.105	16.341	56.347
4	1.876	9.873	77.088	1.876	9.873	77.088	2.426	12.770	69.117
5	1.512	7.958	85.046	1.512	7.958	85.046	2.323	12.226	81.343
6	1.056	5.559	90.605	1.056	5.559	90.605	1.760	9.263	90.605

（2）公共因子的命名

通过对表 2 中所提取的六个主成分进行因子分析后，得到了各指标的成分矩阵（见表 3），成分矩阵展示了每一个公共因子对这 19 个指标各自的载荷度。

表 3　成分矩阵

类别	成分					
	1	2	3	4	5	6
一般公共服务支出占 GDP 比重(X1)	-0.764	-0.281	-0.230	-0.249	0.433	-0.074
国有单位就业人员占全部就业人员比重(X2)	-0.660	0.681	0.106	-0.027	0.125	-0.009
政府行政执法法治指数(X3)	0.672	-0.626	-0.209	0.047	0.033	0.253
政府透明度指数(X4)	0.735	-0.095	0.481	0.249	-0.291	-0.196
政务微博影响力指数(X5)	0.875	-0.092	-0.297	0.046	-0.067	-0.333
网上政务服务能力指数(X6)	0.633	-0.447	0.185	0.297	0.202	0.102
人均 GDP(X7)	0.347	0.653	-0.011	-0.288	0.239	0.531
失业率(X8)	0.248	-0.482	0.498	-0.498	-0.052	-0.335
第三产业增加值占 GDP 比重(X9)	0.070	0.010	-0.678	0.045	-0.612	0.252
每千人卫生技术人员数(X10)	0.407	0.649	0.554	-0.195	0.027	0.137
平均每位小学教师负担的学生数(X11)	0.364	-0.531	0.604	0.013	0.088	0.292
生活垃圾无害化处理率(X12)	0.604	-0.100	-0.287	-0.225	-0.210	0.107
空气质量二级以上天数(X13)	-0.250	-0.677	-0.010	0.424	0.369	0.358
废水排放量(X14)	0.837	-0.189	-0.291	0.037	0.204	-0.101
废气排放量(X15)	0.442	0.463	-0.074	0.676	0.088	-0.102
固体废物排放量(X16)	0.312	0.585	0.024	0.554	0.314	-0.111
文化产业生产力指数(X17)	0.766	0.021	-0.193	-0.457	0.353	0.042
文化产业影响力指数(X18)	0.680	0.302	-0.349	-0.259	0.454	-0.209
人均文化娱乐消费支出(X19)	0.729	0.481	0.182	-0.124	-0.278	0.215

从表 3 的成分矩阵中可以看出，第一个公共因子主要在一般公共服务支出占 GDP 比重、国有单位就业人员占全部就业人员比重、政府行政执法法治指数、政府透明度指数、政务微博影响力指数、网上政务服务能力指数、生活垃圾无害化处理率、废水排放量、文化产业生产力指数、文化产业影响力指数、人均文化娱乐消费支出这 11 个指标上载荷比较大，这 11 个指标涉及政府自身建设、环保和文化产业，因此将其命名为“政府自建与环保文化因子”。第二个公共因子在人均 GDP、失业率、每千人卫生技术人员数、平均每位小学教师负担的学生数这四个指标载荷较大，这涉及地区的经济发

展水平、医疗保障和教育保障水平，因此将其命名为“经济与社会因子”。第三个公共因子只在第三产业增加值占 GDP 比重方面载荷较大，故命名为“经济转型因子”。第四个因子涉及废气排放量、固体废物排放量和空气质量二级以上天数三个指标，这三个指标都属于生态一级指标，故命名为“生态发展因子”。第五个公共因子和第六个公共因子对于这 19 个指标的载荷量都相差不多，所以将这两个公共因子命名为“综合因子”。最后得出西部各省（区、市）这六个公共因子的得分情况和各省（区、市）的综合得分（见表 4）。

表 4　西部地区各省（区、市）因子得分

省(区、市)	因子 1	因子 2	因子 3	因子 4	因子 5	因子 6	综合因子
甘　肃	-1.48359	-0.00853	-1.68831	-0.00839	-2.72249	-1.64298	-1.13356
广　西	0.982751	-2.21714	-0.62496	0.950353	-0.58361	1.224758	-0.07417
贵　州	0.453869	-1.88171	1.735738	2.066063	0.375196	-0.00784	0.229533
内蒙古	0.612889	4.072453	-1.29524	1.856932	0.855023	0.702818	1.314388
宁　夏	0.29474	0.243506	2.339967	-1.28519	-1.02193	0.19865	0.251391
青　海	-2.26351	0.629497	2.493865	-0.22957	0.003128	0.163443	-0.42932
陕　西	2.259645	2.173752	0.540789	-2.11146	0.639412	-0.44299	1.235599
四　川	4.312496	-0.69218	-0.72847	-0.38432	1.274269	-1.44079	1.401717
西　藏	-5.41383	-1.62089	-1.41728	-1.39213	1.934639	0.040861	-2.62459
新　疆	-2.5997	2.128889	0.012938	0.951192	-0.36329	-0.14705	-0.46026
云　南	0.910229	-2.12453	-0.02121	0.969825	0.509897	-0.67374	-0.02224
重　庆	1.93399	-0.70312	-1.34782	-1.38331	-0.90025	2.024857	0.311501

（3）因子分析结果

由于第五个公共因子和第六个公共因子对每一个变量的载荷相差不多，因此本文只对前四个公共因子进行分析。由第一个公共因子的得分情况可以看出，排在前三名的分别是四川、陕西和重庆。这主要是因为在中国西部地区的十二个省（区、市）中，四川、陕西和重庆的经济发展水平和经济政

治的一体化程度比较高。在中国情境下，政府的行政体制与经济体制的相关度非常高，行政制度的演进会受到经济和社会发展的多重现实需求的影响。[①] 由于这三个地区经济发展水平和经济一体化程度较高，当地人民的物质生活水平也较其他地区高，人民在物质生活的需求得到满足以后，对文化、法治、环境等方面的需求也会提高，这些需求必然会推动政府对其相关公共服务供给进行改革。排在后三名的分别是西藏、新疆和青海。首先这些地区的经济发展水平和一体化程度较低，政府所面临的外部动力不足；另外，就是这些地区地广人稀，政府管理较为困难。

通过分析第二个公共因子，即“经济与社会因子”，排名前三的地区分别为内蒙古、陕西和新疆。第二个公共因子载荷较大的指标主要是人均GDP、失业率、每千人卫生技术人员数、平均每位小学教师负担的学生数，而这些指标都与人口有很大关系，尤其内蒙古和新疆，虽然其生产总值、卫生技术人员总数以及小学教师总数并不多，但是由于其人口稀少，所以人均指标表现较好。

第三个公共因子是“经济转型因子”，其中排名靠前的三个地区为青海、宁夏和贵州，排名靠后的地区是西藏、甘肃和重庆。由于成分矩阵中第三个公共因子中的第三产业增加值占 GDP 比重这一指标的系数为负值，因此排名靠后的西藏、重庆和四川的经济转型效果较好。西藏地区的第三产业增加值占 GDP 的比重历年来一直都比较高，这主要是由于地理环境等外部因素，西藏第一产业和第二产业发展较为缓慢；而重庆和四川近年来对于大数据、人工智能和各类新业态的投入比较多，因此经济转型效果较为显著。[②] 第四个公共因子为“生态发展因子”，得分较高的地区是贵州、内蒙古、云南、新疆和广西，其中云南、新疆和广西的得分基本一致，这主要还是与其自然气候条件相关。陕西、宁夏得分较低主要与其产业结构相关，其

---

① 杨国栋、张锐昕：《改革开放以来的行政改革：逻辑、表现和取向——基于制度分析视角》，《中国行政管理》2020 年第 7 期，第 15 ~ 21 页。

② 任保平、岳利萍等：《新时代西部地区新动能的培育》，《中国西部发展报告 2019》，社会科学文献出版社，2019，第 64 ~ 82 页。

第二产业所占比重还是相对较高；另外，政府在环境治理方面的投入也较低。

2. 聚类分析

将表4中西部各省（区、市）的六个公共因子得分和综合因子得分作为变量，用SPSS软件做系统聚类，得出了西部各地区聚类分析谱系。

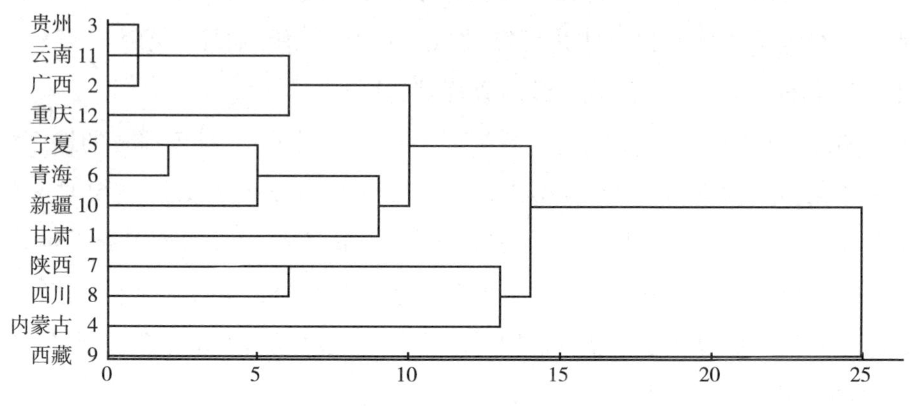

图9　西部各省（区、市）聚类分析谱系

从图9可以看出，西部地区的十二个省（区、市）被分成了4大类别，贵州、云南、广西、重庆为第一类；宁夏、青海、新疆、甘肃为第二类；陕西、四川、内蒙古为第三类；西藏单独为第四类。广西、贵州、云南和重庆这类地区在四个因子中的排名都不是特别突出，因此这类地区发展较为均衡。宁夏、青海、新疆和甘肃这类地区在因子1上的得分低于平均水平，说明这类地区经济发展比较落后，进而也无法推动文化、法治等方面的发展；在第二个公共因子上的得分虽不突出，但是高于平均水平。陕西、四川和内蒙古为第三类别，其在政府自建与环保文化因子上得分都比较高，但在生态发展因子上得分较低，说明这类地区的政府在大力发展经济的同时可能忽视了对生态环境的保护。最后，在综合得分中，四川、陕西和内蒙古是最高的地区，由此也可以看出，政府的治理体系和治理能力的现代化水平越高的地区，其经济与社会的发展水平也越高，此处也有学者得出地区的经济发展水平与政

府的财政保障能力呈正相关关系。[①] 因为这些地区的政府可以把财政资金投入政府治理的各个方面，进而推动政府治理体系和治理能力的现代化。

五　实现西部地区政府治理现代化的途径

在治理体系和治理能力上，西部各地区之间存在发展不平衡的问题，同时，西部地区政府治理现代化水平与中东部地区差距明显，但是，西部地区近几年政府的治理体系和治理能力现代化水平提升也较快。在新时代下，西部地区政府实现治理体系和治理能力现代化面临巨大挑战，为此，本文提出如下建议。

（一）实现政府经济治理体系和治理能力现代化

1. 处理好政府与市场的关系

党的十九届四中全会通过的《中共中央关于坚持和完善中国特色社会主义制度、推进国家治理体系和治理能力现代化若干重大问题的决定》强调“必须坚持社会主义基本经济制度，充分发挥市场在资源配置中的决定性作用，更好发挥政府作用”。实现经济治理体系和治理能力现代化，西部地区政府要充分发挥市场在资源配置中的决定性作用，发挥市场在价格形成、市场竞争和供求机制中的作用，同时，要加强政府监管，在反垄断和合理引导市场预期、保护居民合法权益方面加强制度建设和加大执行力度。

2. 提高消费对经济增长的推动力

改革开放以来，中国经济在实现近 40 年的高速度增长之后，进入常规增长时期，2020 年由于新冠肺炎疫情的影响，中国面临的国际形势严峻，疫情给中国的经济发展带来了挑战，同样也给西部地区经济的发展造成了严

---

① 刘书明：《西部欠发达地区地方政府公共服务财政保障能力分析与评价——基于甘肃省 2012 年数据的实证研究》，《地方财政研究》2015 年第 4 期，第 50 ~ 56 页。

重冲击，对西部各地区政府治理体系和治理能力现代化提出了更高的要求。2018 年，在中国国内生产总值构成中，最终消费的比重是 54.3%[①]，消费对经济的贡献水平偏低，中国经济发展中的“三驾马车”中的消费明显不足，这仍然是制约中国经济发展的重要因素。2018 年西部地区 12 个省、自治区和直辖市人均消费支出是 15943.8 元，全国人均消费支出是 19853.1 元[②]，西部地区人均消费支出低于全国平均水平。针对此现象，西部地区政府应着重提高消费在经济中的贡献，进一步完善和改革收入分配制度和制度执行，积极培育和壮大中等收入群体，较大幅度提升低收入群体的收入水平，整顿规范房地产市场，缓解居民的债务压力，合理引导长期消费增长预期，提高消费在国民生产总值中的比重和对经济的贡献率。

（二）实现政府政治治理体系和治理能力现代化

在当前经济形势下，转变政府职能，简化审批程序，是政府提高政治治理现代化水平的迫切所需。深化“简政放权”是中国共产党的自我革命，能够更好地增强政府的政治治理能力，建设现代化政府，提升政府的公信力和权威，更好地服务人民。

十八大以来，中国共产党在反腐倡廉工作上取得了巨大进展，获得了人民群众的一致好评，建设廉洁政府，完善廉政机制，全面推进惩治和预防腐败体系建设，是政治治理体系和治理能力现代化的基本指标和目标。西部地区政治治理水平存在发展不平衡的问题，各省、自治区和直辖市之间存在较大差距，部分政府要向榜样政府学习借鉴治理经验，形成符合本地区特色的治理经验。完善廉政机制，建设廉洁政府，首先要实行公开化，让权力在阳光下运行，其次要实行限政，将权力关进笼子里，政府要依宪行政、依法行政。

---

① 韩永文：《大力提高政府科学治理经济的能力和水平》，《中国经贸导刊》2019 年第 36 期，第 14 页。

② 资料来源：国家统计局《中国统计年鉴 2019》。

（三）实现政府社会治理体系和治理能力现代化

政府社会治理现代化和经济治理现代化密不可分，在提高经济治理现代化的同时，也应该加大对社会治理的投入，保民生也是保发展。西部地区政府要进一步加强在公共交通、医疗卫生、教育就业、住房等方面的基本公共服务建设，增设医疗卫生机构，进一步扩大医保的覆盖面，增加教育投入，缓解房地产投机过热，切实增强人民群众在衣食住行上的满足感和获得感。在社会治理过程中，要注意发挥社会各个主体的积极作用，激发社会活力，让社会组织参与到社会治理中，例如帮助困难群众、防止犯罪活动等。同时在社会治理过程中，政府要依法执政，提高法制化水平，充分利用互联网和大数据辅助决策、提供服务。

（四）实现政府文化治理体系和治理能力现代化

近几年西部地区旅游热度一路攀升，2020 年西部地区旅游人数再创新高，西安、重庆、成都、拉萨等都以其极具特色的文化和自然风光成为网红城市，西部地区要抓住机遇，增强文化产业在产业结构中的优势地位。政府要进一步提高文化治理能力，完善文化治理体系，要继续支持文化产业发展，打造更加亮丽的城市名片，增强文化故事化传播，创新服务方式，优化服务流程，打造诚信城市，提高城市居民素质，增强城市的包容性。在文化传承上，处理好城市发展与文化保护的关系，例如在老旧街道改造上，应该保留文化特色，可以借鉴北京在街道改造上的做法，北京在交通性街道、生活性街道、历史街区街道、综合性街道分类精细化管控引导的基础上，形成各具差异化特色的街道示范区。①

（五）实现政府生态治理体系和治理能力现代化

加强生态环境治理体系和治理能力是推进政府治理体系和治理能力现代

① 于丹：《首都文化治理与全国文化中心建设》，《前线》2020 年第 5 期，第 62 ~ 65 页。

化的重要组成部分，生态环境直接关乎人民的生命安全和身体健康。西部地区生态治理在全国处于中低等水平，政府应该完善相关法律法规，加强生态环境法制保障，同时积极运用科技创新解决环境污染问题，对废气、废水的排放量进行监测，对生活垃圾、工业垃圾采用合理的技术和方法进行无害化处理，循环利用。

六　总结与展望

（一）研究结论

本文在阐述治理现代化概念的基础上，对西部地区 12 个省、自治区和直辖市的治理体系和治理能力的现状进行分析，同时通过具体的指标对西部地区各省（区、市）治理现代化水平进行测度，进而得出实现西部地区治理体系和治理能力现代化的路径，本文研究结论如下。

一是国家治理能力现代化不仅是建立高效的服务型政府，而且应注意发挥公众在国家治理中的重要作用。国家治理能力现代化要通过政府治理能力现代化实现，政府治理能力是国家治理能力的体现。政府治理能力现代化是政府整合资源、协调指挥社会各个主体正确高效参与社会治理的能力。想要实现治理能力现代化，就必须构建社会与经济、政治、文化、生态相协调的现代化治理体系。

二是对西部地区政府行政和法律治理体系以及经济、政治、社会、文化和生态五个方面的治理能力进行分析，结果表明西部地区政府的治理体系和治理能力现代化水平均存在不均衡性，而且在全国范围内处在中低位，但是近几年西部地区治理体系在不断地完善，治理能力也在不断地提高。

三是运用 SPSS 因子分析和聚类分析的方法，通过 19 个三级指标，对西部地区治理体系和治理能力进行了测度和综合评价，可以看出各地区财政投入保障不同，治理水平也不同，进而得出政府可以把财政资金投入政府治理的各个方面，进而推动政府治理体系和治理能力现代化的结论。

四是实现西部地区治理现代化的途径是处理好政府与市场的关系，提高消费对经济增长的推动力；深化简政放权，完善廉政机制；加强基本公共服务建设，加强协同治理；支持文化产业发展，做好文化传承；完善生态治理体系。

（二）西部地区政府治理能力和治理体系现代化的展望

1. 西部地区政府治理体系现代化趋势预测

西部地区政府治理体系的现代化程度越来越高，例如 2017～2020 年政府网络透明度指数平均增长 1.15%①，但是增长速度仍然较为缓慢，这也表明治理体系短时间难以得到飞快提升，但是随着时间的推移，西部地区的行政体系、法律体系和监督体系会更加完善和协调高效。

2. 西部地区政府治理能力现代化趋势预测

2015～2018 年西部地区人均 GDP 平均增长 7.47%②，其中，重庆和四川近年来对于大数据、人工智能和各类新业态的投入比较多，经济转型效果较为显著，这说明西部地区经济治理能力总体在增强。西部大开发战略和"一带一路"重大倡议为西部地区带来了新的经济发展机遇，同时，西部地区政府的经济治理能力的提高将带动社会治理能力的提高。在全国范围内，西部地区的政治治理能力也比较高，比东部地区表现要好，并且近几年西部地区政府一直致力于政治治理能力的提高，政治治理能力的增强将进一步支持经济、社会、文化和生态水平提高。近几年西部城市旅游热度上涨，这对西部政府文化和生态治理能力提出了更高的要求。

随着西部大开发战略的推进和"一带一路"重大倡议的逐步实现，西部地区无论是治理体系还是治理能力都将实现稳步提升，行政体系、法律体系和监督体系更加协调一致，经济、政治、社会、文化、生态的治理都将迎来一个新时期。

---

① 资料来源：浙江大学公共政策研究院、浙江省公共政策研究院联合发布的 2017～2020 年的《中国政府网络透明度指数评估报告》。

② 资料来源：国家统计局《中国统计年鉴》。

基本实现现代化的支持体系建设

Support System Construction for Basically Realizing Modernization

B.12

西部地区基本实现现代化的产业支持*

高 煜　张 琦**

摘　要： 西部地区基本实现现代化是我国基本实现现代化的重要组成部分。由于西部地区经济社会发展不平衡，西部地区基本实现现代化存在差异化的特殊性。本文从产业支持西部地区现代化的角度入手，在分析西部地区基本实现现代化内涵的基础上，从创新平台支持、协调发展支持、绿色发展支持、扩大开放支持、共享发展支持等方面分析了西部地区基本实现现代化的产业支持方式，在此基础上，进一步对2019～2020年西部地区的产业支持态势进行分析，进

---

* 本文为陕西省软科学研究计划重点项目“构建陕西现代产业体系研究”（项目编号：2020KRZ005）的阶段性研究成果。

** 高煜，博士，教育部人文社会科学重点研究基地——西北大学中国西部经济发展研究院兼职研究员，西北大学经济管理学院经济学系主任、教授、博士生导师，主要研究方向为产业经济学、发展经济学；张琦，西北大学经济管理学院硕士研究生。

而对未来15年西部地区基本实现现代化的产业支持趋势进行分析和预测。

关键词： 西部地区 现代化 产业支持

2017 年 10 月，党的十九大提出了新时代“开启全面建设社会主义现代化国家新征程”和“两个阶段安排”，其中，明确指出，“第一个阶段，从二〇二〇年到二〇三五年，……基本实现社会主义现代化。”[①] 2020 年 10 月，党的十九届五中全会审议通过了“十四五”规划，并进一步明确“到二〇三五年基本实现社会主义现代化远景目标”。西部地区基本实现现代化是我国基本实现现代化的主要组成部分。其中，产业支撑是西部地区基本实现现代化的重要保证。

一 西部地区基本实现现代化的产业支持的内涵

实现现代化意义的国家富强是中国社会主义建设与发展的一贯目标和长期战略。1964 年三届人大一次会议的政府工作报告就明确提出了“四个现代化”的战略目标以及“分两步走”的战略部署。[②] 1987 年邓小平明确提出了分三步走实现现代化，其中，到 21 世纪中叶，人均国民生产总值达到中等发达国家水平，人民生活比较富裕，基本实现现代化。[③] 党的十五大报告将“第三步”具体分为三个阶段实施，其中，到 21 世纪中叶新中国成立 100 年时，基本实现现代化，达到中等发达国家

---

① 习近平：《决胜全面建成小康社会 夺取新时代中国特色社会主义伟大胜利——在中国共产党第十九次全国代表大会上的报告》，《人民日报》2017 年 10 月 28 日，第 2 版。

② 周恩来：《政府工作报告》，中国政府网，http：//www. gov. cn/test/2006 - 02/23/content_208787. htm，1964 年 12 月 21 日。

③ 中宣部：《邓小平同志建设有中国特色社会主义理论学习纲要》，学习出版社，1995。

水平。党的十七大明确提出“建设富强民主文明和谐的社会主义现代化国家”①。

（一）基本实现现代化的内涵

中国经济社会的现代化发展对这一重大命题的学术研究提出了时代要求。洪银兴指出，中国的现代化是具有发展中国家低发展起点赶超性质的现代化，从根本上区别于发达国家的现代化含义，具有中国特色与国际标准的双重含义。② 因此，基于已有研究，中国基本实现现代化包含以下内涵。

1. 基本实现现代化的双重含义

洪银兴明确了中国的现代化具有目标与进程的双重含义：现代化既是中国社会状态的发展目标，即从传统社会转变为现代社会，同时，又是包含阶段与战略的社会进程。③ 因此，中国的现代化不仅是社会发展目标，也应当重视以实现现代化为目标的发展方式，二者辩证统一，现代化目标是现代化进程的指向，现代化进程是现代化目标的路径与保障。二者相统一，构成完整的中国现代化含义。

2. 基本实现现代化的内容

根据罗斯托④，库兹涅茨⑤，弗兰克⑥，贝尔⑦，奥塔⑧，英格尔斯⑨，摩尔⑩等的研究，经济发展存在阶段性特征，现代化是经济发展的阶段性表

---

① 周明生、蒋海益：《中国共产党与时俱进的现代化建设思想》，《唯实》2012 年第 1 期。
② 洪银兴：《现代化的创新驱动：理论逻辑与实践路径》，《江海学刊》2013 年第 6 期。
③ 洪银兴：《新时代的现代化和现代化经济体系》，《南京社会科学》2018 年第 2 期。
④ 罗斯托：《经济增长的阶段》，郭熙保译，中国社会科学出版社，2001。
⑤ 库兹涅茨：《现代经济增长：发现与思考》，戴睿、易诚译，北京经济学院出版社，1993。
⑥ 弗兰克：《不发达的发展》，《每月评论》1966 年第 18 期。
⑦ 贝尔：《后工业社会的来临》，高铦等译，新华出版社，1997。
⑧ 奥塔：《后现代状态》，车槿山译，南京大学出版社，2011。
⑨ 阿里克斯·英格尔斯：《人的现代化——心理·思想·态度·行为》，殷陆君译，四川人民出版社，1985。
⑩ P. J. Mol、Bettina Bluemling：《生态现代化理论：回顾和展望》，《理论学刊》2011 年第 7 期。

现；经济现代化是现代化的核心内涵，现代化就是进入现代经济增长阶段，即以技术进步、结构变化等现代化方式推动经济持续增长。随着经济社会发展，现代化的内容不断变化、丰富，涉及居民收入水平、教育水平、医疗水平、平均寿命，工业化、城市化、生态化、信息化、全球化，产业结构、就业结构、分配结构、社会结构，风险应对等。洪银兴指出，中国特色社会主义现代化具有独特内涵，即中国的现代化是开放的、分区域分阶段进行的，是内生和外源的统一，是以经济现代化为先导，渐次拓展的，包括经济现代化、科学技术现代化、人民幸福、共同富裕、人的全面发展、社会发展水平现代化等在内的全面现代化。①

3. 基本实现现代化的动力与路径

在现代化的动力方面，中国现代化的动力包括目标动力与约束动力。目标动力包含：国家富强、人民幸福、社会发展、民主法治、科技发达、环境优美、文化兴盛、健康安全等现代化目标。约束动力包括资源约束、环境约束，即在资源、环境等约束下，寻求实现中国国家富强、人民幸福、社会发展、民主法治、科技发达、环境优美、文化兴盛、健康安全等的现代化目标。在现代化的路径方面，格申克龙指出了发展中国家利用“后发优势”进行赶超的路径。② 洪银兴从效率提升、产业升级、科技创新方面指出了中国基本实现现代化的路径。③

（二）西部地区基本实现现代化内涵的具体指向

西部地区基本实现现代化是全国基本实现现代化的重要组成部分，同时作为经济社会发展落后地区，西部地区基本实现现代化对于全国基本实现现代化具有重要的支撑与保障的战略作用。作为发展中大国，中国的现代化进程必然是以阶段性推进与“区域推进”相结合的方式演进，因此，中国的

① 洪银兴：《新时代的现代化和现代化经济体系》，《南京社会科学》2014 年第 2 期。

② 格申克龙：《经济落后的历史透析》，商务印书馆，2004。

③ 洪银兴：《成为世界经济大国后的经济发展方式》，《当代经济研究》2010 年第 12 期。

现代化进程必然包含着“区域现代化”的重大命题。[①] 经济社会发展落后的西部地区基本实现现代化的内涵与任务既与全国现代化（以及经济发达地区的率先现代化）存在根本一致性，同时也存在差异化的特殊性。

1. 西部地区基本实现现代化的经济基础较差

这主要体现在三个方面：一是巩固脱贫攻坚成果任务重。中国基本实现现代化是在全面建成小康社会的基础上进行的，即全面建成小康社会是基本实现现代化的关键保障。西部地区贫困问题突出，脱贫攻坚任务重，但脱贫攻坚成效显著。2019 年西部 90% 以上的贫困县已实现脱贫摘帽，农村贫困人口减少到 323 万人。[②] 因此西部地区在基本实现现代化过程中巩固脱贫攻坚成果、防止返贫的任务重大。二是需求侧的收入水平、消费水平、财富水平较低。2019 年西部人均收入为 23896. 1 元，社会消费品零售总额为 84504. 7 亿元，均远低于全国平均水平。[③] 三是供给侧的三次产业能力较低。2019 年西部地区三次产业增加值分别为 22471 亿元、77797. 3 亿元和 104917 亿元，分别占全国的 31. 9% 、20. 2% 和 19. 8% 。[④] 因此，西部地区从资源型产业转向现代产业体系，实现产业现代化转型升级的任务重大。

2. 西部地区基本实现现代化的社会基础薄弱

这主要体现在三个方面：一是西部地区基础设施建设水平低。2019 年，西部铁路营运里程为 5. 6 万公里，其中高铁营运里程为 9630 公里，但相比全国其交通网络的空间可达性仍有待进一步提升。[⑤] 二是西部地区科学技术发展水平低。2019 年西部 R&D 经费支出为 2858. 5 亿元，发明专利申请数

① 洪银兴：《关于区域率先基本实现现代化的思考》，江苏发展高层论坛，2011。

② 国家发改委有关负责人就《中共中央　国务院关于新时代推进西部大开发形成新格局的指导意见》答记者问，中国政府网，https：//www. ndrc. gov. cn/xxgk/jd/jd/202005/t20200521_1228547. html，2020 年 5 月 21 日。

③ 数据来自《中国统计年鉴》，中国统计出版社，2020，第 816 ~ 817 页。

④ 数据来自《中国统计年鉴》，中国统计出版社，2020，第 816 ~ 817 页。

⑤ 国家发改委有关负责人就《中共中央　国务院关于新时代推进西部大开发形成新格局的指导意见》答记者问，中国政府网，https：//www. ndrc. gov. cn/xxgk/jd/jd/202005/t20200521_1228547. html，2020 年 5 月 21 日。

为14.53万件，仅占全国的13.1%和11.69%[①]，这说明西部地区的科技发展水平远低于全国，并呈现出低投入、低产出的特点。三是西部地区教育文化发展水平低。西部地区教育基础薄弱、总体质量不高，2019年教育经费总额仅为11470.93亿元，占全国教育经费投入总额的24.86%。[②] 四是西部地区医疗卫生水平低。2019年西部地区仅有307432家医疗卫生机构，237.21万张医院床位和289.73万卫生技术人员[③]，公共医疗卫生体系亟待健全。

3. 西部地区基本实现现代化的生态环境压力大

这主要表现在两个方面：一是生态脆弱地区多，生态保护压力大。第五次全国荒漠化和沙化监测结果显示，全国95%以上的荒漠地区和93%以上的沙化土地来自西部。[④] 二是环境污染严重，治理污染任务重。2019年西部废水中污染物排放量达555.63万吨，一般工业固体废物生产量达142543万吨，分别占全国的25.91%和36.86%[⑤]，这种高排放、高污染粗放型生产导致西部地区环境污染严重，治理压力较大。

4. 西部地区基本实现现代化的开放程度低

这主要表现在三个方面：一是对外贸易水平低。2019年西部地区对外贸易的进出口总额为27780亿元，仅占全国进出口总额的8.8%。二是对外引资水平低。2019年，西部实际使用外商直接投资金额为358.79亿美元，仅占全国的25.97%，西部地区在吸引外商投资方面竞争力弱、产业优势不明显。[⑥] 三是对外交通物流发展水平低。近年来西部地区加快高铁、航线等交通网络的建设，已基本形成覆盖区域内部的物流运输网络，但是西部地区

---

① 数据来自《中国统计年鉴》，中国统计出版社，2020，第515页。

② 数据来自《中国统计年鉴》，中国统计出版社，2020，第684~688页。

③ 数据来自《中国统计年鉴》（2020年）（第706~710页）及各省（区、市）统计年鉴。

④ 数据来自《第五次全国荒漠化和沙化监测结果》，国家林业和草原局网站，http://www.forestry.gov.cn/。

⑤ 数据来自《中国统计年鉴》，中国统计出版社，2020，第241~245页。

⑥ 数据来自《2019年度中国对外投资统计公报》，中华人民共和国商务部网站，http://hzs.mofcom.gov.cn/article/aa/202009/20200903001523.shtm。

受其地理区位和经济发展水平的限制，对外物流的发展还较为薄弱。

因此，与发达地区创新发展，满足人民对幸福生活新期待，发展现代产业结构，以城乡一体化推动“三农现代化”，推进生态环境现代化，实现高水平对外开放等的现代化的内涵与要求有所差异的是，西部地区基本实现现代化的任务具体体现在：以经济现代化建设为核心，巩固全面建设小康社会成果，实现以现代化为方向的产业转型升级，显著提升人民收入和生活水平，大力保护生态环境，加大对外开放力度，并以此为基础实现更多维度、更高水平的现代化发展。①

（三）西部地区基本实现现代化对产业支持的要求

根据基本实现现代化的目标与现实情况，西部地区基本实现现代化对产业支持的要求主要包括以下几方面。

1. 实体经济支撑现代化的根本方向要求

从全国看，基本实现现代化必须依靠实体经济的高质量发展，必须确保实体经济支撑基本实现现代化的根本方向。虚拟经济无法支撑现代化，但虚拟经济在同实体经济协调发展、推动实体经济高质量发展的过程中将对实现现代化发挥重大作用。如果虚拟经济的发展不以推动实体经济发展为方向，就会损害实体经济发展的根基，无法实现发展成果的普遍共享，无法实现经济持续、稳定的发展，从而无法实现真正意义上的现代化。产业是实体经济的根基与主体，因此产业支撑是实体经济支撑现代化的根本方向要求。从西部地区看，西部地区发展落后的根本原因是以实体经济为核心的生产力落后。人民日益增长的美好生活需要和不平衡不充分发展之间的矛盾在西部地区尤为突出，表现为落后的生产力无法支撑人民的收入提升与需求升级。落后的生产力是西部地区基本实现现代化进程中亟须补齐的短板与亟须强化的弱项。因此，实体经济推动西部地区基本实现现代化的根本方向与实际表现，要求产业支撑推动西部地区基本实现现代化。

① 洪银兴：《现代化理论和区域率先基本现代化》，《经济学动态》2012 年第 3 期。

2. 构建新发展格局的战略性要求

基本实现现代化是在当前全球经济政治发生重大变化的背景下进行的：一是新冠肺炎疫情诱发全球性经济大规模衰退；二是中国面临国际经济政治关系的深度调整；三是包括生产体系、贸易体系、金融体系等在内的全球经济体系的深度重构。针对这种局面的战略应对，中国正在着力构建以国内大循环为主体、国内国际双循环相互促进的新发展格局。新发展格局的重要内涵之一就是，应对全球经济政治的重大变化，确保中国经济社会安全发展，实现高质量意义上的生产体系的高度自主。因此，无论从产业意义还是区域意义来说，新发展格局中的内循环都要求西部地区在基本实现现代化进程中，将产业高质量发展作为其重要支撑。

3. 新一轮科技创新、产业创新的时代性要求

以数字技术、网络技术、信息技术、人工智能技术等为代表的科技创新正在推动新一轮产业创新迅猛发展。新一轮的革命性创新正在从技术领域发展到产业领域，从消费领域发展到生产领域，从制造环节发展到全生产环节，从单一生产领域发展到全生产体系，从核心技术突破发展到多场景应用，从经济领域发展到全社会多领域，这些革命性创新正在和必将深度改变经济社会的运行与发展。西部地区基本实现现代化正是在这样的革命性创新时代背景下进行的，因此，必须通过新兴产业发展、传统产业创新等方式，以产业创新为引领，推动西部地区快速进入新经济时代，确保西部地区基本实现现代化的时代意义。

二　西部地区基本实现现代化的产业支持方式

实现现代化必须扎实推动高质量发展，而高质量发展是体现新发展理念的发展。在西部地区建设现代化的进程中，要坚定不移地贯彻五位一体的新发展理念。因此，西部地区的产业要能够从创新、协调、绿色、开放和共享的角度为现代化建设提供支持保障。

（一）创新平台支持

创新发展是新时代西部地区基本实现现代化的必由路径，而不能再走主要依靠资源开发的粗放发展道路。一方面，通过创新发展实现现代化是新时代中国的必然选择，作为全国基本实现现代化重要组成部分的西部地区必须在这一进程中发挥重要作用，只是需要在这一过程中积极寻求适合其实际与特色的创新发展道路，在创新发展模式、创新发展路径等方面实现差异化发展。另一方面，随着西部地区资源、环境压力持续加大，劳动力成本不断上升，产业升级要求日益紧迫，西部地区原有的资源依赖、低劳动力成本、低技术加工型的经济发展模式不可持续，急需西部地区走上以创新寻求现代化的新发展道路。在发展方式转变、推动创新发展的大方向下，西部地区可以根据自身实际在创新领域、创新模式、创新效果等方面与东部先进地区差异化发展。

产业发展可以为西部地区基本实现现代化提供创新平台支撑。主要表现为：第一，产业发展为科技创新提供了成果应用领域。科技创新是创新发展的基础，但是科技创新的成果是新发现、新技术，其为西部地区基本实现现代化发挥重大作用必须通过在产业中的应用，因此，产业发展为科技创新提供了成果应用领域。第二，产业发展为产业创新提供了创新主体。产业创新的主体是企业，产业创新的推动者是大批有强烈创新意识的企业家。而只有实现西部地区现代产业发展，才能形成大量有较强创新精神的企业家，才能形成大量创新型企业，才能推动西部地区产业创新的快速发展。第三，产业发展为创新要素集聚提供平台。现代创新难度大、集成度高，从而对包括专家型科技人才、创新型经营管理人才、现代金融及专业化金融支持、现代化物理空间与新型虚拟空间等创新要素有很高的要求。只有创新要素集聚才能实现创新主体集聚，进而推动创新。而只有产业高度发展才能为创新要素发挥其价值创造条件，进而为创新要素集聚提供平台。第四，产业发展为创新发展提供了系统化组织的核心。现代创新与创新早期阶段相比表现出三个明显特征：一是创新的复杂度与难度大大增加；二是现代创新包含科技创新、产业创新、要素创新、制度创新等多领域创新；三是各创新领域协同的体系

化创新。其中，以产品创新、服务创新、商业模式创新等为内容的产业创新居于创新体系的核心地位。产业是科技创新成果的直接应用对象，科技创新必须和产业创新相结合才能产生创新的效果；要素创新既为产业创新提供前提，又是产业创新的结果；制度创新为协调科技创新与产业创新提供制度激励。因此，产业发展为创新发展提供了系统化组织的核心。第五，围绕产业链组织创新链。全球价值链竞争是当前国际竞争的重要表现，更是产业创新的重要路径。[①] 我国产业目前处于全球价值链的中低端，科技创新水平与发达国家相比还存在较大差距。因此，必须围绕我国优势技术聚力的产业链组织创新链，从而在现代供应链中形成发展新动能，推动我国产业向全球价值链中高端迈进。

（二）协调发展支持

西部地区基本实现现代化必须实现协调发展，其中，实体经济与虚拟经济协调发展，城乡协调发展，区域协调发展是西部地区协调发展的重点。产业发展可以为西部地区基本实现现代化的协调发展提供重要支持。第一，支持实体经济与虚拟经济协调发展。党的十九大报告提出“必须把发展经济的着力点放在实体经济上”[②]，并明确指出了基本实现现代化过程中供给侧结构性改革的重点方向。对于西部地区，以实体经济为发展重心，更是实现基本现代化应坚定的方向。西部地区实体经济与虚拟经济协调发展的关键在于三个方面：一是实现实体经济高质量发展；二是实现虚拟经济高质量发展，特别是现代金融的高质量发展；三是以推动实体经济高质量发展为方向，实现实体经济与虚拟经济协调发展。与东部发达地区实体经济发展水平高、现代金融发展迅速的情况存在较大差距的是，西部地区以工业为核心的实体经济发展较慢，现代金融发展差距较大。已有研究表明，第二产业在三

---

① 洪银兴：《围绕产业链部署创新链——论科技创新与产业创新的深度融合》，《经济理论与经济管理》2019 年第 8 期。

② 习近平：《决胜全面建成小康社会　夺取新时代中国特色社会主义伟大胜利——在中国共产党第十九次全国代表大会上的报告》，《人民日报》2017 年 10 月 28 日，第 2 版。

次产业中的贡献最低。[①] 因此，大力发展以现代制造业、现代服务业为核心内容的现代产业，并以此为推动力量，实现实体经济与虚拟经济高水平协调发展，这是西部地区基本实现现代化协调发展的重要内容。第二，支持城乡协调发展。城乡协调发展对于西部地区基本实现现代化具有重大意义。与东部发达地区相比，西部地区城乡协调发展的问题突出地表现在城市化水平低，中心城市、城市群的产业功能低，农村发展水平落后，农业发展水平低，城乡发展差距大。因此，西部地区城乡协调发展中，产业发展的支持作用主要表现在以数字产业，高科技产业，先进制造业，现代服务业，现代文化、体育、艺术、创意产业等为主要内容的现代产业发展，推动西部地区中心城市与城市群产业规模与质量的显著提升，以及在此基础上的高水平城市化，并以此辐射、带动农村地区发展；以农业现代化为核心实现产业推动西部地区乡村振兴。第三，支持区域协调发展。西部地区幅员辽阔，内部区域发展的地理条件、资源条件、经济社会文化条件差异巨大，区域协调发展难度大。推动西部地区内部区域协调发展，从供给侧的产业视角来看，重点在于三个方面：一是因地制宜根据当地具体资源地理条件发展当地特色产业，奠定当地产业发展基础；二是以区域产业分工与产业联系为基础，构建西部地区内部区域产业分工协同的循环体系，推动西部地区现代产业发展升级；三是通过多种模式实现西部地区内部各区域与国内外各地区的产业分工协同。

（三）绿色发展支持

改革开放以来，我国经济快速崛起主要依靠的是高能耗、低产出的粗放型增长方式，其所带来的生态环境恶化已成为制约我国经济发展的因素。因此，作为我国基本实现现代化进程中的关键区域，西部地区必须坚定不移地走绿色发展道路。产业发展推动西部地区走绿色现代化路径主要表现在：一是产业发展能为资源补偿提供物质基础。过去粗放式发展方式带来的生态环境恶化，需

---

① 高煜、王旭：《新时代背景下西部地区产业数量增长、质量发展及其协调度研究》，《中国西部发展报告（2018）》，社会科学文献出版社，2018。

要有足够的物质资源进行补偿修复。因此，我国作为最大的发展中国家，只有在保证产业蓬勃发展的前提下建设生态环境，才能在经济稳定增长的同时实现绿色发展。二是产业升级能够改善环境质量。产业的优化升级表现为生产技术的进步和产品附加值的提高，二者能够通过提高生产效率、研发创造新的清洁技术和淘汰高能耗、高污染产业，来改善环境质量。三是产业发展为绿色技术提供了应用领域。大数据、互联网、人工智能等绿色清洁技术的产生必须通过产业才能得以实现，因此产业为绿色技术提供成果转化的平台。四是绿色产业发展是产业转型升级的目标导向。大力推进绿色产业发展是实现绿色可持续发展最直接最有效的途径。倡导资源循环利用，鼓励探索低碳转型路径，努力构建集聚度高、竞争力强、资源环境友好的绿色产业体系是支撑未来发展的重要举措。

（四）扩大开放支持

党的十九届五中全会提出了“加快构建以国内大循环为主体、国内国际双循环相互促进的新发展格局”，因此，构建新发展格局就成为西部地区基本实现现代化的重大内容。西部地区构建新发展格局的一项重要短板是对外开放程度低，严重制约了国内国外双循环的相互促进。因此，提升对外开放程度和水平，形成国内国际双循环相互促进，就成为西部地区构建新发展格局的重要内容。西部地区对外开放存在的问题突出地表现在：对外贸易与投资数量少，以一般贸易、跨境旅游等传统形式为主，方式单一，对外开放对经济带动范围小、程度低等。西部地区开放发展相对滞后的本质是，西部地区没有有效融入全球产业分工，及全球价值链、国际产业链与国际供应链。除了地理等因素外，导致这一问题的根本原因是西部地区工业化水平长期滞后。已有研究结果显示，西部地区工业化水平远落后于东部地区。[①] 所以西部基本实现现代化中开放发展的目标重点在于三个方面：一是加快建成次区域生产中心。西部地区要充分依托地理区位优势，积极打造内陆开放高地、深度融

① 高煜、雷淑珍：《西部大开发 20 年区域分工对西部地区产业发展的作用机理研究》，《西部大开发 20 年——中国西部地区繁荣发展道路》，社会科学文献出版社，2019。

入“一带一路”建设，从而建成次区域生产中心，推动地区工业化快速发展。二是加快建成服务中心。西部地区应进一步拓宽开放领域，提高服务业开放程度，从而加快形成服务中心，辐射带动西部地区实现基本现代化。三是加快建成消费中心。西部地区应进一步释放居民消费潜力，扩大市场规模，建成西部消费中心，从而畅通国内大循环、带动国内国际双循环。因此产业在支持西部提高开放程度中应发挥以下三方面的作用。一是充分发挥产业集聚效应和产业配套效应，发挥规模经济的作用、外部效应和完善基础配套设施建设，从而加快次区域生产中心、服务中心和消费中心的形成。二是充分发挥要素集聚效应，吸引人才、资金等优质要素进一步向西部集聚，增强西部综合竞争优势。三是充分发挥产业升级效应，推动产业基础高级化，积极承接国内外产业转移，从而推动西部大开发新发展格局的形成。

（五）共享发展支持

共享发展是西部基本实现现代化的出发点和落脚点。产业发展在支撑共享发展从而加快实现西部现代化的过程中，应重点发挥以下作用。一是巩固脱贫攻坚成果。2020 年底，国务院扶贫办确定的全国 832 个贫困县已全部摘帽，我国脱贫攻坚任务取得了决定性的进展，但这并不意味着我国脱贫攻坚任务的全面完成，巩固脱贫攻坚成果、防止返贫成为当前共享发展中最重要的任务。因此西部地区要充分发挥产业扶贫的持续效应，以产业带动生产，激发贫困地区的内生动力和自我发展能力，最大程度防止返贫。二是实现高质量就业，增加人民收入。就业是社会稳定的重要保障，产业发展是保就业的重要基础。当前我国经济发展进入新常态，传统产业的就业吸纳能力有限，为此要加快传统产业转型升级，积极培育新兴产业，从而拓展就业渠道和方向，创造更多就业机会，提高就业质量。三是扩大中坚群体，实现经济社会稳定。中坚群体是指中等收入人群，他们通常具有相对稳定的收入来源和社会地位，是经济社会发展中最稳定的力量。产业发展是扩大中等收入群体最重要的物质保障。只有加快转变产业发展方式、积极培育产业发展新动能，才能带动区域经济增长，扩大中坚群体，实现经济社会稳定发展。

三　西部地区基本实现现代化的产业支持的态势分析

西部大开发战略的实施，有效推动了西部地区产业的转型升级。图 1 反映了 2010 ~2019 年西部地区三次产业的增长率，西部三次产业年增长率呈先下降后上升的趋势，且第三产业年均增长率远高于其他产业。2019 年西部地区国内生产总值达到 183948 亿元，同比增长 5.07%，高于同期全国平均增长率，第二产业和第三产业增加值分别为 70719.8 亿元和 94144.99 亿元，年均增长率为 0.11% 和 10.85%，低于同期全国平均水平，这表明西部地区在基本实现现代化的进程中，需要转变第二、第三产业的发展方式，找寻新的增长点。

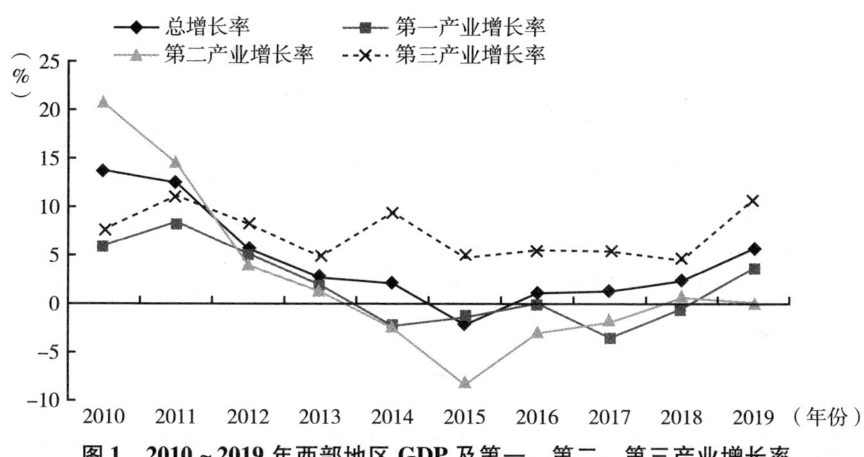

图 1　2010 ~2019 年西部地区 GDP 及第一、第二、第三产业增长率

说明：①产业年均增长率是以 1978 年为基期、按 GDP 平价指数处理后的产业增加值计算所得。②按照国家统计局划分，西部包括内蒙古、广西、重庆、四川、贵州、云南、西藏、陕西、甘肃、青海、宁夏、新疆 12 个省（区、市）。

资料来源：《中国统计年鉴》（2010 ~2020 年）以及西部地区各省（区、市）统计年鉴。

产业结构的变动趋势也是西部地区基本实现现代化的关键因素。本文用高级化和合理化指数反映西部地区产业结构的变动趋势，从图 2 可以看出，西部地区产业结构高级化指数呈上升趋势，而产业结构合理化指数则呈小幅下降趋势。2019 年西部地区产业结构高级化指数为 1.33，是 2010 年的近

2 倍，而产业结构合理化指数为 0. 28，相比 2010 年合理化指数 0. 38 而言变动幅度不大，这说明西部地区产业总体增长态势良好，第三产业对经济增长的贡献不断增加，这为西部地区基本实现现代化提供了良好的物质基础。

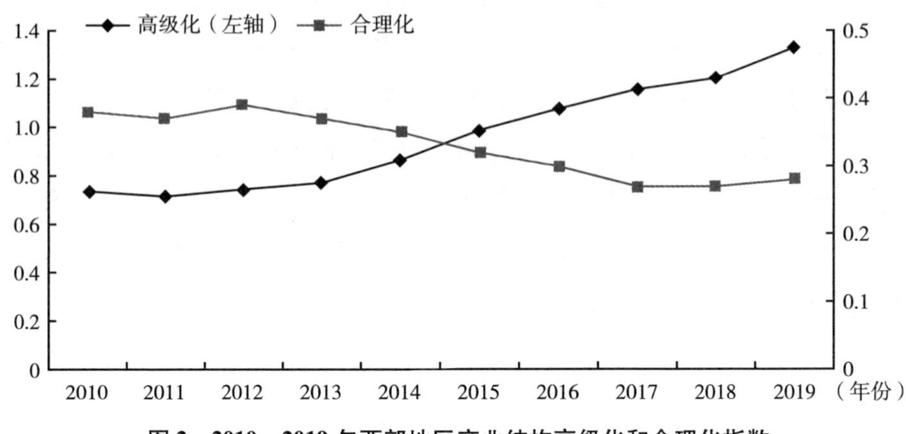

图 2　2010～2019 年西部地区产业结构高级化和合理化指数

说明：①产业结构高级化指数计算公式为：产业结构高级化指数 = 第三产业产值/第二产业产值。②参考干春晖[①]产业结构合理化指数的计算方法，即：$TL = \sum_{i}^{n}\left(\frac{Y_i}{Y}\right)ln\left(\frac{\frac{Y_i}{L_i}}{\frac{Y}{L}}\right)$，其中 TL 为产业结构合理化指数，Y 为产值，i 为产业，L 为就业人数，n 为产业个数。

资料来源：《中国统计年鉴》（2011～2020 年）以及西部地区各省（区、市）统计年鉴。

（一）产业支持创新发展的态势分析

创新是引领发展的第一动力，科技创新对经济发展具有巨大的促进作用。西部地区基本现代化的实现，必须依靠创新驱动内涵性增长。图 3 反映了 2010～2019 年西部地区 R&D 经费支出和发明专利授权数的变动情况，二者分别表征了西部地区的创新投入水平和创新产出水平。2010～2019 年，西部地区 R&D 经费支出和发明专利授权数量都呈明显上升态势。2019 年西部地区 R&D 经费投入为 2858. 5 亿元，发明专利授权数量为 40261 件，年均增长率分

① 干春晖、郑若谷、余典范：《中国产业结构变迁对经济增长和波动的影响》，《经济研究》2011 年第 5 期。

别为 14.11% 和 21.9%，这说明西部地区的产业发展有效推动了科技创新的发展，尤其是在创新成果的转化应用方面作用显著。

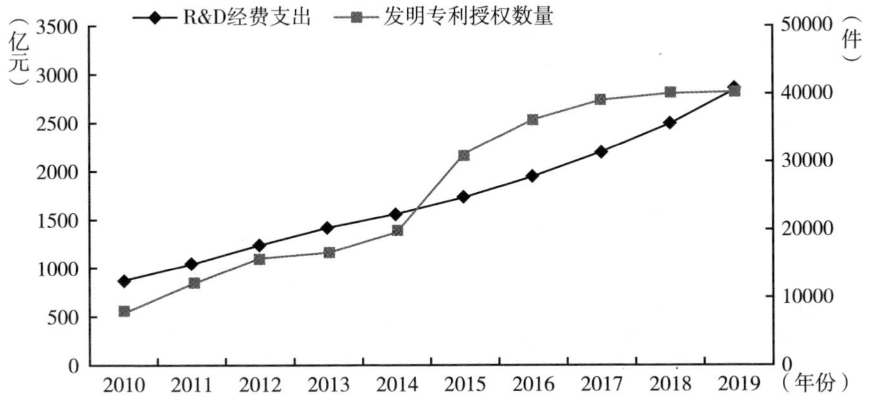

图 3　2010～2019 年西部地区 R&D 经费支出和发明专利授权量

资料来源：《中国科技统计年鉴》、《中国统计年鉴》（2011～2020 年）以及西部地区各省（区、市）统计年鉴。

（二）产业支持协调发展的态势分析

实现协调发展、解决好发展中的不平衡问题是西部地区基本实现现代化的关键。社会融资规模是指一定时期内实体经济从金融体系中获得的全部资金总额，是全面反映虚拟经济支持实体经济的一个重要参考指标，因此参照郭丽虹等①的方法，本文分别采用社会融资规模和城乡居民人均收入来衡量西部地区的虚拟经济支持实体经济的协调发展与城乡协调发展。图 4 和图 5 反映了 2013～2019 年西部地区社会融资规模、城镇和农村居民人均收入以及城乡收入差距都呈不断扩大的趋势。2019 年西部地区社会融资规模达到 44909.29 亿元，同比增长 30.3%，这反映出第三产业对虚拟经济与实体经济的协调发展起到了有效的支撑作用。此外，2019 年西部地区城镇、农村

① 郭丽虹、张祥建、徐龙炳：《社会融资规模和融资结构对实体经济的影响》，《国际金融研究》2014 年第 6 期。

居民人均收入分别为36040.6元和13035.3元，是2013年的1.6倍和1.4倍，但城乡收入差距却是2013年的1.4倍，这说明西部地区的产业发展在一定程度上确实改善了城乡居民的生活质量，但西部地区仍存在城镇化水平低、中心城市的产业带动能力弱等问题。

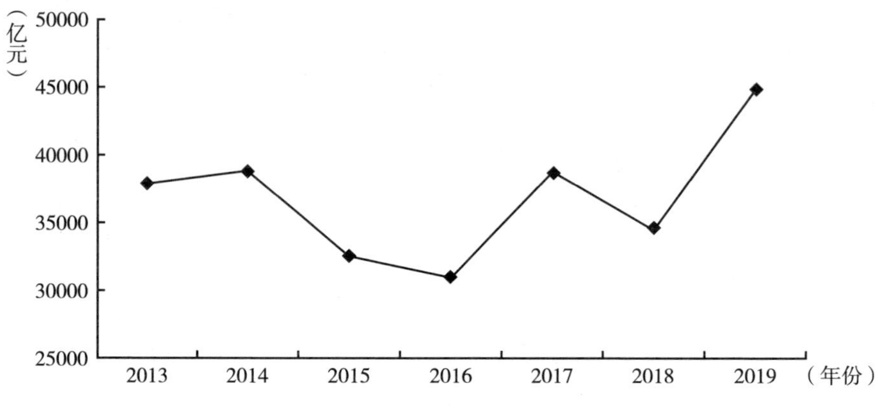

图4　2013～2019年西部地区社会融资规模

资料来源：中国人民银行《统计数据（2013～2019年）》，网址：www.pbc.gov.cn/diaochatongjisi/116219/index.html。

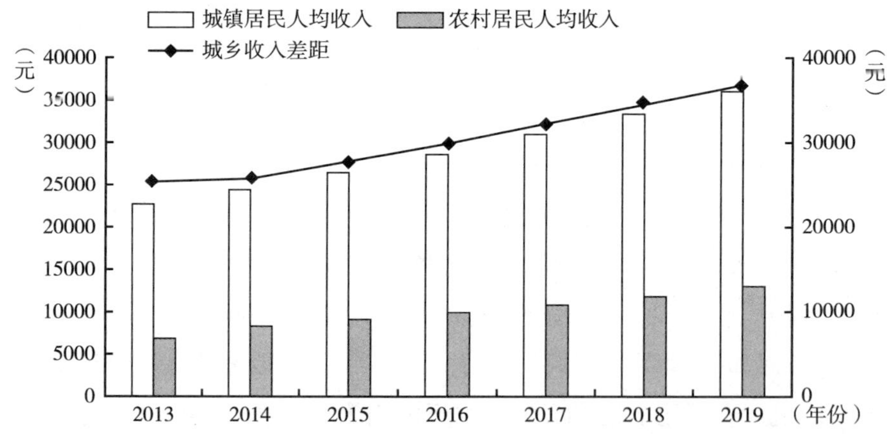

图5　2013～2019年西部地区城镇居民人均收入、农村居民人均收入及城乡收入差距

说明：左纵轴代表城镇居民人均收入和农村居民人均收入，右纵轴代表城乡收入差距。

资料来源：《中国统计年鉴》（2014～2020年）及西部地区各省（区、市）统计年鉴。

（三）产业支持绿色发展的态势分析

自西部大开发战略实施以来，西部地区在发展中就高度重视环境保护。图6显示2010～2019年西部地区单位GDP能耗和环境污染治理投资占GDP比重呈不断下降趋势。2019年西部单位GDP能耗仅为0.087克/元，环境污染治理投资占GDP的1.2%，这说明西部地区不仅可以通过产业转型带动企业技术升级，提高生产效率、改变生产方式，使生产过程中资源消耗和污染物排放大幅减少，还能通过产业链升级，使西部地区在产业转型过程中淘汰高污染、高能耗行业，从而有效改善西部地区的生态环境质量。

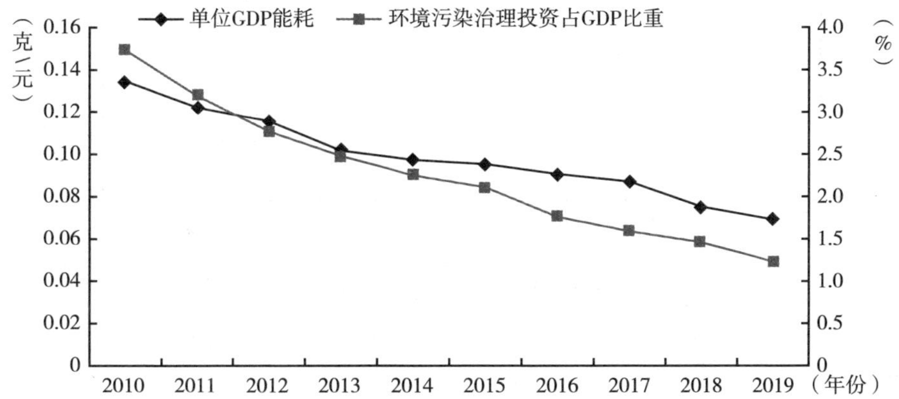

图6　2010～2019年西部地区单位GDP能耗和环境治理投资占GDP比重

说明：单位GDP能耗计算公式来自国家统计局公布的计算方法，即单位GDP能耗=能源消费量/国内生产总值。

资料来源：《中国环境统计年鉴》、《中国统计年鉴》（2011～2020年）及西部地区各省（区、市）统计年鉴。

（四）产业支持扩大开放的态势分析

面对全球产业竞争格局的重大调整和国际环境不确定性的明显增加，西部地区必须构建以创新为动力的新发展格局，这是西部地区基本实现现代化的必然选择。只有加快西部地区优势产业发展，提高西部地区产业竞争力，才能充分扩大西部地区市场规模，畅通国内大循环、实现国内国际双循环。图 7 反映了西部地区的开放水平。2019 年，西部地区外贸依存度为 15.1%，而实际利用外资额为 358.79 亿美元，仅占全国实际利用外资总额的 25.97%，这表明西部地区的产业发展虽然推动了地区对外贸易的发展，但其产业的综合竞争力仍然不高，尚不足以支撑西部地区产业向全球价值链中高端水平迈进。

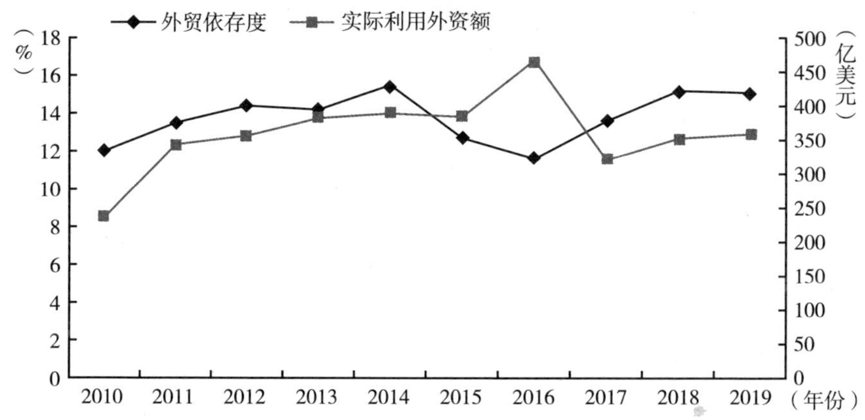

图 7　2010～2019 年西部地区对外依存度和实际利用外资金额

资料来源：《中国统计年鉴》（2011～2020）及西部地区各省（区、市）统计年鉴。

（五）产业支持共享发展的态势分析

西部地区基本实现现代化，其根本目的是更好地实现人民对美好生活的向往，改善人民生活质量、共享发展成果、实现共同富裕。因此发展社会民生、实现共享发展是西部现代化进程中的重要目标之一。从图 8、图 9 可以看出，2019 年西部地区人均 GDP 达 23986.1 元，贫困发生率下降到 1.1%，平均失业率仅为 3.5%，这些数据表明西部地区产业发展有效提高了居民收入、减少了贫困以及增加了就业机会，有力支持了西部地区的共享发展。

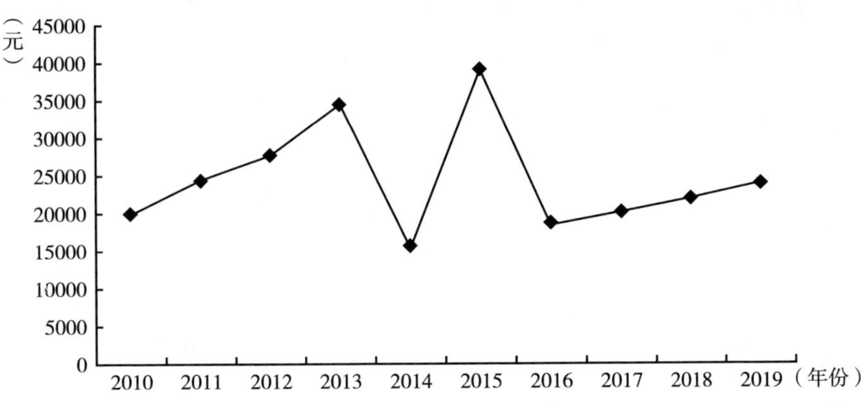

图8　2010～2019年西部地区人均GDP

资料来源：《中国统计年鉴》（2011～2020年）。

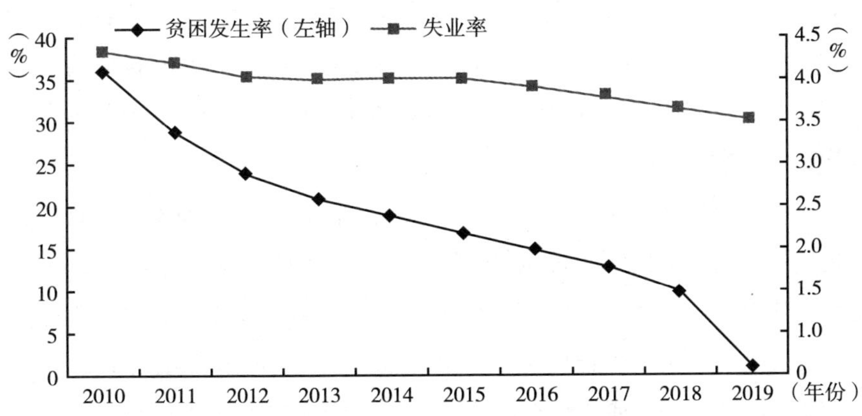

图9　2010～2019年西部地区贫困发生率和失业率

资料来源：《中国农村贫困监测报告》、《中国人口和就业统计年鉴》（2011～2020年）及西部地区各省（区、市）统计年鉴。

四　未来15年西部地区基本实现现代化的产业支持的趋势预测

西部大开发20年来，西部地区经济社会发展取得了新的历史成就，对全国的发展起到了重要的战略支撑作用。当前我国即将开启全面建设现代化的新征程，西部地区作为我国经济社会发展的重点难点地区，其基本实现现代化离不开产业的支持。因此在新时代背景下，未来 15 年产业支持西部地区基本实现现代化的发展趋势将取决于以下三个方面。

第一，西部地区产业发展融入国家发展战略的程度。重点体现在三个方面：一是深度融入“一带一路”建设。西部地区只有积极融入“一带一路”建设，才能进一步提高西部开放水平、让更多的企业“走出去、引进来”，才能整合内外资源、扩大地区市场规模，从而实现基本现代化。二是有效推进黄河流域生态保护和高质量发展战略。黄河流域生态保护和高质量发展作为中国今后重大的国家区域发展战略，是西部地区基本实现现代化的重大战略方向与支撑，西部地区只有在有效推进这一国家重大战略实施的过程中，才能有效实现产业支持西部地区基本实现现代化的目标。三是全面推动西部大开发形成新格局。全面推动西部大开发形成新发展格局能打通生产、分配、流通、消费各环节，从而加快完善国内需求体系，为产业支持西部地区基本实现现代化提供重要的战略保障。

第二，西部地区区域一体化水平。区域一体化发展有利于加快地区内部产业集群的形成和加强区域间的产业联系，从而降低企业的生产和交易成本、激发创新活力，推动西部地区产业分工的深化和专业化水平提高。但是区域一体化发展是一个由不平衡向平衡发展的过程，这必然会导致不同行政区域之间利益冲突。因此，西部地区基本实现现代化不仅取决于区域经济一体化的水平，还取决于符合实际、切实可行的产业政策、区域政策。

第三，西部地区以数字经济为引领的新经济发展水平。在全球科技革命和产业变革下，产业数字化、数字产业化正逐渐成为产业发展的重大趋势。加快培育西部地区数字经济，是深度推动产业数字化、数字产业化发展的必要前提，是大幅提高生产效率、降低生产成本、加快信息传递、拓宽生产边界的必然要求。因此，只有与数字经济深度融合的产业，才能实现创新、协调、开放、共享和绿色发展，才能对西部地区基本实现现代化发挥强有力的支持作用。

B.13

西部地区基本实现现代化的创新驱动支持*

李 辉 张 成**

摘 要： 创新是引领发展的第一动力，也是经济发展和社会进步的重要源泉。党的十九届五中全会强调要始终坚持创新在我国现代化建设中的核心地位，西部地区在未来15年推进现代化建设的进程中同样离不开创新驱动的战略支撑。本文构建了西部地区创新驱动支持评价指标体系，并从创新要素投入、创新成果产出、创新外溢效应和创新生态环境等四个维度对西部地区创新驱动支持进行了全面评价。依据评价结果，从宏观、中观、微观三个层面提出西部地区基本实现现代化的创新驱动支持路径。最后，对西部地区未来15年创新驱动支持的目标和趋势进行了总结和展望，以期为西部地区更好地开启现代化建设的新征程提供参考借鉴。

关键词： 创新驱动 现代化 西部地区

一 引言

党的十九大报告指出，我国在2020年全面建成小康社会以后，将用15年

* 本文受教育部人文社会科学研究青年项目（项目编号：18YJC790078）资助。

** 李辉，博士，教育部人文社会科学重点研究基地——西北大学中国西部经济发展研究院兼职研究员，西北大学经济管理学院副教授，主要研究方向为财税改革、会计理论和会计准则、公司治理；张成，西北大学经济管理学院硕士研究生。

的时间基本实现现代化，到21世纪中叶建成富强、民主、文明、和谐、美丽的社会主义现代化强国。实现社会主义现代化强国的目标离不开创新战略的支撑，加快创新驱动是推动高质量发展、实现人民高品质生活、构建新发展格局和顺利开启全面建设社会主义现代化国家新征程的内在要求。为实现2035年的奋斗目标，党的十九届五中全会进一步明确指出，要坚持创新在我国现代化建设全局中的核心地位。目前，我国的整体创新能力仍然难以适应高质量发展的要求。因此，创新型国家建设是加速我国开启现代化进程的必由之路。

2012年党的十八大提出实施创新驱动发展战略，中共中央和国务院于2016年正式印发了《国家创新驱动发展战略纲要》，制定我国创新驱动发展分三步走的战略目标。第一步，到2020年进入创新型国家行列；第二步，到2030年跻身创新型国家前列；第三步，到2050年建成世界科技创新强国。在创新驱动发展战略的指引下，我国的创新水平显著提升。2019年全社会研发支出达2.17万亿元，占GDP的比重为2.19%，科技进步贡献率达59.5%，全球创新指数排名从2016年的第25位跃升至2020年的第14位。重大科技创新成果不断涌现，为我国培育经济发展新动能、推动经济保持中高速增长以及产业结构迈向中高端提供了重要支撑。

围绕创新驱动与我国现代化建设的关系这一主题，学术界产生了丰富的研究成果，主要包括以下几个方面。

一是如何利用创新驱动现代化建设的研究。王一鸣指出，随着我国进入新常态，应从短期和中长期两个角度打造经济增长的新动力。短期主要依靠“三去一降一补”政策取得实效；中长期需要在科技创新、人力资本投资等领域培育新的发展动力。① 杨蕙馨等研究指出，创新驱动及其动能转换要协调技术创新、组织创新和制度创新的综合驱动作用，并充分考虑产业间的技术差异和地区间的资源禀赋差异。②

二是创新驱动现代化的机制、路径及其规律研究。李兰冰和刘秉镰研究

① 王一鸣：《中国经济新一轮动力转换与路径选择》，《管理世界》2017年第2期，第1~14页。

② 杨蕙馨、邱晨、冯文娜、王军：《创新驱动及其动能转换的策略选择与政策设计——基于构建现代产业发展新体系的视角》，《山东社会科学》2019年第2期，第137~142页。

指出，我国区域经济发展应以知识为基础、以创新为核心、以技术为支撑，促使产业链由中低端向高端转变，提高区域创新能力，进而实现创新驱动和新动能培育。① 孙祁祥和周新发从全要素生产率、高质量产品与服务供给、产业结构升级、消费结构升级、资源与环境、促进社会公平等六个方面揭示了科技创新推动经济发展的内在规律。②

三是对创新驱动发展的评价研究。陶长琪和彭永樟在研究中将经济增长依次划分为要素驱动型、制度依赖型、技术依赖型、创新驱动型等四种类型，并通过测算发现东部沿海部分省份已经到达创新驱动型增长阶段，大多数中西部省份仍处于前三个阶段。③ 宋文月和任保平通过对我国省域创新驱动发展水平评价后发现，我国企业的模仿创新能力对于全要素生产率的贡献较高，而自主创新能力在一定程度上制约了全要素生产率的提高。④

综上所述，已有研究就创新驱动与我国现代化建设的关系进行了丰富的探索，对于后续研究具有重要的参考价值，然而目前鲜有研究探讨我国创新驱动现代化建设的区域差异化问题。不平衡、不充分是现代化建设进程中面临的突出问题，不同区域间的资源禀赋、发展基础具有较大差异。我国东部地区已经接近甚至处于工业化后期阶段，率先开启了现代化进程，而西部地区仍处于工业化中期水平⑤，缺乏创新力是西部地区开启现代化建设新征程中面临的主要制约因素。因此，从创新驱动的视角探索我国西部地区如何更好地开启现代化进程，在理论和实践上都具有十分重要的意义。基于此，本文对 2019 ~2020 年西部地区基本实现现代化的创新驱动支持态势进行分析，

---

① 李兰冰、刘秉镰：《“十四五”时期中国区域经济发展的重大问题展望》，《管理世界》2020 年第 5 期，第 36 ~51 页。

② 孙祁祥、周新发：《科技创新与经济高质量发展》，《北京大学学报》（哲学社会科学版）2020 年第 3 期，第 140 ~149 页。

③ 陶长琪、彭永樟：《从要素驱动到创新驱动：制度质量视角下的经济增长动力转换与路径选择》，《数量经济技术经济研究》2018 年第 7 期，第 3 ~21 页。

④ 宋文月、任保平：《中国省域创新驱动发展水平评价及其影响因素分析》，《统计与信息论坛》2019 年第 1 期，第 73 ~82 页。

⑤ 昌忠泽、陈昶君、张杰：《产业结构升级视角下创新驱动发展战略的适用性研究——基于中国四大板块经济区面板数据的实证分析》，《经济学家》2019 年第 8 期，第 62 ~74 页。

并提出西部地区基本实现现代化的创新驱动支持的路径，在此基础上对西部地区未来15年创新驱动支持的总体趋势进行展望。

二　西部地区基本实现现代化的创新驱动支持的态势分析

（一）西部地区基本实现现代化的创新驱动支持的评价指标体系

1. 评价指标体系的构建

参考现有的评价指标体系①，本文从创新要素投入、创新成果产出、创新外溢效应和创新生态环境四个维度构建了评价指标体系，并对西部地区基本实现现代化的创新驱动支持进行全面评价。其中，创新要素投入和创新成果产出均从不同主体进行考量，包括企业、研发机构、高校和综合四个方面；创新外溢效应包括技术扩散、产业升级和环境改善三个方面；创新生态环境主要从经济环境、政策环境和文化环境三个方面进行评价。具体的基础指标和评价体系如表1所示。

表1　西部地区基本实现现代化的创新驱动支持的评价指标体系

维度指标	方面指标	基础指标	单位	指标属性
创新要素投入	企业	规上工业企业R&D人员全时当量	人年	正指标
		规上工业企业R&D经费	万元	正指标
	研发机构	研发机构R&D人员全时当量	人年	正指标
		研发机构R&D经费	万元	正指标
	高校	高校R&D人员全时当量	人年	正指标
		高校R&D经费	万元	正指标
	综合	R&D经费	亿元	正指标
		R&D经费支出/GDP	%	正指标

① 袁航、茶洪旺：《中国创新驱动指数的测度》，《中国科技论坛》2018年第10期，第46～52页。

续表

维度指标	方面指标	基础指标	单位	指标属性
创新成果产出	企业	规上工业企业新产品销售收入	万元	正指标
		规上工业企业专利申请受理数	件	正指标
	研发机构	研发机构发表科技论文数	篇	正指标
		研发机构专利申请受理数	件	正指标
	高校	高校发表科技论文数	篇	正指标
		高校专利申请受理数	件	正指标
	综合	发明专利授权数	件	正指标
		专利授权总数	件	正指标
创新外溢效应	技术扩散	技术市场交易额	万元	正指标
		国外技术合同引进金额	亿美元	正指标
	产业升级	产业结构高级化指数	—	正指标
		产业结构合理化指数	—	正指标
		第三产业增加值/GDP	%	正指标
	环境改善	二氧化碳排放量/GDP	千克/万元	逆指标
		工业固体废物产生量/GDP	吨/万元	逆指标
创新生态环境	经济环境	人均 GDP	元	正指标
		居民人均可支配收入	元	正指标
	政策环境	科技支出占地方财政支出比重	%	正指标
		拥有科技孵化器数量	个	正指标
		科技企业孵化器孵化企业数	个	正指标
	文化环境	互联网宽带用户数	万户	正指标
		人均拥有公共图书馆藏书量	册	正指标

资料来源：《中国统计年鉴》（2017～2019 年）、《中国科技统计年鉴》（2017～2019 年）。

评价指标体系中的指标直接使用原始数据，对于产业结构高级化指数和产业结构合理化指数，参考干春晖等①的衡量方法。产业结构高级化采用第三产业产值与第二产业产值之比来衡量，数值越大，产业结构越趋向高级化；产业结构合理化采用泰尔指数重新定义，计算公式为：

① 干春晖、郑若谷、余典范：《中国产业结构变迁对经济增长和波动的影响》，《经济研究》2011 年第 5 期，第 4～16 页。

$$TL = \sum_{i=1}^{n} \left(\frac{Yi}{Y}\right) \mathrm{Ln}\left(\frac{Yi}{L} / \frac{Li}{L}\right)$$

其中，Y 表示产值，L 表示就业，i 表示产业。如果产业结构处于均衡状态，则 $TL=0$；当 $TL \neq 0$ 时，表示产业结构偏离了均衡状态，产业结构不合理。

2. 评价方法

本文采用主成分分析法对西部地区各省（区、市）基本实现现代化的创新驱动支持进行评价，具体的操作过程如下。

第一步，由于各基础指标的属性、量纲和量级不同，首先对所有数据进行 Z-score 标准化处理，使得所有指标对创新驱动的作用力趋同化。其中，正指标的处理公式为 $x^* = (x-\mu)/\delta$，逆指标的处理公式为 $x^* = (\mu - x)/\delta$；x 表示指标的原始数值，μ 表示指标均值，δ 表示指标标准差，x^* 表示标准化处理后的数值。

第二步，分别从创新要素投入、创新成果产出、创新外溢效应和创新生态环境四个维度提取各自的主成分进行单独评价。如表 2 所示，各维度 KMO 检验值最低为 0.675，Bartlett 球度统计量检验的 p 值均为 0，说明采用上述四个维度进行主成分分析是可行的。从提取的结果来看，各特征根的累计方差贡献率最低为 51.95%，较好地反映了各个维度的基本信息。

表 2 各维度主成分分析的统计特征

维度指标	KMO 检验	Bartlett 球度统计量	主成分	特征根	方差贡献率(%)	累计方差贡献率(%)
创新要素投入	0.709	0.000	1	5.682	71.03	71.03
			2	1.943	24.29	95.32
创新成果产出	0.824	0.000	1	5.669	70.87	70.86
			2	1.829	22.86	93.73
创新外溢效应	0.675	0.000	1	3.637	51.95	51.95
			2	1.416	20.22	72.17
创新生态环境	0.752	0.000	1	4.345	62.07	62.07
			2	1.910	27.29	89.36

资料来源：《中国统计年鉴》（2017～2019 年）、《中国科技统计年鉴》（2017～2019 年）。

第三步，计算各个维度的得分值，并赋予其相应权重，再将四个维度的得分汇总，得到各省（区、市）创新驱动支持综合得分。依据综合得分对全国31个省（区、市）进行排名并评价。

（二）西部地区基本实现现代化的创新驱动支持的测度与评价

1. 创新要素投入

西部地区各省（区、市）在创新要素投入方面的排名依然处于全国靠后的位置，整体得分不高。具体来看，2019年西部地区各省（区、市）得分最高的是四川省，分值为0.2，全国排名第12位；重庆市和陕西省是西部地区创新要素投入排名靠前的省市，但也只处于全国中游的位置。总体来看，西部地区既要提高研发经费支出，也要加大科研人才引育，实现西部地区整体创新要素投入水平的提升。

2. 创新成果产出

从表3可以看出，2017～2019年西部地区各省（区、市）排名基本保持稳定态势，但面临的主要问题是，省际差距较大，且西南地区整体实力要优于西北地区。具体来看，四川省、陕西省和重庆市始终位于西部地区前三，且四川省和陕西省的创新成果产出得分一直保持在全国上游水平。结合创新要素投入得分情况来看，四川省和陕西省在投入有限的情况下，极大地提高了创新效率。对于部分创新成果产出得分较低的西部省区来说，需要不断加大对创新型企业的培育，助力成果产出。

表3　2017～2019年西部地区各省（区、市）创新成果产出排名及得分情况

省（区、市）	2019年全国排名	创新成果产出得分	2018年全国排名	创新成果产出得分	2017年全国排名	创新成果产出得分
四　川	8	0.35	8	0.26	8	0.19
陕　西	9	0.28	9	0.25	9	0.14
重　庆	17	-0.27	18	-0.32	16	-0.34
广　西	21	-0.40	21	-0.42	20	-0.41
云　南	22	-0.44	22	-0.48	23	-0.48
甘　肃	24	-0.49	23	-0.50	24	-0.51

续表

省份（区、市）	2019 年全国排名	创新成果产出得分	2018 年全国排名	创新成果产出得分	2017 年全国排名	创新成果产出得分
贵　州	25	-0.54	25	-0.55	26	-0.58
新　疆	26	-0.59	26	-0.59	25	-0.57
内蒙古	27	-0.63	27	-0.64	27	-0.63
宁　夏	29	-0.71	29	-0.72	29	-0.73
青　海	30	-0.74	30	-0.74	30	-0.75
西　藏	31	-0.77	31	-0.77	31	-0.77

资料来源：《中国统计年鉴》（2017～2019 年）、《中国科技统计年鉴》（2017～2019 年）。

3. 创新外溢效应

西部地区技术扩散、产业结构和环境改善均呈现向好趋势。在技术市场成交额方面，陕西省始终保持着西部领先的态势，但四川省与陕西省的差距正在逐步缩小，且甘肃、重庆和贵州迅速崛起，西部地区整体的技术市场成交额规模正在不断扩大。产业结构方面，2019 年末西部地区绝大多数省（区、市）第三产业产值占 GDP 的比重超过 50%（见图 1），仅陕西和内蒙古未超过 50%。在环境改善方面，西部地区单位 GDP 所产生的二氧化碳排放量和工业固体废物产生量都呈现下滑趋势，但整体上仍处于全国靠后水平，仅西藏自治区表现出色。综上所述，依靠创新驱动发展是西部地区开展

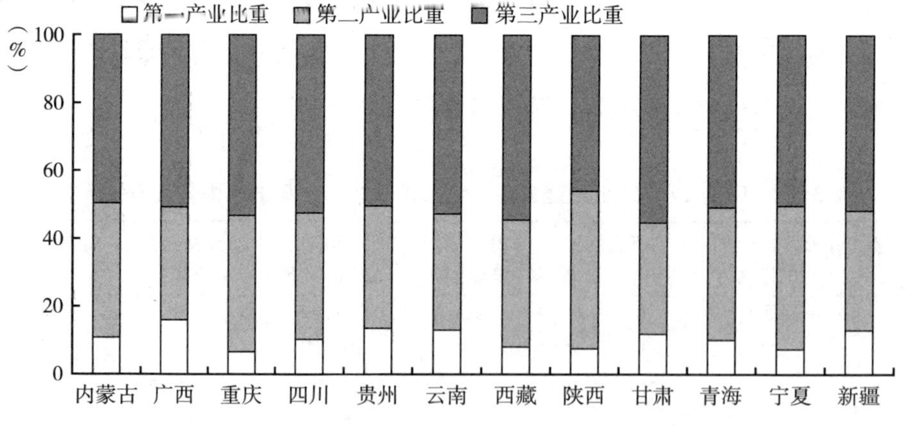

图 1　2019 年末西部地区各省（区、市）产业结构

资料来源：《中国统计年鉴》（2017～2019 年）、《中国科技统计年鉴》（2017～2019 年）。

现代化建设的最优选择，只有坚持创新，才能不断优化产业结构，转变发展动力，提升创新对经济增长的贡献率。

4. 创新生态环境

受制于发展环境，西部地区整体表现一般，亟须改善当前的创新生态环境，为创新驱动现代化打造坚实基础。2019 年，西部地区各省（区、市）创新生态环境排名最高的是四川省，居全国第 9 位，但其余省（区、市）排名大多处于全国中下游水平，与东中部地区各省市之间的差距较大。从排名变化幅度来看，2019 年四川、云南、广西和甘肃四省区的环境质量有所提升，陕西、重庆、新疆和内蒙古四省（区、市）的环境质量呈现下滑趋势。整体来看，西部地区一方面要不断增加对创新的投入，不断提升创新实力，提高科技创新产出水平，以创新带动西部地区现代化建设；另一方面要注重优化创新发展环境，加强基础设施建设。

5. 创新驱动支持综合得分

从表 4 可以看出，西部地区各省（区、市）创新驱动支持总体排名在全国较为靠后，距离创新驱动现代化发展仍有较大差距。2019 年西部地区各省（区、市）创新驱动支持综合得分相比 2018 年均有所提升，表明西部地区整体的创新驱动支持水平正逐步提升。2019 年四川省创新驱动支持综合得分在西部地区排第 1 名，在全国排名第 8；陕西省和重庆市是西部地区创新驱动支持较好的省市，居于全国中游水平；其他省区则处于全国的中下游水平。西部地区各省（区、市）要不断优化自身的创新发展路径，选择差异化和跨越式发展道路，注重特色经济与新兴产业的培育。

表 4　2018 ~ 2019 年西部地区各省（区、市）创新驱动支持综合得分、全国排名及变化情况

省（区、市）	2019 年创新驱动支持综合得分	全国排名	2018 年创新驱动支持综合得分	全国排名	排名变化
四　川	0.30	8	0.02	9	1
陕　西	-0.11	16	-0.23	15	-1
重　庆	-0.17	17	-0.36	17	0
广　西	-0.49	21	-0.60	21	0

续表

省（区、市）	2019 年创新驱动支持综合得分	全国排名	2018 年创新驱动支持综合得分	全国排名	排名变化
云　南	-0.59	23	-0.71	23	0
甘　肃	-0.69	24	-0.74	25	1
贵　州	-0.69	25	-0.80	28	3
内蒙古	-0.72	26	-0.74	24	-2
新　疆	-0.75	28	-0.79	27	-1
宁　夏	-0.86	29	-0.96	30	1
西　藏	-0.89	30	-0.90	29	-1
青　海	-0.97	31	-1.05	31	0

资料来源：《中国统计年鉴》（2017～2019 年）、《中国科技统计年鉴》（2017～2019 年）。

三　西部地区基本实现现代化的创新驱动支持路径

当前，新一轮科技革命和产业变革正加速发展，经济社会比任何时候都需要创新引领。但同时必须清楚地认识到，不同于劳动力、资本等生产要素的简单加总，实现现代化的创新驱动本身是一项十分复杂的系统性工程，尤其在经济基础较为薄弱的西部地区。一是创新过程复杂。创新过程包含前端的知识发现和创造，中端的知识孵化和技术探索以及后期的创新技术产业化和扩散化①，缺少任何一个链条，都难以达到创新综合效应的极大释放。二是创新主体复杂。在创新驱动发展过程中，仅仅依靠市场机制容易引发市场失灵，过度依赖宏观调控难以符合市场需求。因此，创新过程既要发挥市场在资源配置中的决定性作用，也要更好地发挥政府的作用。三是创新内容复杂。创新驱动效应的发挥不仅要依靠技术创新，还要依靠产业创新、产品创新、制度创新、管理创新、战略创新和文化创新等。② 对于西部地区基本实

① 潘宏亮：《创新驱动引领产业转型升级的路径与对策》，《经济纵横》2015 年第 7 期，第 40～43 页。

② 任保平、郭晗：《经济发展方式转变的创新驱动机制》，《学术研究》2013 年第 2 期，第 69～75 页。

现现代化的创新驱动支持路径而言，必须从整体出发，整合区域创新资源，构建多主体的开放协同创新生态系统，提高创新系统整体的运作效能。

（一）宏观层面西部地区基本实现现代化的创新驱动支持路径

1. 持续深化改革，依靠制度创新不断释放市场活力

西部地区要积极清除创新过程中的制度障碍，减少体制机制对科技创新的束缚，有效引导市场中创新资源的流动和创新活动的开展。具体来说，应从知识产权保护、市场公平竞争、金融制度和公共服务体制四个方面着手。首先，要建立健全知识产权保护制度。尊重和保护知识产权，依法打击侵权行为，维护创新主体的合法权益，使其分享创新带来的收益，充分调动科研人员的创新积极性。其次，要加快完善产权制度和推动要素市场化配置。鼓励各种所有制经济公平参与市场竞争，加快推进混合所有制改革进程，实现产权有效激励、要素自由流动、价格反应灵活、竞争公平有序、企业优胜劣汰。再次，在金融制度方面，相关部门要积极打造多层次的资本市场体系，为西部创新型企业投融资开通绿色通道。充分发挥天使投资、风险投资、科技成果转化引导基金的作用，为各类企业创造良好的金融环境，鼓励民间资本向科技创新领域流动，减少资本市场中长期存在的所有制和规模歧视，降低创新型企业融资成本。最后，在公共服务制度方面，要持续深化“放管服”改革，减少行政权力的直接干预，营造高水平的营商环境。

2. 加大财税政策的支持力度，提高政策的指向性

既要引导，也要激励，充分调动市场中各类创新主体的积极性。财税政策一直以来都是政府实施宏观调控的重要工具，减税降费成为新时期我国推进供给侧结构性改革的重要手段。创新活动具有周期长、投入大和风险高的特点，仅依靠市场机制难以实现资源的有效配置，而优惠的财税政策降低了企业的创新成本，有助于企业创新活动的开展。从现行的财税政策来看，西部地区在基本实现现代化进程中需要进一步提升财税政策支持创新发展的指向性。就鼓励企业创新而言，选择对研发等上游环节的支持比对销售等下游环节的支持更具引导性，也更有利于从源头上支持我国企业进行技术创新。

因此，建议西部地区各级政府、有关部门在设计财税政策时要明晰目标，预先评估测算，精准制策施策，强化政策实施效果，有效利用财税政策激励企业开展创新活动，不断激发企业创新的活力与动力。

3. 培养创新型人才，重视工匠精神的弘扬

人才是推动地区创新能力提升的关键因素，科教兴国和人才强国战略必须持续深入推进。首先，西部地区各级政府要加大对高校的投入力度，推动人才需求缺口较大的“新工科”和新型交叉学科建设，培养一批“高精尖”人才，将“人口数量优势”转变为“人力资本优势”，充分保障现代化建设的人才供给水平。其次，西部地区高校要加强与企业合作，强化以实践为导向的应用型人才培养，深入推进产学研一体化合作模式，培养门类齐全、精益求精的高技能人才。最后，西部地区要大力引进高水平创新创业人才。现阶段，我国的人才供给依然存在结构性缺陷，西部地区部分地方的创新人才严重短缺，要加快引进人才，尤其是高端人才，并为其创造良好的发展环境，为西部地区现代化建设提供人才支持和智力保障。

（二）中观层面西部地区基本实现现代化的创新驱动支持路径

1. 逐步提升产业结构的高级化与合理化水平

围绕产业链打造创新链，以创新链推动产业链，提高西部地区全要素生产率。产业升级是经济实现高质量发展的重要支撑。当前，西部地区产业发展仍然呈现较强的资源依赖性。西部地区各省（区、市）应当充分利用西部地区现有和潜在的产业优势，加强关键领域的技术创新，打造新的竞争优势，淘汰落后产能，积极构建更加高级化、合理化和现代化的产业体系。同时，要不断优化现有主导产业，促成煤炭等矿产资源就地加工，提高资源利用效率，保护生态环境，延伸产业链条，把提高产品附加值作为产业结构优化的战略突破口。最后，要利用好“一带一路”倡议带来的历史性机遇，加强国际产业的相互协作，推动西部地区优势产能走出国门。

2. 以现代信息技术带动传统产业转型升级，补齐产业短板，打造更加完整的产业链条

目前，制造业中传统产业占比过高是西部地区产业发展面临的主要困境，利用信息技术改造提升传统产业具有巨大潜力和市场空间。因此，西部地区应当加快推进传统产业转型升级，利用信息技术对传统产业进行改造，推进产品升级换代，加快工业互联网建设，破解路径依赖难题，促进制造业向智能化、数字化和平台化方向发展。在承接东部地区制造业产业转移时，要有选择性地构建产业链条，避免单纯的规模扩张和产业转移造成环境污染，促进制造业的绿色发展。同时，要积极推动制造业和服务业融合发展，全面提升产品和服务质量。

3. 积极布局战略性新兴产业，提升关键核心技术水平

应加快新一代信息技术、生物技术、新能源、新材料、高端装备、新能源汽车、绿色环保、航空航天、海洋装备等战略性新兴产业在西部地区的布局。以体制机制创新为动力，推进自主创新能力建设，培育、壮大装备制造业和高新技术产业。战略性新兴产业要推进实施一批高技术产业化项目，着力提升现有技术水平和创新能力，提高企业研发设计和系统集成化水平，努力掌握核心和关键技术，发挥技术引领型产业在提升产业层次、促进结构调整中的带动和支撑作用。

4. 大力发展数字经济，培育经济发展新动能

当前，数字经济成为推动产业结构升级、提升核心竞争力的关键力量。2020 年 5 月 17 日，中共中央和国务院印发的《关于新时代推进西部大开发形成新格局的指导意见》明确指出，西部地区要积极发展大数据、人工智能、“智能 +”产业，打造区域重要支柱产业，在培育新动能和改造升级传统动能上迈出更大步伐。西部地区应当主动寻求变革，布局数字产业，推进互联网、大数据、人工智能等为代表的数字经济与实体经济深度结合，加快技术创新，打造西部数字经济发展的新高地。同时，西部地区要抓住新基建的历史性机遇，布局重大科技创新平台，实现数字化转型、智能升级和融合创新，为技术创新升级创造良好的基础条件，加速动能转换。

（三）微观层面西部地区基本实现现代化的创新驱动支持路径

一是重视基础研究和应用研究，争取在关键核心技术领域取得突破，重点解决“卡脖子”难题。长期以来，我国基础研究与核心技术没有受到足够重视，西部地区更是如此。目前，西部地区取得的创新成就主要分布在应用研究上，基础研究不足及核心技术难以取得突破是西部地区创新领域的短板。西部地区各级政府、部门要加大对基础科学研究和核心技术的支持力度，运用新型体制优势，优化基础研究投入结构，组建国家实验室等创新基础平台，争取核心技术早日取得突破性进展。同时，西部地区要加强与他国协作，共同解决重大科学问题和破解共性科学技术难题，从中不断积累科学经验，提升核心技术的攻关能力。科学研究要瞄准世界科技前沿，相关部门要提前谋划部署，在人工智能、量子科学等新兴领域积极探索，形成关键领域先发优势。

二是明确企业创新主体地位，不断完善“企业—高校—院所”构成的协同创新机制，建立健全创新成果转化机制，提高创新成果的转化效率。与发达国家相比，我国创新主体存在明显的错位现象，科研院所和高校在基础研究中扮演了重要角色，而企业在创新中的关键作用并没有充分发挥。因此，需要进一步明确西部地区企业的创新主体地位，建立以企业为主体、市场为导向、产学研深度融合的技术创新体系。完善企业技术创新的激励与约束机制，促进创新要素向企业集聚，鼓励引导企业加大研发投入。加快创新型企业的培育，打造世界名牌产品，做大做强一批具有国际影响力的创新型企业，不断提升西部地区企业在全球产业链的话语权和影响力。要不断完善“企业—高校—院所”构成的协同创新机制，明确三类主体的责任和义务，对其进行合理评价和考核，激发科研人员的创新动力。

三是支持企业开展技术创新，鼓励企业进行产品、服务和商业模式等创新。随着信息技术的发展，商业环境发生巨变，企业的经营策略和战略制定需要与时俱进。技术创新是企业获取核心竞争力的关键，也是西部地区实施创新驱动战略的核心，但产品、服务和商业模式创新同样重要。从供给侧的

角度来看，技术创新风险大且转换成本高。因此，企业有必要在产品、服务等领域开展协同创新活动，通过全方位的创新实现转型升级。从需求侧的角度看，西部地区不仅拥有丰富的外部市场，还拥有庞大的内部市场，需要更多产品、服务和商业模式创新以满足市场的多样化和多层次消费需求。

四是激发和保护企业家精神，大力支持“双创活动”开展。知识创新时代，人力资本在推动经济发展和产业变革中的作用越来越重要。为了充分发挥人才对西部地区现代化建设的重要作用，首先要激发和保护企业家精神，鼓励更多社会主体投身创新创业实践，充分发挥企业家在创新驱动现代化建设过程中的引领作用。要完善科技人才挖掘、培养、激励机制，造就一批高水平的科技人才，并为其创造良好的发展环境。要加快构建宽松友好和鼓励创新的引智环境，健全符合科研规律的科技管理体制，建立科学合理的认定、评价和管理机制，加大对创新创业人才的支持，解决好人才住房、子女教育等配套问题，留住人才、用好人才。

四　未来15年西部地区基本实现现代化的创新驱动支持的趋势预测

2020 年 11 月，党的十九届五中全会制定了到 2035 年基本实现社会主义现代化的远景目标。针对创新驱动发展，全会提出到 2035 年我国的关键核心技术要实现重大突破，并进入创新型国家前列。西部地区在未来 15 年需要在创新领域做出成绩，取得关键性突破，全面提升综合竞争力。对照《国家创新驱动发展战略纲要》的部署，本文进一步指出西部地区基本实现现代化的创新驱动支持的发展目标，并从产业发展、科技创新、创新体系和创新活力等四个方面对未来 15 年西部地区基本实现现代化的创新驱动支持做了趋势预测。

（一）未来15年西部地区基本实现现代化的创新驱动支持的目标

1. 不断提升内部创新动力

根据测算，如果西部地区研发投入强度能够保持过去十年年均增长 0. 3

个百分点的速度，将有望在2035年之前正式进入自主创新阶段。无论是从投入还是产出来看，西部地区都要进一步强化企业创新主体的地位和作用。未来15年西部地区应当不断提升内部创新动力，重视创新对于我国现代化建设的重要作用，增强创新和技术进步对西部地区经济增长的推动力，实现西部地区经济高质量发展。

2. 不断缩小与东中部地区的创新差距，走特色化发展道路

通过对比2010～2019年我国不同区域研发投入强度可以发现，十年来东部地区增长了约0.8个百分点，中部地区增长了约0.6个百分点，西部地区仅增长了约0.3个百分点。从绝对指标研发经费的投入来看，2019年全国经费超千亿的省市均位于东部地区。因此，西部地区在未来15年应当努力缩小与东中部地区的发展差距，要突出重点，积极配合国家战略，培育更多的创新主体，以企业带动地区创新水平的提升，走特色化的创新发展道路，主动与东中部地区在创新驱动发展上形成合力。

（二）未来15年西部地区基本实现现代化的创新驱动支持的趋势预测

1. 产业发展

未来15年要保证西部地区产业结构持续优化升级，重点产业顺利进入全球产业链中高端位置，实现产业链与创新链的协调发展，充分满足人民对美好生活的需要。一是资源消耗型产业链条得到充分延伸，产品的附加值大幅提升，构建起更加多元化的产业体系，淘汰落后产能，走可持续发展之路。二是战略性新兴产业方面，加快产业技术积累，在核心技术和关键领域取得标志性成果。三是传统制造业方面，完成传统产业的技术改造和转型升级，实现劳动密集型产业向劳动、知识、技能相结合的产业转变，以数字化技术提升制造业智能化水平，构建起全国领先的智能制造体系。

2. 科技创新

首先，在研究经费的投入上，西部地区要保持现有增长态势，争取未来15年研发投入占GDP比重突破2%；在研发经费的结构上，要初步形成政

府投入为主、社会多渠道投入为辅的格局。其次，西部地区要培育一批核心技术能力突出、集成创新能力强、引领重要产业发展的创新型企业，着力打造一批世界级品牌产品，培育竞争新优势，实现科技创新由跟跑为主转向以并跑和领跑为主。最后，西部地区要在关系国家安全和长远发展的重点领域提前布局，争取国家科技项目和工程项目取得重大突破。

3. 创新体系

西部地区在未来 15 年要积极打造富有竞争力的创新体系。一是要将高校、科研院所和企业作为知识创新和技术创新的主体，建立知识和技术创新体系有效衔接和协同的机制，打造政、产、学、研、用相互融合的创新生态系统。二是要建设一批国家级创新型城市、自主创新示范区和高新技术产业开发区，使其成为西部地区创新发展的新高地，进一步发挥区域之间的辐射带动作用。

4. 创新文化

创新文化一方面可以激发创新意识，调动创新者的内生动力；另一方面可以减少创新阻力，推动创新合作交流。未来 15 年西部地区首先要形成促进创新的社会文化氛围，尊重知识、重视创新，科学技术文化得到全方面普及。其次，“大众创业、万众创新”的理念在西部地区得到有效贯彻落实，营造脚踏实地、勤劳创业的社会风气，大幅提升全社会创新创业的积极性。最后，政策制度环境全面保障社会创新创业活动的开展，促进市场公平竞争。积极主动培育创新型小微企业，建立健全创新激励机制，充分调动社会各界创新创业的积极性。

B.14

西部地区基本实现现代化的开放战略支持*

马莉莉　余紫菱**

摘　要：2019～2020年西部地区对外开放程度不断加深，在开放通道建设、多层级平台构建和对外经济联系等方面表现相对突出。如融入“一带一路”建设、搭建开放大通道网络、构建内陆多层次开放平台、促进沿边地区开放发展、建设高水平开放型经济、扩展区际互动合作是西部地区现代化开放的有效路径。未来15年，西部地区将更加注重发展内陆自由贸易试验区，助推“一带一路”高质量发展，同时利用自身区位优势，打造联结欧亚的陆路平台，进一步参与共建全球治理新体系，构建起“四方交互式”开放格局，赋能“双循环”，从而实现现代化建设。

关键词：西部地区　现代化　开放战略

一　2019~2020年西部地区基本实现现代化开放战略支持的态势分析

西部地区正处于快速发展阶段，与中亚、西亚、中东欧、南亚、东南亚

* 本文为国家社会科学基金重点项目“‘一带一路’沿线价值链变革与区域产业转型”（16AZD010）阶段性研究成果。

** 马莉莉，博士，教育部人文社会科学重点研究基地——西北大学中国西部经济发展研究院兼职研究员，西北大学经济管理学院副院长、教授、博士生导师，研究方向为世界经济、世界城市、经济转型；余紫菱，西北大学经济管理学院博士研究生。

等地区之间的贸易联系不断增多，对外开放程度不断加深。西部地区现代化开放战略加强了西部地区的物流枢纽地位，缩小了其与东中部地区的差距，促进了对外开放“内陆时代”的兴起。

（一）西部地区加强开放通道建设

西部地区为加强开放通道建设设计了不同发展规划。例如，西安、成都、重庆利用独特的地理区位、产业基础、教育文化等优势大力发展中欧班列，在西部对外开放的运输通道建设上发挥了巨大的作用。2020 年 7 月，国家发展改革委下拨专项资金，支持重庆、成都、西安和乌鲁木齐建设中欧班列集结中心，促进西部地区实现高效集疏运体系，成为更专业化的国际物流服务平台，为共建“一带一路”提供支撑。①

中欧班列现已成为便捷、快速、高效的象征，在“一带一路”倡议下，越来越多的中国商品通过中欧班列走向世界。2011 年以来，西部地区中欧班列运行取得了巨大的进步，其主要运行城市有重庆、成都和西安。2019 年中欧班列（重庆）开行数量超过 1500 列，运输箱量和货值增长 48%，累计开行超过 4500 列。截至 2019 年，中欧班列（成都）累计开行超过 4600 列，累计带动 217 亿美元进出口贸易，现在保持日均 8 列的开行频次。中欧班列长安号仅 2019 年就开行了 2133 列，货物总重量达到 180.2 万吨，在中欧班列高质量发展综合评价中排名全国第一。中国对外开放的“内陆时代”正不断发展。

2020 年新冠肺炎疫情突袭而至，海运停止，中欧班列一跃成为国际贸易运输的主要力量，货运量大幅增加，其时效是海运的 1/3、价格是航空运输价格的 1/6 ~ 1/8，在疫情期间更多的国家了解到中欧班列运距短、速度快、安全度高、成本低、稳定性强的优势，留住了大量的企业用户。增强了西部地区国际物流枢纽的地位，在“一带一路”建设中起到重要的桥梁作用，促进了西部地区开放现代化发展。

---

① 国家发展和改革委员会：《国家发展改革委下达专项资金支持中欧班列集结中心示范工程建设》，www. ndrc. gov. cn，2020 年 7 月。

表 1　西部地区中欧班列运行情况

西部地区				
国际班列	开行频次	口岸站	境外国	运行时间
重庆 - 杜伊斯堡	15 列/周	阿拉山口、霍尔果斯、二连浩特	德国	约 15 天
重庆 - 切尔科斯克	2 列/周	满洲里	俄罗斯	约 10 天
重庆 - 哈萨克斯坦、土库曼斯坦、乌兹别克斯坦	约 2 列/月	阿拉木图	哈萨克斯坦、土库曼斯坦、乌兹别克斯坦	9 ~ 11 天
成都 - 罗兹	3 ~ 4 列/周	阿拉山口、霍尔果斯	波兰	约 12 天
成都 - 纽伦堡	1 列/周	阿拉山口、霍尔果斯	德国	约 14 天
成都 - 蒂尔堡	2 ~ 3 列/周	阿拉山口、霍尔果斯	荷兰	约 14 天
成都 - 莫斯科	4 列/月	二连浩特	俄罗斯	约 12 天
成都 - 阿拉木图、塔什干	约 2 列/月	霍尔果斯	哈萨克斯坦、乌兹别克斯坦	无资料
西安 - 汉堡	11 列/周	阿拉山口	德国	约 15 天
西安 - 科沃拉	1 列/周	霍尔果斯	芬兰	约 12 天
西安 - 布达佩斯	7 列/周	阿拉山口	匈牙利	约 11 天
兰州 - 中亚	约 1 列/日	阿拉山口、霍尔果斯	哈萨克斯坦、乌兹别克斯坦等	无资料
西安 - 阿拉木图、塔什干	3 列/周	霍尔果斯	哈萨克斯坦、乌兹别克斯坦	2 ~ 7 天
南宁 - 河内	约 1 列/周	凭祥	越南	约 20 小时
开远 - 海防	约 2 列/日	山腰	越南	约 68 小时
乌鲁木齐 - 阿拉木图、塔什干	约 3 列/日	阿拉山口、霍尔果斯	哈萨克斯坦、乌兹别克斯坦	无资料

资料来源：根据公开资料整理。

西部地区中欧班列集结中心建设是中欧班列高质量发展的重要标志，将一批运量较大、区位条件较好、市场份额较高的枢纽城市建设成为中欧班列集结中心，把运输资源集中起来向质量较好的枢纽城市倾斜，例如，西安、重庆、成都、乌鲁木齐，避免了资源浪费。

西部地区中欧班列的快速发展为建设中欧班列集结中心提供了基础，加

强对外通道建设，构建中欧班列、空铁联运、海陆联运等有机结合的物流大通道，使西部地区无水港建设成为可能。西部地区开放通道的建设，为西部地区内陆省（区、市）开放提供了机遇。

（二）西部地区构建多层次开放平台

西部地区多层次开放平台建设有很多种形式，这里主要介绍以下三种。第一，“一带一路”平台建设。西部地区是丝绸之路发展过程中的重要桥梁和纽带，“一带一路”建设重点圈定了18个省（区、市），其中西部省（区、市）有新疆、青海、宁夏、陕西、甘肃、内蒙古、云南、广西、重庆、西藏共十个省（区、市）。这十个省（区、市）有着独特的地理区位优势，与中亚、西亚、南亚、东南亚、欧亚大陆腹地相连，是我国向西开放的重要窗口，为了与“一带一路”倡议有效对接，各省区市都制定了本地区主要发展功能定位（见表2）。

表2　西部十省区市“一带一路”发展功能定位

省区市	发展定位
陕　西	丝绸之路经济带重要支点，中国向西开放重要枢纽
甘　肃	丝绸之路经济带黄金段，向西开放的重要门户和次区域合作战略基地
宁　夏	丝绸之路经济带战略支点
青　海	丝绸之路经济带战略通道、重要支点、人文交流中心
新　疆	丝绸之路经济带重要交通枢纽、商贸物流中心、文化科技中心，丝绸之路经济带核心区
内蒙古	建设向北开放的重要窗口
重　庆	西部中心枢纽和内陆开放高地
云　南	面向南亚、东南亚的辐射中心，打造湄公河次区域经济合作新高地
西　藏	推进与尼泊尔等国家边境贸易和旅游文化合作
广　西	“一带一路”有机衔接的重要门户，西南开放发展新的战略支点

资料来源：王丰龙、张衔春、杨林川、洪世键《尺度理论视角下的“一带一路”战略解读》，《地理科学》2016年第4期，第502～511页。

第二，自由贸易试验区建设。自由贸易试验区是新阶段中国对外开放的重要举措，西部地区现有五大自由贸易试验区，其功能定位各不相同，通过

开展管理制度改革，为新一轮的国际高标准自由贸易谈判提升竞争力，促进西部地区现代化，共同服务于国家战略（见表3）。

表3　西部地区五大自贸试验区主要指标比较

类别	五大自贸试验区				
	陕西	重庆	四川	云南	广西
占地面积	119.95平方千米	119.98平方千米	119.99平方千米	119.86平方千米	119.99平方千米
区域位置	中心片区、国际港务区、杨凌片区	两江片区、西永片区、果园港片区	天府新区片区、青白江铁路港片区、川南临港片区	昆明片区、红河片区、宏德片区	南宁片区、钦州港片区、崇左片区
定位	以制度创新为核心，发挥“一带一路”建设对西部大开发的带动作用、加大西部地区门户城市开放力度，打造全面改革开放试验田、内陆型改革开放新高地、“一带一路”经济合作和人文交流重要支点	以制度创新为核心，发挥重庆战略支点和连接点的重要作用、加大西部地区门户城市开放，建设“一带一路”和长江经济带互联互通重要枢纽、西部大开发战略重要支点	以制度创新为核心，建设西部门户城市开发开放引领区、内陆开放战略支撑带先导区、国际开放通道枢纽区、内陆开放型经济新高地、内陆与沿海沿边沿江协同开放示范区	以制度创新为核心，打造“一带一路”和长江经济带互联互通的重要通道，连接南亚、东南亚大通道的重要节点，建设面向南亚、东南亚辐射中心、开放前沿	打造西南、中南地区开放发展新的战略支点，着力建设西南中南西北出海口、面向东盟的国际陆海贸易新通道，形成21世纪海上丝绸之路和丝绸之路经济带有机衔接的重要门户
核心优势	地理区位优势、科教优势、军工产业优势、文化旅游优势、航空航天优势、矿产资源优势	制造业优势、交通辐射优势、金融优势	经济基础优势、金融优势、航空优势、创新优势、产业优势、金融优势、临空临铁临港优势	劳动力优势、区位优势、政策优势、资源优势、民族自然旅游优势	地理区位优势、资源优势、旅游优势、自然环境优势、产业转移优势

资料来源：五大自贸试验区网站。

第三，境外经贸合作区建设。境外经贸合作区已经成为推动开放、助力企业“走出去”的重要平台，随着“一带一路”国际合作的深入推

进，越来越多的中国企业选择“走出去”，中国境外经济贸易合作区建设的步伐也进一步加快。当前新疆维吾尔自治区在塔吉克斯坦和格鲁吉亚建立了境外经贸合作区，云南在老挝建立了 2 个境外经贸合作区，广西在印度尼西亚和马来西亚建立了 2 个境外经贸合作区，内蒙古和四川分别在俄罗斯联邦、老挝建立了境外经贸合作区。境外经贸合作区的建立加快了西部地区企业“走出去”的步伐，开启了西部地区对外开放的新征程。

（三）西部地区拓展对外经济联系

从 2010 年到 2019 年十年间，西部地区经济发展较有成效，对外经济联系不断扩大，贸易开放度显著提高，内陆开放型经济建设取得初步成果，为东西部协调发展奠定了基础。2010 年，全国贸易开放度达到 50.6%，然而西部地区贸易开放度仅为 8.7%，地区生产总值占国内生产总值的 20.32%，进出口总额占全国进出口总额的 3.48%。从西部地区各省（区、市）来看，2010 年新疆维吾尔自治区贸易开放度最高，达到 21.4%，接下来超过 10% 的省区市依次是广西、云南、甘肃、西藏、重庆。而从 2019 年情况来看，重庆市贸易开放度最高，达到 24.5% 的水平；四川省对外开放发展最具成效，贸易开放度从 2010 年的 2.8% 增加到 2019 年的 14.5%，且地区生产总值增加了将近 3 万亿元，地区进出口总额增加了 13.24 倍（见表 4）。

表 4　2010 年、2019 年全国及西部各省（区、市）贸易开放度对比

单位：亿元，%

地区	2010 年			2019 年		
	地区生产总值	进出口总额	贸易开放度	地区生产总值	进出口总额	贸易开放度
全　国	397983	201241	50.6	990865	315505	31.8
陕　西	10022	818	8.2	25793	3516	13.6
甘　肃	4121	499	12.1	8718	380	4.4
宁　夏	1690	133	7.9	3748	241	6.4

续表

地区	2010 年			2019 年		
	地区生产总值	进出口总额	贸易开放度	地区生产总值	进出口总额	贸易开放度
青　海	1350	53	3.9	2966	37	1.2
新　疆	5419	1159	21.4	13597	1635	12.0
内蒙古	11655	590	5.1	17213	1096	6.4
重　庆	7894	841	10.7	23606	5793	24.5
四　川	16899	475	2.8	46616	6766	14.5
贵　州	4602	276	6.0	16769	479	2.9
云　南	7220	905	12.5	23224	2324	10.0
西　藏	507	57	11.2	1698	43	2.5
广　西	9502	1199	12.6	21237	4695	22.1
西　部	80881	7005	8.7	205185	27003	13.2

资料来源：西部地区各省区市 2019 年统计公报。

从表 5 可以看出，2015～2019 年内蒙古、新疆、重庆、云南、广西实际利用外资数额均在减少，其中云南实际利用外资减少幅度最大，减少了 227200 万美元，其次是内蒙古，减少了 130500 万美元，而四川省实际利用外资额增加了 248400 万美元，陕西省实际利用外资额增加了 204000 万美元，贵州省也增加了 200800 万美元。2015～2019 年西部地区 12 个省（区、市）对外直接投资数额均在增加，其中四川省增加数额最大，增加了 700700 万美元，重庆市增加了 651700 万美元，新疆维吾尔自治区增加了 341900 万美元，接下来是内蒙古、甘肃、宁夏、陕西，均增加了 250000 万美元以上（见表 5）。

表 5　2015～2019 年西部地区对外直接投资和利用外资情况

单位：百万美元

地区	类别	2015 年	2016 年	2017 年	2018 年	2019 年
内蒙古	实际利用外资	3366	3967	3150	3159	2061
	对外直接投资	3132	4963	5406	6395	6485
宁夏	实际利用外资	187	254	311	214	251
	对外直接投资	1600	2474	2106	2587	4392

续表

地区	类别	2015 年	2016 年	2017 年	2018 年	2019 年
甘肃	实际利用外资	460	116	4359	5041	8205
	对外直接投资	3212	4077	4718	5823	6108
陕西	实际利用外资	4621	5012	5894	6848	6661
	对外直接投资	2855	3612	4220	4914	5525
新疆	实际利用外资	453	401	196	205	331
	对外直接投资	2966	4005	5056	5315	6385
青海	实际利用外资	55	15	18	4	68
	对外直接投资	223	270	598	608	647
重庆	实际利用外资	10765	11342	10183	10273	10310
	对外直接投资	3908	6366	10466	12028	10425
四川	实际利用外资	9996	7977	8699	11037	12480
	对外直接投资	4659	5847	7610	9093	11666
云南	实际利用外资	2992	867	963	1058	720
	对外直接投资	6026	6815	7558	8356	7530
贵州	实际利用外资	2627	3216	3891	4486	4635
	对外直接投资	429	480	499	612	932
西藏	实际利用外资	64	70	55	96	—
	对外直接投资	314	80	600	1110	1148
广西	实际利用外资	1722	888	823	506	1109
	对外直接投资	1846	3433	3765	4947	5260

资料来源：西部地区各省区市统计年鉴（2016～2020 年）。

西部地区进出口总额、对外开放度、实际利用外资额、对外直接投资额等指标反映了西部地区对外开放程度不断加深，对外联系度进一步扩大，尤其是对外直接投资连年上升，地区生产总值和进出口总额也不断提高，这些都说明西部地区正处于快速发展阶段，地区之间的差距不断缩小。

二　西部地区基本实现现代化开放战略支持的路径

西部地区主要通过六条路径，共同支撑现代化开放建设。

（一）积极融入“一带一路”建设

西部地区具有对外开放的区位优势，西北地区面向中亚、俄罗斯，西南地区面向东南亚、南亚，更应该加快融入“一带一路”建设，发挥好与共建“一带一路”国家之间对外贸易的区位优势、交通枢纽地位和贸易通道优势，将贸易畅通作为核心，最大限度地加快“一带一路”高质量建设。[①] 将自由贸易试验区、内陆开放型经济试验区、国家级新区等融入“一带一路”建设，与相关国家在产业园区、特色产品、人文交流等方面进行合作，扩大优势产品的出口规模，承接东部沿海地区劳动密集型和资本密集型产业，结合自身资源优势、民族特色优势、历史文化优势等，发展内外兼容的开放型经济，制造具有竞争力的西部地区产品，把西部地区特色优势转化为经济优势，同时加大对外投资，带动技术、装备、服务、文化等输出，促进“一带一路”建设和西部地区的高质量现代化发展，推进新时期的西部大开发。

（二）加快开放大通道网络建设

加快基础设施建设，交通运输先行，增加铁路、公路建设投资，增强西部地区国际、国内的联系度。西部地区对外联系的通道网络主要分为 3 个方向的建设，第一，西北方向的开放联系大通道，即欧亚大陆桥，从黄海之滨连云港，途经西安、兰州、乌鲁木齐等城市，连接欧洲地区，促进各地区间的经济联系，是西北地区重要的陆路和出海通道，为西北地区同中亚、中东欧、西欧国家开展贸易往来提供最基本的条件。渝新欧大通道建设，从重庆经新疆乌鲁木齐到阿姆斯特丹，把西北地区和西南地区连通起来，形成西部地区对欧亚、中亚、西亚的物流大通道。超前规划出境通海的高速铁路建设，依靠江北国际机场、咸阳国际机场、成都双流国际机场，实现 48 小时全球通达的航运计划，完成西北方向的开放联系大通道的建设。第二，建设面向东盟的西南方向开放联系大通道，现有三条路径，经广西的防城港和北

① 陈玮：《中国西北发展报告 2020》，社会科学文献出版社，2020，第 89 页。

海，从水路通往东南亚市场；经云南和广西陆境，向南进入中南半岛澜沧江－湄公河水道或边境公路；经昆明、腾冲出境的滇缅铁路，为西南地区同东盟国家开展贸易提供便利的条件。把必经地区西安、重庆、成都置于高速铁路网络建设中心，促进西部地区同东盟、长三角、珠三角的高速铁路连接，将西南地区和西北地区中任意两个城市的通达时间缩短到一个小时左右，加速西部向国际市场的对外贸易扩展。第三，东西方向的开放联系大通道建设，充分利用现有陇海线、沪渝铁路、青兰高速、沪蓉高速和长江黄金水道，在此基础上增加东西方向的铁路、公路建设，实现海陆内外联动、东西双向互济的开放格局。建设沟通欧亚、东盟的西北、西南交通枢纽，实现各类运输方式的密切衔接，加快铁路大通道建设，形成西部地区的开放大通道网络。

从国内来说，现有大湛通道、兰昆通道等八大铁路干道，以其为主干，进行西部地区与东部地区的组网建设，在西北地区建立以西安为枢纽的城际高速铁路，西南地区建立以重庆为枢纽的城际高速铁路，同时利用黄河、长江水道，打造长江上游物流中心和黄河上游商贸集结中心。高速公路中，以兰包高速、连霍高速、京昆高速等为主干建立成渝经济圈内部和关中城市群内部以及西北、西南之间的高速区际组网。对于航空领域，改造扩建西安、重庆、成都、乌鲁木齐、宁夏、昆明等机场，形成功能完善、结构合理的航空运输体系，推进西安、重庆、成都区域枢纽机场改建，加快其他支线机场建设，促进航空通道网络建设。

从国际、国内两个方面共同连接沟通，加快西部大通道网络建设，促进西部地区现代化发展进程。

（三）构建内陆多层次开放平台

支持西部地区自由贸易试验区建设。自由贸易试验区就像是一个个支点，“一带一路”引线，将所有支点串联起来，共同发力。西部地区现有陕西、重庆、四川、广西、云南自由贸易试验区，但其在营商环境、优惠政策等方面与东部地区存在差距。西部地区需要加快在投资、贸易、法律等方面

先行先试的脚步。

加大内陆开放型经济试验区建设。西部地区现有贵州、宁夏内陆开放型经济试验区，需根据不同省区市发展情况，设立不同目标。贵州需加快铁路口岸开放，开展国际产能合作，走生态优先、绿色发展之路；开展生态产品价值实现机制试点，打造长江经济带生态产品价值实现的内陆开放新平台。宁夏定位能源化工基地、清真食品穆斯林用品产业集聚区、承接产业转移示范区等，加快国家向西开放进程。提高沿边省会城市（自治区首府）——乌鲁木齐、南宁、昆明、呼和浩特、兰州面向毗邻国家的次区域合作平台的支撑能力①，促进西部地区对外开放新格局形成。

打造西部地区内陆商贸物流体系平台。建造区域内部大小规模不等、功能各异的商贸物流中心，这些物流中心是区域内物资集散的重要节点，目前西部地区已经形成西安、成都、重庆等区域性商贸中心和物流基地，市场功能进一步完善。在建设铁路、公路、航运、水运等基础设施的同时，增加县级商贸中心的建设，加强西部地区内部联系，建立大型商品批发市场，带动工业、农业、零售业和其他服务业的发展，繁荣西部地区内部商品贸易。依靠对外交通大动脉，改变出口不畅、信息滞后的状况，通过加强边境贸易的管理，增设出口加工区、自由贸易试验区及重点城市开放等方式扩大贸易出口规模；同时配套政策，为企业提供法律咨询、人才培训、技术支持等服务，使西部地区作为内地与相邻国家商品物流联系的枢纽地位进一步加强，打造辐射中亚、东南亚、南亚和欧洲的商贸物流中心。

打造国际治理服务平台。利用陕西西安第二国际商事法庭平台，开创性建设不同于“海商法”的适用于共建“一带一路”国家进行货物贸易、服务贸易、基础设施建设等的“陆商法”，培育服务于“一带一路”建设的专业律师人才、语言翻译人才等，为共建“一带一路”国家商贸合作中心提供法律保障。利用现代互联网技术，为西部地区向西开放提供全程信息技术服务，包括货物物流状态监控、通道建设服务、信息沟通传递等，为西部地

① 任保平：《西部大开发新格局“新”在何处》，《中国发展观察》2020 年第 11 期。

区物流体系、贸易发展、产业演进奠定基础。国际治理服务平台的建设，将促使西部地区向西开放进入新的征程，带动西部地区现代化发展。

（四）促进沿边地区开放发展

西部地区的边境与十几个国家相毗邻，陆地边境的许多少数民族都是跨境而居，支持边民稳边安边兴边。通过建立重点开发开放试验区、沿边国家级口岸、边境城市、边境经济合作区、跨境经济合作区，实现一个与周边国家以边境城市为中心、边境口岸为窗口的沿边开放的新格局。① 目前边境政府贸易、边境民间贸易、边民互市贸易正在向更高级的经贸合作形式发展，加快对外贸易转型升级，服务贸易快速发展，完善边民互市贸易②，在这个基础上可以建立自由贸易试验区、出口加工区、边境旅游试验区等，加入国际产业链分工体系中；同时加强边境地区国际执法合作，强化文化市场监管、口岸基础设施建设、航空口岸能力建设、互联互通境外境内建设等，达到加快边疆地区的发展、提高人民生活水平、边疆地区稳定、区域经济一体化发展的目的。

（五）建设高水平开放型经济

西部地区应通过与沿边国家和地区经济合作共建内外兼容的开放型产业结构。③ 内向型产业结构具有封闭性，受国内分工格局、国内市场需求、技术、资源、资金等因素限制，而外向型产业结构生产要素来自国内国际两个市场，受国际供求关系影响，西部地区发展高水平开放型经济，应当共建内外兼容的开放型产业结构。深入推进西部大开发战略，以国内国际两个市场为导向，加大外向型轻工业培育力度，将产品、服务销往俄罗斯、中亚、西亚等周边国家，进口石油、天然气、矿产品以及先进的设备、技术等，将资源型产品深加工后再销往我国东部、东南亚等地区，利用独特的地缘优势条

---

① 《国务院关于支持沿边重点地区开发开放若干政策措施的意见》（国发〔2015〕72 号）。

② 郭树华：《我国沿边开放的理论实践与战略调整研究》，人民出版社，2018，第 319 页。

③ 邹璇：《中国西部地区内陆开放型经济发展研究》，中国社会科学出版社，2015，第 157 页。

件，加快西部地区发展，形成区别于我国东部沿海地区独特的竞争优势。加快承接东部地区劳动密集型产业和资本密集型产业，实现产业升级，形成西部地区独有的外向型主导产业和有市场竞争力的产品，增强西部地区经济实力。

（六）扩展区际互动合作

扩展区际互动合作，打破地区封锁，加强与长江经济带、粤港澳大湾区、京津冀等发达地区的合作，共同建设基础设施，开发自然资源，共享市场。发达地区可以通过追加对西部地区的直接投资、承包工程、优惠贷款等方式，与西部地区共同开发能够产生较大经济效益的重大基础设施，帮助西部地区加快基础设施现代化步伐。西部地区拥有丰富的自然资源，如煤炭、石油、天然气、水能、风能、太阳能等，发达地区可以通过成熟的技术、充足的资金，把西部地区的资源优势转化为市场竞争优势，同时也满足发达地区对能源的需求。西部地区可与长江经济带、粤港澳大湾区、京津冀等发达地区共同合作开拓国际市场，将西部地区资源丰富、劳动力成本低、发展空间大等优势和东部人才、技术、工业基础等优势相结合，促进东西部共同发展。

三　未来15年西部地区基本实现现代化开放战略支持的趋势预测

西部地区为实现现代化开放，在未来 15 年内，将构建起“四方交互式”开放格局赋能“双循环”；进一步发展内陆自由贸易试验区，助推“一带一路”高质量发展；借助铁路、公路、航空、中欧班列等，打造联结欧亚的陆路平台；参与构建全球治理新体系，在法制、绿色、人文交流等方面弥补现有国际机制的不足。

（一）西部地区“四方交互”赋能“双循环”

西部地区经济发展水平整体偏低，未来，西部地区需要加强区域内合

作，更需要扩大合作范围，构建海陆内外联动、东西双向互济、南北耦合支撑的“四方交互式”开放格局①，赋能“双循环”，进一步实现西部地区现代化开放建设。第一，实现海陆统筹。统筹陆上和海上通道发展，需要西部地区各省区市充分利用已有航线、铁路、公路、水运航道等，共同推进海陆空多式联运高效对接，充分利用黄河流域、长江黄金水道与东部沿海港口合作，带动通道经济发展，将通道经济与区域经济发展融合起来，共同促进西部地区发展，打造海陆联动经济走廊。第二，实现东西双向互济。西部地区要充分利用“一带一路”建设机遇，依托陆上、海上、空中、网上国际大通道，以丝绸之路经济带沿线中心城市为支撑，以重点港口为支点，加强海陆空多式联运与中欧班列的联系，实现商品与生产要素的双向流动，发挥“东西双向互济”的联通带作用，以国内大循环带动国际国内双循环。第三，参与南方专业化分工，实现南北耦合支撑。西北地区在国家崛起面临更复杂的安全形势的背景下，承载着艰巨的安全使命，包括主权安全、能源安全、粮食安全、生态安全、水安全等，需要为南方转型升级提供充足的安全保障，而南方则为西北地区安全功能构建提供现代化产业支撑。因此，西北地区应加强与西南地区、东南地区在基础设施建设、产业承接、货物集散技术、教育等方面的合作，东部地区也可将加工制造产业依托长江水道向西南地区转移，腾出空间、资金，进行产业升级。实现更高程度的国内市场整合，打破行政区划壁垒，夯实基础设施，补足发展短板，共商产业布局；同时，实现各地区差异化发展，避免同质性恶性竞争造成资源浪费、效率低下等问题。

未来，西部地区应利用自身优势构建起“四方交互式”的开放格局，在大通道、大生产、大市场的背景下，以国内大循环带动国内国际双循环。

（二）内陆自由贸易试验区助推“一带一路”高质量开放

自由贸易试验区与“一带一路”具有高度相关性。第一，未来自由贸

① 马莉莉、高雨、余紫菱：《黄河流域创新“四方交互式”开放格局研究》，《黄河流域高质量发展的战略研究》，中国经济出版社，2020，第400页。

易试验区建设将成为西部地区基本实现现代化开放新格局的重要内容，为我国和国外经济联系提供了良好的发展平台。第二，“一带一路”建设将进一步带动自由贸易试验区对外开放。

世贸组织成立25年以来，仅取得《贸易便利化协定》等有限成果，各国诉求不同，多边贸易谈判陷入僵局，而自由贸易协定（FTA）可以有效地消除双边贸易壁垒，促进贸易增长。未来，我国将进一步放权给各自由贸易试验区，通过贸易、投资、金融和事中事后监管等方式，以及与各地区签订自由贸易协定，推动更高阶段的开放。西部地区五大自由贸易试验区以国家总体战略为立足点，结合自身区位优势，差异化发展，共同服务于国家改革开放，与“一带一路”、长江经济带、粤港澳经济融合等合作领域形成进一步的合力，在全国形成多层次、多领域、全方位的高级别一体化发展，实现区域协调发展。自由贸易试验区是中国改革开放新阶段的有力平台。因而，未来十五年内，可在西部较为成熟、准备充分的地区，例如，新疆、宁夏、内蒙古等省区建立自由贸易试验区，形成向西开放的新高地。

“一带一路”与自贸试验区在未来一段时间内将共同构成中国开放型经济发展的新思路。“一带一路”建设旨在通过金融、基础设施建设等打开贸易渠道，加强中国与共建“一带一路”国家的经贸往来，而自贸试验区则是通过降低贸易、投资门槛，提高贸易便利化水平，促进国内改革和开放的纵向延伸，二者具有很强的相关性，各自由贸易试验区应当根据自身的特点、优势，差异化对接“一带一路”建设。“一带一路”建设的实施推进，将通过国内外重要节点城市展开，国内自由贸易试验区可为“一带一路”扩展贸易提供更加便利化的现代经济管理方式，二者相互融合形成中国对外开放新格局。

（三）西部地区成为联结欧亚的陆路平台

西部地区将成为对接“长江经济带”生产制造聚集群落、联结欧亚的陆路平台。为了响应生产集群化、空间专业化、枢纽化与网络化并行，响应敏捷化、分散空间联结化等新科技产业革命趋势下的层级市场与区域生产网络的联动①，西部地区需要进一步聚焦中心市场，发挥联结作用。从中国区域内货物贸易、服务贸易、制造业等分布来看，“长江经济带”是中国主要的生产制造中心，是最具经济增长潜力的地区，也是最大的消费中心，且其中心地位正在加快提升。② 从“一带一路”区域消费能力看，西欧、西亚、中东欧都是最主要的进口消费地，是西部地区现代化开放必须密切对接的中心市场，也是重要的生产网络。而中亚等非中心市场其特征是经济发展水平低、总体消费能力不高，因此，这些地区需要加强区域联动，形成大枢纽，打造具有国际影响力的区域大市场。因此，对接“长江经济带”面向西欧、西亚、中东欧、中亚出口是西部地区的主要功能，联结西欧、西亚、中东欧生产网络向“长江经济带”提供商品也是西部地区联结功能的一部分。西部地区宜利用自身独特的地理区位优势，对接“长江经济带”，高效承接东部地区部分产业转移，夯实西部地区产业基础，对于零部件生产、组装加工等做到敏捷响应，充分发挥其对“长江经济带”、中亚等区域内市场、中心市场之间的联结作用，形成独特的对外开放路径。而“长江经济带”通过向西部地区提供工业中间产品或最终产品，支撑西部地区生产网络运转，从而依托“一带一路”向西欧、西亚、中东欧中心市场和中亚联结市场提供产品和服务。西部地区与“长江经济带”生产网络和西亚、中东欧、西欧等中心市场的良性互动，是西部地区现代化开放的重要方向，未来西部地区将形成联结欧亚的陆路平台。

（四）西部地区参与共建全球经济治理新体系

如何解决陆路贸易过程中的纠纷问题，是丝绸之路经济带建设面临的主要困难，因而有必要在西部地区建立陆路经济的全球治理平台，弥补国际机制的不足。

第一，西部地区全球法治治理平台建设迫在眉睫。“一带一路”将促进

① 马莉莉：《丝绸之路经济带发展报告 2018－2019》，中国经济出版社，2020，第 30 页。

② 朱廷珺：《西部地区建设“一带一路”的关键环节》，《中国国情国力》2015 年第 4 期。

陆路经济的兴起，现有《海牙规则》《汉堡规则》《维斯比规则》等都是针对海运的具体细则，而共建“一带一路”国家大部分法律制度不完善，且无法以 FOB 等成熟规则对接陆上贸易，那么在西部地区建立完善的陆上贸易法律平台十分重要。借助西安第二商事法庭平台，在西部地区培养起具有创新意识、精通各类小语种的专业法律人才，在实践中不断完善陆商法律规则，为西部地区对外开放提供法律制度保障，才能进一步促进西部地区对外开放。第二，建设西部地区国际绿色治理平台。气候变化已成为当今世界各国关注的焦点，共建“一带一路”国家在生态环境治理中有着共同的责任。在这次新冠肺炎疫情的冲击下，生态安全和生物安全越来越重要，加之西部地区是长江、黄河、澜沧江源头，是生态环境最脆弱的地区，面临的挑战最为突出，因而在西部地区建立起绿色的生态环境保护平台尤为重要。第三，建设西部地区对外文化交流治理平台。西部地区未来将加快与中亚、西亚国家的人文交流，将中国文化向外传播，进一步推动“一带一路”深入发展，解决政治不信任所带来的国际经济合作滞后问题。第四，构建海外利益保护和风险预警防范平台。完善领事保护工作机制，维护海外同胞生命财产安全，保障重大项目和人员、机构的安全。西部地区未来十五年将加快全球治理平台建设，共同推动面向全球的高标准自由贸易网络建设，实现更高程度地对外开放。

未来，西部地区进一步开放将依靠自由贸易试验区、“一带一路”建设、对接“长江经济带”、国际治理平台建设、国内市场整合、生态文明建设等，形成海陆内外联动、东西双向互济的开放格局，实现区域平衡发展的经济体系，促进西部地区产业结构升级、技术水平提升、思想观念开放，推动实现西部地区现代化发展。

B.15
西部地区基本实现现代化的生态环境战略支持*

马晓强 乔川人**

摘 要： 党的十九大报告指出，我国要在建党100周年之际全面建成小康社会，在2035年基本实现社会主义现代化。西部地区的现代化无论对于西部自身还是对于全国均具有无比重要的意义。西部地区基本实现现代化的应有之义就是生态环境保护、生态治理和生态文明程度的基本现代化。就现阶段西部地区生态环境战略的支持状况而言，指标数据表明，西部地区的生态环境状况纵向相比有明显改善，环境保护和生态治理的发展态势也基本符合全国整体趋势。但着眼于长远目标和基本实现现代化的要求，西部地区环境保护压力大，生态治理任务艰巨，发展潜力很大。构建中国经济高质量发展新格局为西部地区生态环境保护战略的落地提供了更为有利的战略机遇。提升西部地区基本实现现代化生态环境战略支持的可能路径主要包括组织引领路径、技术驱动路径、制度推动路径和产业支撑路径等四大路径。从生态环境战略支撑西部地区基本实现现代化的发展态势看，从森林覆盖率、城镇绿化覆盖率、重点城市空气质量达标天数、废水废气中主要

* 本文为国家社科基金项目（19BJL044）、陕西省社科界重大理论与现实问题意见项目（20ST－156）的阶段性研究成果。

** 马晓强，教育部人文社会科学重点研究基地——西北大学中国西部经济发展研究院兼职研究员，西北大学经济管理学院副教授，经济学博士，研究方向为资源环境与区域产业发展；乔川人，西北大学经济管理学院硕士研究生。

污染物排放量和地区生产总值能耗五类主要指标基本能达到基本实现现代化的要求看，除了陕西重点城市空气质量达标天数、青海的城镇绿化率、整个西部二氧化硫的排放还有一定压力外，整体状况较为乐观。

关键词： 西部地区 生态环境 战略支持 基本实现现代化

一 2019年西部地区基本实现现代化生态环境战略支持态势分析

（一）现阶段西部地区的生态环境基本状况

西部地区是我国重要的生态安全屏障，是国家的重要水源涵养区和生物多样性聚集区，它拥有丰富的自然资源，如森林、草原、土地、矿产等。但受到气候变化和人类活动影响，西南地区石漠化、西北地区荒漠化、生活多样性降低、冰川河流湿地面积萎缩的问题明显，其生态环境之脆弱、保护修复任务之艰巨，使得西部地区成为生态问题最为严重的地区。“十三五”时期，西部地区进入爬坡过坎、转型升级的关键阶段，在生态环境方面的工作也是力度空前。中共中央、国务院在2020年印发的《关于新时代推进西部大开发形成新格局的指导意见》中指出，新时代推进西部大开发形成新格局，就是要筑牢国家生态安全屏障，实现中华民族可持续发展。新时代推进西部大开发形成新格局，就是要构建生态资源保护者与受益者之间良好的桥梁和纽带，将西部地区生态红利转化为经济社会发展红利。

1. 西部地区生态环境战略现状

近几年，我国生态环境保护方面的主要指导思想包括“十九大”精神、《西部地区重点生态区综合治理规划纲要（2012－2020年）》（以下简称《纲要》）、《“十三五”生态环境保护规划》等。党的十九大报告明确提出，

建立市场化、多元化生态补偿机制，这为破解西部地区生态环境保护与经济社会发展之间的矛盾提供了指引；《纲要》指出到2020年，重点生态区综合治理取得重大进展，优质生态资源得到全面保护，生态建设成果得到有效巩固，生态系统结构稳定性明显增强，生态服务功能明显改善，重点治理地区生态实现良性循环，西部生态整体恶化趋势得到基本遏制，生态补偿长效机制基本建立，重点生态地区人民生产水平和生活质量明显提高。《“十三五”生态环境保护规划》提到，西部地区要坚持生态优先，强化生态环境保护，提升生态安全屏障功能，建设生态产品供给区，合理开发石油、煤炭、天然气等战略性资源和生态旅游、农畜产品等特色资源。并且，该《规划》还从实施重大生态工程、完善生态保护补偿机制、加大生态环境保护力度、促进资源节约集约循环利用等方面为生态治理问题提供了方向。2020年也是“十三五”规划的收官之年，对于“十三五”时期生态文明建设取得的成就，习近平总书记在2020年10月22日召开的中共中央政治局常务委员会会议上指出，经过“十三五”时期的发展，我国的污染防治力度空前加大，生态环境明显改善。这是对我们国家过去几年在生态方面所获成就的高度总结。从长远看，西部地区生态保护的压力很大，生态治理的任务很艰巨，但与此同时发展潜力也很大，构建中国经济高质量发展新格局将为西部地区生态环境保护战略的落地提供更为有利的战略机遇。

2. 西部地区生态环境现状

尽管西部地区的生态环境相比前些年有明显改善，但与东部发达地区还是有着较大差距。从西部地区各省（区、市）2019年生态环境状况公报中的数据来看，尽管西部地区在绿化水平、地表水水质、空气质量优良天数、主要污染物排放量等指标上都较上年有一定程度的改善，但是与东部地区相比还是有明显的差距。由图1、图2可知，虽然2017年东部地区能源消费总量远多于西部地区，但西部地区的单位地区生产总值能耗，即该地区每产生1万元地区生产总值所消费的能源远远多于东部，甚至西部地区该指标平均值达到东部地区两倍之多。不仅如此，《2019年西部分省（区、市）万元地区生产总值能耗降低率等指标公报》显示，西部地区的平均能耗降低率

（-2.32%）高于东部地区（-3.2%），这恰恰反映出西部地区距离生态现代化还具有相当的差距，中国西部地区不仅在生态环境上与东部存在差距，还可能在环保方面存在技术和投入不足，或缺少一大批从事环境保护和环境治理的市场力量等问题，使得东西部地区差距逐渐拉大，东西部地区依然处于生态发展不平衡的状态。

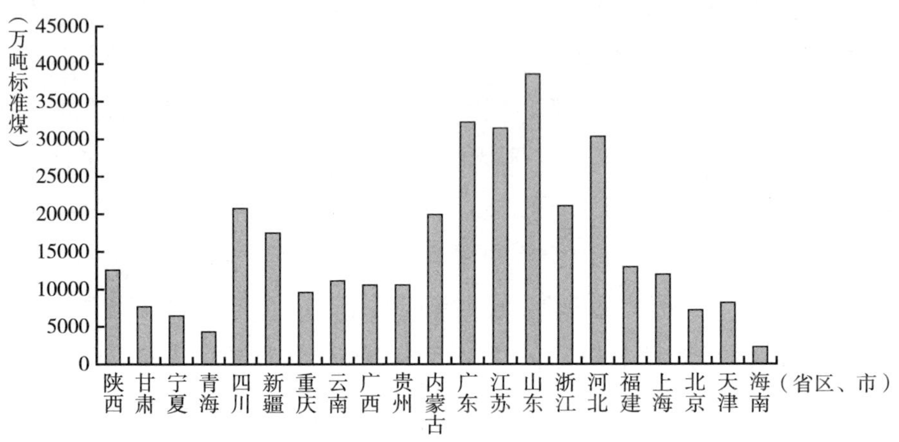

图1　2017年东、西部地区各省（区、市）能源消费总量

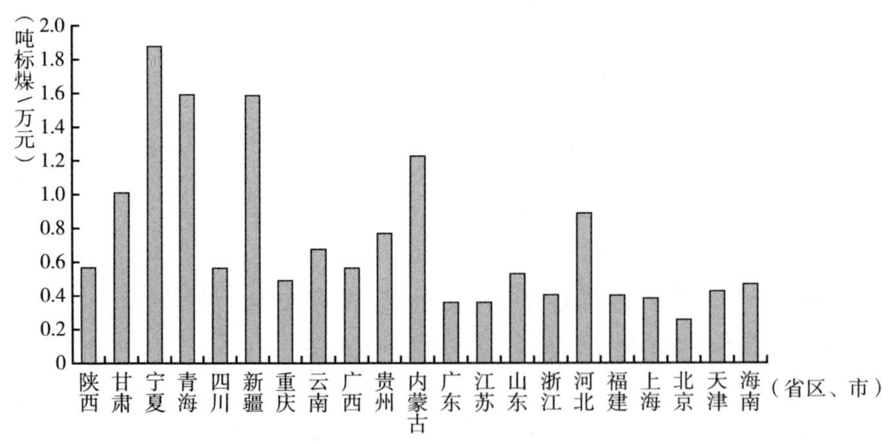

图2　2017年东、西部地区各省（区、市）单位地区生产总值能耗

（二）现阶段西部地区基本实现现代化的生态环境战略支持程度研判

党的十九大报告指出，我国要在建党 100 周年，也就是 2020 年全面建成小康社会，在实现第一个百年奋斗目标的基础上，再奋斗 15 年，即在 2035 年基本实现社会主义现代化。从 2035 年到本世纪中叶，在基本实现现代化的基础上，再奋斗 15 年，把我国建成富强、民主、文明、和谐、美丽的社会主义现代化强国。

在我国现代化进程中，东部发达地区已经走在全国前列。为有效推进现代化建设，东部一些省市已经制定区域层面的基本现代化的指标体系，其中就包括生态现代化的指标体系。制定这类指标体系，旨在引领现代化建设，便于我们时刻掌握现代化进程、考核和评价生态工作的效果。所以，指标体系的科学性和有效性在一定程度上决定了其对现代化进程的推动作用。由于国家发展战略的需要、经济发展阶段的必然和人民群众的期盼，2012 年，江苏省正式发布了《江苏省基本实现现代化指标体系（试行）》，江苏省因此成为我国首个由政府部门正式颁布现代化指标体系的省份。2013 年，国家批复的《苏南现代化建设示范区规划》给出了《苏南地区现代化建设指标体系（试行）》，其中生态文明作为一个大类包含于此，由于东部地区现代化普遍快于西部地区，本文计划采用《苏南地区现代化建设指标体系（试行）》来评价西部地区最近的生态环境状况，从而了解现阶段西部地区基本实现现代化的生态环境战略支持程度。

为了能够科学描述西部地区现阶段生态环境状况，本文收集了绿化水平（森林覆盖率、城镇绿化覆盖率）、地表水监测断面水质不低于Ⅲ类的比例、省会城市空气质量优良天数等数据。同时，为了能够直观体现西部地区的生态环境建设与东部地区的差距，本文将西部地区和东部地区的数据同时展现在表 1 中。

表 1　近年来东、西部地区各省（区、市）经济与环境主要指标对比

	省（区、市）	绿化水平		2019 年地表水监测断面水质不低于Ⅲ类比例（%）	2019 年重点城市（省会/自治区首府）空气质量达到二级标准的天数	2019 年重点城市（省会/自治区首府）空气质量达到二级标准的天数比例（%）	2019 年万元地区生产总值能耗上升/下降（±%）	2017 年废气主要污染物排放				2017 年废水主要污染物排放量				2017 年能源消费总量（万吨标准煤）	2017 年地区生产总值（亿元）	2017 年单位地区生产总值能耗（万吨标准煤/亿元）
		2018 年森林覆盖率（%）	2019 年城镇绿化覆盖率（%）					排放量	单位 GDP 排放量	排放量	单位 GDP 排放量	排放量	单位 GDP 排放量	排放量	单位 GDP 排放量			
								二氧化硫（万吨）	（千克/万元）	氮氧（万吨）	（千克/万元）	化学需氧量（万吨）	（千克/万元）	氨氮（万吨）	（千克/万元）			
西部	陕西	43.06	39.30	82.80	225	61.64	-1.39	27.94	1.28	33.98	1.55	19.6	0.90	2.6	0.12	12537	21898.81	0.57
	甘肃	11.33	36.00	97.10	296	81.10	-5.85	25.88	3.47	21.25	2.85	13.2	1.77	1.9	0.25	7538	7459.9	1.01
	宁夏	12.63	41.30	56.40	324	88.77	1.19	20.75	6.03	16.17	4.70	10	2.90	0.6	0.17	6489	3443.56	1.88
	青海	5.82	35.20	96.70	346	94.79	-8.67	9.24	3.52	7.23	2.75	5.7	2.17	0.8	0.30	4202	2624.8	1.60
	四川	38.03	41.80	96.60	287	78.63	-2.84	38.91	1.05	45.76	1.24	67.5	1.83	7.9	0.21	20874	36980.22	0.56
	新疆	4.87	39.90	98.80	277	75.89	-1.56	41.82	3.84	38.84	3.57	19.9	1.83	2.3	0.21	17392	10881.96	1.60
	重庆	43.11	41.80	100	309	84.66	-2.21	25.34	1.30	20.4	1.05	25.3	1.30	3.5	0.18	9545	19424.73	0.49
	云南	55.04	39.70	95.20	356	97.53	-2.91	38.44	2.35	26.88	1.64	33.1	2.02	4.1	0.25	11091	16376.34	0.68
	广西	60.17	40.80	96.20	346	94.79	-1.72	17.73	0.96	34.56	1.87	45.6	2.46	4.8	0.26	10458	18523.26	0.56
	贵州	43.77	39.40	98.00	358	98.08	-4.06	68.75	5.08	35.97	2.66	27.2	2.01	3.4	0.25	10482	13540.83	0.77
	西藏	12.14	37.60	100	364	99.73	/	0.35	0.27	3.02	2.30	2.5	1.91	0.3	0.23	/	1310.92	/
	内蒙古	22.10	40.50	63.50	292	80.00	4.49	54.63	3.39	50.55	3.14	15	0.93	1.9	0.12	19915	16096.21	1.24

续表

省（区、市）		绿化水平		2019年地表水监测断面水质不低于Ⅲ类比例（%）	2019年重点城市（省会/自治区首府）空气质量达到二级标准的天数	2019年重点城市（省会/自治区首府）空气质量达到二级标准的天数比例（%）	2019年万元地区生产总值能耗上升/下降（±%）	2017年废气主要污染物排放				2017年废水主要污染物排放量				2017年能源消费总量（万吨标准煤）	2017年地区生产总值（亿元）	2017年单位地区生产总值能耗（万吨标准煤/亿元）
		2018年森林覆盖率（%）	2019年城镇绿化覆盖率（%）					排放量	单位GDP排放量	排放量	单位GDP排放量	排放量	单位GDP排放量	排放量	单位GDP排放量			
								二氧化硫（万吨）	（千克/万元）	氮氧（万吨）	（千克/万元）	化学需氧量（万吨）	（千克/万元）	氨氮（万吨）	（千克/万元）			
东部	广东	53.52	43.30	99.60	293	80.27	-3.52	27.68	0.31	82.97	0.92	100.1	1.12	13.8	0.15	32342	89705.23	0.36
	江苏	15.20	43.40	92.00	255	69.86	-3.05	41.07	0.48	90.72	1.06	74.4	0.87	10.1	0.12	31430	85869.76	0.37
	山东	17.51	41.80	50.80	182	49.86	-3.27	73.91	1.02	115.86	1.60	52.1	0.72	8	0.11	38684	72634.15	0.53
	浙江	59.43	41.50	91.40	287	78.63	-3.22	19.05	0.37	43.2	0.83	41.9	0.81	6.7	0.13	21030	51768.3	0.41
	河北	26.78	42.30	58.65	174	47.67	-5.28	60.24	1.77	105.6	3.10	48.7	1.43	7.1	0.21	30386	34016.32	0.89
	福建	66.80	44.50	96.50	360	98.63	-2.85	13.39	0.42	27.72	0.86	39.5	1.23	5.4	0.17	12890	32182.1	0.40
	上海	14.04	36.80	48.30	309	84.66	-3.61	1.85	0.06	19.39	0.63	14.2	0.46	3.7	0.12	11859	30632.99	0.39
	北京	43.77	48.50	24	240	65.75	-4.53	2.01	0.07	14.45	0.52	8.2	0.29	0.6	0.02	7133	28014.94	0.25
	天津	12.07	37.50	50	219	60.00	-1.33	5.56	0.30	14.23	0.77	9.3	0.50	1.4	0.08	8011	18549.19	0.43
	海南	57.36	41.70	93.00	342	93.70	-1.32	1.43	0.32	6.01	1.35	7.8	1.75	1.1	0.25	2103	4462.54	0.47

说明：①《北京市污染防治攻坚战2019年行动计划》发布地表水优良率要超过24%；

②东部地区氮氧排放量多、二氧化硫排放量少，西部地区为二氧化硫排放量多、氮氧排放量少；

③西藏自治区数据暂缺；

④万元地区生产总值能耗是指一个地区生产每万元地区生产总值所消费的能源总量。计算公式：本年能源消费总量/本年地区生产总值。

资料来源：《中国统计年鉴2020》；各省（区、市）生态环境状况公报；《中国统计年鉴2020》；2019年分省（区、市）万元地区生产总值能耗降低率等指标公报；《中国能源统计年鉴2018》；《中国统计年鉴2018》。

表 2　苏南地区现代化建设指标体系（试行）

指标名称		单位	目标值
单位地区生产总值能耗		万吨标煤/亿元	<0.45
主要污染物排放量	化学需氧量	千克/万元	<2.0
	二氧化硫	千克/万元	<1.2
	氨氮	千克/万元	<0.2
	氮氧	千克/万元	<1.5
城市空气质量达到二级标准的天数比例		%	90
地表水监测断面水质不低于Ⅲ类比例		%	80
绿化水平	森林（林木）覆盖率	%	25
	城镇绿化覆盖率	%	40

资料来源：国家社会科学基金重大项目课题组，《区域现代化理论与实践研究》，江苏人民出版社，2014。

从表 2 中可以看到，该指标体系将生态现代化主要分成五大类九小项指标，下文将对东西部地区的上述指标进行对比分析。

1. 单位地区生产总值能耗

2017 年西部地区该指标平均值为 1 万吨标煤/亿元，东部地区该指标平均值为 0.45 万吨标煤/亿元。这表明东部地区平均每生产万元地区生产总值所消耗的能源总量仅为西部地区的 45%。现代化程度最低的省区为西部地区的宁夏回族自治区，其指标值为 1.88 万吨标煤/亿元，该指标表现最优的为东部地区的北京市，为 0.25 万吨标煤/亿元。总体来看，东部地区除河北省以外，各省市都已经达到或基本达到现代化要求，而西部地区仅有重庆市基本达到现代化要求，其他省区市的现代化程度一般或者较低。

2. 化学需氧量及其指标

化学需氧量是衡量水污染程度的一个主要指标，西部地区 2017 年该指标的平均值为 23.7 万吨，东部地区的平均值为 39.62 万吨。东部地区因其经济发达、工业化程度高，故其排放量较高。但平均到每万元地区生产总值后，东部各省市该指标均达到现代化水平。该指标最优值为北京，仅为

0.29千克/万元。而西部地区宁夏、青海、云南、广西和贵州尚未达到现代化要求。现代化程度最低的省（区）为宁夏，指标值为2.9千克/万元。

3. 二氧化硫及其指标

二氧化硫是废气中的一种主要污染物，也是煤炭燃烧时的主要污染排放物。西部地区该排放量的平均值为30.82万吨，东部地区的平均值为24.62万吨。西部地区因经济不发达，使用清洁能源的比例与东部相比较低，所以二氧化硫的排放量较高。在东部地区各省市中，单位GDP SO_2 排放量最低的省市为上海，仅为0.06千克/万元，远低于达标线的1.2千克/万元；东部仅有河北省的指标未达到现代化要求，为1.77千克/万元。而西部地区该指标现代化程度最低的省（区、市）为宁夏，其指标值高达6.03千克/万元，西部地区仅有四川、广西和西藏三省（区）该指标达到了现代化要求。

4. 氨氮及其指标

氨氮是废水中的一种主要污染物。西部地区2017年氨氮排放量的平均值为2.84万吨，东部地区的平均值为5.79万吨。东部地区因人口密度大、生活质量相对较高、生活工业废水排放相对较多，故废水中的氨氮含量较高。在东部各省市中，仅有河北和海南省单位GDP氨氮排放量未达到现代化要求。而西部地区仅有陕西、宁夏、重庆和内蒙古达到了现代化要求。从总体上看，北京该指标值最低，仅为0.02千克/万元。该指标未达到现代化要求的省份都与达标线相差不大。

5. 氮氧及其指标

氮氧是废气中的一种主要污染物。西部地区2017年氮氧排放量平均值为27.88万吨，东部地区的平均值为52.02万吨。由于东部地区城市多、工业区多、人口密度大，故各类电厂锅炉、工业炉窑、机动车等燃烧燃料时所产生的氮氧化物相较西部地区要高。在东部各省市中，单位GDP氮氧排放量指标表现最优的省市为北京，仅为0.52千克/万元；东部仅有河北省和山东省该指标未达到现代化要求。西部地区仅有四川和重庆达到了现代化要求，其余省区均不达标，现代化程度最低的省（区）为宁夏，其该指标值为4.7千克/万元。

6. 城市空气质量达到二级标准的天数及比例

在该项指标中，东部地区和西部地区没有明显的差距。西部地区的平均值略高于东部地区，这是由于城市空气质量不仅取决于该地的经济发展水平，还与该地的地理位置和气候条件有关。

7. 地表水监测断面水质不低于Ⅲ类的比例

在该项指标中，西部地区具有明显的优势，其 2019 年平均值高达 90.11%，而东部地区仅为 70.43%。水质未达到Ⅲ类的原因可能有：该省（区、市）工业区较密集、该省（区、市）水资源极度稀缺等。

8. 森林覆盖率和城镇绿化覆盖率

在这两项指标中，东部地区略优于西部地区，东部地区森林覆盖率、城镇绿化覆盖率的平均值分别达到了 36.65% 和 42.13%，而西部地区为 29.34% 和 39.44%。

总体来看，东部地区的现代化程度较西部地区更高，在资源利用效能、环境治理能力和手段上都好于西部地区。西部地区目前仅在“地表水监测断面水质不低于Ⅲ类的比例”指标上基本达到现代化，其余指标与现代化还有一定的距离。

（三）现阶段西部地区实现现代化的生态环境短板

习近平总书记在党的十九大报告中指出：“既要创造更多物质财富和精神财富以满足人民日益增长的美好生活需要，也要提供更多优质生态产品以满足人民日益增长的优美生态环境需要。”这是从中国特色社会主义进入新时代、我国社会主要矛盾发生变化的现实出发提出的新理念、新要求。当前，西部地区生态环境短板主要包括以下几个。

1. 长江、黄河上游生态安全存在隐患，冰川、湿地等生态资源的保护仍需加强

在水土保持、天然林保护、退耕还林还草、退牧还草、重点防护林体系建设等方面仍需加大力度。由于独特的地理位置，长江、黄河的上游均是生态环境较为脆弱的地区，加之还存在内陆省份工业较落后、污染排放不达

标、过度放牧、毁林开荒等问题，长江、黄河上游出现水土流失、水体污染等生态安全隐患；由于气候变暖、过度放牧、监测水平落后、管理能力不强等原因，冰川、湿地的生态功能也在受到威胁。2019 年，我国水土流失动态监测结果显示，我国水土流失状况持续好转，生态环境整体向好态势进一步稳固，水土流失实现面积强度“双下降”、水蚀风蚀“双减少”。但从数据来看，由于我国国土面积大，总量依旧不容乐观。2019 年全国水土流失面积 271.08 万平方公里，其中，西部地区水土流失最为严重，面积为 227.07 万平方公里，占全国水土流失总面积的 83.76%，较 2018 年减少 1.92 万平方公里，减幅为 0.84%。

2. 三江源地区、祁连山地区和西南岩溶地区的综合治理仍需推进

2019 年，三江源地区年平均气温较往年平均值偏高，降水量偏多。区域土壤侵蚀总面积为 13.06 万平方公里，土壤侵蚀以轻度冻融侵蚀与轻度水力侵蚀为主。乔木林郁闭度、蓄积量均呈缓慢增长趋势，灌木林总体呈增长态势。沙化土地植被高度、覆盖度、生物量与往年基本持平、略有增长；湿地植被覆盖度、生物量较上年略有增长。三江源区生态环境状况等级以“良”为主。

祁连山区域 2019 年平均气温较往年平均值偏高，降水量偏多。区域土壤侵蚀总面积为 2.64 万平方公里，土壤侵蚀以轻度冻融侵蚀与轻度水力侵蚀为主；乔木林和灌木林面积变化不明显，保持稳定；沙化土地、湿地样地年际植被高度、覆盖度、生物量略有增加。祁连山区生态环境状况等级以“良”为主；与上年相比，区域生态系统类型、生态环境质量状况保持稳定。

截至 2016 年底①，我国岩溶地区石漠化土地总面积为 1007 万公顷，涉及湖北、湖南、广东、广西、重庆、四川、贵州和云南 8 个省（自治区、直辖市）。其中，西部地区石漠化土地面积占比达到 77.44%；岩溶地区潜在石漠化土地总面积为 1466.9 万公顷，涉及湖北、湖南、广东、广西、重

① 截至 2020 年 11 月，第三次石漠化检测结果为最新数据。

庆、四川、贵州和云南8个省（区、市），其中，西部地区潜在石漠化土地面积占比达到68.99%。

3. 区域大气污染联防联控能力和面对重污染天气的应对能力仍需加强

大气中主要污染物包括硫氧化物、氮氧化物等。大气污染主要是由煤炭燃烧导致的二氧化硫污染、机动车尾气排放导致的氮氧化物污染、建筑施工导致的扬尘污染、生态破坏导致的沙尘暴污染等构成。由于人口规模、工业产业结构、地理位置等原因，省会城市通常是空气污染的重灾区。尽管西部地区的大气污染问题不是全国最突出的，但是从表1的数据可知，西部地区各省（区、市）废气污染物排放指标仅有四川省（省会）达标，而东部地区各省市该指标仅有河北省（省会）不达标，从以上对比可看出，东西部差距十分明显。所以提升人民的生活质量，提升人民的幸福感，提高区域大气污染联防联控能力和应对重污染天气的能力十分必要。

4. 受污染耕地的分类管理和安全利用能力亟须加强

工业化建设速度的提升不可避免地带来了较为严重的土壤污染问题，全国农用地土壤环境状况总体稳定，影响农用地土壤环境质量的主要污染物是重金属，其中镉为首要污染物。由《全国土壤污染状况调查公报》可知，重污染企业用地和工业废弃地是镉超标“重灾区”。当前我国土地污染主要集中于重污染企业用地、工业废弃地、工业园区、固体废物集中处理处置场地、采油区、采矿区、污水灌溉区和干线公路两侧等几类地区。由于土壤污染具有隐蔽性、潜伏性和长期性，其通过食物给动物和人类健康造成严重危害，故加快地方性政策文件出台，落实受污染耕地修复方案，促进土壤资源永续利用是当务之急。

二　提升西部地区基本实现现代化生态环境战略支持的路径

立足基本实现现代化这一宏伟目标，审视生态环境战略支持状况，视野更广阔和站位更高远，更具有系统性和有机性，把生态文明建设从一个特定层面进一步提高到了国家实现现代化的高度和战略性位置。

从一般逻辑上看，路径通常是组织为实现其特定目标所经常依循的道路方式和途径选择的集合。因此，在笔者看来，提升西部地区基本实现现代化生态环境战略支持的可能路径主要包括组织引领路径、制度推动路径和技术驱动路径。

（一）组织引领路径

组织引领路径就是从主体的角度来提供保障。组织引领路径是一个立体庞大的系统，不仅包括从中央到地方各级环境保护机构的裁撤、新增整合等，还包括环境保护相关的高等院校、科研院所、企事业单位，这些机构从各自专业和职能角度出发，以环境保护为主线合理展开工作，解决环境保护大链条上的相关事宜，包括技术难题、设备提供、监测服务、督察纠治等。关于环境保护的 5 次大的机构变革可以被视为最为重要的组织引领路径之变革。从国家生态环境保护战略视角来看，仅行政主管机构的演变，从 1988 年成立国家环保局，到 1998 年成立总局，再到 2008 年成立国家环保部，直到 2018 年成立生态环境保护部，国家环保机构变化每 10 年上一个台阶。一方面表明随着认识深化和形势变化，国家环保机构名称和行政级别在变；另一方面也反映出工作职能的覆盖面和总深度在拓展。组织引领路径不只包括组织的设立成立，更包括组织运行和职能有效发挥，比如环境保护相关技术研究开发和推广应用、法律服务机构的环境服务价值确立和转换等。西部排污权交易市场就是组织引领路径的重要构成部分。

（二）制度推动路径

制度推动路径是从法律、行政法规和部门规章等各项各类法律制度设计和制度安排方面，就环境保护和生态治理做出规制、约束、监督和管理的路径方式。重点就制度的创立设计、已有制度的完善、不合时宜制度的清理做出系统安排，这就形成了对技术驱动路径和组织引领路径的补充和稳固。生态环境保护战略实施的制度推动路径主要表现为一系列文件、意见和办法等。这些文件、意见和办法等以 1973～2017 年召开的 7 次全国性环境保护会议及国务院发布的 6 个决定（意见）为脉络，系统体现了我国环保工作随着社会经济的发展，从领导层到执行层在思想认识、政策思路、制度设计等方面的历史演进。自党的十九大以来，我国积极推动用最严格制度、最严密法治保护生态环境，涉及生态环保的法律有 6 部、法规有 4 部、规章有 12 件，迄今为止，生态环保领域由生态环境部门负责组织实施的法律共计 13 部、行政法规共计 30 部。当然这还只是从中央或者全国层面，具体到西部的区域和省域层面也有一系列地方法规制度和办法，意图就在于从法律制度层面保障和推动环保工作开展。制度推动路径就是从制度设计和制度安排的层面上，推动实现在 2035 年零碳排放的目标，这就需要从现在起，从制度上做出科学切实有效的安排，重点从激励型制度、规范引导制度和强制约束制度三大方面，鼓励降低排放，严格限制排放。另外，还要做出关于水资源管理、关于生态补偿、关于持续投入、关于投融资等制度安排，建设各个生态空间治理的多层次多领域的制度体系和制度系统，从这些方面规范引导、约束，巩固已有环境保护的成果。因此，未来要提升生态环境战略对西部基本实现现代化的支撑作用，制度推动不仅不能少，还要更加细密，更加向纵深发展，为生态环保行动从制度上保驾护航。

（三）技术驱动路径

技术驱动路径概括地讲，就是从物质技术层面来实现生态环境保护和生态治理，把现代信息技术、人工智能技术应用在生态环境监测、保护和治理上，针对不同生态空间的具体特性，高效、精准、实时、全面地进行生态监测和治理、环境督察和保护、预警督促等，从而在物质技术层面为环境保护制度的有效落实、环境保护行为的倡导鼓励奠立基础。相关技术重点分为以下若干类技术，生态环保信息技术、环保设备生产加工技术、土壤大气和污染防治的材料技术。具体以 2019 年 7 月上线的国家生态环境科技成果转化综合服务平台数据库为例，平台一期数据库收录了近 4000 项污染防治与环境管理技术，主要包含水污染防治技术、环境监测与预警技术、大气污染防治技术、固体废物处理处置技术、生态保护技术、环境政策管理研究、土壤污染治理与修复技术、资源化与综合利用技术、清洁生产技术、噪声污染控制技术以及核安全与放射性污染防治等十一个门类的技术。

（四）产业支撑路径

生态保护战略的实施还需要从产业发展的层面实现联动，西部地区实现现代化促进西部特色产业发展，只有通过产业持续健康发展才能实现。产业支撑具体可以分为两大类，一是生态环保产业本身，其产品和服务就是聚焦生态治理和环境保护；二是一般产业的绿色发展和清洁生产，这也是对全国尤其是西部地区高质量发展起到重要支撑作用的产业类别主体，诸如商贸旅游、生态绿色产品的种植养殖等。

三　未来15年西部地区基本实现现代化生态环境战略支持的趋势预测

为了贯彻落实《中共中央国务院关于新时代推进西部大开发形成新格局的指导意见》中关于生态环境的指导意见、顺利实施中国共产党第十九届中央委员会第五次全体会议审议通过的《中共中央关于制定国民经济和社会发展第十四个五年规划和二〇三五年远景目标的建议》和如期实现2035 年基本实现社会主义现代化的目标，在充分了解西部地区的生态环境现状和生态环境战略的支持程度后，笔者将对未来 15 年西部地区的生态发展情况进行简要的预测，对预测结果进行分析并提出相关的建议。

（一）预测方法

本文通过收集西部各省（区、市）近十年①的森林覆盖率、城镇绿化覆盖率、重点城市空气质量达标天数、废水废气中主要污染物排放量、地区生

① 数据可能根据实际进行增加或减少。

产总值能耗等数据，利用 Excel 中的函数，对各年份对应数据的均值进行线性回归分析，从而对未来 15 年西部地区基本实现现代化生态环境战略支持的情况进行简要的预测。由于西部地区是一个整体，故本文各项数据较多地使用均值，并将预测的结果与表 2 中的指标进行对比，从而对西部地区生态现代化的程度进行预测和评价。

（二）预测过程及结论

1. 森林覆盖率

表 3 中的数据为近五次国家林业和草原局所统计的西部各省（区、市）森林覆盖率的情况及该指标平均值。

表 3　西部地区省（区、市）森林覆盖率及平均值

单位：%

年份＼地区	内蒙古	广西	重庆	四川	贵州	云南	西藏	陕西	甘肃	青海	宁夏	新疆	平均值
1998	12.73	34.37	—	23.5	20.81	33.64	—	28.74	4.83	0.43	2.2	1.08	16.23
2003	17.7	41.41	22.25	30.27	23.83	40.77	11.31	32.55	6.66	4.4	6.08	2.94	20.01
2008	20	52.71	34.85	34.31	31.61	47.5	11.91	37.26	10.42	4.57	9.84	4.02	24.92
2013	21.03	56.51	38.43	35.22	37.09	50.03	11.98	41.42	11.28	5.63	11.89	4.24	27.06
2018	22.1	60.17	43.11	38.03	43.77	55.04	12.14	43.06	11.33	5.82	12.63	4.87	29.34

资料来源：国家林业和草原局公布的第五、六、七、八、九次全国森林资源清查成果。

以年份为自变量，森林覆盖率平均值为因变量，利用 Excel 对其进行线性回归，回归结果如图 3 所示。

将预测的年份依次代入函数，可以得到预测的年平均森林覆盖率。

由表 4 可知，西部地区森林覆盖率的平均值已于几年前就达到了生态现代化的要求，即从西部地区整体来看，森林覆盖率已经实现现代化目标。但是值得注意的是，由于受到海拔和气候条件的影响，在单独分析新疆、青海、甘肃、西藏、宁夏五省区的数据后发现，新疆在 2035 年的森林预测覆盖率预测值仅为 8.23%，青海的预测值约为 22.97%，甘肃、西藏、宁夏三

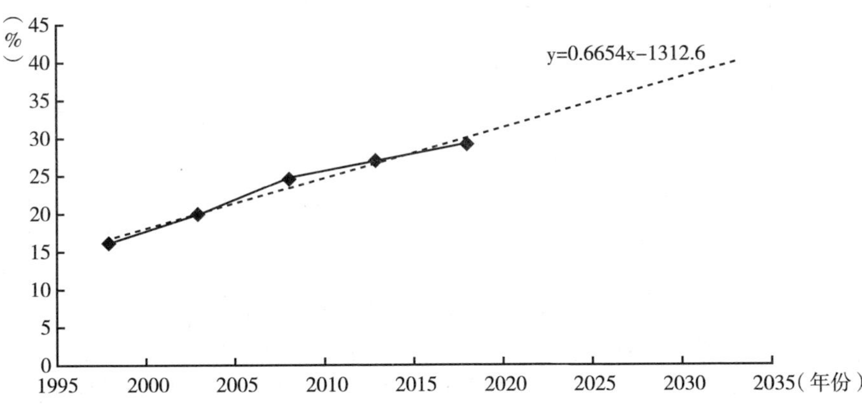

图 3　西部地区年平均森林覆盖率及预测

资料来源：由表 3 数据自制。

省区的预测值介于这两者中间。故笔者认为，在 2035 年这一节点这五省区很难达到生态现代化的中森林覆盖率高于 25% 的要求。

表 4　西部地区年平均森林覆盖率及预测

单位：%

年份	年均森林覆盖率
1998	16. 23
2003	20. 01
2008	24. 92
2013	27. 06
2018	29. 34
2025	34. 84（预测值）
2030	38. 16（预测值）
2035	41. 49（预测值）

资料来源：由图 3 内公式计算得出。

2. 城镇绿化覆盖率

表 5 中的数据为近 10 年《中国统计年鉴》中所统计的西部各省（区、市）城镇绿化覆盖率的情况及该指标平均值。

表 5　西部地区各省（区、市）城镇绿化覆盖率及平均值

单位：%

年份＼省份	内蒙古	广西	重庆	四川	贵州	云南	西藏	陕西	甘肃	青海	宁夏	新疆	平均值
2010 年	33. 35	34. 96	40. 57	37. 88	29. 58	37. 31	25. 40	38. 29	27. 12	29. 38	38. 75	36. 42	34. 08
2011 年	34. 09	37. 35	40. 18	38. 21	32. 31	38. 73	24. 06	38. 68	27. 85	31. 06	37. 45	36. 64	34. 72
2012 年	36. 17	37. 50	42. 94	38. 69	32. 80	39. 30	32. 41	40. 36	30. 02	32. 50	38. 37	35. 88	36. 41
2013 年	36. 19	37. 65	41. 66	38. 41	34. 46	37. 76	18. 06	40. 19	32. 07	31. 20	38. 49	36. 40	35. 21
2014 年	39. 79	39. 26	40. 60	37. 51	33. 97	38. 14	43. 77	40. 46	30. 81	31. 56	37. 98	36. 83	37. 56
2015 年	39. 18	37. 60	40. 30	38. 65	35. 88	37. 27	42. 61	40. 57	30. 20	29. 79	37. 88	37. 47	37. 28
2016 年	39. 85	37. 62	40. 76	39. 90	36. 80	37. 84	32. 59	40. 14	31. 50	31. 12	40. 43	38. 51	37. 26
2017 年	40. 22	39. 12	40. 32	40. 00	37. 01	38. 87	34. 81	39. 88	33. 28	32. 55	40. 41	39. 98	38. 04
2018 年	40. 60	39. 92	40. 36	40. 55	38. 64	39. 78	37. 35	38. 77	33. 50	33. 94	40. 53	39. 61	38. 63
2019 年	40. 50	40. 76	41. 82	41. 85	39. 42	39. 73	37. 61	39. 32	36. 03	35. 21	41. 34	39. 90	39. 46

资料来源：《中国统计年鉴》（2011～2020 年）。

以年份为自变量，城镇绿化覆盖率平均值为因变量，利用 Excel 对其进行线性回归，回归结果如图 4 所示。

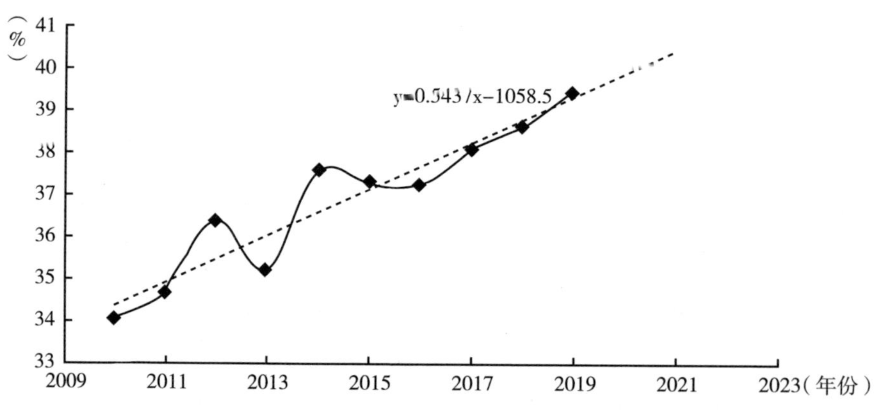

图 4　西部地区年平均城镇绿化覆盖率及预测结果

资料来源：由表 5 数据自制。

将预测的年份依次代入函数，可以得到预测的年平均城镇绿化覆盖率。由表 5 和表 6 可知，当前西部地区大部分省（区、市）已经实现或接近 40%

的现代化目标值。通过对平均值的预测可知，西部地区将于 2021 年实现平均 40% 的城镇绿化覆盖率。笔者还注意到，青海省的城镇绿化覆盖率处于西部地区最低水平，故笔者对青海省的数据进行了单独分析，预测结果表明，青海省也将于 2035 年实现 40.61% 的城镇绿化覆盖率，实现该指标的现代化。

表 6　西部地区年平均城镇绿化覆盖率及预测

单位：%

年份	年均城镇绿化覆盖率
2010	34.1
2011	34.7
2012	36.4
2013	35.2
2014	37.6
2015	37.3
2016	37.3
2017	38.0
2018	38.63
2019	39.46
2020	39.77(预测值)
2025	42.49(预测值)
2030	45.21(预测值)
2035	47.93(预测值)

资料来源：由图 4 内公式计算得出。

3. 重点城市空气质量达标天数

表 7 中的数据为近 7 年《中国统计年鉴》中所统计的西部各省（区、市）重点城市空气质量达标（二级及以上）天数的情况及该指标平均值。

表 7　2013～2019 年西部地区重点城市空气质量达标（二级以上）天数及平均值

单位：天

省份 年份	呼和浩特	南宁	重庆	成都	贵阳	昆明	拉萨	西安	兰州	西宁	银川	乌鲁木齐	平均值
2013 年	213	275	207	139	278	329	341	157	193	216	249	184	231.75
2014 年	240	292	246	216	301	350	321	172	247	261	255	202	258.58
2015 年	276	324	292	211	340	350	313	250	252	295	259	218	281.67

续表

年份 \ 省份	呼和浩特	南宁	重庆	成都	贵阳	昆明	拉萨	西安	兰州	西宁	银川	乌鲁木齐	平均值
2016 年	283	348	289	214	350	362	313	192	243	271	252	246	280. 25
2017 年	255	337	277	235	347	360	361	180	232	294	232	241	279. 25
2018 年	272	340	295	251	357	361	358	187	213	282	249	255	285. 00
2019 年	292	346	309	287	358	356	364	225	296	346	324	277	315. 00

资料来源：《中国统计年鉴》（2014 ~2020 年）。

以年份为自变量，空气质量达标天数平均值为因变量，利用 Excel 对其进行线性回归，回归结果如图 5 所示。

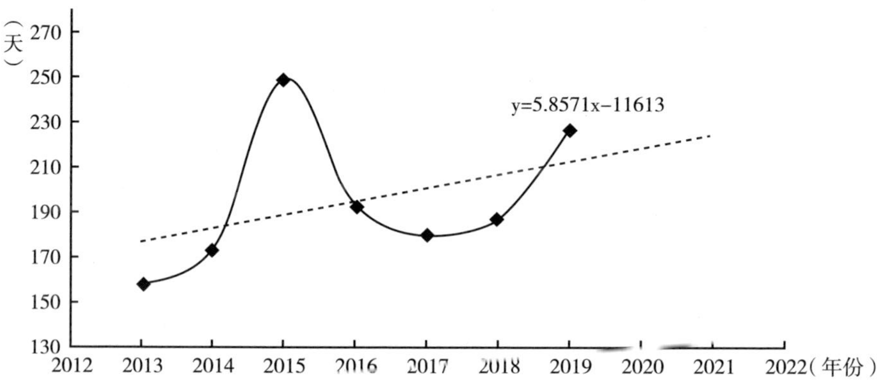

图 5　陕西省空气质量达标（二级及以上）天数及预测

说明：由于陕西省常年该数据处于西部地区尾部，故选择预测陕西省的数据，从而得到下限。

资料来源：由表 7 数据自制。

将预测的年份依次代入函数，可以得到预测的空气质量达标天数，如表 8 所示。

由表 7 和表 8 可知，陕西省该指标通常处于西部地区落后水平，且优良天数落后其他省份较多。故笔者通过预测陕西省的数据，并结合新疆的数据，得到西部省（区、市）该指标值的下限。分析结果显示，陕西省在 2035 年的空气优良天数达到了 306 天（比例为 83. 84%），距离目标值 90%

所要求的328天仅差22天，2019年排在陕西省前一位的新疆的空气质量优良天数比陕西多出了52天，故有理由认为，到2035年，除陕西省与现代化要求还有较小差距，其他省（区、市）都能按时实现现代化。

表8 陕西省空气质量达标天数、比例及预测

单位：天，%

年份	空气质量达标天数预测结果	比例
2013	157	43.01
2014	172	47.12
2015	250	68.49
2016	192	52.60
2017	180	49.32
2018	187	51.23
2019	225	61.64
2020	218(预测值)	59.73(预测值)
2025	248(预测值)	67.95(预测值)
2030	277(预测值)	75.89(预测值)
2035	306(预测值)	83.84(预测值)

资料来源：由图5内公式计算得出。

4. 废气废水中主要污染物排放量

表9所示的数据为近7年《中国统计年鉴》中所统计的西部各省（区、市）废气中二氧化硫的排放量情况及该指标平均值。

表9 西部地区各省（区、市）废气中二氧化硫的排放量及平均值

单位：万吨

年份\省份	内蒙古	广西	重庆	四川	贵州	云南	西藏	陕西	甘肃	青海	宁夏	新疆	平均值
2011	140.94	52.10	58.69	90.20	110.43	69.12	0.42	91.68	62.39	15.66	41.04	76.31	67.42
2012	138.49	50.41	56.48	86.44	104.11	67.22	0.42	84.38	57.25	15.39	40.66	79.61	65.07
2013	135.87	47.20	54.77	81.67	98.64	66.31	0.42	80.62	56.20	15.67	38.97	82.94	63.27
2014	131.24	46.66	52.69	79.64	92.58	63.67	0.42	78.10	57.56	15.43	37.71	85.30	61.75
2015	123.09	42.12	49.58	71.76	85.30	58.37	0.54	73.50	57.06	15.08	35.76	77.83	57.50
2016	62.57	20.11	28.83	48.83	64.71	52.62	0.54	31.80	27.20	11.37	23.69	48.07	35.03
2017	54.63	17.73	25.34	38.91	68.75	38.44	0.35	27.94	25.88	9.24	20.75	41.82	30.81

资料来源：2012～2018年各年度的《中国能源统计年鉴》。

以年份为自变量，废气中二氧化硫的排放量平均值为因变量，利用Excel对其进行线性回归，回归结果如图6所示。

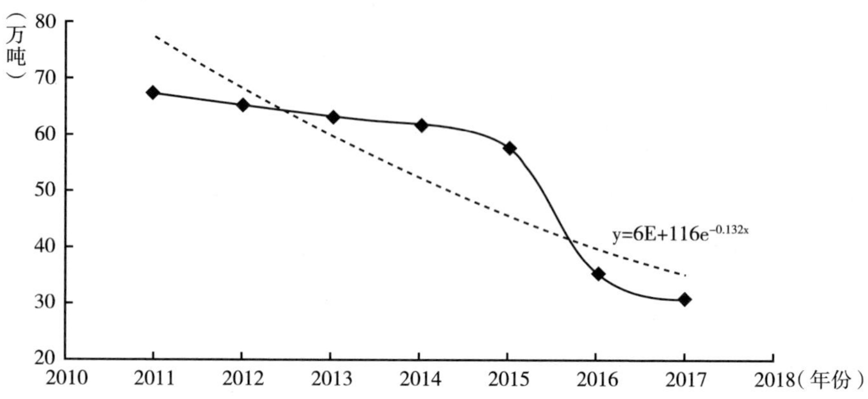

图6　西部地区年平均废气中二氧化硫的排放量情况

资料来源：由表9数据自制。

将预测的年份依次代入函数，可以得到预测的年平均二氧化硫排放量，如表10所示。

表10　年平均废气中二氧化硫的排放量及预测值

年份	年均二氧化硫的排放量	预测指标值
2011	67.42	—
2012	65.07	
2013	63.27	
2014	61.75	
2015	57.50	
2016	35.03	
2017	30.81	
2020	24.47（预测值）	1.42
2025	12.78（预测值）	0.74
2030	6.67（预测值）	0.39
2035	3.48（预测值）	0.20

资料来源：由图6内公式计算得出。

表11中的数据为近7年《中国统计年鉴》中所统计的西部各省（区、市）废气中氮氧的排放量情况及该指标平均值。

表11　西部地区各省（区、市）废气中氮氧的排放量及平均值

年份＼省份	内蒙古	广西	重庆	四川	贵州	云南	西藏	陕西	甘肃	青海	宁夏	新疆	平均值
2011	142.19	49.40	40.26	67.49	55.32	54.85	4.06	83.17	48.09	12.41	45.82	75.51	56.55
2012	141.89	49.83	38.27	65.90	56.35	54.43	4.43	80.81	47.34	12.61	45.54	81.95	56.61
2013	137.76	50.43	36.20	62.43	55.73	52.37	4.43	75.89	44.29	13.23	43.74	88.69	55.43
2014	125.83	44.24	35.50	58.54	49.11	49.89	4.83	70.58	41.84	13.45	40.40	86.28	51.71
2015	113.90	37.34	32.07	52.59	41.91	44.94	5.27	62.74	38.73	11.79	36.76	73.65	45.97
2016	64.53	30.29	21.77	45.10	37.79	44.69	5.52	38.03	25.80	9.42	19.78	59.98	33.56
2017	50.55	34.56	20.40	45.76	35.97	26.88	3.02	33.98	21.25	7.23	16.17	38.84	27.88

资料来源：2012～2018年各年度的《中国能源统计年鉴》。

以年份为自变量，废气中氮氧的排放量平均值为因变量，利用Excel对其进行线性回归，回归结果如图7所示。

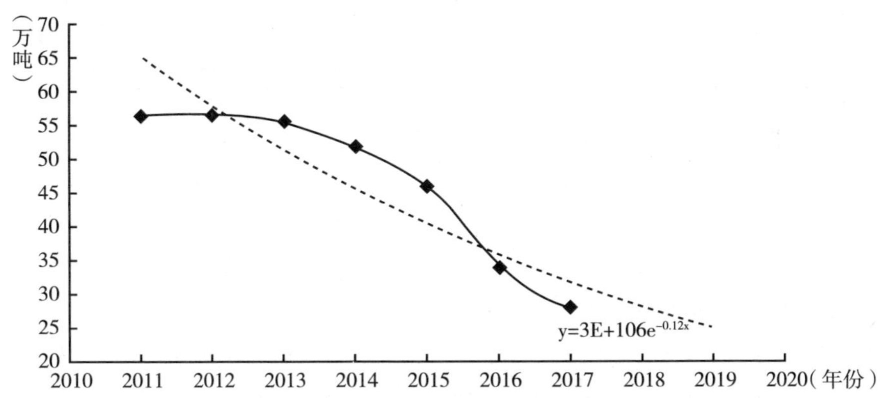

图7　西部地区年平均废气中氮氧的排放量情况及预测结果

资料来源：由表11数据自制。

将预测的年份依次代入函数，可以得到预测的氮氧的排放量，如表12所示。

表 12　西部地区年平均废气中氮氧的排放量及预测值

单位：万吨，千克/万元

年份	年均氮氧的排放量	预测指标值
2011	56.55	—
2012	56.61	
2013	55.43	
2014	51.71	
2015	45.97	
2016	33.56	
2017	27.88	
2020	22.01(预测值)	1.28
2025	12.08(预测值)	0.70
2030	6.63(预测值)	0.39
2035	3.64(预测值)	0.21

资料来源：由图 7 内公式计算得出。

表 13 中的数据为近 7 年《中国统计年鉴》中所统计的西部各省（区、市）废水中化学需氧量的排放量情况及该指标平均值。

表 13　西部地区各省（区、市）废水中化学需氧量的排放量及平均值

地区 省份	内蒙古	广西	重庆	四川	贵州	云南	西藏	陕西	甘肃	青海	宁夏	新疆	平均值
2011	91.9	79.3	41.7	130.2	34.2	55.5	2.7	55.8	39.7	10.3	23.4	67.3	52.7
2012	88.39	78.03	40.28	126.87	33.30	54.86	2.58	53.62	38.93	10.38	22.80	67.92	51.5
2013	86.32	75.94	39.18	123.20	32.82	54.72	2.58	51.93	37.91	10.34	22.19	67.24	50.4
2014	84.77	74.40	38.64	121.63	32.67	53.38	2.79	50.49	37.32	10.50	21.98	67.02	49.6
2015	83.56	71.12	37.98	118.64	31.83	51.03	2.88	48.91	36.57	10.43	21.10	66.03	48.3
2016	16.95	41.60	25.57	67.68	25.59	37.38	2.74	18.73	16.15	7.03	11.97	23.54	24.6
2017	14.97	45.59	25.27	67.51	27.25	33.07	2.50	19.64	13.24	5.75	10.02	19.87	23.7

资料来源：《中国能源统计年鉴》（2012～2018 年）。

以年份为自变量，废水中化学需氧量的排放量平均值为因变量，利用 Excel 对其进行线性回归，回归结果如图 8 所示。

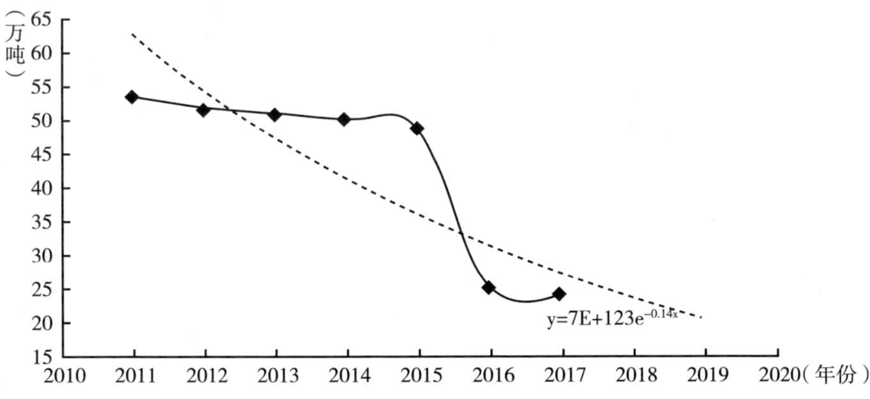

图 8　西部地区年平均废水中化学需氧量的排放量及预测

资料来源：由表 13 数据自制。

将预测的年份依次代入函数，可以得到预测的化学需氧量的平均排放量，如表 14 所示。

表 14　西部地区年平均废水中化学需氧量的排放量及预测值

单位：万吨，千克/万元

年份	年均化学需氧量的排放量	预测指标值
2011	52.66	—
2012	51.50	
2013	50.36	
2014	49.63	
2015	48.34	
2016	24.58	
2017	23.72	
2020	17.59（预测值）	1.02
2025	8.73（预测值）	0.51
2030	4.34（预测值）	0.25
2035	2.15（预测值）	0.13

资料来源：由图 8 内公式计算得出。

表 15 中的数据为近 7 年《中国统计年鉴》中所统计的西部各省（区、市）废水中氨氮的排放量情况及该指标平均值。

表 15　2011 ~ 2017 年西部地区各省（区、市）废水中氨氮的排放量及平均值

单位：万吨

年份＼省份	内蒙古	广西	重庆	四川	贵州	云南	西藏	陕西	甘肃	青海	宁夏	新疆	平均值
2011	5.4	8.4	5.5	14.4	4.0	5.9	0.3	6.3	4.3	1.0	1.8	4.7	5.2
2012	5.27	8.26	5.34	14.07	3.87	5.86	0.32	6.19	4.10	0.98	1.74	4.72	5.1
2013	5.12	8.10	5.22	13.70	3.83	5.80	0.32	5.96	3.92	0.97	1.71	4.65	4.9
2014	4.93	7.93	5.13	13.47	3.80	5.65	0.34	5.82	3.81	0.98	1.66	4.59	4.8
2015	4.69	7.67	5.01	13.14	3.64	5.49	0.34	5.56	3.72	1.00	1.62	4.56	4.7
2016	2.13	4.62	3.61	8.01	3.08	4.35	0.34	2.51	2.26	0.94	0.93	2.50	2.9
2017	1.90	4.83	3.49	7.94	3.41	4.14	0.33	2.65	1.95	0.84	0.65	2.27	2.9

资料来源：《中国能源统计年鉴》（2012 ~ 2018 年）。

以年份为自变量，废水中氨氮的排放量平均值为因变量，利用 Excel 对其进行线性回归，回归结果如图 9 所示。

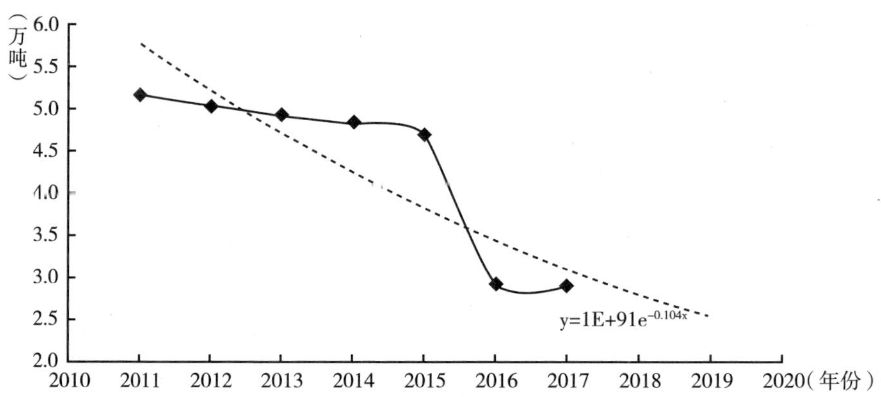

图 9　2010 ~ 2020 年西部地区年平均废水中氨氮的排放量情况及预测结果

资料来源：由表 15 数据自制。

将预测的年份依次代入函数，可以得到预测的氨氮年均排放量，如表 16 所示。

表16 西部地区年平均废水中氨氮的排放量及预测值

单位：万吨，千克/万元

年份	氨氮的排放量平均值	预测指标值
2011	5.16	—
2012	5.06	
2013	4.94	
2014	4.84	
2015	4.70	
2016	2.94	
2017	2.87	
2020	2.26(预测值)	0.13
2025	1.34(预测值)	0.08
2030	0.80(预测值)	0.05
2035	0.47(预测值)	0.03

资料来源：由图9内公式计算得出。

通过计算可知，2019年西部各省（区、市）的平均地区生产总值为17212.53亿元，我们假设2020年及以后的地区生产总值维持在这一水平不变，通过对预测出的污染物排放量的计算，由表10、12、14、16可知，仅有二氧化硫的排放将在2025年之前实现现代化目标，其他由主要污染物排放量的指标值均已符合实现现代化的指标要求。

5. 地区生产总值能耗

如下表17、表18、表19分别为近9年《中国统计年鉴》中所统计的西部各省（区、市）的能源消耗情况、生产总值及通过计算得到的生产总值能耗。

表17 2009~2017年西部地区各省（区、市）能源消耗情况

单位：万吨标准煤

年份＼省份	内蒙古	广西	重庆	四川	贵州	云南	陕西	甘肃	青海	宁夏	新疆
2009	15344	24654	7030	16322	7566	8032	8044	5482	2348	3388	7526
2010	16820	7919	7856	17892	8175	8674	8882	5923	2568	3681	8290
2011	18737	8591	8792	19696	9068	9540	9761	6496	3189	4316	9927

续表

年份＼省份	内蒙古	广西	重庆	四川	贵州	云南	陕西	甘肃	青海	宁夏	新疆
2012	19786	9155	9278	20575	9878	10434	10626	7007	3524	4562	11831
2013	17681	9100	8049	19212	9299	10072	10610	7287	3768	4781	13632
2014	18309	9515	8593	19879	9709	10455	11222	7521	3992	4946	14926
2015	18927	9761	8934	19888	9948	10357	11716	7523	4134	5405	15651
2016	19457	10092	9204	20362	10227	10656	12120	7334	4111	5592	16302
2017	19915	10458	9545	20874	10482	11091	12537	7538	4202	6489	17392

资料来源：《中国能源统计年鉴》（2010～2018 年）。

表 18　西部地区各省（区、市）生产总值

单位：亿元

年份＼省份	内蒙古	广西	重庆	四川	贵州	云南	陕西	甘肃	青海	宁夏	新疆
2009	9740.25	7759.16	6530.01	14151.28	3912.68	6169.75	8169.80	3387.56	1081.27	1353.31	4277.05
2010	11672.00	9569.85	7925.58	17185.48	4602.16	7224.18	10123.48	4120.75	1350.43	1689.65	5437.47
2011	14359.88	11720.87	10011.37	21026.68	5701.84	8893.12	12512.30	5020.37	1670.44	2102.21	6610.05
2012	15880.58	13035.10	11409.60	23872.80	6852.20	10309.47	14453.68	5650.20	1893.54	2341.29	7505.31
2013	16916.50	14449.90	12783.26	26392.07	8086.86	11832.31	16205.45	6330.69	2122.06	2577.57	8443.84
2014	17770.19	15672.89	14262.60	28536.66	9266.39	12814.59	17689.94	6836.82	2303.32	2752.10	9273.46
2015	17831.51	16803.12	15717.27	30053.10	10502.56	13619.17	18021.86	6790.32	2417.05	2911.77	9324.80
2016	18128.10	18317.64	17740.59	32934.54	11776.73	14788.42	19399.59	7200.37	2572.49	3168.59	9649.70
2017	16096.21	18523.26	19424.73	36980.22	13540.83	16376.34	21898.81	7459.90	2624.83	3443.58	10881.96

资料来源：《中国统计年鉴》（2010～2018 年）。

表 19　2009～2017 年西部地区各省（区、市）生产总值能耗及平均值

年份＼省份	内蒙古	广西	重庆	四川	贵州	云南	陕西	甘肃	青海	宁夏	新疆	平均值
2009	1.58	3.18	1.08	1.15	1.93	1.30	0.98	1.62	2.17	2.50	1.76	1.75
2010	1.44	0.83	0.99	1.04	1.78	1.20	0.88	1.44	1.90	2.18	1.52	1.38
2011	1.30	0.73	0.88	0.94	1.59	1.07	0.78	1.29	1.91	2.05	1.50	1.28
2012	1.25	0.70	0.81	0.86	1.44	1.01	0.74	1.24	1.86	1.95	1.58	1.22
2013	1.05	0.63	0.63	0.73	1.15	0.85	0.65	1.15	1.78	1.85	1.61	1.10
2014	1.03	0.61	0.60	0.70	1.05	0.82	0.63	1.10	1.73	1.80	1.61	1.06

续表

年份＼省份	内蒙古	广西	重庆	四川	贵州	云南	陕西	甘肃	青海	宁夏	新疆	平均值
2015	1.06	0.58	0.57	0.66	0.95	0.76	0.65	1.11	1.71	1.86	1.68	1.05
2016	1.07	0.55	0.52	0.62	0.87	0.72	0.62	1.02	1.60	1.76	1.69	1.00
2017	1.24	0.56	0.49	0.56	0.77	0.68	0.57	1.01	1.60	1.88	1.60	1.00

资料来源：由表 15 和表 16 的数据计算得出。

以年份为自变量，生产总值能耗平均值为因变量，利用 Excel 对其进行线性回归，回归结果如图 10 所示。

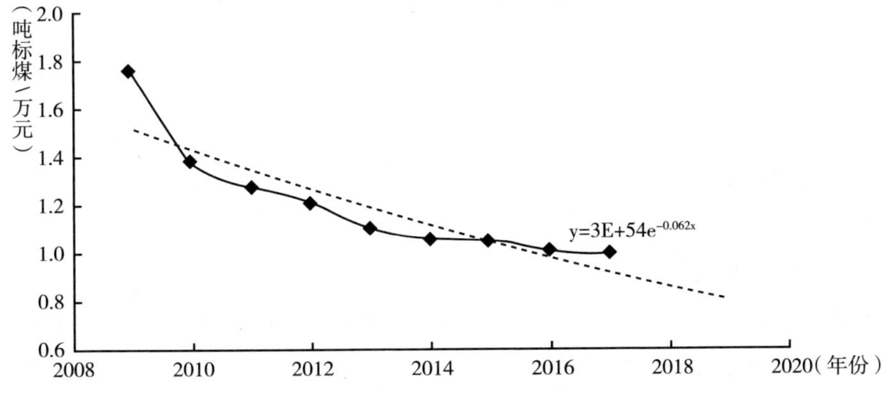

图 10　西部地区年平均生产总值能耗情况及预测

资料来源：由表 19 数据自制。

将预测的年份依次代入函数，可以得到预测的年均生产总值能耗，由表 20 的预测结果可知，地区生产总值能耗将于 2030 年之前实现小于 0.45 吨标煤/万元的目标值，从而实现生态现代化。

表 20　西部地区年平均生产总值能耗及预测值

年份	生产总值能耗平均值
2009	1.7505
2010	1.3816
2011	1.2776

续表

年份	生产总值能耗平均值
2012	1. 2217
2013	1. 0986
2014	1. 0613
2015	1. 0530
2016	1. 0042
2017	0. 9978
2020	0. 7706（预测值）
2025	0. 5652（预测值）
2030	0. 4146（预测值）
2035	0. 3041（预测值）

资料来源：由图 10 公式计算得出。

总的来说，西部地区在当前的发展方式、发展速度下，2035 年前基本实现生态现代化是值得期待的。尽管如此，我们也应注意到，在预测过程中会出现一些情况特殊的省（区、市），这些省（区、市）可能是由于地理位置特殊等原因在实现现代化的进程中发展较为缓慢。故我们应严格制定、认真实施西部各省（区、市）的发展战略，不断引进更先进的技术，不断加大生态方面的投入，不断找问题、补短板，持续加大生态技术、研发、治理方向的投入，实现更全面、更彻底地生态发展和治理，争取能够早日高质量地实现生态现代化。

B.16

西部地区基本实现现代化的金融支持

韩锦绵　岳东岐*

摘　要：　金融系统是带动现代化经济发展的引擎，是支持西部地区现代化建设的强劲动力。本文以西部地区基本实现现代化中金融领域存在的问题为切入点，在对西部地区金融支持现状和西部地区基本实现现代化存在的问题进行分析的基础上，指出西部地区现有金融规模和结构不足以支持当下西部地区经济结构调整和转型升级，从而提出了创新多层次银行体系、改革资本市场结构、完善风险分散机制和加强金融创新等建议。在此基础上预测了未来西部地区将向普惠金融和绿色金融方向发展的趋势。

关键词：　西部地区　金融支持　基本实现现代化

一　2019年西部地区基本实现现代化金融支持态势分析

中国西部地区包括十二个省、自治区和直辖市，其国土面积占全国总面积的70.6%，其人口占全国总人口的27.2%，但是金融支持现代化经济发

* 韩锦绵，博士，教育部人文社会科学重点研究基地——西北大学中国西部经济发展研究院兼职研究员，西北大学经济管理学院教授，博士生导师，研究方向为金融机构与金融风险；岳东岐，西北大学经济与管理学院研究生。

展的规模却不及全国总规模的两成。西部地区疆域辽阔，重庆市是西部地区人均生产总值唯一超过全国平均水平的一级行政区，除四川盆地和关中平原以外，西部绝大部分地区是我国经济欠发达、需要加强开发的地区。因此本文将四川和重庆作为西部地区基本实现现代化的内部比较基准。

（一）西部地区基本实现现代化的金融支持现状

1. 西部地区的金融规模

社会融资规模是指一定时期内（每月、每季或每年），实体经济接收到的来自金融体系的资金总额。社会融资规模的来源有两种，一种是资金供求双方通过银行实现资金融通的间接融资，另一种是资金供求双方通过资本市场的债券、股票等实现资金融通的直接融资。由表 1 可知，2019 年全国社会融资规模增量为 256735.1 亿元，较上年增加 10.7%，全国人均融资增量为 18337.56 元[①]，其中西部地区社会融资规模增量为 44908.8 亿元，占全国该年度增量的 17.49%，西部地区人均融资增量为 11831.85 元。从总体来看，西部地区金融支持规模和人均融资水平低于全国同类数据。西部地区仅重庆一市的社会融资规模总量就高于除四川以外的其他十个省区之和，最低的西藏自治区 2019 年社会融资规模仅新增 23.19 亿元且第二季度总规模还缩小 43.4 亿元。

从表 1 中社会融资规模的构成来看，以委托贷款、信托贷款和企业债券等为代表的非银行融资成为越来越重要的资金来源。2019 年全国及西部地区金融机构表内业务，如甘肃、广西外币贷款规模甚至出现负增长，但是人民币贷款仍然是社会融资最重要的来源。金融机构表外业务，即委托贷款、信托贷款和未贴现的银行承兑汇票 2019 年整体下滑明显，但是西部地区融资规模最高的也就是委托贷款，其增速 2019 年也下降 2.61 个百分点。以上都是间接融资，西部地区直接融资包括非金融企业境内股票和企业债券，占

① 国家统计局发布的《2019 年国民经济和社会发展统计公报》显示：2019 年末大陆总人口 140005 万人。

该项目全国新增数量的1/8左右。全国和西部地区其他项目占社会融资规模的比例都是接近19%。全国及西部地区债券发行规模稳步扩大，各地融资工具不断丰富。

表1　2019年全国和西部地区社会融资规模增量及构成

指标名称	全国（亿元）	增长率（%）	西部地区（亿元）	占全国比重(%)
社会融资规模增量	256735.1	10.70	44908.8	17.49
其中:人民币贷款	168834.9	12.50	29222.6	17
外币贷款(折合人民币)	-1275.2	-4.63	-101.6	8
委托贷款	-9395.7	-7.62	-1172.2	12
信托贷款	-3466.7	-4.45	-350.0	10
未贴现银行承兑汇票	-4756.8	-12.50	-765.5	16
企业债券	33383.6	13.82	4309.9	13
地方政府专项债券	21601.8	29.73	4963.0	23
非金融企业境内股票融资	3478.6	4.96	482.2	0.14

资料来源：中国统计局和西部各地区统计年鉴。

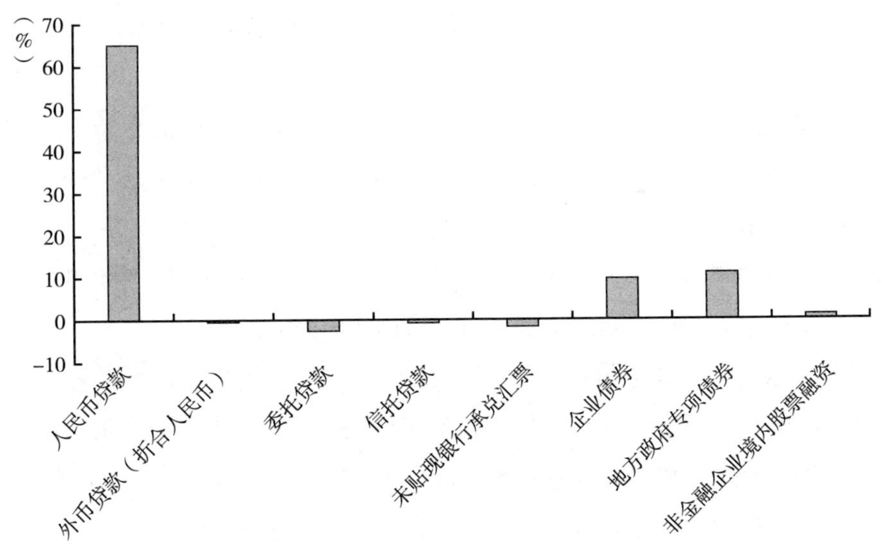

图1　2019年西部地区社会融资增量分布

资料来源：中国统计局和西部各地区统计年鉴。

中国人民银行《中国区域金融运行报告》显示，2019年西部地区融资总量合理增长，支持经济发展薄弱环节得到增强。2019年，西部地区实现社会融资规模增量4.5万亿元。其中，政府债券增量占比21.1%。民营、小微、制造业企业信贷融资状况有所改善。陕西小微企业贷款快速增长，普惠小微贷款余额较年初增长22.6%，高于各项贷款增速10.9个百分点。广西民营企业贷款增量占全部企业贷款增量的32.8%，占比提高20.7个百分点；制造业中长期贷款余额占制造业贷款总额的20.9%，占比提高2.8个百分点。①

2. 西部地区的金融结构

2019年是进一步贯彻落实党中央、国务院决策部署，切实抓好稳投资各项措施的一年。中国人民银行《中国区域金融运行报告》显示，在这一年中，我国固定资产投资状况总体表现较为稳定，在排除难以调查的农户投资情况后，全年固定资产投资增长5.4%。西部地区投资增速比上年加快0.7个百分点，为5.6%。投资结构不断优化，新动能快速壮大，全年高技术产业投资比上年增长17.3%，比上年加快2.4个百分点。同时中国各地区紧跟“十四五”规划，紧抓短板领域，全国基础设施投资增速为3.8%，与上年持平。总体来看，西部地区固定资产投资比上年增长3.67%，基础设施投资比上年增长0.7%，比上年回落4.7个百分点。在消费转型升级的带动下，与消费直接相关的计算机、通信和其他电子设备制造业（16.8%），教育（17.7%）投资增长较快，明显快于全国固定资产投资平均增速；西部制造业投资则比上年增长8.9%。资金流向房地产的同时民间投资脚步放缓。2019年我国流向房地产的资金达到了13.2万亿元，西部地区流向房地产的资本总量提升16.1%，增速比上年加快7.2个百分点。与之相对应的是，西部地区民间投资较上年增加9.4%。证券保险业稳步发展融资市场和有效发挥风险保障功能。2019年末，西部地区境内上市公司525家，当年实现国内股票融资782.5亿元，国内债券融资14767.0亿元；保费收入和保险赔付支出分别为8358.0亿元和2670.2亿元。

① 中国人民银行货币政策分析小组：《中国区域金融运行报告（2020）》，2020。

（二）西部地区基本实现现代化金融支持存在的问题

1. 西部地区过于倚重国有商业银行

2019 年度中国银行保险监督委员会网站公布的统计数据显示，西部地区大型商业银行资产规模占整个银行业金融机构总资产规模的近四成。城市商业银行资产规模占银行业金融机构资产规模比例稳定在 16.22% 左右，农村金融机构在 20% 左右。在排除政策性银行和农村金融机构后，西部地区的银行业近似于寡头垄断，使得银行业发展缓慢①，服务覆盖率低，创新动力不足。

（1）中小企业融资难

中小企业是西部地区经济的重要组成部分，对于西部地区经济发展和基本实现社会主义现代化起着巨大的作用。尤其是随着西部大开发和“一带一路”建设的持续推进，中小企业激活了产业结构优化、提高了供给侧结构性改革效率，是实现高质量发展的重要力量，对西部地区经济持续稳定的发展有着不可估量的作用。大型国有商业银行出于自身收益率和风险的考量，更倾向于选择安全系数较高和有保障的企业，例如国企或者大型企业。但是大型企业因其较大的体量和市场占有率，资金来源渠道较多，并不缺钱。而缺钱的西部地区中小企业由于自身抵御风险的能力较弱和生产经营的分散化、弱质化特征，在经济波动时，违约风险增加；② 加上中小企业对银行利润的贡献度较低，信贷业务一直面临着获信难的尴尬境况。中小企业即使可以从商业银行获得信贷，利息负担也较重，若是从银行以外的渠道获得贷款，则相应的负担更重。中小企业一旦在经营中因为某些冲击发生资金链流动性趋紧，利息很有可能是压垮其的最后一根稻草。

由表 2 来看，西部地区整体大型商业银行和邮政储蓄银行资产规模占银

---

① 杨胜刚、朱红：《中部塌陷、金融弱化与中部崛起的金融支持》，《经济研究》2007 年第 5 期，第 55 ~ 67 页、第 77 页。

② 林毅夫、李永军：《中小金融机构发展与中小企业融资》，《经济研究》2001 年第 1 期，第 10 ~ 18 页，第 53 ~ 93 页。

行业金融机构总资产规模的比例低于全国平均水平1.8个百分点，股份制商业银行总资产规模在西部地区银行业金融机构的总资产规模中占比则为全国的一半多一点。与之相对应的是，西部地区农村金融机构总资产规模在银行业中所占的比例要比全国平均水平高出7个百分点。从西部不同的省区市来看，重庆市股份制商业银行的总资产规模占西部地区总资产规模的18.71%，与陕西省相近。除去四川省、陕西省和重庆市，剩下的8个省区股份制商业银行的总资产规模占西部地区总资产规模的42.55%，但是拥有规模较大的城市商业银行、政策性银行和农村金融机构。

表2　2019年西部地区银行业金融机构总资产情况

机构类别	总资产(亿元)	占银行业金融机构比例(%)
大型商业银行	154344.8	33.96
国家开发银行和政策性银行	58040.4	12.77
股份制商业银行	41269.9	9.08
城市商业银行	73731.8101	16.68
小型农村金融机构	85670	18.85
财务公司	5674	1.25
信托公司	1825.2	0.4
邮政储蓄	19928.9	4.38
外资银行	928	0.2
新型农村金融机构	5254.2	1.16
其他	5724.9	1.26
合计	454536.9	100

说明：①西藏自治区因数据不全没有被计算在内。②小型农村金融机构包括农村商业银行、农村合作银行和农村信用社等；新型农村金融机构包括村镇银行、贷款公司、农村资金互助社；“其他”包含金融租赁公司、汽车金融公司、货币经纪公司、消费金融公司等。

资料来源：西部各省（区、市）人民银行金融运行报告及Wind数据库。

（2）银行专业化程度较低

国有大型商业银行以及主要的股份制银行资产规模占银行业金融机构总资产规模的比例为43.04%，其在银行业中有较高的市场地位。西部地区现阶段的银行业发展有趋同的倾向，且银行业自身的创新不足。银行业的创新主要来自头部互联网企业，因为互联网企业在本领域业务成熟之后往往会涉足金融业，为金融业带来新的技术和理念。大型商业银行不断地追逐和探索金融创新，那些缺乏研发投入的小型商业银行只能模仿大银行。这样就造成银行业整体缺乏基于自身条件对功能和业务的探索，陷入同业竞争的泥潭之中。这进一步加大了同业竞争的风险，使得行业内风险不断积聚。业务和功能的同质化也导致了客户结构的单一，所有的银行寄希望于大客户的新增和维护，不去关注高新技术行业和中小企业。

中国银行保险监督委员会的统计数据显示（见表3），民营和外资银行的专业化程度表现在风险低、利润高。具体体现在其不良贷款率显著低于大型商业银行、股份制商业银行和城市商业银行；资产利润率、拨备覆盖率和资本充足率基本高于大型商业银行、股份制商业银行和城市商业银行；民营银行的净息差也较高，外资银行由于监管、金融开放程度以及对国内市场研究较浅等问题，暂时还未显现出问题。而承担着农村普惠性贷款政策任务的农村商业银行，则拥有较高的不良贷款率。这表明农村商业银行主要是依据政策性指引和涉农、小微贷款考核要求等发展业务，未进行金融创新以降低风险，提高效率。

（3）政策性银行发展落后

由农村合作银行改制而成的主要服务于广大农村地区的农村商业银行因为政策性服务需要，扎根在广大乡镇区域，为农业和小微企业贷款服务。但是农村金融机构增速较慢①，农村商业银行和城市商业银行的不良贷款率居高不下，资本充足率和流动性虽然相较于大型国有银行和股份制银行而言表现尚可，但是大型国有银行和股份制银行体量大、管理体系完善、风控团队专业等，因此农村金融机构的小微企业贷款远高于其他金融机构将是一个风险隐患。

---

① 高云峰：《农业产业化发展中的金融约束与金融支持》，《农业经济问题》2003 年第 8 期，第 66～69 页、第 78 页。

表 3　2019 年中国四季度商业银行分类机构主要指标情况（法人）

指　标	国有商业银行	股份制商业银行	城市商业银行	民营银行	农村商业银行	外资银行
不良贷款余额(亿元)	8959	4805	4074	48	6155	94
次级贷款余额(亿元)	3651	2097	1946	21	2390	35
可疑类贷款余额(亿元)	3807	1657	1270	15	3313	40
损失类贷款余额(亿元)	1502	1052	858	12	451	20
不良贷款率(%)	1.38	1.64	2.32	1.00	3.90	0.67
资产利润率(%)	0.94	0.86	0.70	1.05	0.82	0.63
拨备覆盖率(%)	234.33	192.97	153.96	391.12	128.16	313.90
资本充足率(%)	16.31	13.42	12.70	15.15	13.13	18.40
流动性比例(%)	54.97	61.63	63.51	68.29	63.15	69.81
净利润(亿元)	10606	4233	2509	82	2287	216
净息差(%)	2.12	2.12	2.09	3.74	2.81	1.78

说明：①外资银行资本充足率未将外国银行分行计算在内。

②从 2014 年第二季度起，工商银行、农业银行、中国银行、建设银行、交通银行和招商银行等六家银行经核准开始实施资本管理高级方法，其余银行仍沿用原方法。

③自 2019 年起，邮政储蓄银行并入“大型商业银行”汇总口径。

资料来源：中国银行保险监督管理委员会统计数据。

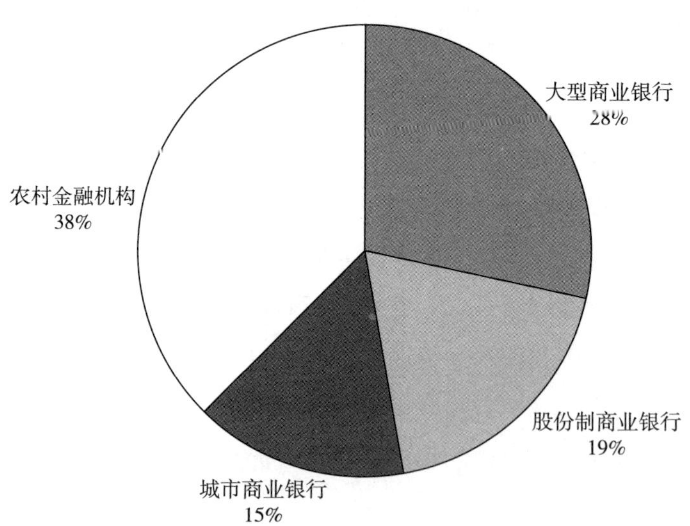

图 2　银行业金融机构普惠性小微企业贷款情况（法人）

资料来源：中国银行保险监督管理委员会统计数据。

表4　2019年西部地区各省（区、市）农村金融机构总资产及其占比

单位：亿元，%

地区	小型农村金融机构		新型农村金融机构	
	总资产	占银行业金融机构比例	总资产	占银行业金融机构比例
贵　州	8180	20. 44	532. 2	1. 33
云　南	10262	23. 24	375	0. 85
四　川	18874	18. 46	793	0. 78
宁　夏	1676	17. 1	282	2. 88
内蒙古	5743	16. 16	786	2. 21
新　疆	4888	14. 57	468	1. 39
陕　西	9602	17. 25	166	0. 3
青　海	1124	13. 42	12	0. 14
广　西	9103	21. 56	1173	2. 78
甘　肃	6241	21. 34	336	1. 15
重　庆	9977	18. 58	331	0. 62

说明：①西藏自治区因数据不全没有被计算在内。

②小型农村金融机构包括农村商业银行、农村合作银行和农村信用社等；新型农村金融机构包括村镇银行、贷款公司、农村资金互助社；“其他”包含金融租赁公司、汽车金融公司、货币经纪公司、消费金融公司等。

资料来源：各省（区、市）人民银行金融运行报告及Wind数据库。

2. 西部地区的直接融资能力低下

（1）政府基金融资作用有限

西部地区现代化的落实需要政府在政策性金融方面给予一定的支持。西部地区主要依赖间接融资，目前我国的政策性银行体系包括致力于促进区域协调发展的国家开发银行、致力于促进进出口贸易的中国进出口银行以及致力于贯彻落实乡村振兴战略的中国农业发展银行，没有涉及创新驱动和高质量发展的政策性金融机构。西部地区政策性金融支持的范围和能力更加有限，主要表现在：一是政府基金撬动作用不明显，需要社会资本参与。二是项目整体融资能力不足。西部地区现代化的建设需要大规模资金支持，仅仅依靠政府政策性的资金支持远远达不到国家2035年基本实现现代化的要求，更别提大型城市之外的中小城市和广大的乡镇区域。[①]

（2）证券市场结构不合理

证券市场具有融通资金、资本定价和资本配置的功能，可以很好地解决资本供求矛盾。证券市场主要由股票市场和债券市场组成。债券市场作为直接融资的通道之一，具有资本成本低、财务杠杆作用、筹措长期资金和筹资范围广、金额大的优点。股票市场同样作为直接融资的主要通道，具有集聚资本、转让资本和转化资本的功能。在西部地区的证券市场中，上市公司从A、H股市场中分别募集了761.6亿元和152亿元用于生产经营。国内债券市场中共募集了15565.8亿元，并且债券市场中的短期融资券占比17.12%。截至2019年末，西部地区总共有475家上市公司和19家总部设在辖内的证券公司，以及16家期货公司和6家基金公司。中小企业难以从股市内获取足量的资本。但是对于成熟的现代化债券市场而言，债券的规模和类型应该是多元化的。西部地区债券市场尚未充分发挥其对现代化的支持作用，也表现在企业债券发行方的结构中。由于我国特殊的所有制结构，国有企业和大规模民营企业更容易以较低的成本在核准制企业债券模式下以债券的形式获得融资；但是中小企业由于风险和信息不对称，在投资品种日益丰富多元的今天，较难像“大企业”一样通过企业债券获得融资。[②]

表5　2019年西部地区及其各省（区、市）证券业基本情况

单位：亿元

项目	当年国内股票（A股）筹资	当年发行H股筹资	当年国内债券筹资	短期融资券筹资	中期票据筹资
贵　州	24.5	0	816.3	8	90.5
云　南	59	0	2076	117	364
四　川	122	25	4704	605	102

① 任保平、何苗：《我国新经济高质量发展的困境及其路径选择》，《西北大学学报》（哲学社会科学版）2020年第1期，第40～48页。

② 方芳、曾辉：《中小企业融资方式与融资效率比较》，《经济理论与经济管理》2005年第4期，第38～42页。

续表

项目	当年国内股票（A股）筹资	当年发行H股筹资	当年国内债券筹资	短期融资券筹资	中期票据筹资
宁　夏	86	0	104	68	7
内蒙古	62.4	0	581.5	247	110
新　疆	80	127	196	53	52
陕　西	100.1	0	3849.2	977	580.8
青　海	0	0	117	25	25
广　西	50.6	0	1068.8	439.5	223.2
甘　肃	29	0	183	45	63
重　庆	148	0	1870	80	350
西部地区	761.6	152	15565.8	2664.5	1967.5

说明：当年国内股票（A股）筹资额是指非金融企业境内股票融资。

资料来源：各省（区、市）证监局及人民银行金融运行报告。

（3）金融产品的流动性不足

实践证明，一个国家金融市场的发达程度与其现代化水平具有密切关系。发达国家往往利用健全的金融市场结构，充分发挥资本市场和货币市场配置金融资源的作用，为本国的城镇化建设提供资金支持。[①]纵观西部地区的金融业发展，除了政策性金融难以支撑起西部地区现代化的发展、股票和债券市场还有待发展之外，摆在西部地区面前较为严重的问题就是金融产品的流动性不足。流动性的不足使得市场的调节作用无法发挥。此外，我国通过发展证券业、银行业、保险业、期货业逐步建立起了较为完善的金融市场机制，但是西部地区现代化进程中的金融支持主要依赖于最为传统的银行贷款。这进一步表明，我国没有充分利用资本市场这只“看不见的手”来调节资金供求，金融行业不规范，资本市场和货币市场之间没有形成良好的互动。[①] 由于金融市场融资主要是间接融资，没有发挥直接融资的优势，金融效率较低，使得各种融资方式不能起到优化金融资源配置的作用，阻碍了西部地区现代化发展的进程。

① 王士伟：《农村城镇化进程中金融支持存在的问题及对策》，《经济纵横》2011年第7期，第60～63页、第74页。

3. 西部地区的风险分散机制匮乏

（1）征信体系不完善

西部地区征信体系建设落后，主要表现在西部地区没有一个统一的征信数据库和个人征信数据档案。并且由于西部地区地广人稀，征信数据收集进度较慢，征信建设主要还停留在城市地区。截至2019年度，陕西省共有26.8万户企业和2605万自然人信息被纳入国家金融信用信息基础数据库。甘肃省率先建成全省统一的“农（牧）户信用信息管理系统”，成为农村信用体系建设的探索者，累计为4700余户挂牌企业建立了信用档案。西部地区征信体系还处在探索中，加上区域和金融机构之间的信息隔离，使得各金融机构对企业的评价结果和信息不能够互联互通，在造成信息不对称的同时也带来了信息重复使用的浪费问题。这也使得西部地区各类经济主体难以获得优质的资金来源。也正是因为银行、金融机构和互联网机构数据没有互联互通，造成信息不对称的风险较大，不利于更好地发挥金融体系作用。其次，需要进一步地实践和发展担保体系。政策性融资担保资金设立的目的是支持和发展政府所认定的短板和潜力行业，但是难以满足需求的同时还难以全面地挖掘优质资金需求方，需要政府通过政策性融资担保资金撬动社会资金，激发更多机构深入参与、合作。

良好的社会信用文化和诚信的社会环境不仅是西部地区市场经济发展所必需的，也是西部地区金融体制改革所必需的。西部地区征信体系不健全，一方面提高了消费金融主体的风控难度和成本，金融主体往往通过提高借款人的借款利率以覆盖违约风险，另一方面也使得借款人发生欺诈、骗贷等现象，严重地影响了金融行业的深度发展、业务创新以及对西部地区现代化建设的支持效率。

（2）信贷补偿机制不完善

西部地区的产业结构现代化中，部分新型产业经营主体由于自身的弱质性，希望通过担保机构为其担保增加自身的信用等级来获得银行的贷款。但是国内商业性担保机构尚处在探索阶段，既没有能力鉴别优质企业，又容易

因为风险的聚集而增加自身的脆弱性。[①] 而担保费用的收取也是担保机构不愿意为新兴产业经营主体提供担保服务的重要原因，正常的业务费用难以维持公司的运营，提升费用又会使得新型产业经营主体难以负担。此时还是需要政府的政策性金融作为引子，激发社会性资本的参与，以国家信用为背书，发展信贷补偿机制。

（3）保险业创新不足

根据中国和西部各省（区、市）的统计年鉴，西部地区2019年原保费收入8155.8亿元，财产险业务赔付支出1321.0亿元，占全国市场的两成。这说明西部地区财产保险在原保费收入中占比过高，西部地区民众对于生命健康风险的认识不足。财产保险行业原保费收入中58.6%来自车辆保险，而人身险行业原保险费收入的76.47%来自寿险。

用赔付支出和原保费收入来衡量保险业的赔付情况，其中全国和西部地区的赔付比率分别为30.24%和32.00%，说明西部地区风险性较高，保险业对西部地区了解不充分，没有结合西部地区的特点来开展业务。西藏自治区2019年原保费收入36.65亿元，赔付支出占原保费收入的61.60%，重庆市的保险市场依旧落后于四川省和陕西省，说明西部地区保险业潜力有待挖掘，且业务模式陈旧、创新意识不足。

表6　2019年全国及西部地区原保险保费收入和赔付支出情况

地区	原保险保费收入			赔付支出		
	小计	财产险业务	人身险业务	小计	财产险业务	人身险业务
全国（亿元）	42644.8	11649.5	30995.3	12894.0	6501.6	6392.4
西部地区（亿元）	8155.8	2398.7	5757.1	2609.9	1321.0	1288.8
西部地区占比（%）	19.12	20.59	18.57	20.24	20.32	20.16

资料来源：中国统计局，《中国统计年鉴2020》。

① 吕劲松：《关于中小企业融资难、融资贵问题的思考》，《金融研究》2015年第11期，第115～123页。

（4）中小金融机构缺乏活力

随着金融改革的深入，信托、保险、证券、融资租赁、典当行、小额信贷等非银行性金融机构在经济中发挥着越来越重要的作用。但是这些在西部地区的金融机构没有把西部地区现代化发展战略当作金融行业发展的一次重要机遇。这部分金融机构对习近平总书记新时代推进西部大开发形成新格局战略重视程度不够，没有有效发挥金融杠杆在西部地区现代化战略中的引导和调控作用。

信托、保险、证券、融资租赁、典当行、小额信贷等非银行性金融机构不重视金融支持现代化战略主要表现在以下几方面：一是出于成本和收益的考虑，这些中小金融机构的营业网点主要布设在大中城市的繁华地段，无法辐射小城市、城镇和农村。二是不同种类的中小金融服务机构之间缺乏有效的协调机制，各自为政和无序竞争的现象十分严重。各类中小金融机构之间资金不能互联互通、相互协调，使得金融资源只在各自的领域凝聚，无法成为高效的金融机制共同推动现代化。三是各类中小金融机构的服务同质化现象十分普遍，大家都是在同样的业务模式中进行低效率的重复投入，不能发挥金融资源的高效配置作用。四是大多数金融机构没有注意到，其客户对金融机构的产品和服务的需求发生了变化，已从收益开始转向金融资产的风险管理，并且专业素养越来越高。

表7　2019年西部地区及其各省（区、市）债券、证券、基金成交额

单位：百万元，%

类别	证券成交额	占比	债券成交额	占比	基金成交额	占比
西部地区	22461257.79	100.00	4537005.28	100.00	401962.11	100.00
内蒙古	845852.21	3.67	386996.93	8.53	6021.63	1.50
广　西	1870821.74	8.12	305886.74	6.74	196031.28	48.77
重　庆	2521835.74	10.95	477665.81	10.53	32774.93	8.15
四　川	6547948.40	28.43	1463819.83	32.26	65243.27	16.23
贵　州	937785.43	4.07	360410.82	7.94	8334.90	2.07

续表

类别	证券成交额	占比	债券成交额	占比	基金成交额	占比
云　南	1273111.35	5.53	287581.51	6.34	15940.53	3.97
西　藏	3778563.85	16.41	286023.01	6.30	39900.48	9.93
陕　西	2680064.82	11.64	659018.99	14.53	2451.68	0.61
甘　肃	576025.67	2.50	87592.05	1.93	27277.46	6.79
青　海	111646.86	0.48	18238.02	0.40	462.09	0.11
宁　夏	440962.67	1.91	43803.29	0.97	2777.56	0.69
新　疆	876639.05	3.81	159968.28	3.53	4746.30	1.18

资料来源：深圳证券交易所。

西部地区的中小金融机构主要集中于重庆市、四川省以及陕西省。这也就是2019年四川省、重庆市和陕西省的证券成交额和债券成交额超过整个西部地区一半的原因。而基金成交额则集中在广西，说明在广阔的西部地区，中小金融机构没有为推进产业结构现代化、新型城镇化、农业现代化和高新技术产业提供强有力的支持。

4. 未充分释放金融发展的内在动力

中经网统计数据库数据显示，西部地区金融机构本外币各项存款余额占全国的17.32%，西部地区金融机构本外币各项贷款余额占全国的19.40%。西部地区发展相对落后，对资金的吸附能力相对中东部地区较弱，但是整体贷款力度较强。

表8　2019年西部地区及其各省（区、市）金融机构本外币各项存、贷款余额

单位：亿元，%

地区	金融机构本外币各项存款余额	西部地区各省(区、市)占比	金融机构本外币各项贷款余额	西部地区各省(区、市)占比
西部地区	343260.43	100	307725.76	100
内蒙古	23743.35	6.92	23178.08	7.53
重　庆	39483.20	11.50	37105.02	12.06
四　川	83121.75	24.22	62493.76	20.31
广　西	31646.01	9.22	30497.39	9.91

续表

地区	金融机构本外币各项存款余额	西部地区各省(区、市)占比	金融机构本外币各项贷款余额	西部地区各省(区、市)占比
云　南	32985. 37	9. 61	31565. 00	10. 26
贵　州	27222. 00	7. 93	28533	9. 27
西　藏	4979. 50	1. 45	4695. 45	1. 53
陕　西	44537. 00	12. 97	34337. 00	11. 16
宁　夏	6460. 42	1. 88	7427. 57	2. 41
甘　肃	19768. 46	5. 76	20677. 92	6. 72
青　海	5858. 70	1. 71	6689. 95	2. 17
新　疆	23454. 66	6. 83	20525. 59	6. 67

资料来源：中国统计局，《中国统计年鉴 2020》。

但是西部地区缺乏外资，主要是现在西部地区金融机构本外币各项存款和贷款余额集中在重庆市和四川省，二者的金融机构本外币各项存款余额为 122604. 95 亿元，占西部地区 35. 72%；二者的金融机构本外币各项贷款余额则为 99598. 78 亿元，占西部地区 32. 37%。

（三）西部地区基本实现现代化存在的问题及成因

1. 西部地区的区域特点

(1) 西部地区发展水平落后

西部地区主要依托第一产业，产业结构落后。农村居民人均可支配收入为城镇居民人均可支配收入的 36. 17%，城乡居民人均可支配收入差距较大，说明西部地区农村发展落后，是西部地区基本实现现代化需要补齐的短板。但是地方一般公共预算支出较高，政策性金融支持水平较高。

表 9　西部地区国民经济和社会发展主要指标

指标	全国总计	西部地区	
		绝对数	占全国比重(%)
国内(地区)生产总值(亿元)	990865. 11	205185. 18	20. 83
第一产业	70466. 70	22470. 95	31. 89
第二产业	386165. 31	77797. 27	20. 19

续表

指标	全国总计	西部地区	
		绝对数	占全国比重(%)
第三产业	534233.10	104916.96	19.82
城乡居民人均可支配收入(元)	30732.85	23986.12	
城镇居民人均可支配收入	42358.80	36040.62	
农村居民人均可支配收入	16020.67	13035.33	
地方一般公共预算收入(亿元)	101080.61	19562.21	19.35
地方一般公共预算支出(亿元)	203743.22	59341.87	29.13
社会消费品零售总额(亿元)	408017.20	84504.7	20.71
货物进出口总额(亿元)	315627.32	27779.44	8.80

资料来源：中国统计局，《中国统计年鉴 2020》。

（2）金融服务过度向城市倾斜

西部地区经济体系建设过程中存在城乡二元结构，农村的金融抑制和城市的金融深化同时存在。[①] 城乡的二元结构主要表现在：金融机构从农村吸纳的资金并没有用于农村的发展，而是流向了城市。由于农村的中小企业贷款风险高、收益低，难以获得当地金融机构的信贷资金，农村中小企业的缓慢发展抑制了乡村居民收入水平的提升。加上农村地区缺乏抵押品，产权交易尚未形成统一的价值估计标准，造成农村金融服务品种单一，缺乏灵活性。[②] 另外，大城市的金融聚集激发了金融产品的发展和创新[③]，加上城市居民具有较高的资本和金融知识储备，不同种类、风险和收益的金融产品促进了城市居民对金融产品的需求，在提升城市居民收入的基础上，也推动了城市的发展。这进一步扩大了城乡居民收入差距，导致乡村振兴任务进展缓慢，也拖累城乡一体化建设。

---

① 范立夫：《金融支持农村城镇化问题的思考》，《城市发展研究》2010 年第 7 期，第 63 ~ 66 页、第 72 页。

② 姜再勇：《对新时期金融支持精准扶贫工作的几点认识》，《甘肃金融》2016 年第 1 期，第 4 ~ 7 页。

③ 郑长德：《中国的金融中介发展与城镇化关系的实证研究》，《广东社会科学》2007 年第 3 期，第 12 ~ 18 页。

（3）西部地区金融市场机制不健全

目前，虽然西部地区已经开始着手推进多层次资本市场的发展，放宽了主板市场的要求，并推出了创业板来为新兴企业融资。但是从创业板的整体情况来看，小微企业不能像较为成熟的中型企业一样在创业板上市募资，只能依靠信用发行公司债券来获得高成本的资金，加上社会信用评级机构的服务并未覆盖到小微企业，没法消除信息不对称壁垒，金融机构只能依靠从工商、税务、法院、海关等不同的政府及非政府部门收集到的信息来评估风险。担保机构也是一样，有关数据调查所耗费的时间和成本抑制了金融机构对小微企业服务的供给。同时金融机构对小微企业所提供的管理等专业知识服务也受到了阻碍，加上担保机构缺乏进一步的风险分散机制，集聚的金融风险难以转移，需要政策性再担保机构的支持。

2. 西部地区的金融排斥

金融排斥在西部地区的体现就是相较于沿海发达城市，西部地区大部分区域缺乏金融的有效支持，并且在西部地区内部广泛的农村地区也缺乏相应的金融知识和渠道。[①] 这些群体在金融体系中被主流金融排斥，缺少足够的方式和渠道接触金融服务，也缺少意识和能力获取必要的金融知识。因此，城乡二元结构中，农村储蓄起来的资金被用于城市建设，被金融排斥的落后地区居民享受不到金融服务带来的便利。[②]

我国资本市场为了追赶西方成熟的市场经济，最初的目的是给大规模的企业和国有企业进行融资，希望通过大企业的高速发展带动经济整体发展，加上大规模企业本身市场力量强大和风险低，金融体系的资金过量堆积在大企业，对中小企业的资金供给反而较低。这在股票和债券这类直接融资方式上表现得最为明显，大型企业的股价较高、债券利息较低，流动性好，但是中小企业股价低，债券利息高、流动性较差。虽然多层次的资本市场已经发

① 张勋、万广华、张佳佳、何宗樾：《数字经济、普惠金融与包容性增长》，《经济研究》2019 年第 8 期，第 71 ~ 86 页。

② 宋晓玲：《数字普惠金融缩小城乡收入差距的实证检验》，《财经科学》2017 年第 6 期，第 14 ~ 25 页。

展成型，但是在促进中小企业融资方面发挥的作用有限。西部的资本市场更加不完善、不均衡，制约了中小企业特别是中小科技企业融资体系的有效形成。

二　西部地区基本实现现代化金融支持的路径

在不同的发展阶段，银行和金融市场所发挥的作用及地位有所不同，需要将金融市场和银行业的发达程度与金融结构和国家整体的发展阶段结合起来衡量一国金融体系的效率，一个国家的不同地域，银行和金融市场的结构也应该适应当地的情况，不应一味地发展银行或者是金融市场。① 发达国家的金融市场占据主导地位，是因为发达国家的产业结构更为优越，产业的进一步发展依赖于高新技术产业。② 而高新技术产业的发展需要大量的资金投入技术研发和创新，这一优胜劣汰的过程充斥着大量风险，需要风险分散机制和发达的风险资本参与，实现资源的高效配置。相反，现代化发展过程中以劳动密集型的产业为主，依托后发优势模仿发达国家走过的路径，由于已经有了较为成熟、风险低的产业发展模板，银行业更能解决市场失灵问题，实现资源的有效配置。③ 因此，需要因地制宜地选择所需要的金融市场的发达程度，而不是一味地盲目追求金融自由化。④

（一）西部地区基本实现现代化需要创新多层次银行体系

西部地区产业结构尚处在劳动密集型主导的阶段，银行仍然是中小企业

① 林毅夫、孙希芳、姜烨：《经济发展中的最优金融结构理论初探》，《经济研究》2009 年第 8 期，第 4 ~ 17 页。

② 林毅夫、章奇、刘明兴：《金融结构与经济增长：以制造业为例》，《世界经济》2003 年第 1 期，第 3 ~ 21 页、第 80 页。

③ 李志赟：《银行结构与中小企业融资》，《经济研究》2002 年第 6 期，第 38 ~ 45 页、第 94 页。

④ 杨世伟：《习近平关于金融重要论述的核心要义探析》，《经济学家》2020 年第 9 期，第 5 ~ 13 页。

获取资金的主要渠道，需要继续改革发展商业银行以便更好地发挥银行体系在中小企业融资中的作用。但是大型商业银行主导的、中小银行缺乏活力的银行体系，已经对西部地区现代化建设产生消极的影响，完善多层次银行体系已是当务之急。[①] 因此我们需要在改革国有银行的基础上，发挥中小银行活力，发掘科技银行潜力，结合西部地区乡村特色创新农村金融。

1. 鼓励中小银行

因此，商业银行要加大对西部地区现代化建设的支持力度，从现代化发展和市场竞争的全局出发，解决好机构布局的问题，立足有发展潜力的城市，积极为区域协调发展提供综合性金融服务。相较于大型商业银行，城市商业银行和农村商业银行、农村资金互助社立足当地，深耕当地优势行业，具有大型国有银行不具备的优势。中小银行承担了较多大型商业银行不做的高风险的业务。虽然这些业务风险较大，但是中小银行的专业化发展也有助于分散和缓释风险。他们多是立足于某一省份的银行，对于该省的情况非常了解，可以推动该省优势产业和企业发展，也有利于对贷款企业进行监管。而农村商业银行深耕于乡镇区域，可以依托村集体显著改善农村金融的便捷度和可获得性，促进现代化农业的发展。

2. 发展科技银行

科技银行是专为高科技企业提供融资服务的银行机构。但是经过多年的实践检验后，银行成立专门的业务部门，以某一部门履行科技银行功能的模式，是不成熟的模式。因此金融机构汲取经验教训，成立独立运营的商业化科技支行，逐步探索科技银行的发展道路。[②] 为了发挥科技银行对科技型中小企业服务的作用，首先需要进一步提升科技银行的独立性，科技银行只有自主经营、独立核算才能够建立起自己的业务策略、运营理念，在实践中创新科技金融服务。其次需要加强科技银行的盈利模式创新，通过对科技型行

---

① 吴超、钟辉：《金融支持我国城镇化建设的重点在哪里》，《财经科学》2013 年第 2 期，第 1 ~ 10 页。

② 刘志彪：《科技银行功能构建：商业银行支持战略性新兴产业发展的关键问题研究》，《南京社会科学》2011 年第 4 期，第 1 ~ 7 页。

业和企业的深入了解，可以开展担保、咨询等服务。最后就是完善风险控制管理。科技型中小企业具有高风险和高回报的特征，并且由于处在企业发展的初级阶段，具有规模小、信用信息不足和抵押物流动性差等问题。科技银行可以加强对科技型中小企业的贷前审查以及贷后跟踪检查，并建立适用于科技型中小企业的风险测度和评估体系来评估风险，进而进行风险防控。

3. 创新农村金融

党的十九大报告提出实施乡村振兴战略，“加快推进农业农村现代化”。农业的现代化，事关我国全面建成小康社会和建设社会主义现代化强国的大局。为了更好地实施乡村振兴战略，银监会放宽了新型农村金融机构市场准入的门槛，充分发挥市场在资源配置中的决定性作用以及农村金融机构等商业金融服务乡村振兴的作用。①

西部地区推进新型农村金融机构创新发展，主要从以下三个方面入手。首先，制定适应农村需要的发展规划，为新型农村金融机构的可持续发展指引路线。要充分调研西部地区市场经济发展的客观阶段和当地金融行业的发展特点，保证新型农村金融机构以村镇的发展为核心，铺设覆盖广大农村的金融服务网络。其次，加强监管，防范化解新型农村金融机构风险。不能为了实现乡村振兴而一味地放宽针对村镇的贷款条件，也需要根据新型农村金融机构的特点建立细致的监管要求。最后，鼓励直接融资，建设健康运作的农村金融体系。要促进政策性农村金融机构的市场化发展，拓展农村金融资本的来源。②

（二）西部地区基本实现现代化需要改革资本市场结构

“金融市场型”结构的优势在于更有利于高新技术产业的推广与传播。具体而言，金融的市场导向结构对高新技术产业的推广与传播作用主要体现

① 黎和贵：《国外农村金融体系的制度安排及经验借鉴》，《国际金融研究》2009 年第 1 期，第 36 ~41 页。

② 齐成喜、陈柳钦：《农业产业化经营的金融支持体系研究》，《农业经济问题》2005 年第 8 期，第 43 ~46 页。

在：金融市场为高新技术产业发展提供了高效率、高透明的融资环境，避免间接融资所产生的暗箱操作及与此相联系的高风险、低效率，促使社会资金配置到生产效率较高的领域。[①]

1. 构建多层次的直接融资体系

国家在“十四五”规划中明确提出，深化国有商业银行改革，支持中小银行和农村信用社持续健康发展，改革优化政策性金融。全面实行股票发行注册制，建立常态化退市机制，提高直接融资在金融市场中的地位。大力发展股票交易市场、债券交易市场、场外交易市场以及创业投资等市场，拓展多渠道融资来源，降低企业对银行信贷等间接融资的需求，扩大直接融资对企业的支持来优化金融结构。

西部地区直接融资较为落后，需要加快构建多层次的直接融资体系，大力发展上市股票市场、企业债券市场、创投市场和场外交易市场，进而充分发挥市场在金融资源配置中的决定性作用[②]，促进市场发展的同时防范可能发生的金融风险。在不断推动有小规模、低层次融资需求的科技型中小企业向这些市场寻求资金支持的同时，扩展优质企业的融资路径。[③] 因此构建以上市融资为主导，以企业债券融资、创投市场和场外市场融资为辅助的多层次直接融资体系可以大大推动西部地区融资规模的扩大和融资效率的提升。

2. 发展风险资本

借鉴国际上的成功经验，坚持政策性和商业化相结合的原则，坚持政策性的带头和导向作用，坚持商业化市场运作模式，发展西部地区的风险投资市场。但是政府的政策性金融只有在发展初期各方面条件不完善的情况下，才能给予新兴行业有效的支持。市场中经实践发展而来的风险资本才是实体经济发展真正的动力来源和最有效的方式。

---

① 林毅夫、孙希芳、姜烨：《经济发展中的最优金融结构理论初探》，《经济研究》2009 年第 8 期，第 4 ~ 17 页。

② 方先明、吴越洋：《中小企业在新三板市场融资效率研究》，《经济管理》2015 年第 10 期，第 42 ~ 51 页。

③ 黄勇、谢朝华：《城镇化建设中的金融支持效应分析》，《理论探索》2008 年第 3 期，第 91 ~ 93 页。

（1）设立政府性基金扶持创业投资发展

当前，西部地区以民间资本为主体的条件尚不成熟，需要政府出资加以引导。可以设立政府创业投资基金，对投资项目进行筛选并进行后续的管理工作，利用政府信用为创业投资吸纳资金，并将政府基金经营获得的收益留做基金积累。这样，既可以对西部地区民间资金进入创业投资领域起到预先铺垫作用①，又可以使得该地区的创业投资项目与市场密切连接。

（2）进一步放开西部地区金融市场，引入国际风险投资

因为在西方成熟的市场经济中，风险资本的主要来源是保险资金和年金基金。但是我国出于风险考虑制定的《保险法》，限制了保险资金的运用范围。因此，减少对境外投资者进入我国创业投资领域的限制，吸纳外国发展成熟的风险资本进入西部地区，鼓励国内风险资本与国际接轨。② 支持国内风险投资公司与境外投资者合作，组建中外合资创业投资公司，鼓励保险资本尝试进行风险投资，这样不仅使得保险资金和年金基金可以实现增值，还可以促进西部地区风险资本的快速发展。

（三）西部地区基本实现现代化需要完善风险分散机制

1. 建立完善的征信体系

征信体系的完善和发展有助于防范化解地区金融风险，提高资源配置效率，推动经济全面健康发展。完善西部地区企业和个人征信体系首先需要建立信息共享的征信系统，其次是鼓励创新的同时加强对金融行业的监管，最后是健全失信惩罚机制。至今为止，由于相互之间的竞争关系，互联网金融、银行业和央行征信平台等不同的行业、机构还有部分数据没有共享，造成了效率的损失和中小企业融资难的问题。因此，需要在对企业隐私和商业机密提供法律保障的同时尽快推动统一征信平台的建设，实现西部地区信息互联互通。金融行业

① 伍艳：《西部欠发达地区城镇化进程中的金融支持》，《西南民族大学学报》（人文社会科学版）2005 年第 2 期，第 126～129 页。

② 任保平、何苗：《我国新经济高质量发展的困境及其路径选择》，《西北大学学报》（哲学社会科学版）2020 年第 1 期，第 40～48 页。

的服务和产品随着金融创新越来越复杂和难以监管，伴随着金融政策逐渐放宽，风险也在不断集聚，因此西部地区需要加强信息的可靠性以及对失信惩罚机制的完善①，包括建立黑名单、失信人名单以及建立健全配套的法律体系。

2. 建立完善的信用评级制度

公正客观的信用评级制度可以有效地消除信息不对称造成的市场失灵问题，是投资者评价投资价值和判断企业风险的参考。因此，信用评级作为判断贷款信用可信度的公认市场化标准，对于中小企业的融资约束具有很强的缓释作用。由于大企业的信息披露机制和监管校验，信用评级机构可以较为便捷地获取大型企业的信息从而完成评价，而中小企业由于信息披露机制的缺失很难实现准确的评价。

西部地区完善信用评级制度主要从严格评级要求、健全评级机构管理机制和市场化运作三个方面进行。首先，严格评级要求，由于西部地区社会信用基础不稳固，信用评级机构处在初级发展阶段，有必要严格要求信用评级的标准和专业能力，尽量客观地做出评价，进一步从债券发行等方面引导金融机构、企业和投资者重视信用评级的效用。其次，需要设计一套有效的管理机制约束信用评级机构，避免评级人员和外部利益相关联从而导致评价失真。这也需要评级机构市场化运营，通过竞争和经营主体自由选择评级机构来推动西部地区信用评级机构发展。

3. 建立完善的风险保障体系

首先是健全保险体系，过去的实践经验表明，保险行业的发展有助于现代化进程。良好的保险体系主要由商业保险、再保险和担保机构组成。商业保险在东部地区发展得较为成熟，但是在西部地区却有较高的赔付费用比例，说明商业保险机构在西部地区开展业务可能只是沿用东部地区的经验，而没有深入研究西部地区的特点和差异。所以在西部地区现代化金融的进程中，政府需要引导和鼓励商业保险机构在西部地区开展业务时发挥自身的资源优

① 吕劲松：《关于中小企业融资难、融资贵问题的思考》，《金融研究》2015 年第 11 期，第 115 ~ 123 页。

势，且商业保险机构自身也需要有意识地创新适应西部地区特点的保险产品。西部地区依托第一产业和第二产业发展劳动密集型产业，其特点是风险较高，这时候就需要再保险市场的发展和完善。政府应该允许商业保险机构在合理的范围内发展再保险业务。担保机构通过增加对中小企业信用的保障很好地缓解中小企业融资难的问题。所以需要通过加大政策性担保机构的投入，支持新兴产业和弱势产业发展；需要健全商业性担保机制，鼓励竞争并加强管制。

（四）西部地区基本实现现代化需要加强金融创新

1. 创新金融服务

不断创新金融服务是现代金融业发展运行的基本趋势。对西部地区的金融机构来说，必须以创新和务实的精神直面金融服务所遇到的挑战和困难。在强化金融产品创新、完善金融服务流程设计等方面更加立足于西部地区的历史文化和生产生活特点，富有针对性地开发金融产品和设计金融服务，确保产品和流程设计能够更好地适应当地的文化形态、反映当地居民金融需求；深入研究西部地区的资源禀赋、产业特征和社会生产特征，锚定具有民族特色和具有市场前景与发展潜力的产业重点进行扶持和定向支持，实现支持西部地区产业发展和助推金融机构可持续发展的有机融合；加大技术创新力度，设置电子终端、智能设备，积极开展基于移动互联网等新兴技术的金融服务，大幅削减开办线下网点和提供物理场景的成本，持续降低金融机构的运行成本；既要快速扩大金融服务的覆盖面，又不降低金融机构的运行和展业成本；拓宽包括中央财政、各级各类金融机构在内的西部地区金融发展投入渠道，重点就社会信用体系建设、金融人才培养、金融机构分支机构设立、金融机构补贴和激励机制等方面进行政策扶持，同时实现差异化的监管，给服务西部地区的金融机构的发展提供更好的政策环境。

2. 发展中小金融机构

自党的十八届三中全会把“构建普惠金融”作为基本国家战略以来，我国普惠金融建设取得了长足的进步，出现了几个方面的新趋势。首先是金融创新日新月异，互联网金融的出现使得金融市场下沉，可以服务更多的个体。

其次是城乡居民对金融服务的需求变得广泛而多元。所以西部地区现代化的建设需要中小金融机构的参与。一是重视可持续发展，结合西部地区的特点和不同行业的优势探索有效率的金融产品和服务，鼓励普惠金融和绿色金融创新。二是坚定以公有制为主体、多种所有制经济共同发展的理念，实现西部地区中小金融机构产权的多元化，西部偏远地区鼓励发展村镇银行、资金互助社、小额信贷公司等微型金融机构。三是发展多方面的中小金融机构。金融体系包含银行、保险、基金等，要发挥不同金融机构的优势，形成金融合力。

3. 推进绿色金融创新

落实市场导向的绿色技术创新体系建设任务，推动西部地区绿色产业加快发展，需要推动该地区的绿色金融创新。[①] 实施国家节水行动以及能源消耗总量和强度双控制度，全面推动重点领域节能减排，西部地区金融机构可以考虑推出“节水贷”业务，促使金融资本帮助企业开展节水改造，解决企业节水融资问题。大力发展碳金融，推进资源循环利用基地建设和园区循环化改造，鼓励探索西部地区的低碳转型路径。西部地区还可以通过建立绿色基金为推进河长制、湖长制，推进绿色小水电改造进行融资。[②] 以“排污权金融”为抓手加快西部地区城镇污水管网建设和改造，加强入河排污口管理，并强化该地区城中村、老旧城区和城乡接合部污水截流、收集、纳管工作。

三　未来15年西部地区基本实现现代化金融支持的趋势预测

（一）数字金融实现金融普惠化、现代化

1. 金融科技为普惠金融提供信息保障

近年来，随着互联网信息技术的不断发展，计算机技术极大地改变了金

① 师博：《论现代化经济体系的构建对我国经济高质量发展的助推作用》，《陕西师范大学学报》（哲学社会科学版）2018 年第 3 期，第 126 ~ 132 页。

② 马骏：《论构建中国绿色金融体系》，《金融论坛》2015 年第 5 期，第 18 ~ 27 页。

融服务的形式，同时也为金融服务普惠化提供了实质上的发展基础。

2015 年发行的《国务院关于印发推进普惠金融发展规划（2016—2020 年）的通知》，详细阐述了我国普惠金融的发展方向与政策支持。在文件中，普惠金融被定义为立足机会平等要求和商业可持续原则，以可负担的成本为有金融服务需求的社会各阶层和群体提供适当、有效的金融服务。小微企业、农民、城镇低收入人群、贫困人群和残疾人、老年人等特殊群体是当前我国普惠金融重点服务对象。文件还指出，大力发展普惠金融，是我国全面建成小康社会的必然要求，有利于促进金融业可持续均衡发展，推动大众创业、万众创新，助推经济发展方式转型升级，增进社会公平和社会和谐。发展普惠金融，是我国在“十三五”、“十四五”时期的重要规划目标，也是我国实现脱贫致富、带动乡村振兴的必经之路。

西部地区要创新金融产品和服务手段，提高金融机构的科技应用水平，注重互联网的有益作用。近年来，我国互联网工程技术的不断发展使我国的金融交互方式产生了巨大的变革。原先需要在金融机构的营业网点办理的业务在手机上点点手指即可完成，这也使记录更多的金融数据成为可能。因此，诸如蚂蚁花呗、微信信用分等信用评级机制运用而生。目前，中国银联已推出“云闪付”支付平台，在未来政府政策支持下和金融机构的推广下，我们有理由相信该类平台能广泛统计用户的消费数据与支付数据，利用大数据计算系统记录其个人消费偏好、信用水平从而进行低成本合理授信。在未来几年，我们有理由相信，不仅民营金融机构，更多的官方金融机构也将采用数字化的运算方式和金融统计系统，对西部农村地区的客户进行测评，从而改变之前对财产抵押等方式的授信依赖，真正实现金融服务的普惠化。

2. 金融行业的服务性质更加突出

金融行业的服务水平极度依赖于金融基础设施建设与金融服务人员素质。对此，国家金融与发展实验室理事长、中国社会科学院学部委员李扬对普惠金融提出的要求就是，必须向客户提供有尊严的服务，而在现实中，差异化与歧视化的服务仍屡见不鲜。

在普惠金融的要求下，西部地区要加强金融从业人员素质，提升金融从业人员服务水平，强化金融行业的道德规范，使更多普惠金融服务对象能同样享受到优质的服务。另外，普惠金融更是一种教育渠道，西部地区的金融机构可以通过自身的影响力去做宣传与教育，通过互联网、宣传板块等媒介宣传金融的基本理念、基本政策，同时也可以对偏远地区的服务对象进行手机、银行自助机器等电子化设备示范操作，使更多的老年人接触电子化设备，实现与时代接轨。另外，创新性的金融产品、金融基础设施将进一步突出人性化的特征。通过交互形式等方面的变革，利用大数据等先进的互联网技术，不仅为高净值客户，也为更多的大众客户提供个性化定制的服务，是未来发展的方向。

3. 政府职能部门与金融机构合作深化

发展普惠金融服务于弱势群体和企业，特别需要政府的支持。因此，西部地区发展普惠金融，要加强政府职能部门与金融机构的深化合作。政府职能部门和金融机构的跨平台式普惠金融系统将会建立。利用数据可视化、云数据等高新技术，政府相关监管部门和金融机构相关部门可以实时监控相关金融风险。同时，利用统一的平台，政府部门和金融机构可以更高效地推动政策落实。比如，对西部地区贫困人口的贴息贷款在手机上即可操作，政府的相关补助也可以即时发放，后续的扶贫干部的监督落实、贫困户的还款情况也可以直接在平台上进行操作和查看，从而省掉一些不必要的程序。另外，相关的平台等基础设施建设可以带动更高质量的信息披露，更有利于促进政府向阳光型政府、服务型政府转变，有利于减少区域经济纠纷，推动西部地区的社会和谐发展。

4. 与其他产业信息共享，促进经济社会高质量发展

金融行业作为服务业，是要服务实体经济的。习近平总书记在 2017 年全国金融工作会议上指出，做好金融工作要回归本源，服务于经济社会发展。[①] 金融要把为实体经济服务作为出发点和落脚点，全面提升服务效率和水平，把更多金融资源配置到经济社会发展的重点领域和薄弱环节，更好满

① 王晓曦、何亭亭：《习近平新时代中国特色社会主义金融思想的新特征》，《时代金融》2020 年第 15 期，第 91 ~92 页。

足人民群众和实体经济多样化的金融需求。因此，金融业在可预见的未来，会与西部地区更多的实体企业实现更为紧密的互联互通、更为紧密的信息共享。在金融科技发展的大背景下，西部地区的金融机构会掌握更多的数据，包括客户选择偏好、信用水平、边际效用等，给西部地区企业生产经营带来重大的信息指导。①

人民银行副行长陈雨露在谈到中国征信体系建设时强调，人民银行牵头建设的征信体系，主要功能就是通过信用信息的共享来优化营商环境，警示信用风险，降低国家发展的成本。因此，我们可以看出，金融信息共享能为社会带来巨大的经济效益。目前，民间诸如蚂蚁信用分等产品为依赖信用的产品与服务的发展做出了巨大的贡献，比如出租、出借平台等，在未来，官方的金融机构也将会发展相关的产品，为西部地区的企业提供更为可靠的信息支持。

（二）绿色金融保证可持续发展

2015 年，中共中央、国务院发布的《生态文明体制改革总体方案》中，第一次提出了绿色金融的概念。2016 年，在人民银行等七部委发布的《关于构建绿色金融体系的指导意见》中，绿色金融被定义为支持环境改善、应对气候变化和资源节约高效利用的经济活动，即对环保、节能、清洁能源、绿色交通、绿色建筑等领域的项目投融资、项目运营、风险管理等所提供的金融服务。2020 年十三届全国人民代表大会第三次会议上的《政府工作报告》仍提到“现代金融业紧扣服务实体经济，创新金融产品，完善服务体系，大力发展绿色金融”，近年来，“绿色金融”的发展随着中央的号召而不断深入，逐步成为我国金融行业发展新的风向标，成为促进可持续发展的新途径。

在实现西部地区现代化的实践中，绿色金融不可或缺地成为一个重要引

① 黄益平、黄卓：《中国的数字金融发展：现在与未来》，《经济学》（季刊）2018 年第 4 期，第 1489～1502 页。

导、重要支撑。发展绿色金融，是西部地区实现绿色发展的重要措施，也是其供给侧改革的重要内容，更是实现科学发展观的重要体现。绿色金融的发展，与西部地区的环境保护事业紧密相连，深深根植于环境发展的伟大实践，也对环保事业起到了有力的促进作用。① 金融行业通过利用相应的政策与金融工具来促进产业的可持续发展。在新的发展模式下，西部地区不应该走“先污染、后治理”的发展老路，要深刻贯彻落实“绿水青山就是金山银山”的发展理念。习近平总书记强调，要通过创新型金融制度安排，引导和激励更多社会资本投入绿色产业，同时有效抑制污染性投资。

因此，在未来的西部发展“新常态”下，绿色金融支持现代化具有以下趋势。

1. 绿色金融注入新的活力，区域特色经济蓬勃发展

近年来，西部大开发政策显著促进了西部地区经济重心由第一产业向第二产业转移，但对第三产业的转移尚不显著，西部地区产业结构还有进一步的升级空间。相关数据显示，西部地区产业结构顺应经济形势发展，但西部地区第三产业发展可能存在瓶颈，需进一步寻找西部地区第三产业经济再增长点。西部地区提升经济增长质量，将高污染、高耗能的工业逐步淘汰，逐渐发展新型的高新技术工业、特色农业和服务业是必经之路。②《中共中央国务院关于实施乡村振兴战略的意见》指出坚持人与自然和谐共生。同时，在保护环境的可持续发展上，要实施质量兴农战略。制定和实施国家质量兴农战略规划，建立健全质量兴农评价体系、政策体系、工作体系和考核体系。深入推进农业绿色化、优质化、特色化、品牌化，调整优化农业生产力布局，推动农业由增产导向转向提质导向。在西部地区资源合理利用的基础上，未来区域性质的特色经济将蓬勃发展。各地将现有的地理潜在资源转化为现实经济资源，依托当地地理优势，发展具有独特地理性质的示范性产

---

① 任保平、宋雪纯：《以新发展理念引领中国经济高质量发展的难点及实现路径》，《经济纵横》2020 年第 6 期，第 45 ~ 54 + 2 页。

② 李晓西、夏光、蔡宁：《绿色金融与可持续发展》，《金融论坛》2015 年第 10 期，第 30 ~ 40 页。

业。例如国家林草局发布的《集体林业综合改革试验典型案例》（第一批）中介绍的一批多功能、多层次利用当地可再生资源的循环经济发展模式，非常值得参考与发展。绿色金融，毫无疑问地将在西部现代化发展过程中发挥诱导作用，以更优惠的产品价格推动产业布局，鼓励创新发展。

2. 绿色金融推动供给侧改革，区域产业结构进一步优化

绿色金融是实现供给侧改革的重要一环。西部地区要加大利用绿色信贷、绿色债券、绿色股票指数、绿色发展基金、绿色保险、碳金融等相关金融产品，可以在融资层面对产业发展趋势进行自发引导、自主优化，从而更深层次地促进产业结构的正向调整，找到新的可持续的经济增长引擎。在未来，西部地区通过建立相关的约束与激励机制，以绿色金融大力扶持可持续发展的产业，对有机农业、轻型地域性特色手工业、高新技术产业等无污染、无公害产业给予更多的资源扶持，形成虹吸效应，从而促进西部地区供给侧改革的落实和产业结构的进一步优化。

B.17
西部地区基本实现现代化的法治建设支持*

刘 蕾 谷炎峰**

摘 要： 党的十九届五中全会提出到2035年基本实现现代化的远景目标，在实现现代化的过程中要充分发挥法治的指引和规范作用，坚持全面依法治国，推动法治国家、法治政府和法治社会一体化建设，将法治体系建设和依法治理效能相结合，为基本实现现代化提供有力的法治保障。本文首先对2019～2020年西部地区法治建设态势进行分析，总结了其法治建设成效、指出其存在的问题，并提出了西部地区基本实现现代化法治支持的路径，最后结合全面依法治国的目标和要求，对未来15年西部地区基本实现现代化法治建设支持的趋势进行了预测。

关键词： 西部地区 基本实现现代化 全面依法治国 法治政府

党的十九届五中全会指出我国已经实现第一个百年奋斗目标，“决胜全面建成小康社会取得决定性成就”①，在全面小康的基础上开启全面建设社

---

* 本文为陕西社科界2020年度重大理论与现实问题研究项目“经济高质量发展法治保障研究”（20FX－42）的阶段性研究成果。

** 刘蕾，博士，教育部人文社会科学重点研究基地——西北大学中国西部经济发展研究院兼职研究员，西北大学法学院教授，博士生导师，研究方向为经济法；谷炎峰，西北大学法学院硕士研究生。

① 《中共中央关于制定国民经济和社会发展第十四个五年计划和二〇三五年远景目标的建议》，2020。

会主义现代化新征程，并提出到2035年基本实现现代化的远景目标。现代化建设是不断追赶先行现代化国家，实现经济、政治、文化、社会、生态等各领域现代化的动态协调过程。[①] 法治是治国理政的基本方式，是地区发展的重要手段。法治现代化是现代化建设的应有内容，为基本实现现代化提供重要制度保障。

一　2019年西部地区法治建设态势分析

“十三五”期间，西部地区坚持以习近平新时代中国特色社会主义思想为指导，深入贯彻习近平总书记全面依法治国新理念新思想新战略，按照依法治国的战略部署和具体要求，持续推动法治建设并取得了显著成效，法律体系不断完备、法治政府基本建成、司法体制不断完善、法治观念明显增强，为基本实现现代化打下了坚实基础。

（一）立法建设态势分析

1. 法律规范体系方面

2019年西部地区除新疆、西藏外其余10个省级行政区公布的年度立法计划安排审议省级地方性法规164项、预备审议57项，全年颁布省级地方性法规230项，占2019年全国省级地方性法规颁布数量的37.64%。[②] 除陕西、青海、内蒙古、新疆和西藏外其余7个省级行政区2020年度立法计划中计划审议105项省级地方性法规、预备审议101项。至2020年底西部地区出台省级地方性法规152项[③]，占全国省级地方性法规颁布数量的25.1%。在制定法律草案的过程中准确把握人大常委会、各专门委员会以及政府在征集立法意见、起草法律草案中的重要作用。

---

① 洪银兴：《社会主义现代化读本》，江苏人民出版社、江苏凤凰美术出版社，2014。

② 该数据为通过北大法宝搜集数据并进行整理所得。

③ 该数据为通过北大法宝搜集数据并进行整理所得。

2. 立法机制方面

深入推进科学立法、民主立法，加强人大对立法工作的组织协调，健全立法起草、论证、协调、审议机制，健全立法机关主导、社会各方有序参与立法的途径和方式。不断完善党委领导、人大主导、政府依托、各方参与的立法格局，积极搭建立法机构和社会大众的沟通平台，不断提高立法质量和效率。2019～2020 年，内蒙古、贵州、宁夏、甘肃、陕西、四川 6 个省级行政区人大及其常委会计划调研 104 次①，在调研过程中充分听取各方意见，科学论证立法的有效性。陕西省征集立法意见 1000 多条，重庆市征集立法意见 3000 多条②，切实提高社会公众参与立法的积极性。

3. 立法领域方面

西部地区加强优化营商环境、生态环境保护等重点领域立法，2019～2020 年颁布相关省级地方性法规共 56 项。③ 其中在优化营商环境立法方面，陕西、广西已颁布《优化营商环境条例》，甘肃、四川已完成起草计划进行审议，贵州和重庆计划对条例进行调研和论证工作，待立法条件成熟后提交审议。在环境保护立法方面，2019～2020 年西部地区颁布相关省级地方性法规 38 项④，涉及污水治理、自然资源保护、污染物防治等问题。

（二）法治政府建设态势分析

西部各地区依据《法治政府建设实施纲要（2015－2020 年）》和各省具体实施方案推动法治政府建设，取得显著成效，到 2020 年如期实现法治政府基本建成。

1. 政务服务方面

西部地区加快转变政府职能，推动政务服务便民化，实现省内政务服务

---

① 该数据根据西部地区 2019 年、2020 年西部地区各省（区、市）人大常委会公布立法计划中数据整理所得。

② 该数据来源于陕西省、重庆市 2020 年人大常委会工作报告。

③ 该数据为通过北大法宝搜集数据进行整理所得。

④ 该数据为通过北大法宝搜集数据进行整理所得。

平台与国家平台对接、政务服务“一窗式办理”、高频事项“最多跑一次”，多个省份建立网上政务服务平台与掌上平台。继续深化政府“放管服”改革优化西部地区营商环境，全面推动“减证便民”“多证合一”工作，西部地区企业开办时间全部缩短至5天以内，最短时间仅1天，除重庆和内蒙古外西部地区全年新增市场主体达433万户。①

2. 行政执法方面

积极推进“三项制度”，针对行政执法过程公示、行政执法全过程记录和重大行政执法决定法治审核出台具体规定。在西部地区基本实现行政执法监督信息化建设，行政执法数据得到统一管理并进行公示。除此以外，西部地区基本实现各部门法律顾问全覆盖，仅陕西省就有62项重大决策和涉法事务有法律顾问参与决策。②

3. 权力监督方面

西部地区积极推进政务公开，实现政务运行全过程公开，在行政执法过程中始终坚持公开为原则，不公开为例外，各级政府部门网站均对政务活动公开设置专门栏目。除政务公开外，各级政府自觉接受人大、政协、司法机关、社会公众等多方主体监督，积极办理人大和政协的提案，妥善处理行政涉诉案件。

4. 社会矛盾纠纷化解方面

加强行政复议和仲裁工作，2019年西部地区受理行政复议案件2.9万件③，部分地区实现行政复议数字化审理。创新推动多元纠纷调解机制，积极建立人民调解组织、驻法院调解组织、派出所调解组织，部分地区建立“数字司法所”，实现网上纠纷调解。2019年甘肃、宁夏、内蒙古、新疆、广西、贵州、云南七个省级行政区调解矛盾纠纷86.9万件。④

---

① 该数据由西部地区法治政府建设工作报告中的相关数据整理所得。

② 该数据来源于2019年陕西省法治政府建设工作报告。

③ 该数据来源于司法部公布的2019年全国行政复议、行政应诉案件统计数据。

④ 该数据根据甘肃、宁夏、内蒙古、新疆、广西、贵州、云南等7个地区法治政府建设工作报告中相关数据整理所得。

（三）司法建设态势分析①

1. 权利保护方面

2019～2020年西部地区公开审结金融借款、证券、保险各类案件共48.6万件，依法惩治金融犯罪，支持金融资本服务实体经济。审结民间借贷案件35.9万件、网络借贷案件3851件，依法规范民间借贷行为。审结知识产权案件2.9万件，优化西部地区创新环境，促进西部地区创新驱动发展。审结环境资源案件8.6万件，甘肃兰州建立环境资源法庭，贵州地方法院探索实施环境修复司法举措，积极推进生态环境保护，服务打好蓝天碧水净土保卫战。

2. 司法效率方面

不断完善纠纷化解机制，保障司法公正与效率，西部地区法院积极适用小额诉讼、简易程序和速裁程序。2019～2020年西部地区审结小额诉讼案件9.7万件，适用速裁程序审理案件7.2万件，适用简易程序审理案件126.5万件。

（四）法治观念态势分析

1. 普法宣传方面

积极开展普法教育活动，严格落实“谁执行谁普法”“谁服务谁普法”原则，推动普法教育与其他法律实施环节紧密相连。各地区通过利用“法律宣传月”、建立农村普法组织、利用网络新媒体渠道以及制作法治宣传动画等形式有效开展普法活动，积极推进“法律八进”活动。内蒙古自治区首创法治乌兰牧骑系列动漫剧《小司来了》在全区展映，青海省创办全国首档藏语电视法治栏目《与法同行》，开启法治宣传新局面，取得了良好的普法效果。

---

① 司法态势分析数据均通过中国裁判文书网的公开案件数量整理所得。

2. 政府工作人员法治教育培训方面

西部地区各级地方政府采取开办法治讲座、组织学法用法考试等方法加强对政府工作人员的法治教育培训，严格执行领导干部学法制度。2019 年组织开展省、市委及政府领导成员带头参加宪法宣誓、领导干部旁听庭审、“双休日”学法等活动，发挥领导干部带头作用，实现领导干部带头学法用法。此外，建立在线法律学习平台并完善相应的考勤、考核机制，督促各单位国家工作人员学习宪法法律，将领导干部和工作人员任职资格与法治思维相结合，将普法学习纳入各部门和单位年度考核标准。

2019 ~ 2020 年西部地区法治建设取得了明显成效，但是一些方面还有待进一步加强。首先，部分立法质量不高，一些地方性法规单纯对上位法进行复制、模仿，对于上位法已经规定的内容全部照搬并纳入地方性法规，没有考虑到地区的差异性，缺少地方特色。其次，依法行政能力还有待加强，尤其是部分乡镇基层工作人员对法治政府建设的认识程度不够，没有充分运用法治思维和法治方式化解矛盾的意识和能力，部分地区仍存在地方保护主义和行政违法现象。再次，司法理念和司法能力与新时代新要求相比还存在一定差距，部分司法工作人员无法应对知识产权、互联网、涉外等专业素质要求较高的案件，并且对于新问题出现案件裁判尺度不统一的情况。最后，普法活动的内容和形式缺乏创新，普法活动缺乏深度。大部分地方政府普法形式单一，没有与地方特色相结合，普法内容不生动，使本身就抽象的法律知识变得更加晦涩难懂。同时，公民守法的自觉性不高，当前大多数人对法律的认识还处于较低的层次，仅仅认为法律是权利受到侵害时的维权武器，没有将其当作自身行为的准则，存在“法不责众”“选择守法”等现象。

二　西部地区基本实现现代化法治支持的路径

2035 年我国要基本实现社会主义现代化，同时实现法治国家、法治政府、法治社会基本建成。在基本实现现代化的过程中，需要充分发挥法治的引领和规范作用。因此需要坚持推动全面依法治国，推动法治国家、法治政府和法治社会一体化建设，将法治体系建设和依法治理效能相结合，为基本实现现代化提供法治保障。

1. 坚持党的领导和宪法法律的权威，健全现代化法治体系

党的领导是中国特色社会主义最本质的特征，是实现依法治国的根本保证，要求坚持地方人大及其常委会向党委报告法律制定、修改的重大问题，坚持政府重要决策向党委汇报，坚持党对司法工作的领导，坚持党内法规的贯彻与完善，实现党的依法执政。

宪法作为国家的根本法具有最高地位，引导和制约国家机关和社会公众的行为。西部地区基本实现现代化需要宪法和法律提供指引，要求地方立法部门坚持依法立法，不得违背宪法和基本法律的精神，继续推进现代化经济体系、优化营商环境、环境治理等重点领域立法，为西部地区现代化建设提供可预测、可操作的行动指南。西部地区基本实现现代化需要完善社会主义法治体系，以依法治理效能为导向，以实现治理体系和治理能力现代化为目标，这也是我们党治国理政、实现社会主义现代化的必然要求。西部地区基本实现现代化，需要完备的法律体系为各领域现代化建设提供制度支撑，以高效的法律实施体系推动现代化建设，确保 2035 年基本实现现代化。

法治体系是国家治理体系的基础[①]，建设中国特色社会主义法治体系是实现国家治理体系和治理能力现代化的重要路径。法治体系建设就是要建成完备的法律规范体系、高效的法治实施体系、严密的法治监督体系、有力的法治保障体系，形成完善的党内法规体系。建立以宪法为核心的法律规范体系，规制社会多元主体的行为模式，从而促进不同地区经济社会方面法律秩序的形成，使国家治理制度化，使国家权力和人民权利都在法律框架之内运行。实践中法治体系针对不同社会主体采用多元法律规范促使多元法治秩序

① 岳嵩等：《国家治理现代化视域下的法治体系建设》，《江海学刊》2016 年第 5 期。

的形成，对现代化建设中保护公民合法权利、防范政府权力滥用起到重要作用。以法治体系建设推动国家治理现代化，要求对现有的权力运行体制进行改革。加强人大及其常委会在法律立项、起草、制定、审议各环节的领导作用，加强对下级立法机关的指导和监督，改革立法权分配体制，破除地方政策或领导人对法律制定的影响。政府是基本实现现代化的核心力量，构建政府与市场、政府与社会公众之间良好的法治秩序，不仅是依法治国的必然要求，也是基本实现现代化的必然要求。因此地方政府应继续坚持依法执法，严格依照法律办事，充分考虑人民利益。法治体系要求充分发挥各个主体的监督作用，在党的领导下实现监督体系的制度化、体系化和高效化，保障西部地区基本实现现代化。

2. 深化法治政府建设，提高依法治理效能

全面依法治国要求地方政府在国家规定和基本法律的框架下严格依法办事，还要发挥地方的自主性，在具体实践中总结经验，使法治中国建设在地方更具有适应性。西部地区基本实现现代化要求各地区均衡发展，全方位基本实现现代化。因此需要各级政府的协同推进，以法治协同实现治理协同。

建设法治政府最根本的要求是依法行政。依法行政首先要求政府依法立法，各级政府都要在宪法和法律的规定范围内制定规章文件，既不能超出法律规定的权限范围，也不得与上级法律相抵触。其次要求政府依法执法。依法执法首先要求政府执法部门严格依照法定权限和法定程序执法，全面落实“三项制度”实现执法过程全公开，制定政府权责清单，杜绝部分单位不作为、乱作为的现象。依法执法还要求公正执法，在执法过程中不偏不倚，保障法律面前人人平等，在执法过程中合理行使裁量权，积极适用比例原则，保障每一位社会主体的合法权利。在实现现代化的过程中，需要持续深化“放管服”改革，加快转变政府职能，充分发挥有为政府的作用。西部地区通过创新政府治理模式，实现政府和社会共同治理，实现治理体系和治理能力现代化。持续优化法治营商环境，为经济高质量发展、经济现代化建设提供良好的法治环境。建立服务型政府要求政府在发展经济时要充分考虑保障

民生和保护生态，在法治政府建设的过程中将工作重心向保障民生和绿色发展转移，充分保障人民的权益和国家的长远利益。

现代化建设依赖于国家治理能力尤其是政府依法治理能力的提高。要不断加强对领导干部的法律教育和培训，提高政府运用法治思维和法治方式深化改革、推动发展、化解矛盾、维护稳定的能力。可以把实践中值得借鉴推广的经验举措上升到制度层面，发挥典型作用和示范效应。可以充分运用“互联网+”“掌上 App”等手段，推动政府治理方式创新发展，通过科学技术提高治理效能。可以通过区域共治使西部地区整合资源打造规模型网上治理平台，构建跨区域沟通和协调治理机制，助推依法治理效能提升。西部地区各省（区、市）可以共同探索现代化建设过程中在生态环境、知识产权保护等重点领域实现跨区域治理，形成协同治理模式。

3. 推动法治社会建设，构建共建共治共享社会治理格局

当前社会治理尤其是基层社会治理中，一些社会规范未经合理科学的论证，存在部分规定不合理和规定之间相冲突的问题，降低社会治理效能。因此一方面要加强对社会规范制定的监督，制定统一的自律性社会规范范本，提高社会规范质量；另一方面要完善法律与社会规范、社会规范与社会规范之间的衔接，使社会规范的制定和实施符合法治原则和精神。同时要引导社会大众参与到社会治理中去，发挥人民团体和社会组织在法治建设中的作用。只有充分调动大众参与社会治理，才能实现“共治”格局。因此要在法治社会建设中推动全社会增强法治观念，建设社会主义法治文化体系，使人民自觉尊崇、信仰和遵守法律，让公众在了解自身享有的法律权利基础上明晰自己的法律义务，积极参与管理国家事务、管理经济文化事业、管理社会事务。

三　未来15年西部地区基本实现现代化法治支持的趋势预测

党的十九大对实现第二个百年奋斗目标做出分两个阶段推进的战略安

排，即到2035年基本实现社会主义现代化，到本世纪中叶把我国建成富强民主文明和谐美丽的社会主义现代化强国。在未来15年西部地区基本实现现代化的过程中，努力建设更高水平的平安中国、法治中国，为实现第二个百年奋斗目标创造健全完备的立法环境、规范严明的执法环境、公平公正的司法环境、诚实守信的守法环境，确保西部地区2035年基本实现现代化目标。

（一）立法体制机制健全

1. 不断健全立法体制机制

针对当前存在的立法质量不高、公众参与不够等问题，应当不断健全立法体制机制，保障立法的科学性和民主性，以立法推动改革，保障西部地区基本实现现代化。党的十九届四中全会提出完善立法体制需要完善“党委领导、人大主导、政府依托、各方参与的立法格局”①。在未来十五年中，要始终坚持贯彻党对立法的领导，地方人大常委会党组织要积极发挥作用，研究决定地方立法中的重大问题。讨论、研究重要法规草案中的关键条款或对常委会审议中分歧较大的问题提出原则意见，研究、讨论人大常委会在立法中贯彻落实党委重大决策部署的实施意见。充分发挥人大对立法的主导作用，尤其是在立法规划、立法计划编制、立法起草过程中的主导作用，树立人大作为立法主体的权威。人大及其常委会要行使好宪法和法律赋予的立法职权，增强立法主体意识，始终把提高立法质量作为加强和改进立法工作的重中之重，增强立法的针对性和可操作性。

实现科学立法首先要求立法工作与地方客观实际相适应，符合西部地区现代化建设的基本需要。这就要求地方立法工作强化立法论证咨询机制，在法律起草和法规审议阶段积极采取论证会、听证会和专家咨询等方式，使地方法规的制定更加科学合理。同时还要做好立法后评估和对法律实施的调研

① 《中共中央关于坚持和完善中国特色社会主义制度、推进国家治理体系和治理能力现代化若干重大问题的决定》，2019。

工作，地方人大及其常委会在立法后需要及时总结立法经验以提高立法水平。不断深入推进民主立法就是在今后继续加强立法工作的民主化程度，使社会公众深度参与到立法工作中来，使立法成果体现人民意志。这要求继续加强立法沟通机制，在立法项目征集和法律草案评议阶段通过各个渠道听取公民、企业、人民团体和社会组织的意见，使立法充分体现民意。其次要完善公民有序参与立法途径，健全法律法规草案公开征求意见和公众意见采纳反馈机制，完善基层立法联系点制度，实现将听取立法联系点建议作为地方立法工作的必经程序。

2. 完善重点领域立法

围绕创新型国家、现代化经济体系、国家治理体系和治理能力现代化、国家文化软实力、公共服务均等化等经济、政治方面加强立法。针对当前经济领域立法存在的深层次问题，以及对商标权、专利权、著作权等知识产权和市场主体产权保护不到位等情况，未来应通过立法建立更有利于发挥市场在资源配置中的决定性作用的市场经济法律体系，能够充分满足新的发展形势，促进有效市场和有为政府更好结合。政治领域立法要重点围绕推动政府职能转变，建设服务型政府，确保在现代化建设过程中及时依法建立应对新生事物的管理机构，实现政府更好地为社会公众服务，继续加强推进政务公开、完善政府权力运行监督机制。在文化领域，通过立法将现存的地方和民族传统法治文化中积极的、值得借鉴的部分上升为法律规范。在文化产业开发过程中，实现非物质文化遗产相关立法与知识产权保护相结合，用法律保障文化创新，并对文化市场监管和行业协会治理提供指引。生态领域立法推动生态细分领域立法，针对各类污染源制定实施细则。

（二）依法全面履行政府职能

1. 提供高效便捷政府服务

通过搭建政务服务掌上平台，实现省市县三级掌上政务服务全覆盖。构建企业公共服务平台，集结政策解读、市场融资、管理咨询、法律服务等功

能，高效整合市场资源，为企业节约经营成本、提高运营效率。搭建政企交流平台，建立规范化、常态化政企沟通机制，加强政企双向互动。充分发挥行业协会商会的桥梁纽带作用，通过召开调研、座谈会等方式，与企业家面对面沟通，征求意见建议，解决企业发展遇到的问题和困难，共商发展之策。探索企业服务新形式，结合不同企业需求推出“套餐服务”“靶向服务”，及时了解企业痛点、难点、堵点，尽最大努力为企业提供精准服务。完善对企业全生命周期的服务模式和服务链条，在各网格内设立企业服务专员，快速协调解决企业诉求。积极营造良好的政治生态，构建新型政商关系，推动政商之间形成“亲而有度”“清而有为”的良性互动。制定政商交往“负面清单”，规范政商交往行为。通过政务服务“好差评”制度，尤其是差评处理机制，提升政府服务意识，增强服务责任感。推动政务服务向基层延伸，加快实现村（居）便民服务中心全覆盖，满足群众就近办、马上办的需求，着力打造“15 分钟便民服务圈”。鼓励各级政府及各部门提供错时延时服务，工作日中午实行轮流错时作息，双休日及节假日实行值班制，确保为办事人提供便利服务。拓展自助服务范围，增加进入自助服务区和自助服务机的服务项目，打造 7×24 小时自助服务。继续依托国家一体化平台，不断提高政务服务事项“一网通办”的占比，加强与西部地区对接，逐步推进高频政务服务事项“跨省通办”。

2. 建立公平有序的市场秩序

在市场准入方面，要严格落实国家《市场准入负面清单》，切实保障各类市场主体依法平等进入负面清单以外的行业、领域、业务等，及时清理各种形式的市场壁垒，尤其是不得额外对民营企业、中小企业设定不合理条件。在政策适用方面，一方面要坚持存量清理，针对妨碍统一市场和公平竞争的规章、规范性文件和其他政策措施，及时进行修改或者废止，保障各类市场主体平等获取生产要素和政策支持；另一方面要落实增量审查，各级政府部门在制定市场准入、招标投标、资质标准等涉及市场主体经营活动的规章、规范性文件和其他政策措施时，要严格执行公平竞争审查制度，从源头上遏制限制竞争、不公平竞争。

3. 进一步加强市场监管

严格依照法定的监管职责和监管事项，编制监管事项清单，全面落实行政执法三项制度，依法对市场主体进行监管，坚持严格规范公正文明执法。以加强信用监管为着力点，按照国家关于加快构建以信用为基础的新型监管机制的要求，建立健全贯穿市场主体全生命周期的信用监管体系，推行以信用为基础的分级分类监管制度。坚持“双随机、一公开”监管全覆盖，全面推行部门联合“双随机、一公开”监管常态化，对直接涉及公共安全和人民群众生命健康等特殊重点领域，依法实行全覆盖重点监管。加大市场监管执法力度，市场监管部门要预防和制止垄断行为以及各类不正当竞争行为，切实维护公平竞争的市场秩序。要加强对包括商标权、专利权、商业秘密权等在内的各项知识产权的全面保护，加大对侵犯知识产权的违法行为的打击力度。

（三）实现公正高效权威司法

1. 加强重点领域司法保护

在涉产权纠纷中，要对各类市场主体平等保护，依法慎重启动司法程序、采取强制措施。严格遵循罪刑法定、疑罪从无等基本原则，提高对企业纠纷性质的专业性认识，严格区分经济纠纷和经济犯罪，避免对经济纠纷错误定性，致使企业陷入经营困境，损害企业家合法权益。充分运用司法手段对市场主体的经营自主权、股权、知识产权等进行全面保护。要加强对侵犯知识产权违法行为和不正当竞争行为的打击力度，针对恶意侵权、重复侵权等严重违法行为，依法进行严惩。针对生态环境领域违法行为，着力解决侵权成本低、维权成本高等问题。

2. 进一步提升司法效能

继续深化司法体制综合配套改革，全面落实司法责任制，优化司法职权配置，规范司法行为。推进司法理念和司法能力现代化，继续加强培养知识产权、互联网、涉外领域高素质、专业化法治人才，提高司法工作人员应对经济社会发展所带来的新问题新情况的专业水平，实现案件裁判尺度的统

一。健全诉讼与非诉纠纷解决方式之间的衔接机制，完善多元纠纷化解机制，全面提升一站式多元解纷和诉讼服务实效。一方面积极利用调解、仲裁程序解决纠纷，另一方面继续完善小额诉讼、简易程序，实现司法繁简分流，通过诉讼和非诉手段满足群众多元、高效、便捷的纠纷解决需求。完善互联网司法模式，尊重各地法院首创精神，继续深化智慧法院建设，提升司法效能，为司法现代化提供科技支持。

（四）推动全社会守法诚信

1. 增强全民法治观念

党员干部带头尊法、守法、用法发挥示范作用，完善国家工作人员法治教育制度，实现政府工作人员依靠法治思维和法治方式处理和解决问题。普法时着重宣传与人民生活息息相关的法律，通过创新普法方式、普及立法精神等手段宣传以宪法为核心的社会主义法律体系，充分利用社会公共平台广泛开展寓教于乐的普法活动，使人民自觉尊崇、信仰法律。引导企业树立合规意识，增强企业高管和职工的法治观念，提高企业安全经营、生产的法治意识和职工的维权意识。充分发挥行业协会的监督管理作用，使企业在日常运作中自觉遵守法律，做到重合同、守信用，积极承担自身的社会责任。

2. 持续推动诚信建设

加快社会信用体系建设，提高全社会的诚信意识和诚信水平。一是要健全政府守信践诺机制。政府守信践诺是社会诚信建设的重要内容，健全政府守信践诺机制，加强政务诚信，依法依规兑现向社会公众和行政相对人依法做出的政策承诺，进一步完善政府违约造成产权受损害的投诉、赔偿和救济机制。二是要完善市场主体诚信机制。根据现代化建设要求，持续建立健全诚实守信相关法律制度，完善企业社会责任法律制度，增强企业社会责任意识，促进企业诚实守信、合法经营。三是完善信用信息共享机制。促进各部门各地区信用信息系统统筹整合，消除“信息壁垒”、“信息孤岛”。完善全国信用信息共享平台和国家企业信用信息公示系统，进一步强化和规范信用信息归集共享。

B.18
西部地区基本实现现代化的人才战略支持

张 涛*

摘 要： 本文通过梳理西部地区的人才发展现状，并通过将其与东部和中部地区的人才发展状况对比，揭示西部地区基本实现现代化的人才发展主要矛盾，提出西部地区基本实现现代化的人才战略支持路径，结合影响西部地区人才需求的现代化经济社会因素，利用神经网络法预测西部地区基本实现现代化的人才战略支持趋势，为西部地区基本实现现代化的人才需求提供战略指导。

关键词： 基本实现现代化 人才战略 神经网络

根据《中共中央关于制定国民经济和社会发展第十四个五年规划和二〇三五年远景目标的建议》，到2035年中国基本实现新型工业化、信息化、城镇化、农业现代化，建成现代化经济体系。对于西部地区而言，实现现代化就是追赶发达国家和地区的进程，以发达地区和发达国家的经济发展和社会发展作为参考，不断提升地区的经济发展水平和社会发展水平。人才作为经济社会实现现代化的重要资源，是一个地区经济实力提升的核心力量，在基本实现现代化的科技成果转化、技术创新、产业转型等方面发挥着

---

* 张涛，博士，教育部人文社会科学重点研究基地——西北大学中国西部经济发展研究院兼职研究员，西北大学经济管理学院副教授，研究方向为环境经济学、气候经济学。

不可忽视的作用。西部地区基本实现现代化对人才的需求，既是区域经济发展的内在需要，也是实现现代化的关键所在。因此本文通过梳理西部地区人才发展的现状，通过将其与东部和中部地区人才发展对比，发现西部地区基本实现现代化人才发展存在的主要问题，提出西部地区基本实现现代化的人才战略支持路径，结合影响西部地区人才需求的经济社会现代化因素，预测西部地区基本实现现代化的人才战略支持趋势，为西部地区实现现代化的人才需求提供战略指导。

一　2019年西部地区基本实现现代化人才战略支持的态势分析

（一）2018～2019年西部地区人才发展概述

2018～2019 年西部地区人才培养卓有成效，人才培养能力有所提高，人才素质不断提升，高层次学术科研人才引进有新进展，高层次人才增长较快，教育普及程度明显提升，人才效能不断增强。2019 年西部地区高等教育在校生 1001.52 万人，比 2018 年增长 8.25%，其中普通高等教育本专科在校生 795.71 万人，成人高等教育本专科在校生 145.15 万人，研究生在校生 60.66 万人，分别比 2018 年增长 9.21%、4.26%、5.78%。高等教育毕业生 250.95 万人，比 2018 年增长 0.98%，其中普通高等教育本专科毕业生 187.98 万人、研究生毕业生 13.06 万人，分别比 2018 年增长 2.12%、5.66%；成人高等教育本专科毕业生 49.91 万人，比 2018 年下降 4.15%。2019 年西部地区普通高中学生 743.14 万人，初中学生 1386.58 万人，小学生 3007.49 万人，分别比 2018 年增长 0.11%、2.79%、2.58%。

2019 年西部地区教育经费 1.12 万亿元，科技支出 2252.12 亿元，分别比 2018 年增长 6.67%、2.66%。普通高等教育学校 704 所，比 2018 年增长 2.33%。2019 年西部地区在校研究生中博士研究生 6.36 万人，硕士研究生 54.30 万人，分别比 2018 年增长 8.35%、5.47%。毕业研究生中博士研究生8604人，硕士研究生12.20万人，分别比2018年增长7.34%、5.54%。高等教育学校（机构）教职工中正高级职称4.98万人、副高级职称12.60万人，分别比2018年增长5.74%、4.26%（见表1）。

2019年，西部地区新增“两院”院士11人，其中工程院院士5人，科学院院士6人，“长江学者”特聘教授43人，国家优秀青年科学基金获得者67人，国家杰出青年科学基金获得者20人。2019年西部地区15岁及以上人口有2.94亿，其中文盲人口有0.18亿，文盲人口占15岁及以上人口比重为6.12%，与2018年6.51%相比明显下降。2019年西部地区申请专利49.01万件，比2018年减少2.00%，其中申请发明专利14.49万件；专利授权28.30万件，比2018年增长2.36%，其中发明专利授权4.02万件。R&D项目4.78万项、研究人员29.71万人、研究经费1553.82亿元，分别比2018年增长5.29%、6.76%、13.41%。

表1　2018～2019年西部地区人才发展概况

人才指标	单位	2018年	2019年	2019年比2018年增长(%)
高等教育在校生	万人	925.18	1001.52	8.25
高等教育毕业生	万人	248.51	250.95	0.98
教育经费	万亿元	1.05	1.12	6.67
科技支出	亿元	2193.77	2252.12	2.66
普通高等学校	所	688	704	2.33
在校博士生	万人	5.87	6.36	8.35
在校硕士生	万人	51.48	54.30	5.47
博士毕业生	人	8016	8604	7.34
硕士毕业生	万人	11.56	12.20	5.54
普通高校正高级职称教师	万人	4.71	4.98	5.74
申请专利	万件	50.01	49.01	-2.00
授权专利	万件	27.65	28.30	2.36
R&D项目	万项	4.54	4.78	5.29
R&D人员	万人	27.83	29.71	6.76
R&D经费	亿元	1370.12	1553.82	13.41

资料来源：《中国统计年鉴》(2019年、2020年)、教育部统计数据库。

（二）西部地区各省（区、市）人才概况

虽然2019年西部地区整体人才工作取得了明显成效，人才结构更加完善，学历层次明显提升，培养力度进一步加强，科技教育投入增大，教育更加普及，高层次人才人数有新的突破，但是西部地区各省（区、市）人才发展不均衡。西部地区中，陕西省、四川省人才发展相对较快，教育发展投入、科学技术发展投入力度大，青海省人才发展相对较慢，人才素质、教育普及程度低；且西部地区人才发展较快地区与较慢地区间差距较大，在校博士生中，陕西省有22.82千人，占西部地区总数的35.86%；青海省仅0.3千人，占西部地区的0.47%。R&D研究人员中，四川省有78.29千人，占西部地区的26.35%；青海省仅2.38千人，占西部地区的0.80%。四川省科学技术支出797.59亿元，占西部地区35.41%，青海省仅14.51亿元，占西部地区0.64%。此外，陕西省与四川省相比，四川省科学技术投入更大，科研发展成果更好，但陕西省人才学历结构更完善，高级专家相对更多（见表2）。

表2　2018~2019年西部地区各省（区、市）人才发展概况

人才指标	单位	年份	内蒙古	广西	重庆	四川	贵州	云南	陕西	甘肃	青海	宁夏	新疆
在校博士生	千人	2019	1.92	2	7.37	17.51	1.15	3.54	22.82	4.84	0.3	0.4	1.8
		2018	1.7	1.6	6.65	16.79	0.91	3.09	21.51	4.38	0.21	0.3	1.54
在校硕士生	千人	2019	26.67	38.38	76.64	117.24	24.25	46.45	133.83	40.01	5.74	7.38	26.49
		2018	25.45	35.7	72.74	111.48	23.09	42.54	130.19	37.62	4.97	6.59	24.43
普通高校正高级职称教师	千人	2019	3.24	5.38	5.56	10.11	3.77	4.24	9.81	3.94	0.76	1.46	1.5
		2018	3.02	4.99	5.17	9.68	3.47	4.25	9.23	3.54	0.76	1.43	1.52
R&D研究人员	千人	2019	15	22.1	62.42	78.29	23.16	29.44	42.98	8.55	2.38	8.07	4.7
		2018	15.78	17.23	61.96	77.85	20.04	24.05	39.32	8.03	1.16	7.06	5.81
教育支出占一般公共预算支出比重	%	2019	11.96	17.34	15.02	15.26	17.95	15.8	16.03	16.1	11.88	12.47	16.24
		2018	11.93	17.57	15	15.06	19.6	17.74	16.43	15.72	12.09	12.01	16.22

续表

人才指标	单位	年份	内蒙古	广西	重庆	四川	贵州	云南	陕西	甘肃	青海	宁夏	新疆
科学技术支出	亿元	2019	144.69	159.6	421.22	797.59	106.37	169.42	377.24	100.94	14.51	35.77	55.02
		2018	132.33	142.18	364.63	673.85	98.88	157.76	460.94	88.41	17.91	38.94	56.95
科学技术支出占GDP比重	%	2019	0.84	0.75	1.78	1.71	0.63	0.73	1.46	1.16	0.49	0.95	0.4
		2018	0.77	0.7	1.79	1.57	0.65	0.88	1.89	1.07	0.63	1.05	0.47
普通高校数	所	2019	53	78	65	126	72	81	95	49	12	19	54
		2018	53	75	65	119	72	79	95	49	12	19	50
R&D项目投入经费	亿元	2019	118.36	104.47	335.89	387.86	91.02	129.77	240.8	50.55	9.37	41.57	44.13
		2018	103.36	89.1	299.21	342.39	76.23	107.02	216.56	47.62	6.77	36.99	44.88
专利申请数	万件	2019	2.11	4.19	6.73	13.15	4.43	3.52	9.21	2.76	0.5	0.93	1.48
		2018	1.64	4.42	7.21	15.3	4.45	3.65	7.65	2.79	0.44	0.99	1.46
专利授权数	万件	2019	1.11	2.27	4.39	8.21	2.47	2.23	4.41	1.49	0.3	0.56	0.87
		2018	0.96	2.06	4.57	8.74	1.95	2.03	4.15	1.4	0.27	0.57	0.97
R&D项目	项	2019	2283	3937	14001	17461	3850	6286	6098	1705	451	1789	1069
		2018	2318	2884	12484	11779	2860	4216	4470	1305	220	1739	1081

资料来源：《中国统计年鉴》（2019年、2020年）、教育部统计数据库。

（三）西部、东部和中部地区人才发展对比

西部地区人才发展水平普遍低于全国平均水平，远低于东部地区。2019年西部地区在校硕士生、博士生分别占全国的22.28%、15.01%，普通高校正高级职称教师、副高级职称教师分别占全国的21.64%、25.72%，略低于中部地区水平，远低于东部地区。R&D研究人员数占全国的9.43%，低于中部地区，且远远低于东部地区水平。2019年西部地区国家优青、长江学者人数分别占全国的11.24%、15.64%，略低于中部地区，远远低于东部地区。杰出青年、新增两院院士仅占全国的6.69%、8.09%，其中工程院院士、科学院院士分别占全国的7.04%、9.23%，远低于中东部地区水平。2019年西部地区教育经费占全国的26.88%，教育支出占一般公共预算支出的15.61%，略高于中部地区，低于东部地区。科学技术支出、R&D项目经费仅占全国的12.96%、11.12%，低于中部地区水平，且远低于东部地区。科学技术支出占

GDP 的 1.11%，略低于中部地区，且远低于东部地区。普通高校数有 704 所，占全国高校数的 26.26%，低于中东部地区。2019 年西部地区专利申请数占全国 11.75%，其中发明专利申请数占全国 11.77%；专利授权数占全国 11.52%，其中发明专利授权数占全国 11.35%；R&D 项目数占全国 8.15%。均低于中部地区水平，且远低于东部地区水平（见表 3）。

表 3　东部、中部和西部地区人才对比

人才指标	单位	年份	全国	东部	中部	西部	西部占全国比重(%)
在校硕士生	万人	2019	243.72	130.28	59.14	54.30	22.28
		2018	233.97	125.38	57.11	51.48	22.00
在校博士生	万人	2019	42.40	27.20	8.83	6.36	15.01
		2018	38.94	25.01	8.06	5.87	15.07
普通高校正高级职称教师	万人	2019	23.00	12.01	6.01	4.98	21.64
		2018	21.88	11.40	5.78	4.71	21.51
R&D 研究人员	万人	2019	315.16	222.75	62.70	29.71	9.43
		2018	298.09	214.12	56.15	27.83	9.33
教育经费	千亿元	2019	41.72	19.81	10.70	11.21	26.88
		2018	38.41	18.07	9.87	10.48	27.27
教育支出占一般公共预算支出比重	%	2019	16.18	16.99	15.58	15.61	
		2018	16.22	16.58	15.96	15.88	
科学技术支出	亿元	2019	17375.21	11959.94	3163.13	2252.14	12.96
		2018	15513.88	10737.02	2583.87	2193.77	14.14
科学技术支出占 GDP 比重	%	2019	1.77	2.23	1.30	1.11	
		2018	1.70	2.20	1.06	1.20	
R&D 项目投入经费	亿元	2019	13970.54	9453.62	2963.11	1553.82	11.12
		2018	12953.96	8998.28	2585.56	1370.12	10.58
专利申请	万件	2019	417.02	293.02	74.99	49.01	11.75
		2018	412.00	286.43	75.56	50.01	12.14
专利授权	万件	2019	245.66	176.49	40.87	28.30	11.52
		2018	231.85	166.57	37.63	27.65	11.92
R&D 项目数	万项	2019	58.69	42.34	11.59	4.78	8.15
		2018	47.23	34.33	8.36	4.54	9.60

资料来源：《中国统计年鉴》（2019 年、2020 年）、教育部统计数据库。

（四）西部地区基本实现现代化人才发展存在的主要问题

1. 人才结构和分布不合理

一是总教育水平低。西部地区人才发展水平普遍低于全国平均水平，人才总量不足。2019 年西部地区普通本科在校生 437.15 万人，占全国 25.00%；普通高校 704 所，占全国 26.26%；西部地区文盲人口占 15 岁及以上人口比重为 6.12%，高于全国平均水平 4.59%。

二是人才结构不合理。西部地区中低层人才较为充足，高层人才相对短缺，高级专家匮乏，高级技工、专业性人才缺失。2019 年西部地区高中及以下学历人数基本占全国 30.00%，本科生、专科生、研究生分别占全国 25.00%、28.02%、21.20%，R&D 研究人员、新增两院院士、长江学者仅占全国 9.43%、8.09%、15.64%。

三是人才分布不均匀和市场流动不畅。西部地区内，人才流动呈现省内流向省会城市，省际流向陕西、四川、重庆等发展水平较高地区的趋势，使得发展水平落后的省区发展更加缓慢，产生恶性循环。从人才效能来看，2019 年西部地区专利申请数最多的是四川省 13.15 万件，而青海省仅 0.50 万件；专利授权数最多的也是四川省 8.21 万件，青海仅 0.30 万件；R&D 项目数最多的是四川省 17461 项，青海省仅 451 项。西部地区各省（区、市）之间人才发挥的效能差距大，反映出西部地区人才分布不均匀。

2. 人才质量与现代化需求不相适应

近年来西部地区人才素质、教育水平不断提升，人才总量实现明显增长，但所培养的人才不能完全适应现代化市场经济的需要，人才质量与现代化需求不相适应。传统教育理念对人才的培养大多停留于理论传授，对于人才创新能力、国际化视野、现代化思维的培养还非常欠缺。由于教育的滞后性，高校人才供给结构与市场需求严重不符，大学生就业难成为社会难题。中国教育政策与经济社会发展脱节，造成高学历人才总量逐年上升，但与现代化需求不相适应，人才配置市场化水平低，配置方式单一，存在人才资源结构失衡的现象。

3. 人才激励政策及公共配套政策不完善

人才引进的力度大，总量增长明显，但西部地区对人才的激励、评价方面的机制还没有建立完善，引进的人才在发挥作用方面有待进一步加强。[①]虽然现行的人才政策对高级、中级、普通人才各有兼顾，但整个人才政策体系仍存在以引进和培养高端人才为主的问题，对中层次人才的引进与培养力度不足。新推出的相关人才政策偏向于新引进的人才，给予其较好的待遇，而针对现有人才的扶持和培养力度不足，同样能力的人才所享受的待遇却不相同，从而使现有人才产生了一定的心理落差，造成一定量的人才流失。传统的人才政策难以满足新时代高质量发展、创新性发展的人才需求，传统的人才政策多数只立足于短期内给予物质优惠政策，关于人才的养老保险、子女教育、户籍问题未很好地解决，不合理的人才公共配套政策使得西部地区人才流失严重。人才激励政策及公共配套政策不完善使得人才引进难，人才外流快，人才战略难以进行。

4. 人才引进政策不具竞争优势

对人才的吸引不仅是在物质生活上给予相应的优惠政策，同时也要兼顾相关人才的户籍、住房、工作、科研、子女教育等方面。相关优惠政策，例如薪资待遇、科研经费等远低于东部沿海地区。社会保障部门出现各扫门前雪的情况，遇到问题时相互推脱，人才引进时的承诺也成为“纸上谈兵”。西部地区的气候环境欠佳，交通不便，这也成为中高端人才不愿在西部长久发展的原因之一。而对于子女教育，西部地区的教育水平同沿海城市相比不具备明显的竞争优势。[②] 此外，西部地区人才引进政策还未完善，人才引进审查流程烦琐复杂。在人才引进、创新创业方面，政策壁垒是限制人才发展的重要因素，如烦琐的申请注册流程、过高的人才落户条件。对于外籍人员没有完善的社会保障体系，入境、居留、科研申请等都会遇到不同程度的政策阻碍，从而影响海外人才尤其是高级专家的引进。

---

① 冯菊香、高延春：《西部地区人才激励机制的缺陷与创新》，《商场现代化》2008 年第 17 期。

② 余新、周平：《论西部地区人才资源困境与开发途径》，《西部论坛》2005 年第 3 期。

二　西部地区基本实现现代化人才战略支持的路径

（一）人才战略在西部地区基本实现现代化中的重要性

1. 人才战略是西部地区实现现代化的关键所在

人才的现代化往往超前于社会现代化，西部地区现代化进程要依靠人才来推动，以人才的现代化来推动西部地区现代化进程。西部地区要实现现代化，很大程度上依赖于人才的现代化。因此人才战略是西部地区实现现代化的首要问题。作为欠发达地区，西部地区面临着更多的发展问题，因此人才战略对西部地区实现现代化更为重要，西部地区可以利用后发优势借鉴东部地区和国际现代化的经验教训，重视人才发展战略，以人才的现代化促进和推动现代化的发展进程。

2. 人才战略是西部地区实现现代化的基本动力

人才战略是一个国家或一个地区发展的根本。只有拥有了高水平、高质量的优秀人才，才能推动区域经济持续发展。习近平总书记在准确把握时代变化的趋势上提出了建设“现代化经济体系”，中国经济近年来快速发展，经济业态、产业结构对人才提出了更高的要求。人才发展战略能够增强区域综合实力，提升区域竞争力，为区域经济发展提供充足的人才和智力支撑。

3. 人才战略是西部地区基本实现现代化的有力支撑

人才战略涉及人才的培养、引进和保留等方面的内容。根据“十三五”规划中有关产业结构整合的需求，只有确保人才结构同经济结构相匹配，才能有效推进相关机制的建设。在人才成为社会经济发展主要因素的今天，人才已成为区域经济竞争的主要力量，人才战略更是推动社会经济不断向前发展的坚实力量。因此，不管是对于企业还是政府来说，人才战略是需要重视的问题，更需要当地政府制定符合未来发展的人才战略目标。

（二）完善西部地区基本实现现代化的人才战略支持的措施

1. 协同设计人才战略，以新思维解决人才引进、培育和保留问题

一是完善人才引进机制。首先，引进人才范围要广，类型要全，不将人才固化。人才引进不局限于高端人才、高学历人才、海归人才等高大上的人才群体，还应包括受过正规职业技术培训等的专业技术人才，努力形成高端人才引领、基础人才扎实的队伍结构。其次，提供具有吸引力的人才优惠政策，为人才提供更多的就业机会和税收、医疗、社保、住房、子女教育等优惠待遇。最后，拓宽引才渠道，简化引才程序，改进资格认定授予和相关咨询服务。

二是完善人才培育机制。西部地区要想基本实现现代化人才战略，首先要立足于自身的人才资源优势，充分挖掘西部地区内部人才潜力。要推动教育改革，注重发展实施各类人才培养计划。高校应加强培育适应现代化发展需求的人才，结合本校学科特点，思考如何将专业知识应用到现代化建设中去。要将学校学习和企业培训相结合，促进校企合作，让企业参与到人才培育中来，为学校师生提供更多符合现代社会发展的资源，共同培育出适应现代化发展需求、更具市场竞争力的人才。

三是完善人才保留机制。留住人才是发挥人才这一战略性资源的前提条件。短期内的物质优惠条件无法长期留住人才，政府必须充分发挥市场因素的引才、聚才作用，建立多主体激励机制，优化人才发展环境，为人才提供良好的就业、住房、子女教育、养老医疗、生活环境条件，增强自身经济科技实力，提高西部地区对人才的长久吸引力，为人才提供更好的人文环境和发展平台。此外，对西部地区原有人才要实行与引进人才一视同仁、机会均等、待遇均等的政策，推动自主培养人才与引进人才待遇基本均衡。

2. 跨区域融合人才战略，实现人才资源效益最大化

西部地区区域发展不均衡，导致区域内人才发展水平参差不齐，为促进西部地区内部人才协调发展，就要实施跨区域融合人才战略。一是消除不同地区的政策和体制落差。西部地区人才发展要实现现代化的区域协

调，就要打破区域内行政区划壁垒，实现人才跨区域整合，政府在进行政策规划时，要从提高整体人才发展水平出发，相互协调、统一规划。协同推进区域人才管理改革，推动区域经济一体化，建立区域人才协同创新机制，实现区域人才联动互通。二是加强共享性基础设施建设。要想提高西部地区内部人员流动的自由性，就要打破地域分割限制，加强区域间交通、信息、工程等基础设施建设的合作，使区域间发展互通、便捷、共享，缩短地区间距离。加深区域分工和协作程度，破除人才流动障碍。三是推动以企业为主体的区域合作。企业的跨地区流动可以打破市场的行政分割壁垒，企业可以跨地区分布和跨地区并购，能够加强地区间联系，整合资源，推动资源、技术、信息等要素协同发展，进而提升区域整体竞争力，实现跨区域人才融合战略。四是推动本区域内人才发达地区带动落后地区发展。率先实现人才现代化的地区会对相邻地区的人才发展有明显的外溢效应，要扩大人才高水平区域的影响力和辐射力，为落后地区提供政策和体制发展经验。

3. 统筹整合人才战略，突出市场为主体、产业发展为聚焦、需求为导向的人才战略集成体系

一是构建完整的人才战略政策体系和配套服务，调整和制定面向基本实现现代化的专业人才政策，在人才选拔与培养、评价与激励、流动与引进、安全与保障等相关环节中，合理制定政策，完善不同人才战略环节的连续性和衔接性，打造“引”才、“留”才、“育”才、“用”才的全流程多主体发展体系。二是完善优化人才资源配置机制，政府、企业、高校、科研机构、经济协会等多方面共同协作，推动政策实施，实现产、学、研深度融合。高校应将市场需求、产业发展纳入必修课程，实现产教融合创新发展，确保人才培育与市场需求之间的一致性。政府应和相关部门架好企业与人才之间的沟通桥梁，把人才配置到合适的岗位上，减少两者信息不对称造成的人才资源浪费，采取积极措施最大化发挥人才效能。三是持续谋划西部人才战略在基本实现现代化中的布局调整和行动策略，结合经济社会发展阶段性特征与时俱进，为西部地区提供人才支撑和智力支持。要挖掘西部地区诸如

地理区域、产业布局、自然资源、人文情怀、文化历史等区域要素禀赋的比较优势，使人才在区域经济发展中推动现代化进程。

三　未来15年西部地区基本实现现代化人才战略支持的趋势预测

（一）影响西部地区人才战略的现代化经济发展指标选择

现代化指的是从传统到现代社会的转变，其形态表现在各个方面，最核心的表现是经济现代化和科技创新现代化。因此本文基于西部地区的经济现代化和科技创新现代化预测西部地区基本实现现代化的人才支持战略。

在经济快速发展的环境下，各产业现代化发展的需求引致了现代化人才的需求。通常来讲，现代化产业越发达的区域对人才的需求量就越大。一个地区的经济发展水平越高，现代化水平就越高，对人才的数量、质量和层次的要求也就越高。现代化人才能够吸引现代投资资本，形成技术创新，激活各种现代化的生产要素，因此其对区域经济实现现代化有重大的促进作用。

影响地区人才战略的现代化因素多种多样，不同的影响因素对人才需求和战略的动力不尽相同，在定量模型预测中，如果考虑的影响因素过多，会增加模型运算的复杂程度及影响模型预测的精度，也会减弱核心影响因素的作用。在影响现代化人才需求的诸多因素中，经济社会因素的影响最为重要，西部地区的经济现代化和社会现代化是影响其人才需求的根本原因。因此在众多影响现代化人才需求的经济因素中，本文以经济现代化发展为目标，主要关注地区的经济现代化发展水平对人才战略的影响。经济发展的现代化主要体现在地区的产出、经济结构、城镇化率、劳动生产率和信息现代化发展水平等方面①，因此本文根据选取基本实现现代化的经济发展主要指标，作为影响人才战略主要因素指标进行预测。具体情况见表4。

---

① 国家社会科学基金重大项目课题组：《区域现代化理论与实践研究》，江苏人民出版社，2014。

表 4　基本实现现代化的经济发展指标体系

序号	指标	单位	目标 1	目标 2	目标 3
1	人均地区生产总值	元	100000	130000	180000
2	服务业增加值占 GDP 比重	%	55	60	65
3	工业全员劳动生产率	万元/人	45	48	50
4	城镇化率	%	65	70	75
5	信息现代化发展水平	%	20	30	50
6	现代农业发展水平	%	20	30	50
7	研发支出占 GDP 比重	%	2.5	2.8	3

（二）预测方法与数据处理

1. 预测方法选择

被广泛使用的人才预测方法一般分为两大类：时间序列法和相关分析法。时序法主要是从时间序列中发现规律，反映人才需求的变化趋势，其需要充分的历史数据作基础，且无法根据影响因素变化调整。相关分析法则是根据人才需求及其所处的经济社会环境，以及它们之间的相互影响构建模型。诸多的研究表明，时间序列法更适合于短期预测，而相关分析法适合于长期预测，本文预测未来 15 年的人才需求战略，因此采用相关分析法。在相关分析法中，常用的方法是回归分析，但是回归分析在外推预测的研究中预测的精度往往较低，而且回归分析也不适合于长期预测。同时有关现代化的经济发展各指标对人才需求的影响缺乏理论支撑，因此本文采用更适合于长期预测的神经网络预测法。

2. 数据处理与网络设计

本文选择人均地区生产总值、服务业增加值占 GDP 的比重、工业全员劳动生产率、城镇化率、信息现代化发展水平、现代农业发展水平和研发支出占 GDP 的比重作为现代化人才需求的影响因素，同时考虑到人才的层次、人才的结构以及人才的数量，分别利用工业企业研究人员全时当量（用以表示产业人才）、高校专职教师数（用以表示教育人才）和高层次人才数量来衡量人才发展需求。其中高层次人才包括国家优青、杰出青年、工程院院

士、科学院院士和长江学者。数据主要来源于中经网统计数据库、《中国统计年鉴2020》和中国经济数据库。影响因素指标中现代农业发展水平用人均农业机械总动力度量，信息现代化发展水平利用人均宽带接入数量度量，城镇化率利用城镇人口占区域人口的比例来度量。目前关于现代化的研究还处于起步阶段，对于现代化也没有一个明确的界定，不同的地区实现现代化的目标不尽相同，很多地区根据自身发展状况建立了本地区的现代化指标体系，但至今还没有统一的现代化目标和指标体系。本文参考天津市、广东省、武汉市、江苏省等已建立现代化指标体系的地区，结合他们实现现代化指标体系的目标值，根据目标值从小到大，设立三种方案，分别在三种方案下预测西部地区各省（区、市）基本实现现代化的人才目标需求（见表4）。

由于神经网络具有良好的非线性变化和自适应的学习能力，能够从样本中学习以前的经验，解决数学模型难以处理的问题①，因此本文选择神经网络法预测西部地区的人才战略需求。网络预测的结果与样本的选择以及网络结构的设定关系密切。为了保证数据的一致性，神经网络在做预测之前，对数据进行标准化处理，标准化可以减少量纲差异，加快神经网络的收敛速度，本文标准化的处理方法为 $(X-\mu)/\sigma$，其中 μ 为样本均值，σ 为样本标准差。

关于网络结构设计，目前并没有明确的参考，需要重复实验才能确定最佳的节点数量和网络层数，例如，若经过较多轮迭代后，训练误差数值仍很高，说明需要增加神经元个数以提高模型复杂度。若训练完成后，训练误差远高于测试误差，则需要减少神经元数量以降低模型复杂度对抗过拟合。本文通过大量重复实验最终确定网络类型为全链接神经网络，其中输入层18个神经元，第一层全链接层256个神经元，第一层激活函数为：

$$eaky-relu(x)=\begin{cases} x & x \geq 0 \\ 0.01x & x < 0 \end{cases}$$

① 沈钰、韩永强：《技术技能人才需求预测模型及其检验——基于BP神经网络视角》，《当代职业教育》2020年第2期。

第二层全链接层有512个神经元，第二层激活函数为：

$$relu(x)=\begin{cases}x & x\geqslant 0\\0 & x<0\end{cases}$$

输出层1个神经元。

3. 网络训练与检验

本文的样本集来自2011～2019年西部地区12个省（区、市）的数据，随机选择70%的样本作为训练集，训练结束后，利用剩余的30%测试模型预测的精度，测试误差见图1。网络训练的方法是先正向建立如上网络结构，通过adma优化器反向传播梯度值更新参数。事实上，经大量试验，我们完全可以将第一个隐藏层神经元个数降低为64，第二层神经元个数降低为128，达到与上面模型相同的效果，但此时，由于模型参数数目降低，训练的epoch数也逐渐升高。最终本文选择上节介绍的网络结构，实际上是一种在计算开销和过拟合风险间的权衡。通过查看网络在训练集的预测表现并对比测试集与训练集的MSE，本文的网络结构既未出现欠拟合也未出现过拟合现象。

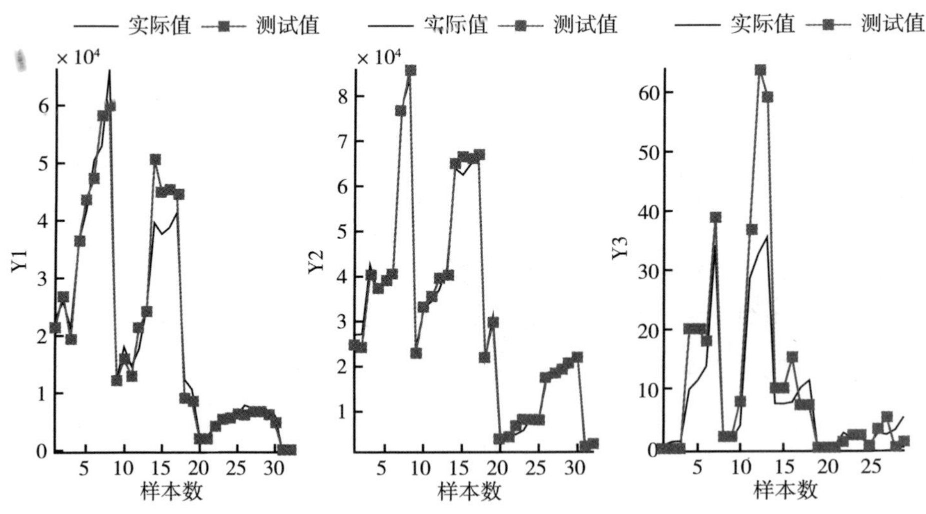

图1　神经网络测试结果

（三）未来15年西部地区基本实现现代化的人才需求预测

根据《中共中央关于制定国民经济和社会发展第十四个五年规划和二〇三五年远景目标的建议》，到2035年中国基本建成现代化经济体系，因此本文的预测中，设定这些目标将在2035年实现。根据表4设定的三种方案，预测西部地区各省（区、市）基本实现现代化的人才目标需求。由于篇幅所限，文中只显示了2025年、2030年和2035三种目标方案下，西部地区各省（区、市）的人才需求相对于2019年变化的百分比。根据模型预测结果，基本实现现代化的目标越高远，产业技术人才的需求就越旺盛。如表5所示，到2035年，在目标1下陕西省的产业技术人才需求相对于2019年增加183.3%；在目标3下，产业技术人才需求相对于2019年增加330.28%。而对于高等教育人才和高层次人才，各种目标下人才的需求量差异不显著。例如相对于2019年，到2035年在目标1下陕西省高等教育人才和高层次人才需求量分别增加336.73%和180.8%，在目标3下分别增加364.95%和188.8%。这说明高等教育人才和高层次人才对实现现代化有明显的边际生产力递减效应，随着基本实现现代化的不断深化，各地区对于高等教育人才和高层次人才的需求量增加速度在逐渐降低。同时根据预测结果，要实现现代化的目标，不管是产业技术人才还是高等教育人才、高层次人才，对于西部地区大多数省份来说目前的人才储备量严重不足。要实现现代化的目标，西部地区大多数省份人才的需求量相对于2019年要增加至少一倍，有的甚至达到了两三倍之多（见表5～表7）。西部地区各个省（区、市）对不同人才的需求量也存在明显的差异。例如到2035年，陕西省的高等教育人才需求量在目标3下需要增加364.95%，而宁夏仅仅需要增加82.23%。陕西省高等教育人才需求量不仅远远超过宁夏，也超过甘肃，相对于2019年，在目标3下，甘肃省仅仅需要增加185.65%。而甘肃省对高层次人才的需求又远远超过陕西，甘肃省在目标3下，到2035年高层次人才需要增加342.21%，而陕西省仅需要增加188.80%。这是因为各个省（区、市）的经济发展水平和社会发展水平等都不尽相同，实现现代化的路径也不相同。例如陕西高校众多，高等教育人才的需求量远远高于其他省份，而陕西省相对于西部其他省（区、市）有较多的高层次人才储备，而甘肃省的高层次人才储备明显不足，因此西部地区各个省（区、市）对人才的需求结构存在明显的差异。

表 5　未来 15 年西部地区各省（区、市）基本实现现代化的产业技术人才需求

单位：%

年份	2025			2030			2035		
地区	目标 1	目标 2	目标 3	目标 1	目标 2	目标 3	目标 1	目标 2	目标 3
内蒙古	38.59	53.13	74.98	106.01	106.01	149.96	115.12	158.86	224.94
广　西	16.94	27.33	43.09	54.67	54.67	86.08	50.81	82.00	129.07
重　庆	26.80	38.92	57.19	77.75	77.75	114.38	80.23	116.58	171.56
四　川	26.12	38.32	56.91	76.64	76.64	113.61	78.37	114.96	170.30
贵　州	44.07	59.92	83.76	119.70	119.70	167.53	131.93	179.48	251.29
云　南	30.28	43.70	63.21	87.38	87.38	126.41	90.80	130.29	189.61
陕　西	61.10	80.62	110.18	161.25	161.25	220.23	183.30	241.87	330.28
甘　肃	58.06	76.76	105.02	153.22	153.22	210.05	172.30	229.26	315.07
青　海	38.99	53.75	75.98	107.40	107.40	151.97	116.77	161.06	227.95
宁　夏	12.69	21.93	35.85	43.73	43.73	71.70	37.75	65.51	107.55
新　疆	16.22	26.27	41.63	52.54	52.54	83.04	48.67	78.81	124.42
西　藏	34.48	48.39	69.36	96.71	96.71	138.72	103.30	145.03	208.08

表 6　未来 15 年西部地区各省（区、市）基本实现现代化的高等教育人才需求

单位：%

年份	2025			2030			2035		
地区	目标 1	目标 2	目标 3	目标 1	目标 2	目标 3	目标 1	目标 2	目标 3
内蒙古	65.02	70.89	73.60	130.04	141.77	147.20	194.91	212.66	220.80
广　西	28.44	31.96	32.67	56.88	63.92	65.33	85.32	95.87	98.00
重　庆	38.26	42.54	44.81	76.46	85.09	89.62	114.61	127.63	134.43
四　川	34.65	38.70	40.30	69.30	77.40	80.60	103.95	116.10	120.90
贵　州	73.80	80.01	82.08	147.60	160.02	164.15	221.40	240.03	246.23
云　南	53.67	60.56	59.98	107.35	121.13	119.97	161.02	176.96	179.95
陕　西	112.24	120.38	121.65	224.48	240.77	243.30	336.73	361.15	364.95
甘　肃	54.69	59.92	61.88	109.38	119.85	123.77	164.08	179.77	185.65

续表

年份	2025			2030			2035		
地区	目标 1	目标 2	目标 3	目标 1	目标 2	目标 3	目标 1	目标 2	目标 3
青　海	61.57	67.16	69.37	123.14	134.32	138.74	184.71	201.48	208.10
宁　夏	21.87	25.31	27.41	43.68	50.62	54.82	65.49	75.92	82.23
新　疆	19.40	22.64	24.40	38.79	45.28	48.81	58.19	67.92	73.21
西　藏	65.02	70.89	73.60	130.04	141.77	147.20	194.91	212.66	220.80

表 7　未来 15 年西部地区各省（区、市）基本实现现代化的高层次人才需求

单位：%

年份	2025			2030			2035		
地区	目标 1	目标 2	目标 3	目标 1	目标 2	目标 3	目标 1	目标 2	目标 3
内蒙古	50.18	51.00	53.18	100.35	103.01	106.35	150.53	153.01	159.53
广　西	34.68	35.87	37.68	70.35	71.74	75.35	107.02	109.61	113.02
重　庆	33.23	33.09	36.23	62.47	66.17	72.47	99.70	102.26	108.70
四　川	33.05	35.07	38.05	70.10	73.15	76.10	105.15	109.22	114.15
贵　州	51.41	58.23	61.41	112.82	116.46	122.82	165.23	174.70	184.23
云　南	42.89	43.96	44.89	86.78	87.92	89.78	127.67	129.99	134.67
陕　西	60.93	62.27	62.93	120.87	122.54	125.87	180.80	183.80	188.80
甘　肃	112.07	113.08	114.07	224.14	226.16	228.14	322.21	339.24	342.21
青　海	49.73	49.83	52.73	101.45	102.66	105.45	138.18	149.48	158.18
宁　夏	25.91	26.63	29.91	53.82	56.27	59.82	69.74	79.90	89.74
新　疆	21.49	23.70	26.49	42.97	47.39	52.97	69.46	71.09	79.46
西　藏	46.40	49.37	52.40	94.81	98.75	104.81	147.21	148.12	157.21

（四）西部地区基本实现现代化的人才战略政策建议

人才战略要突出解决区域社会经济发展的重点问题，西部地区现代化建设中面临着社会发展滞后、经济发展创新动力不足、服务竞争不足等一系列现实问题。西部地区人才战略应该以科学的发展观和现代化理论为指导，以解决西部地区实现现代化中存在的问题为人才战略的出发点，据此本文提出如下政策建议。

1. 搭建西部地区人才共享平台，实现西部地区人才共同发展

西部地区内部发展水平不统一，人才实力参差不齐，要想实现现代化人才战略，关键在于区域人才共享。要打破区域间行政区划壁垒对人才共享的限制，政府应给予共享平台参与人才一定的制度保障，鼓励其发展并维护其权益。人才共享平台有利于实现人才发展水平高的地区带动落后地区人才发展，让先发展起来的地区凭借其较高的综合实力引入、留住大量人才，而后加强区域内人才的合作交流，推动企业、项目跨省（区、市）合作，加强人才资源区域内流动，扩大人才实力较高地区的影响力和辐射力，在欠发达地区进行成功经验复制推广，最终实现人才共同发展。

2. 创新人才激励、评价机制，完善西部地区人才社会保障制度

西部地区相较中东部地区人才吸引政策本就不具有竞争优势，要想推动人才战略发展，更需要创新人才优惠政策，简化人才评定、入境、居留程序，完善人才福利体制。更重要的是，要真正为人才考虑，顾及其心理因素，从配偶迁移、户籍制度、子女教育、养老保险等角度为人才提供充分保障，完善医疗、交通、环境、社会保障等基础保障，不仅让引进人才长期居留西部，还要留住本地原有人才。创新人才评价机制，改革更多依托学历、职称、资历、奖项的原有评价机制，选取更多评价指标，注重人才品德、能力、知识，建立多元化、全方位人才评价体系，针对不同人才建立不同体系，重视人才实际贡献率，更好地体现人才价值。

3. 发展区域综合实力，提升人才竞争优势

要发展人才战略，首要条件是发展区域综合实力，要充分发挥西部地区地理位置、资源禀赋、特色产业、人文情怀等独特优势，基于西部大开发、“一带一路”等政策推动经济发展，允许某些省市优先发展，以先进带动后进。只有强盛的综合实力才是吸引人才、留住人才的根本保障。高水平的综合实力会带来更多的就业机会、更开放的发展空间、更高的生活水平、更完善的基础建设、更先进的科研条件，这些对人才无疑会产生强大的吸引力，使区域具有强劲的人才竞争优势。

B.19
西部地区基本实现现代化的文化传承与创新

韩海燕*

摘 要：繁荣发展文化事业和文化产业，提高国家的软实力是中国“十四五”时期的发展目标。文化产业作为21世纪最具潜力的产业之一，将成为中国的支柱性产业。中国西部地区拥有悠久的历史文化资源、丰富的自然资源以及独具特色的民俗文化资源，且已初步形成以川、陕、渝为龙头的文化产业布局，文化产业与科技产业的融合也有了一定的发展。但是，西部地区存在着文化产业投入水平低、创新动力不足等问题。在以数字化为特征的新经济时代，西部地区应充分挖掘已有的文化资源和自然资源，抓住科技与文化融合发展的大机遇，通过加大投入力度、政策扶持、完善体制机制等方式，实现文化产业的大发展，建立现代化文化产业体系，推动经济的高质量发展。

关键词：文化产业 创新 文化传承 现代化产业体系

在经济发展的进程中，当人们的收入达到一定水平时，人们的需求将会由基本的物质保障需求转向对精神文化的需求。中国经济经历了几十年的快速发展，伴随着收入水平的不断提高，人们对文化的需求也日趋旺盛。中国

* 韩海燕，博士，教育部人文社会科学重点研究基地——西北大学中国西部经济发展研究院兼职研究员、陕西省社会科学院人文杂志社研究员，研究方向为发展经济学。

先后多次出台了促进文化产业发展的政策。比如，2016 年“十三五”规划提出，到 2020 年要将文化产业发展成为经济支柱产业；2017 年的十九大报告指出，要“健全现代文化产业体系和市场体系，创新生产经营机制，完善文化经济政策，培育新型文化业态”；2020 年 11 月 3 日通过的《中共中央关于制定国民经济和社会发展第十四个五年规划和二〇三五年远景目标的建议》指出，要繁荣发展文化事业和文化产业，提高国家文化软实力。作为 21 世纪最有潜力的产业之一，文化产业将会成为未来经济发展的主要动力之一。西部地区具有悠久的历史文化资源，对文化的传承与创新任重而道远。

一　西部地区基本实现现代化的文化传承与创新

（一）西部已初步形成以川、陕、渝为龙头的文化产业布局

《中国西部省市文化产业发展指数》显示，文化产业发展综合指数、生产力指数四川省居西部第一，其次为陕西和重庆，且四川、陕西、重庆 2017 ~2019 年已连续 3 年位列前三，西部的文化产业已初步形成以四川、陕西、重庆为龙头的文化产业发展格局。从图 1 可见，2019 年四川、陕西、重庆的文化产业发展综合指数为 81.39、80.55、80.45，内蒙古和广西的综合指数分别为 79.4 和 77.98。图 2 显示，四川、陕西、重庆的文化产业生产

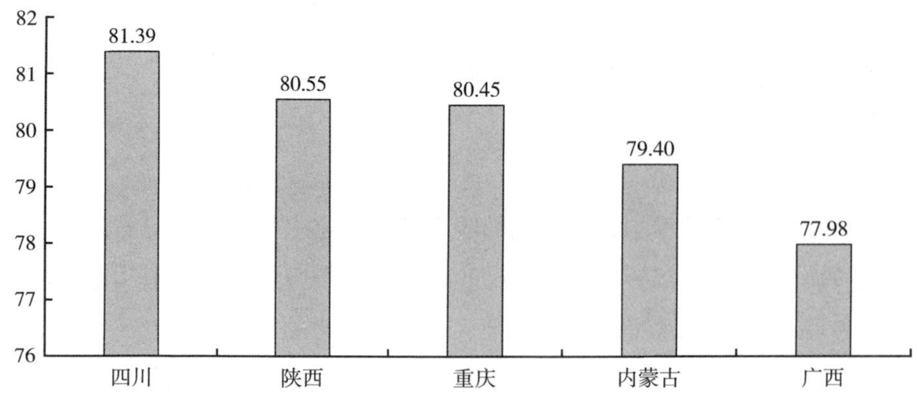

图 1　2019 年西部地区文化产业发展综合指数排名前五的省（区、市）

力指数分别为 83. 33、82. 15 和 79. 86，位列第四、第五的分别为广西和云南，其生产力指数分别为 73. 96 和 73. 57。

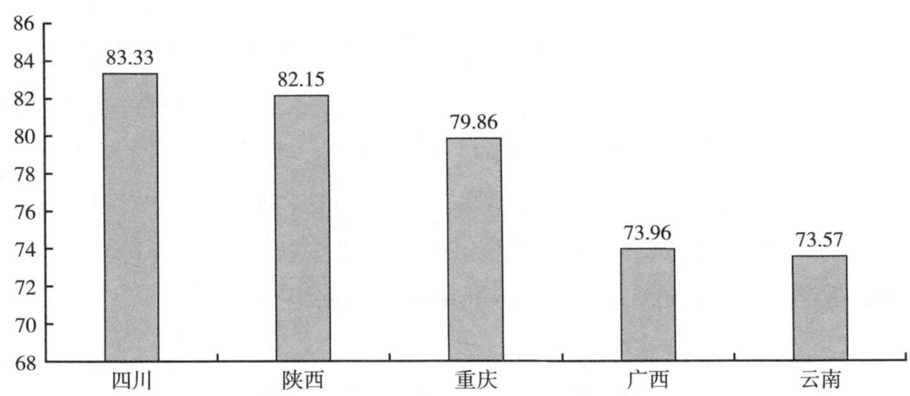

图 2　西部地区文化产业生产力指数排名前五的省（区、市）

资料来源：https：//baijiahao. baidu. com/s？ id = 1666840758839982658&wfr = spider&for = pc。

（二）西部已初步呈现出文化与科技融合发展的态势

2019 年国务院办公厅起草并印发了《关于进一步激发文化和旅游消费潜力的意见》，其中“数字化艺术品显示系统的应用场景、框架和元数据”经国际电信联盟批准成为国际标准。[①] 另外，我国还提出了实施文化和旅游创客行动、区域特色产业发展扶持计划和国家级文化产业园区服务能力提升计划。在这一政策的引导下，西部地区积极响应，通过举办数字文旅产业创新发展论坛及 VR 文旅、品牌授权等专项活动，并通过数字化的方式推出具有地方特色的旅游项目，如西安的摔碗酒、毛笔酥、西安人的歌、不倒翁姐姐、大唐不夜城、5G 网联无人机等。在网络的推动下，西安迅速成为网红城市，吸引了大量的游客。同时西安又将这些网红元素植入文创产品，进一步促进了文化产品的消费。如表 1 所示，人民日

① 《中华人民共和国文化和旅游部 2019 年文化和旅游发展统计公报》，中华人民共和国文化和旅游部网站，https：//www. mct. gov. cn。

报人民文旅研究院联合中国经济体制改革研究会互联网与新经济专业委员会共同发布《全国文旅“网红打卡地”TOP20价值推荐榜》，西部地区有9个地方榜上有名。这些地方具有共同的特点，个性化或某种特殊的文化需求，如成都的THE BRIDGE廊桥；再者就是具有美感的地方，如青海茶卡盐湖、新疆的伊犁花海等；还有就是能提供不同的游览体验和参与感的民俗活动，如西安永兴坊的摔碗酒等。而网络起到了很好的扩大宣传与影响的作用，吸引了大量的游客，为这些省区市带来可观的经济效益。可见，西部地区一些城市和地区已呈现出文化与新科技融合发展的态势，有效地推动着西部文化的传承与创新发展。

表1　全国文旅“网红打卡地”TOP20价值推荐榜西部地区上榜情况

排名	网红打卡地	总分
2	重庆洪崖洞	77.99
3	青海茶卡盐湖	77.93
4	陕西西安大唐不夜城	77.81
6	西藏雅鲁藏布大峡谷	76.35
7	新疆伊犁花海	73.10
15	贵州都匀影视城	67.83
16	四川阿坝“浮云牧场”	63.71
17	成都THE BRIDGE廊桥	58.76
19	西安永兴坊	54.95

资料来源：https：//www.sohu.com/a/416542115_162890。

（三）西部地区居民具有较高的文化消费需求

文化消费是经济发展到一定阶段后的精神消费，虽然西部地区的经济发展在全国经济发展中的地位并不高，但是通过相关的数据分析可以发现，西部地区居民的文化消费需求较为旺盛。如表2所示，2018年西部地区教育娱乐消费占人均消费支出的比例平均为10.91%，低于全国平均的水平11.21%。但深入分析后发现，西部地区中有7个省区的教育娱乐消费支出占人均消费支出的比例是高于全国平均水平的，其中有4个省区的这一占比

居全国前10位，经济发展较为落后的宁夏，居全国第3位，云南居第7位，陕西居第8位，广西和贵州居第9位和第10位；处于全国倒数位置的是青海、四川和西藏，分别列全国的第28位、30位和31位。西部地区平均教育娱乐消费支出占人均消费支出的比例低于全国的主要原因是西藏的占比过低，从而拉低了整个西部地区的平均水平。一个有趣的现象是，居民文化消费水平并不与经济发展水平有必然的联系，如西部地区经济较为发达的重庆、四川，其占比却处于全国靠后的位置；而西部经济发展较为落后的宁夏、广西、贵州，却处于全国前列，这是不同地区居民的消费观念和习惯的差异所导致的，但是由于这些地区经济不发达，文化消费的产品及种类不够丰富，虽然当地居民有较为强烈的消费需求及欲望，但当地的文化消费产品和服务不能够满足本地居民的需求，这在一定程度上挤压了本地消费。这一点值得这些地方政府重视，应通过大力开发本地文化消费产品，满足本地居民的文化消费需求，进而促进当地文化产业的发展。

表2　2018年西部地区各省区市教育娱乐消费支出占人均消费支出的比例及在全国的排名

单位：%

地区	占比	在全国的排名
宁　夏	12.80	3
云　南	12.44	7
陕　西	12.43	8
广　西	12.05	9
贵　州	12.03	10
甘　肃	11.70	12
内蒙古	11.42	17
新　疆	10.89	19
重　庆	10.85	20
青　海	10.00	28
四　川	9.06	30
西　藏	5.29	31

资料来源：《中国统计年鉴2019》，国家统计局网站，http：//www.stats.gov.cn。

（四）西部各级地方政府政策的支持在一定程度上促进了西部民俗文化的传承与发展

民俗文化具有明显的文化基因，浓缩着一个区域文化背景下人们的共同生活方式和价值取向。西部地区拥有丰富的民俗文化，这些特色的少数民族文化具有独特的文化价值，是区别于其他地区文化的重要特征之一。这种地域性文化正是该地区的核心竞争力，是一个地区的形象背书和该地区文化产业崛起的重要保证，这些具有特色的民俗文化与该地区的自然特质、经济特质共同构成了地域性的特质，能有效推动该地区文化产业的发展。比如西部的各级地方政府通过政策支持打造的具有民族特色文化内容和创意成果的产业群，依托西部丰富的世界文化遗产、非物质文化遗产、名城名镇等，推进文化演绎与旅游的深度融合；同时加大了投入，在科学规划的基础上提升了整体水平。比如云南以民族特色文化内容和创意成果为核心价值，将昆明打造成为民俗文化创意之都；中国成都国际非物质文化遗产节、陕西的云上非遗馆、多彩贵州文化艺术节等都是如此。在政府政策的大力支持下，结合现代科技，充分挖掘和丰富西部地区旅游的内涵，并衍生出具有地方特色的旅游产品，提升了旅游产业的文化品位，在一定程度上提升了不同地区的文化产业竞争力。

但同时也要注意到，从民俗文化的传承看，缺乏优秀民俗文化的传承人是西部各省（区、市）及整个地区共同面临的问题。比如，据中国蜀锦织造工艺大师、蜀锦传承人贺斌介绍，他从 2005 年起共招收了 20 多个学徒，但目前只剩下 6 人①，学徒的大量流失，使蜀锦这一国家级非物质文化的继承受到极大的挑战；面临同样问题的还有西安的鼓乐、兰州的刻葫芦等。主要原因在于民俗文化工艺繁杂，且耗时较长，短期内难以有经济收益。这就需要各级地方政府尽快建立起相应的扶持机制以避免优秀传统文化的传承断

---

① 《西北、西南地区民俗文化的生存现状对比分析》，三秦网，http：//www. sanqin. com/2017/0511/296774. shtml。

层，通过现代科技加大对民俗文化的宣传，引导其拓宽销售渠道，让优秀的文化融入社会发展，成为现代文化产业的一部分。

二 西部地区基本实现现代化的文化传承与创新的路径

（一）加大文化事业费的投入是推动西部文化传承与创新的基本保障

文化事业费的投入是一个地区发展文化事业和文化产业的基本保障，是提升文化产业竞争力、增强文化软实力的重要手段。文化事业的投入主要是指由政府投资建设可开展文化活动的文化设施，如文化馆和文化站、图书馆、博物馆、电影剧院等。这些文化基础设施的建设是由政府主导的，很多地方已建立文化事业投入与经济发展同步增长的机制，从而确保文化产业的投资水平。一般来说，经济发展水平越高的地区，政府对文化产业的投资也越多。近些年，在国家大力发展文化产业的号召下，西部地区也逐渐加大了对文化产业的基本投资，有效地促进了文化产业的发展。但从图 3 可以看出，2018 年西部地区的文化事业费是远低于东部地区的，西部地区文化事业费为 242. 94 亿元，东部地区为 363. 30 亿元，西部地区比东部地区低了 120. 36 亿元，可见差距之大。而且西部地区内部也呈现不平衡发展，如 2018 年西部地区四川的文化事业费最高，为 43. 0246 亿元，比位居第 2 的云南 29. 9680 亿元、第 3 的内蒙古 27. 8556 亿元，分别高了 13. 0566 亿元和 15. 1690 亿元，而充足的资金投入使四川近些年的文化产业产值一直位居西部之首。

文化产业成为支柱性产业是中国新时代经济高质量发展的一个重要目标。产业发展需要充足的资金支持，近些年来，西部大多数地区加大了对文化产业的投入，从政府的文化事业费支出来看，2018 年较 20 世纪 90 年代有较大幅度的增长。然而，分析文化事业费占财政支出的比例（见表 3），2018 年相较于 20 世纪 90 年代，却呈现出下降的趋势。1995 年全国文化事业费占财政支出比重为 49%，西部地区为 73. 73%，2018 年全国及西部地

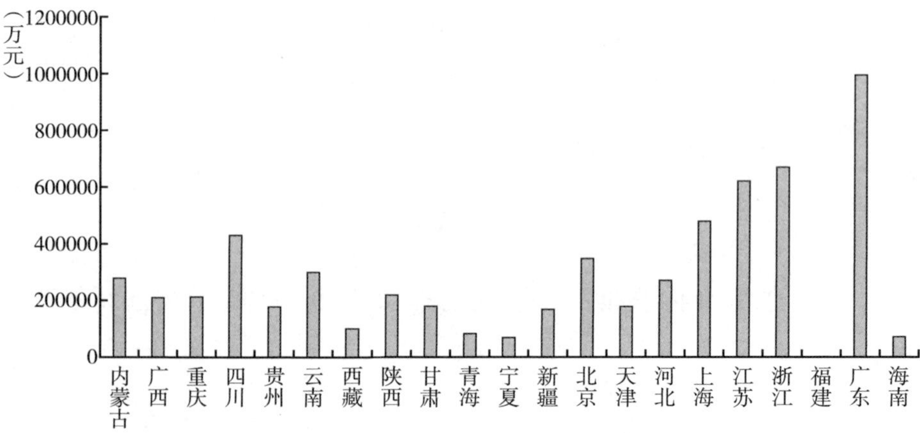

图3　2018 年西部地区文化事业费与东部地区比较

资料来源：《中国文化及旅游统计年鉴》，https：//www.yearbookchina.com/navibooklist－n3020060301－1.html。

区分别降至42%和28.31%，全国平均水平下降了7个百分点，而西部地区降幅则高达45.42个百分点，这一趋势与文化产业成为支柱性产业的政策目标是极不相符的。1995年西部地区文化事业费占财政支出比重居全国前十的省区有6个，为宁夏、青海、甘肃、内蒙古、陕西、新疆，但到2018年仅剩下一个内蒙古，其余均较大幅度地下降。

表3　1995年与2018年西部地区各省（区、市）文化事业费占财政支出比重及在全国的位次

单位：%

地区	1995年	1995年在全国的位次	2018年	2018年在全国的位次
内蒙古	84	5	58	4
广　西	61	18	39	23
重　庆	—	—	47	17
四　川	61	18	44	18
贵　州	56	27	35	25
云　南	62	17	49	13
西　藏	61	18	51	11
陕　西	84	5	41	22

续表

地区	1995 年	1995 年在全国的位次	2018 年	2018 年在全国的位次
甘　肃	85	4	48	15
青　海	89	2	51	12
宁　夏	92	1	48	14
新　疆	76	9	34	27

资料来源：《中国文化及旅游统计年鉴》，https：//www. yearbookchina. com/navibooklist - n3020060301 - 1. html。

究其原因在于，这些下降的西部省区具有丰富的能源化工资源，单纯以 GDP 为导向的经济发展方式，促使这些地区通过开采加工能源化工资源达到追求 GDP 的目的，而减少了对文化产业的投入。因为文化资源是一种隐形财富，具有较高的附加值和技术含量，所以，一般投资回报的时间较长。为了追求利润最大化，人们常会选择见效最快的行业进行投资。在过去几十年的发展中，西部地区为了实现经济的快速增长，在政策上采取能源加工、冶金、采掘等重工业的发展方式，这种粗放的经济发展方式挤压了文化产业的发展空间。比如陕西作为历史文化底蕴深厚的省份，本应发展文化产业，然而能源化工简单加工产业在其产业中的占比却一直较高，“煤老板”层出不穷，但文化产业始终发展不足。相较于西部地区文化事业费占财政支出比重下降的趋势，东部地区却呈现出快速的增长态势，如广东在 1995 年这一占比为 52%，列全国第 30 位（北京、天津占比为 55%，并列第 28 位，广东则为全国倒数第一），而至 2018 年广东已跃升至全国第 2 位，占比为 63%，浙江由 1995 年的第 7 位上升为第 1 位，上升幅度较大的还有上海、北京、天津，分别由 1995 年的第 25、28、28 位上升至 2018 年的第 5、6、16 位。可以说，经济发达地区较好地抓住了发展的机遇，实现了产业结构的调整，而西部地区由于丰富的自然资源，陷入“资源诅咒”的怪圈。2020 年 10 月 30 日发布的《中共中央关于制定国民经济和社会发展第十四个五年规划和二〇三五年远景目标的建议》指出，繁荣发展文化事业和文化产业，提高国家文化软实力。新时代，西部地区不应再固守原来的经济发

展方式，各级地方政府应抓住这一历史机遇，加大对文化产业的投入力度，促进文化产业的发展，加快经济结构调整的步伐，实现经济的高质量发展。

（二）加快推进“新基建”，是推动西部地区实现文化产业数字化发展的有效路径

现如今，数字技术正在改变着经济的发展方式，数字创新技术成为驱动经济社会发展的强劲动力，数字经济已成为推动经济增长的重要力量。而文化产业数字化发展已成为引领新供给、促进新消费、加快产业转型和促进经济高质量发展的新动能。近年来，随着移动通信技术、互联网信息服务、计算机图形技术、数据传输技术的发展，一批新兴的现代文化产业出现，如数字音乐、网络教育、创意设计、电子商务、网络视频等业态，已成为文化产业发展新的增长点。而数字文化产业发展离不开数字基础设施的建设，数字基础设施的建设是数字文化产业发展的保障，如5G网络、物联网、工业互联网等。当前一个显著的问题是，由于目前的宽带带宽难以支撑线上的大规模商用，大多数的应用只是在商场体验店的线下应用。这便造成了VR、AR、MR等新兴的技术虽然具有巨大的发展潜力，但是没有足够的带宽来支撑，基础设施的制约已经影响新技术的应用。西部地区应前瞻性地加紧布局这些商用技术，加快对这些网络的升级改造，以适应新的产业发展业态。

同时，必须注意到互联网企业在文化产业发展中的重要作用，如阿里巴巴、腾讯、百度等拥有很强的技术实力，是信息基础设施建设的重要参与者。然而从目前西部地区的互联网基础设施发展状况来看，很不乐观。如表4所示，西部地区经营性互联网企业无论是从企业的数量还是企业的规模来看，都是远低于东部地区的。比如西部地区经营性互联网单位最多的重庆有328个，而东部地区经济发达的浙江有2017个、广东有7142个。西部其他地区经营性互联网单位则更少，如内蒙古、青海、宁夏仅有16个、6个、1个，而这将会制约西部文化产业发展。西部地区各级政府应认识到这一点，通过各种政策吸引在全国具有影响力的互联网企业入驻，也可通过各种政策鼓励本地中小型互联网企业发展，为促进文化产业数字化发展做好准备。

表 4 2018 年西部地区经营性互联网单位情况

地区	机构数(个)	从业人员(人)	营业收入(千元)
内蒙古	16	213	23202
广　西	67	1841	984152
重　庆	328	5188	3612735
四　川	224	8657	12902889
贵　州	78	2045	833314
云　南	—	—	—
西　藏	—	—	—
陕　西	150	2617	1923624
甘　肃	45	665	47829
青　海	6	89	7563
宁　夏	1	16	—
新　疆	53	836	5026580

说明："—" 为数据缺失。

资料来源：《中国文化及旅游统计年鉴 2019》。

（三）加大文化产业的技术创新是西部地区实现文化传承与创新最强有力的保障

党的十九届五中全会指出，要以改革创新为根本动力，实现我国经济的高质量发展。数字化时代，文化产业的高质量发展更是离不开技术的支持，先进的文化科技生产要素能够促进文化产品多样性，能够刺激文化消费市场快速发展，从而促进文化产业的发展。然而，仔细分析西部地区文化产业的科技相关情况，却是不容乐观的。表 5 显示，西部地区规模以上文化制造业企业中有 R&D 活动的企业共计 278 个，仅占全国的 1.87%。西部区域内有 R&D 活动的企业最多的是四川，有 77 个，位居第 2 的为重庆 76 个，位居第三、第四的为云南和陕西，分别为 46 个和 32 个。而作为经济发达地区的广东、江苏，其拥有的 R&D 活动企业数分别为 1163 个和 1008 个，足见差距之大；相应的 R&D 经费内部支出、新产品开发项目数、新产品开发经费支出等相关指标也存在着内部发展不均衡、与中东部地区差距过大的现象。值得一提的是，陕西作为科技大省和具有深厚的历史文化底蕴的文化大省，其文化企业的创新能力却是不足的，也就是说，陕西并未能充分把握过去几十年这一历史发展机遇，文化产业要成为其支柱性产业还有很长的一段路要走。

表 5　2018 年西部地区规模以上文化制造业企业科技活动情况

地区	有 R&D 活动企业(个)	R&D 人员折合全时当量(万元)	R&D 经费内部支出(万元)	新产品开发项目数(个)	新产品开发经费支出(万元)
内蒙古	1	8	19	3	555
广　西	7	126	8098	38	7371
重　庆	76	1446	52282	283	49543
四　川	77	8951	321582	442	278773
贵　州	25	394	12046	74	22834
云　南	46	903	27838	170	30711
西　藏	—	—	—	—	—
陕　西	32	594	30295	103	30411
甘　肃	2	37	1129	5	1265
青　海	—	—	—	1	140
宁　夏	10	264	7963	24	4868
新　疆	2	17	2462	14	5110

说明：“—”表示数据缺失。
资料来源：《中国文化及相关产业统计年鉴 2019》。

已有的研究通过构建基于钻石理论的文化产业科技创新能力模型计算出全国区域的文化产业科技创新能力综合得分，西部地区中重庆、四川、陕西的文化产业科技创新能力一般，其他均较弱，即西部地区文化产业的科技创新能力总体上较弱，而创新能力的不足显著影响了文化产业的发展。而文化产业创新能力排名靠前的北京、上海、广东、浙江等地区，其文化产业的整体发展水平较高。① 进一步分析表明，技术产出与文化产业科技创新能力具有强的正相关关系，因为文化产业中科学技术实力与竞争力的增强，会对文

① 郝挺雷、谈国新、高山：《区域文化产业科技创新能力评价》，《统计与决策》2020 年第 20 期。

化产业的研发、创意、营销、传播和消费产生一定的影响，并通过文化产业链上的生产函数产生内向支撑作用，进而推动文化产业竞争力的提升。

可见，为了实现文化产业成为支柱性产业、构建现代化的产业体系的目标，西部地区应尽快补齐短板，抓住新一轮科技革命的机遇，通过加强文化产业与科技的深度融合，大力发展文化产业。应加大文化产业的科技创新投入，通过政府引导，充分发挥市场的作用，激发文化科技人才和科研机构的创新活力，形成产学研协同创新联盟。

（四）加速文旅融合，可有效促进西部地区文化产业发展

西部地区丰厚的文化资源为文化产业的发展提供了强劲有力的保障。但如同自然资源诅咒一样，文化资源同样也逃不过“富饶的贫困”这一现实的悖论。西部地区拥有丰富的文化资源和旅游资源，人文古迹、历史传说、名人祠堂等比比皆是，成为地区的文化象征。可是这些富饶的文化资源并没有为当地经济的发展带来应有的经济价值。在世界上也是这样，如四大文明古国的文化产业在世界文化市场上均处于弱势地位[①]，西部地区也未能逃出“资源诅咒”的怪圈。如表 6 所示，西部拥有的国家级风景名胜区面积为 77007 平方公里，占全国的 70.62%，其中西藏的面积最大，为 20393 平方公里，占西部地区的 26.48%；其次为四川，15887 平方公里，占西部地区的 20.63%；从西部地区世界文化和自然遗产总数来看，西部地区有 20 个世界文化和自然遗产，全国有 50 个，西部地区占比为 40%，然而西部地区旅游收入却远低于东部地区。丰富的自然文化资源并未能有效地促进西部文化产业的发展。究其原因，主要是西部地区未能有效开发已有的自然资源和文化资源，大多数的文化资源只是作为一种公益文化和日常生活存在着，产业化程度很低。相反，一些历史较短的、文化资源稀缺的地区却竭尽全力，整合当地文化资源推动经济发展。比如广东的国家级风景名胜区面积为 615 平方公里，仅为四川、云南的 3.87% 和 6.16%，2017 年广东的文化产业增

① 徐海龙：《文化产业基础理论》，高等教育出版社，2015，第 141 页。

加值是四川、云南的3.13倍和9.31倍。[①] 主要是因为广东通过打造一系列的人造景观，如世界之窗、欢乐谷、西樵山国艺影视城等为当地的经济带来可观的收入。

表6 西部地区国家级风景名胜区面积和世界文化自然遗产情况

单位：平方公里，个

地区	国家级风景名胜区面积	世界文化和自然遗产个数
内蒙古	3243	1
广　西	4173	1
重　庆	2452	1
四　川	15887	5
贵　州	3474	1
云　南	9986	5
西　藏	20393	1
陕　西	741	1
甘　肃	1266	1
青　海	7578	1
宁　夏	102	0
新　疆	7712	2

资料来源：国家统计局，《中国文化及相关产业统计年鉴2018》，中国统计出版社。

（五）产业政策的有效支持是促进西部地区实现文化传承与创新的制度保障

《中共中央关于制定国民经济和社会发展第十四个五年规划和二〇三五年远景目标的建议》明确提出，到2035年建成文化强国。要繁荣发展文化事业和文化产业，提高国家文化软实力，健全现代文化产业体系。在国家政策的引领下，各级地方政府应该积极出台符合本地文化发展的产业政策。已有研究表明，

① 国家统计局：《中国文化及相关产业统计年鉴2018》，中国统计出版社，2018；需要说明的是，最新公布的2019年中国文化及相关产业统计年鉴并未公布文化产业增加值的数据，在此只能采用2017年的数据。

在经济全球化浪潮下，文化产业的全球化程度不断提高，但文化产业政策却一直体现出强烈的地方性，新政策目标的确立，即文化政策的重新配置，极大地推动了经济发展。[①] 因此，首先，西部地区各级地方政府制定的文化产业政策必须适应新时代的要求，认真探讨如何保护和发展自己的本土文化产业。通过促进文化生产者的壮大，扩大文化在经济体量中的规模。建立必要的沟通机制，开创文化生态系统。其次，应制定鼓励文化创新的政策，如通过鼓励小微文化企业发展，突出地方文化特色，打造文化品牌。因为文化活动的创新是城市的主要生态和发展方向。西部地区要促进文化产业的发展，最为关键的是应制定支持微小型文化企业发展的政策。微小型企业是城市活力的来源，可通过项目支持的方式，鼓励微小型企业对区域特色文化的挖掘。再次，应制定具有可持续性、系统的文化产业政策，为构建西部现代文化产业体系做好铺垫。现有的文化产业政策尚未形成完整的政策体系，存在碎片化严重的问题。西部各级地方政府应研究出台新的系统性、长效性的政策措施。最后，完善西部文化产业的营商环境，促进西部文化产业发展。各级地方政府应通过制定相应的政策，解决西部地区文化产业开放度低、融资渠道不畅、文化企业落地难等问题，实现文化产业的高质量发展。

三　未来15年西部地区基本实现现代化文化传承与创新的趋势预测

（一）文化产业与其他产业融合发展

在数字技术的推动下，文化产业与其他产业融合发展成为一种新的发展趋势，逐渐形成“你中有我，我中有你”的文化产业新业态。首先，西部地区应推动文化产业与科技产业深度融合发展。科技的每一次进步都会影响文化生产的方式，科技创新在提高文化传播力的同时，也影响着人们的思维

① 多米尼克·鲍尔、艾伦·J. 斯科特编《夏申》，赵咏译，上海财经大学出版社，2016，第47页。

方式和生活方式，改变着文化发展的内容和形式。西部地区应抓住这一历史机遇，利用最新的数字技术对文化产业进行改造升级，增加文化产业的附加值，推动文化产业向产业链的两端延伸。西部地区拥有丰富的世界文化和自然遗产资源，各级地方政府应加快对世界文化和自然遗产资源的数字化改造，加快文化资源和文化产品虚拟化、可视化，以满足人们对新的文化消费的需求。其次，加快推动文化产业与传统产业融合发展。文化+旅游、文化+农业、文化+制造等文化产业与传统产业的融合发展是构建现代化产业结构的趋势。西部地区应结合各地的不同优势和资源禀赋，避免区域范围内的产业同构和同质化竞争，通过构建分工合理、特色鲜明的产业协同发展体系，提升西部地区文化产业竞争力水平。最后，创新文化传承思路。在网络极度发达的当今社会，传统的文化传承可以借助网络的力量吸引更多人关注。比如大众熟知的李子柒借助互联网将中国的传统文化进行了很好的传播，并带来极高的经济收益；还有故宫博物院推出的化妆品、手办等，以及走上国际舞台的黔东南苗族刺绣等，这些成功的营销案例，无疑对西部地区是有很深的启示意义的。西部地区具有鲜明的、富有特色的民族文化和历史文化，应大力借助网络的力量，将这些优秀的文化传承下去，推动西部文化产业发展，这不仅能加快西部文化产业的现代化步伐，也能为文化传承带来有力的物质保障，促进特色文化更好地传承下去。

（二）大力推动文化产业集群建设

文化产业的一个重要特征，是企业和劳动力具有聚集的特征。[①] 因为当文化产业生产者集聚于同一区位时，文化产业总能有效运行。当许多不同而又相互关联的文化产品生产企业和工作者彼此靠拢接近时，在一定的空间和时间上便会发生综合性的相互作用，即文化产业集群会明显地提高经济效率。同时，除了经济效率之外，由于信息、见解和文化感知等在产业集群中

① 多米尼克·鲍尔、艾伦·J. 斯科特编《夏申》，赵咏译，上海财经大学出版社，2016，第36页。

易于传播，学习效应和创新能量便会不时地被激发和释放出来，在交易机会较多的情况下更是如此。比如设计密集型产业的集聚地区能够获得某种具有地方特色的竞争优势，因为当地的文化符号已经注入产品中，从而赋予产品本地的文化特质，而与产地相关的标志，本身就可能构成品牌的内涵，如巴黎的时装、美国的迪士尼等世界知名的文化品牌。同时一个有趣的研究显示，全球化并未导致生产布局的分散，而是相反，终端产品流动的全球化，则进一步推动了产业的集聚。从生产角度来看，劳动社会分工的扩展和深化，也推动了产业集群的形成，因为它会增加积极的外部经济效应。在现代文化经济中，竞争空间的压缩也促使企业在世界各地拓展布局，结果，在全球范围都出现了星罗棋布的各种生产中心。贝谢尔特等①指出，在当今世界形势下，没有任何区域型企业能在艺术和知识创作的意义上完全独立地进行生产，对每一个单一的产业集群来说，全球范围的相互聚集体系正在成为越来越关键的因素。

我国正处在旅游消费转型升级的关键时期，旅游经济正在由传统的观光旅游向文化旅游、体验旅游发展，人们对东部的一些人造景观，如“世界之窗”“欢乐谷”等开始出现审美疲劳。西部地区拥有丰富的历史文化遗产、奇特的自然景观与独特的民俗文化，吸引了很多游客的目光。这些都为西部地区文化旅游产业的发展带来了机遇。西部各级地方政府应结合本地特色，在民族文化产业集聚地区，通过相应的政策支持，以旅游产业为依托，围绕民族文化资源，打造文化创意产业园区。因为文化产业不仅要制造产品，更要建立网络，通过网络把各种支离破碎的资源整合起来，使产品的文化内涵、技术水平、传播效果三个方面都尽量最大化。西部地区应通过各种手段和方式吸引文化企业、金融企业、艺术家等入驻文化产业园区，这种面对面的接触会带来思想的碰撞，从而打造出独特的地方文化品牌，并将这一特色融入产业链的各个环节，再通过现代的网络技术、信息技术、VR 体验

---

① Bethelt, H., Malmberg, A. and Maskell P. (2004), “Clusters and Knowledge: Local Buzz, Global Pipelines and the Process of Knowledge Creation,” Progress in Human Geography, 28: 54 - 79.

等方式加大宣传力度，在实现文化与旅游充分融合的基础上，形成具有影响力的文化品牌，促进西部文化产业现代化的形成。

（三）“文化＋人工智能”的融合发展模式

人工智能是用于模拟和延伸人的智能的一种集理论、技术和方法为一体的交叉学科，已在医疗、工业、金融等领域广泛应用，推动了国内外第三产业的大发展。国务院《关于推进文化创意和设计服务与相关产业融合发展的若干意见》提出，加快文化产业与现代科技的跨界融合步伐。人工智能作为现代科技的“领军者”，在文化产业发展中的作用越来越重要。一方面，“文化＋人工智能”是随着人工智能技术的不断成熟而呈现出的一种新方式。比如既可以利用 AR 增强现实技术和 VR 虚拟现实技术重现历史场景，满足人们的猎奇心理，也能让人们更好地体验历史文化或神话故事。而这也恰是西部地区的优势所在，西部地区拥有深厚的文化底蕴、奇特的自然景观、独特的民俗文化以及众多的神话故事，如果能以“文化＋人工智能”的方式进行展示，无疑会加大人们对西部文化的好奇心，吸引大量游客。另一方面，应充分借助人工智能技术创新、技术互联、技术集成等多方面的优势，不断提升文化产业竞争力水平，这就需要引入最新科技，推动整个文化产业创新实现数字化以及智能化，打通文化产品创作、产品生产、文化传播及文化消费等生产环节，以提高文化产业的整体运行效率。同时，在组织机构上，西部地区应逐渐推动人工智能与文化产业融合发展，实现文化创意内容型、文化传播渠道型以及文化投资运营型等企事业单位的发展，通过供应链、线上线下零售等多种方式建立战略合作关系，有效促进西部地区文化创意产品的发展及传播。

B.20

西部地区基本实现现代化的社会管理创新

田洪志　魏潇洁*

摘　要：本文通过收集西部地区2019年社会管理发展的相关指标数据，分析了西部地区实现现代化社会管理创新的基本态势，发现西部地区的社会保障参保率与失业保险参保率均较低，即使参保率最高的重庆也未达到就业总人数的一半，但是陕西、宁夏、广西、内蒙古每千人拥有的卫生技术人员数却高于全国平均水平。在人民生活方面，西部地区人均收入较低，2/3省区市的农村恩格尔系数高于全国平均水平；同时西部地区的生态环境较为脆弱，而内蒙古与宁夏的单位GDP能耗还在上升。在社会秩序方面，西部地区大部分省区市每万人刑事犯罪发案量低于全国平均水平，但是民族问题与宗教问题值得关注。西部地区要实现现代化的管理创新，需要管理理念、管理方式与管理内容的创新。而针对未来的发展趋势，甘肃省与西藏自治区未来应提高基本养老保险覆盖率；陕西需继续巩固脱贫成果；云南做好民族团结工作；宁夏与内蒙古降低对能源的依赖程度。

* 田洪志，博士，教育部人文社会科学重点研究基地——西北大学中国西部经济发展研究院兼职研究员、西北大学经济管理学院副教授，研究方向为能源经济学；魏潇洁，西北大学经济管理学院硕士研究生。

关键词： 西部地区 社会管理创新 路径 趋势预测

一 导言

作为国家治理体系中的重要内容，社会治理关系人民安全与社会稳定。在我国全面建成小康社会的关键时期，十四五规划纲要提出，国家治理效能要得到有效提升，社会治理能力、特别是基层治理水平要明显提高，防范化解重大风险体制机制要不断健全，突发公共事件应急能力显著增强。可见，社会管理是中国全面实现小康社会、建成现代化国家的重要保障。

由于受到各种因素的限制，西部地区发展不平衡、不充分等问题依然很突出。虽然脱贫攻坚任务即将完成，但是西部地区民族和宗教问题仍然较为突出，在化解民族矛盾、维护社会稳定、保卫国家安全等方面的任务依然很艰巨。因此，为尽快实现两个一百年奋斗目标和促进西部发展、加快推进西部地区社会管理创新显得尤为迫切。

二 2019年西部地区基本实现现代化社会管理创新的态势分析

（一）社会管理创新概念的界定

关于社会管理创新的概念，不同领域的学者从不同的角度进行了解析，管理学者主要从多元管理主体进行阐述，顾清认为，社会管理要从创新管理主体出发，实现政府、市场与社会三者的协同治理。[①] 政治学者主要是从政府与社会的关系方面进行解析，黄建军认为，我国在社会治理中存在多重困

① 顾清：《国家治理现代化视域下社会管理创新路径研究》，《广西职业技术学院学报》2014年第6期。

境，其中民众、政府、社会组织的错位是我国当前创新社会管理的主要困境。[①] 法学学者主要是从法律制度方面进行解读，安丽娜认为，在实现社会管理创新的过程中，政府应该以法治理念为指导、以法律法规为支撑，才能最终实现自治型社会治理。[②]

基于不同学者从不同视角的解析，笔者比较认同马全中对于社会管理创新的定义：所谓社会管理创新，是指多元社会主体根据政治、经济和社会发展，通过理念、制度、技术和机制的创新，对非政府组织、社会事务和社会生活进行服务、协调、组织和控制，以实现善治和达到社会良性运行的过程。[③]

（二）分维度构建社会管理创新体系

为了全面评估西部社会管理现状，清醒地认识到西部社会管理创新中存在的问题，加快推进西部社会管理创新现代化进程，需要构建全面评价西部社会管理创新的指标体系。许多学者在研究地区社会管理创新问题时构建的指标体系对于本文具有一定的借鉴意义。

汤柏生等从客观和主观两个方面构建了宁波市社会管理创新评价体系，其中客观指标体系由社会秩序、社会保障、社会治安、社会管理等 43 个具体指标构成。主观指标体系主要包括社会保障、社会治安、社会稳定、经济发展等 34 项具体指标。[④] 南锐、王海军在测度我国东部地区社会管理水平时，从维护秩序、民生改善、权力保障三个方面构建了指标体系。[⑤] 洪银兴等在研究我国东部地区实现现代化问题时，关于社会管理创新构建了人民

① 黄建军：《从社会管理到社会治理的多维困境》，《探索》2014 年第 2 期。

② 安丽娜：《社会管理创新与政府治理现代化》，《行政科学论坛》2014 年第 3 期。

③ 马全中：《社会管理创新的概念分析》，《社会主义研究》2012 年第 5 期。

④ 汤柏生、章建雷等：《构建宁波社会管理创新评价指标体系的探讨》，《宁波经济（三江论坛）》2012 年第 5 期。

⑤ 南锐、王海军：《我国东部地区社会管理水平测度及分类研究——兼论社会管理水平与经济发展的关系》，《上海财经大学学报》2014 年第 2 期。

生活、社会发展、民主法治、生态环境等方面的42个具体指标[①]。刘旺洪提出从人民生活、纠纷解决、社会安全、公民参与、社会管理领导体系以及管理队伍建设等六个方面构建现代化社会管理体系。[②] 具体到西部社会风险与社会管理层面，任怀玉提出了西部发展应该关注的社会管理问题，如社会管理资金投入机制不完善、管办分开和政社分开不够、领导和公民责任意识淡薄、人民利益表达和协商机制不健全、宗教问题、人才缺乏等。[③] 斯琴格日乐认为，西部边疆地区存在着生态、政治、经济、非传统等各类风险隐患，并提出通过构建风险预警机制、社会保障机制、利益表达机制等来维护西部社会稳定。[④] 范海龙、李玉敏指出，我国民族边疆地区存在利益补偿、生态环境恶化、民族宗教文化导致的隔阂、贫富差距扩大以及境外势力的煽动等问题。[⑤] 方丽娟和郑涛指出，民族宗教问题是影响西部地区社会稳定的重要因素，并指出民族宗教问题的多方面成因以及解决的办法。[⑥]

由上述可见，目前关于西部社会稳定以及社会风险研究，多采用定性分析的方法，各位学者分析西部社会存在的问题时大多没有结合相关数据。因此，本文在研究西部实现现代化社会管理过程中，加入当前的相关数据，同时从新的角度进行分析，力求分析结果全面、客观。

（三）评价体系构建

本文通过构建西部社会管理指标体系对西部社会管理态势从社会保障、

① 国家社会科学基金重大项目课题组：《区域现代化理论与实践研究》，江苏人民出版社，2014，第79页。

② 刘旺洪：《社会管理创新：概念界定、总体思路和体系建构》，《江海学刊》2011年第5期。

③ 任怀玉：《新一轮西部大开发中要更加关注社会管理问题》，《生产力研究》2012年第11期。

④ 斯琴格日乐：《西部边疆民族地区的社会风险及其社会稳定机制构建研究》，《湖北民族学院学报》（哲学社会科学版）2016年第2期。

⑤ 范海龙、李玉敏：《当前我国边疆民族地区社会稳定问题的诱因分析及应对措施》，《宁夏社会科学》2014年第6期。

⑥ 方丽娟、郑涛：《正确认识和处理西部民族地区宗教领域的矛盾》，《重庆交通学院学报》（社会科学版）2004年第4期。

人民生活、生态环境、社会秩序、公众参与、网络治理等六个维度展开分析。

1. 社会保障

十四五规划纲要提出，在未来五年要不断地提高人民的生活水平和社会保障体系。基于此，本文构建了社会保障和人民生活维度的指标。

社会保障维度指标包括医疗保障、养老保障、失业保障等方面，具体指标如下：基本医疗保险参保率、每千人医疗卫生机构床位数、每千人卫生技术人员数、城乡居民基本养老保险参保率、失业保险参保率、每千名老年人口养老床位数。

2. 人民生活

作为反映西部地区人民生活水平的写照，人民生活维度指标主要从收入状况以及消费状况入手，具体指标包括城镇居民人均可支配收入、农村居民人均可支配收入、城镇恩格尔系数、农村恩格尔系数、贫困发生率。

3. 生态环境

西部特殊的地理特征和生态环境要求在发展过程中更加注重生态保护，基于此，本文从生态环境维度构建了指标。生态环境维度下的具体指标包括森林覆盖率、全年空气质量优良天数比例、水质优良比率、水土流失比例、万元 GDP 能耗增长率。

4. 社会秩序

西部地区为多民族聚居区，同时也是我国的边疆地区，所以西部地区的民族团结、社会稳定问题不仅是西部地区的问题，更是国家不可忽视的问题。基于此，本文从社会秩序维度构建西部社会管理创新指标体系。社会秩序维度下的具体指标包括城镇登记失业率、少数民族人口占比、贫困县个数、每万人安全事故发生量、每万人刑事犯罪发案量。

5. 公众参与

我国是人民民主专政的社会主义国家，人民是国家的主人，所以社会管理也要依靠广大人民群众。人民群众广泛参与社会管理既可以提高社会管理的效率，又可以使社会管理更加汇民智、聚民心、顺民意，所以社会管理创新离不开公众的参与。

6. 网络治理

虽然互联网给人民的生活带来了巨大便利，但是网络世界容易滋生犯罪，网络成为近年来犯罪的重灾区。所以，社会管理应防止网络不良信息对于社会层面造成的影响。本文以电信网络诈骗案的案发数量为具体指标，研究现今西部地区的网络治理情况。

（四）基本态势分析

1. 社会保障

由表 1 可以看出，2019 年甘肃、西藏两地基本养老保险参保率分别为 64.79% 和 68.25%。内蒙古、宁夏、广西的参保率分别为 79.63%、78.09%、75.06%，仍低于全国平均水平，贵州与重庆两省（市）的参保率分别为 91.63% 和 89.55%，基本与全国平均水平持平。总体来说，西部地区基本养老保险参保率较低，意味着西部地区的养老模式依然以家庭养老为主，在贫困家庭中对于老人的赡养容易出现基本生活保障不到位等情形，最终影响整个社会现代化的实现。

在养老方面，内蒙古、贵州、甘肃等地每千人养老床位数分别为 53.2、30.8、30.5 张，略高于全国平均水平，而其他省（区、市）均低于全国平均水平，云南和新疆每千人养老床位数仅为 16.5 和 15.5 张。由此可见，西部地区社会整体养老能力较弱，即使富裕的家庭也无法将老人依托社会机构进行养老。所以，西部地区社会未来应努力增强社会机构的养老能力，尽快弥补这一短板。

针对失业保险参保率本文以城乡就业总量做基数，分析结果显示云南、贵州、甘肃、广西、青海等地失业保险参保率分别为 12%、13.48%、11.17%、12.72%、13.25%，重庆失业保险参保率最高，但仍未超过 50%。失业保险参保率低意味着经济形势不景气时西部地区将会面临较大的生存压力，容易引起各类社会问题，所以，企业层面应提高员工的参保率，

政府层面应提倡企业缴纳员工的失业保险。

在医疗保障方面，贵州、广西、四川、云南等地城乡居民基本医疗保险参保率分别为94.49%、91.43%、94.7%、93.3%，表明西部地区绝大多数省区市城乡居民生病时，特别是住院时具有医疗保障，对于其健康状况具备保障能力；而宁夏、青海、新疆等地的参保率分别为70.92%、74.72%、80.77%，未来有待提高。这表明西部地区部分省区城乡居民没有基本医疗保险，在发生重大疾病时，“有病看不起”的风险更大，更容易出现因病返贫、因病致贫现象，巩固脱贫成果的基本途径就是群众的医疗保障。

在医疗卫生方面，陕西、宁夏、广西、内蒙古每千人拥有卫生技术人员数分别为9.13、7.97、7.73、7.72，高于全国平均水平7.26；而新疆、四川、甘肃、西藏等地分别为6.29、6.16、6.75、5.89，则明显比全国平均水平偏低。西部地区各省区市之间每千人医疗卫生机构床位数也有较大的差距，为给人民提供更好的医疗条件，两部地区基本医疗设施建设有待提高。

表1　2019年西部地区各省（区、市）社会保障情况

西部地区	基本养老保险参保率(%)	失业保险参保率(%)	每千名老年人口养老床位数(张/千人)	城乡居民基本医疗保险参保率(%)	每千人医疗卫生机构床位数(张/千人)	每千人卫生技术人员数(人/千人)
四　川	86.45	19.44	27.9	94.70	6.95	6.16
重　庆	89.55	44.29	26.2	81.66	7.42	7.17
云　南	—	12.00	16.5	93.30	6.42	6.99
陕　西	86.96	—	26.0	83.79	6.86	9.13
内蒙古	79.63	20.09	53.2	85.78	6.34	7.72
新　疆	—	—	15.5	80.77	6.05	6.29
贵　州	91.63	13.48	30.8	94.49	6.93	7.35
甘　肃	64.79	11.17	30.5	84.18	6.52	6.75
广　西	75.06	12.72	30.1	91.43	4.88	7.73
青　海	84.80	13.25	28.6	74.72	6.68	—
西　藏	68.25	—	23.0	85.21	4.87	5.89
宁　夏	78.09	25.27	26.9	70.92	5.89	7.97

资料来源：西部地区各省（区、市）统计局，《中国统计年鉴》。

2. 人民生活

从表 2 可知，2019 年西部地区各省区市城镇居民人均可支配收入均未达到或超过全国平均水平（42358 元）。2019 年内蒙古城镇居民人均可支配收入为 40782 元，居西部地区首位，甘肃、宁夏、贵州、青海等地分别为 32323、34328、34404、33830 元，处于较低水平。2019 年甘肃农村居民人均可支配收入为 9628 元，居于末位，青海、贵州、陕西、云南、宁夏、西藏等地农村居民人均可支配收入分别为 11499、10756、12326、11902、12858、12951 元，收入水平有待提高。

贫困一直是困扰西部地区发展的一个重要问题，也是全面建成小康社会的短板。近年来在各方的共同努力下，西部地区贫困人口不断减少，贫困发生率不断降低；但是 2019 年西部仍有超过一半的省区贫困发生率高于全国平均贫困发生率 0.6%，青海、云南、广西等地贫困发生率分别为 2.2%、1.8%、1.3%，脱贫工作依然很艰巨，重庆、内蒙古、四川、宁夏等地贫困发生率分别为 0.12%、0.11%、0.3%、0.47%，低于全国平均水平，脱贫工作已见成效。

2019 年西部地区 2/3 的省区城镇居民恩格尔系数高于全国平均水平（28.2%），2/3 的省区市农村居民恩格尔系数高于全国平均水平，四川、重庆、广西、西藏、新疆等地城镇和农村恩格尔系数都高于全国平均水平，人民食品支出在家庭总支出中占的比重较大，人民生活水平有待提高。

表 2　2019 年西部地区各省（区、市）人民生活情况

单位：元，%

西部地区	城镇居民人均可支配收入	农村居民人均可支配收入	贫困发生率	城镇恩格尔系数	农村恩格尔系数
四　川	36154	14670	0.30	32.64	34.71
重　庆	37939	15133	0.12	31.16	34.89
云　南	36238	11902	1.80	27.01	31.82
陕　西	36098	12326	0.75	27.12	25.90
内蒙古	40782	15283	0.11	26.35	27.28

续表

西部地区	城镇居民人均可支配收入	农村居民人均可支配收入	贫困发生率	城镇恩格尔系数	农村恩格尔系数
新　疆	34664	13122	—	29.00	28.97
贵　州	34404	10756	0.85	28.32	27.07
甘　肃	32323	9628	0.90	28.61	29.16
广　西	34745	13676	1.30	30.46	30.91
青　海	33830	11499	2.20	29.01	29.73
西　藏	37410	12951	1.00	37.77	35.69
宁　夏	34328	12858	0.47	25.25	27.43

资料来源：西部地区各省（区、市）统计局，《中国统计年鉴》。

3. 生态环境

生态环境是一个地区发展的基本条件。西部地区生态环境脆弱，应该更加注重生态环境保护。从表 3 可以看出，2019 年西北以及青藏高原的森林覆盖率较低，水土流失比例较高，新疆和内蒙古森林覆盖率分别为 4.87%、22.1%，水土流失比例分别为 49.9%、50.1%；西南地区森林覆盖率较高，水土流失比例相对较低，广西森林覆盖率为 60.17%，水土流失比例为 16.36%。

西部地区多数省份全年空气质量优良天数比例与水质优良率都较高，但仍有部分省份存在问题，2019 年新疆、陕西两地全年空气质量优良天数比例分别为 71.2% 和 72.7%，空气质量有待提高，内蒙古、宁夏两地水质优良率分别为 74.6% 和 56.4%，水质有待提高。2019 年全国万元 GDP 能耗下降 2.6%，就西部地区来看，大部分省区万元 GDP 能耗下降，GDP 对能源的依赖度下降，其中贵州、甘肃、青海等地分别下降 4.06%、5.85%、8.67%，降低幅度较大，陕西、重庆、新疆、广西等地下降幅度分别为 1.39%、2.21%、1.56%、1.72%，其万元 GDP 能耗均低于全国平均水平。但是内蒙古、宁夏两地万元 GDP 能耗增长率却分别为 4.49% 和 1.19%，GDP 对能源的依赖度不降反升。

表3　2019年西部地区各省（区、市）生态环境情况

单位：%

西部地区	森林覆盖率	全年空气质量优良天数比例	水质优良率	水土流失比例	万元GDP能耗增长率
四　川	38.03	89.01	90.8	22.18	-2.84
重　庆	43.11	88.76	88.6	30.89	-2.21
云　南	55.04	98.10	84.5	25.92	-2.91
陕　西	43.06	72.70	82.8	—	-1.39
内蒙古	22.10	89.60	74.6	50.10	4.49
新　疆	4.87	71.20	98.8	49.90	-1.56
贵　州	43.77	98.30	98.0	25.23	-4.06
甘　肃	11.33	93.10	94.7	43.70	-5.85
广　西	60.17	91.70	96.2	16.36	-1.72
青　海	5.82	96.10	96.7	23.50	-8.67
西　藏	12.14	99.60	100.0	—	—
宁　夏	12.63	87.90	56.4	24.29	1.19

资料来源：《中国统计年鉴》，西部地区各省（区、市）统计局。

4. 社会秩序

良好的社会秩序是维持社会和谐的关键，也是社会发展的重要因素。2019年，四川、西藏、广西、重庆、陕西、云南等地每万人刑事犯罪发案量分别为8.7、7.6、10.42、10.93、10.35、11.35人，发案量均低于全国平均水平；但是新疆、青海、宁夏万人刑事犯罪发案量分别为38.8、15.73、14.31人，其中新疆居全国首位。从每万人安全事故发生量来看，新疆和西藏两地发生量为0.52件和1.05件，发生率较高，四川、内蒙古、云南、陕西等地发生率分别为每万人0.16件、0.19件、0.22件、0.20件，发生率较低，安全事故频发尤其是重大安全事故的发生会增加社会的不稳定因素。

失业问题是社会不稳定的重要因素之一。从表4可知，2019年西部地区各省区市城镇登记失业率都较低，仅有宁夏、内蒙古两地分别为3.74%和3.7%，略高于全国平均水平（3.6%），所以西部地区失业问题对社会秩序的影响不大。西部贫困县多为少数民族聚居县，西部民族问题与贫困问题交织，极有可能会形成社会不稳定因素。西部地区民族构成多样，民族问题

与宗教问题密不可分，所以西部地区在维护社会稳定中始终不能忽视民族和宗教因素，尤其是民族问题中的群体性事件可能会产生一系列的社会连锁反应，严重危害社会的和谐稳定与人民生命安全，如乌鲁木齐暴恐事件、昆明暴恐事件等。

表4　2019年西部地区各省区市社会秩序情况

西部地区	每万人刑事犯罪发案量(人/万人)	少数民族人口占比(%)	贫困县个数(个)	每万人安全事故发生量(件/万人)	城镇登记失业率(%)
四　川	8.70	6.29	7	0.16	3.31
重　庆	10.93	6.40	0	—	2.60
云　南	11.35	33.6	9	0.22	3.25
陕　西	10.35	—	0	0.20	3.23
内蒙古	12.66	20.46	0	0.19	3.70
新　疆	38.80	65.60	10	0.52	2.10
贵　州	10.86	36.10	9	0.34	3.11
甘　肃	—	9.43	8	0.33	3.00
广　西	10.42	32.50	8	—	2.30
青　海	15.73	47.71	0	—	2.30
西　藏	7.60	91.83	0	1.05	2.90
宁　夏	14.31	36.89	1	0.36	3.74

资料来源：《中国统计年鉴》，西部地区各省（区、市）政府网站。

5. 公众参与

作为与群众切身相关的社会管理领域，离不开广大群众的广泛参与。在当前信息化时代，信息网络为公众参与社会治理提供了平台。此外，近年来各地政府利用网络平台、电视问政等多种形式就各项政策进行民意征询与反馈，不但节省了调研费用，还扩大了受访者的范围，很大程度上促进了社会治理方式的创新与效率的提升。所以，现代化社会管理方式的创新可以充分利用各种信息化社会平台，进行实时、高效的社会管理，实现平安中国的建设目标。

需要强调的是，虽然全社会已经进入信息化时代，但是部分群体在使用智能化设备时存在一定的困难，需要各类服务窗口、服务人员让全社会特别是老人群体能够平等、无门槛地享受到社会各项服务。

6. 网络治理

网络的发展在增加人们便利性的同时，也因为其虚拟性、隐蔽性加剧了社会的各类风险。表 5 显示了 2019 年西部地区部分省份电信网络诈骗案的数量，其中重庆、四川、新疆等地电信网络诈骗案数量分别为 31000、5200、6027 件，电信网络诈骗案高发。需要注意的是，电信诈骗的受害者多为老人，其养老储蓄被骗同样会引发一系列的社会问题。所以，积极治理网络环境，多部门协同治理电信网络诈骗已刻不容缓。

此外，境外敌对势力利用民族宗教问题，借助网络传播、煽动民族敌对情绪、散播国家分裂信息、传播宗教极端思想，还有此次新冠肺炎疫情期间传谣造谣等，动摇了西部地区的社会稳定，需要引起相关部门的高度关注。网络不是法外之地，不良信息的网络传播需要及时制止，更要注意境外势力利用网络进行渗透、策动等危害公共安全的违法行为。

表 5　西部地区部分省区市电信网络诈骗案件

单位：件

西部地区	四川	重庆	陕西	新疆	甘肃	广西	青海	宁夏
电信网络诈骗案件	5200	31000	5146	6027	276	2656	164	1026

资料来源：西部地区各省（区、市）公安厅。

三　西部地区基本实现现代化社会管理的创新路径

（一）社会管理理念的创新

推进西部地区社会管理创新、实现现代化社会管理首先是社会管理理念的创新。西部在实现现代化社会管理的过程中要树立公平正义、以人为本的理念。

1. 树立公平正义的理念

公平正义是我国发展中一直追求的目标之一，只有社会公平才能保证不同人群的发展机会均等。社会公平是实现社会和谐稳定的关键，社会公平正义的实现也是实现现代化社会管理的重要标志之一。在实现现代化社会管理过程中树立公平正义的管理理念，就要做到以下几方面。

第一，维护社会公平正义既要避免公民收入差距悬殊，也要防止绝对平均。根据西部当前实际，应通过合理的收入分配制度，将社会各阶层成员的收入差距控制在合理的范围之内，防止贫富差距悬殊造成社会不稳定。

第二，健全社会保障体系，首先，在完善社会保障体系的同时要做好享受最低社会保障群体的核查工作，既要保障贫困人口的基本生活又要避免审查不严导致社会懒汉增多。其次，西部地区社会保障中城乡差距较大，如失业保险、基本养老保险，所以社会保障应深入农村，确保社会成员都有社会保障。

2. 树立以人为本的理念

要实现社会管理的现代化，归根结底是要实现人的现代化，以人为本的理念是我国现代化社会管理的核心理念。

首先，要促进政府职能的转变，要实现社会管理的现代化，政府就不能统管一切。政府要明晰自己在现代化社会中的定位，管好自己该管的领域。在政府能力所能及的领域提高政府公共服务质量，在能力不能及的地方积极依托市场与社会组织为人民提供服务。政府的责任是培育有序、公平的市场竞争体系，监督市场高效运行，实现政府和各类组织共同为人民提供优质高效的服务。

其次，西部地区各级政府在行政过程中要根据当地实际，尊重各民族的宗教信仰、风俗习惯，坚持少数民族自己的事情自己办、各民族人民宗教信仰自由的方针。与此同时，对于分裂国家、蓄意制造民族仇恨、宣传宗教极端思想的行为一定要严惩不贷，切实维护各民族的团结与西部稳定。

（二）社会管理方式的创新

1. 培育多元社会主体

多元化的社会发展趋势呼唤多元化的社会管理主体，以政府为主体的一元社会管理模式已经不适应社会发展的需要，社会管理需要社会成员的共同努力。社会各主体共同参与社会治理有利于协调社会各方利益、反映各方诉求、化解社会矛盾，减少民众对政府服务的不满情绪、避免和缓和不同群体间的矛盾和冲突，达成最广泛的社会共识。[①] 为此，需要做到以下三方面。

首先，要大力培育社会组织。目前西部地区各类社会组织力量较弱，很多社会组织还难以达到参与多元社会管理的要求。对于社会组织的成长，政府不能任其发展，要积极培育能够参与社会管理的社会组织，引导其发展方向。此外，西部地区要格外重视民族宗教方面的社会组织的培育，提高少数民族、宗教人士社会管理的参与度，保障其利益诉求能够顺畅传达。同时，政府还要加强对社会组织的引导和监管，积极引导社会组织与我国社会主义发展相适应，对于危害社会稳定的邪教组织、分裂组织要坚决予以铲除。

其次，要提高公众参与社会管理的程度。要鼓励公众积极参与社会管理，提高公众参与社会管理的热情，通过宣传教育等方式提高公众参与社会管理的能力，实现自我管理、自我服务。此次新冠肺炎疫情期间涌现的众多志愿者正是公众积极参加社会管理的良好实例。政府要做到政策公开化、透明化，保证民意反映渠道畅通无阻，民众诉求有所回应，防止不实网络信息的传播与发酵。

最后还要健全重大事项集体决策、专家咨询、社会公示与听证、决策评估等各项制度，使公共政策更加符合群众意愿与公众利益。[②]

2. 提高社会管理的智能化水平

随着网络的普及，社会信息的传播速度不断加快，大数据与网络在现代化社会管理中的快速性、便捷性不断凸显，有力地推动现代社会管理不断朝智能化方向发展。

首先，政府在制定公共决策前，可以通过网络调研的形式使决策更加体现民意，提高政府决策的民主性。同时政府在制定公共政策时，利用大数据

---

① 孔凡河：《社会管理创新的制度梗阻与逻辑进路》，《上海大学学报》（社会科学版）2014年第4期。

② 胡隆辉：《以人为本视角下社会管理创新的路径选择》，《学习论坛》2011年第12期。

进行分析得到客观准确的结果，使政府决策能够更加切合实际，提高政府决策的科学性。

其次，政府在提供公共服务时，可以通过大数据最大范围地收集公共服务的民众反馈意见，基于此改进公共服务，做到公共服务个性化、及时化、动态化，提高公共服务质量。例如，公众在接受政府服务后，可以设置匿名提交的评价体系，以此来完善服务体系、提高服务质量。

最后，公众参与社会管理中要充分利用大数据，公众也可以通过政府网站、公众号、小程序、App 等为社会管理提供有用信息，以便对政府以及其他社会管理部门提出管理与服务建议，反映各阶层的利益诉求，不断提高公众社会管理的参与度。

3. 坚持依法管理与以德管理相结合

实现现代化社会管理要坚持依法管理和以德管理相结合，把道德要求贯彻到法治建设中，运用法治方式解决道德领域的突出问题①，最终做到法安天下、德润人心。

首先，要建设法治政府，树立道德典范。建设法治政府要求政府在行使权力时不能越过法律的范围。同时各级政府领导和行政人员要带头学法，自觉遵法，力争在全面依法治国方面起到带头作用。其次，提高民众的法治意识和道德修养，法律要发挥作用要靠全体人民，人民信仰法律才会遵守法律。而道德约束要在社会管理中发挥作用，就需提高全体人民的道德素质。所以，一方面要将普法教育常态化，不断提高社会总体法律意识，做到法在心中，人人懂法，人人守法；另一方面要加强社会公众的道德建设，弘扬传统美德，宣传社会主义道德建设，着力提升全体公民的道德境界。

（三）社会管理内容的创新

现代中国的网络化、信息化发展走在了世界前沿。信息技术的发展和网

---

① 吴国平、张舒彤：《习近平以德治国与依法治国思想相结合之实施路径研究》，《海峡法学》2020 年第 2 期。

络的广泛应用进一步增大了我国社会面临的风险，如何在社会管理中发挥网络的优点同时避免网络的危害，是西部地区在实现现代化社会管理中需要思考的问题。

首先，要保证民众通过网络渠道反映问题畅通无阻，网络现在已经成为公众向政府反映问题、提供建议的重要渠道。政府要拓宽民意反映的网络渠道，充分利用网络平台进行政民互动，提高社会管理公众参与程度，使公共决策能够反映民意、顺应民心。

其次，加强对网络舆论的监督与引导，实现现代化的社会管理就要加强对网络社会的管理。因为民族宗教等问题一直是西部地区社会管理的难点问题，所以西部地区在进行网络治理时，各级政府对于分裂国家、传播极端宗教思想、煽动民族仇恨、传谣造谣等网络问题要予以坚决肃清。此外，政府应不断引导网络舆论向有利于社会进步的方向发展，同时利用网络的普及与便利，加强对民众的教育和法律知识的普及，遏制不良信息的传播，为公众营造良好的网络环境。

四　未来15年西部地区基本实现现代化社会管理的趋势预测

只有在明确未来发展目标的基础上，才能找到西部地区未来社会管理的努力方向，进而落实到具体行动上，最终形成西部地区基本实现现代化社会管理的发展趋势。

（一）西部社会管理的远期与近期目标

1. 西部社会管理的远期目标

根据党和国家提出的我国社会主义建设2035年远景目标，本文梳理出西部地区社会管理的远期目标。第一，西部地区人民收入水平不断提高，实现充分就业。西部地区人民生活水平与东部地区大体相当，城乡区域差距显著缩小，西部基本建成完善的社会保障体系。第二，建成法治政府、法治社

会，公众素质和社会文明达到新高度。西部各省区市基本形成人人参与、人人负责的现代社会管理模式，基本实现社会治理的现代化。

2. 西部社会管理的近期目标

未来五年的“十四五”时期是我国全面建成小康社会、实现第一个百年奋斗目标之后，乘着良好发展势头向第二个百年奋斗目标进军的第一个五年。所以本文以“十四五”规划中提出的发展目标作为西部地区社会管理的近期目标。

第一，将人民的幸福放在首位。首先提高人民收入水平，完善收入分配格局，不断缩小收入分配差距。其次提高就业质量，注重劳动者技能培训，帮助贫困人口就业，以就业带动脱贫，防止脱贫后返贫发生。最后，不断完善西部社会保障体系，将更多人口纳入基本养老保险体系，发展多层次的养老保险体系，加快基本养老设施的建设；提高西部地区尤其是贫困乡村的基本医疗保险参保率，加快医疗卫生基础设施建设；完善失业保险制度，提高西部地区城乡就业人口失业保险参保率，完善社会救助体系。

第二，结合西部发展的实际，完善西部社会管理体系，鼓励各民族参与西部社会治理，实现各民族共同治理以及政府与民众的良好互动，同时发挥社会组织应有的作用。将社会治理权利下放到基层，加强基层社会治理队伍建设。最后，紧抓民族工作，不断化解民族矛盾使各民族和谐共处，积极引导宗教信仰与我国社会主义社会相适应，使边疆地区更加稳定繁荣。

（二）西部地区基本实现现代化社会管理的趋势预测

本文结合西部地区目前基本实现现代化社会管理的态势和实现现代化管理的路径进行深入分析，对西部地区各省区市的基本现代化社会管理趋势做出预测。

就四川省而言，实现现代化社会管理首先应进一步提高失业保险参保率、加大医疗基础设施建设。其次，截至 2020 年底四川贫困县已经全部摘帽，四川省未来需加大对已脱贫地区的关注，减少和防止贫困人口返贫，巩固脱贫成果。

就重庆市和陕西省而言，二者未来在巩固社会保障体系建设成果的同时，还要进一步提高城乡基本医疗保险参保率。降低电信网络诈骗案发生率，营造安全有序的网络环境。陕西省2019年底所有贫困县已摘帽，但是贫困发生率高于全国平均水平，需要对已脱贫人口进行就业帮扶或救助，巩固脱贫成果。在生态环境方面，陕西省需要进一步加强生态环境治理，降低空气污染和水污染，降低GDP增长对能源的依赖。

云南在实现现代化过程中应该更加注重社会保障体系的建设，同时加强医疗卫生基础设施的建设，为人民身体健康提供必要的保障。此外，还要持续关注贫困问题，做好民族工作。广西和贵州在实现现代化社会管理过程中，首先应提高就业人口的失业保险参保率，其中广西需要继续扩大城乡基本养老保险覆盖面。其次要持续关注贫困问题，确保脱贫人口不返贫，贫困人口尽快脱贫。

新疆、内蒙古、甘肃、青海、宁夏、西藏等地在实现现代化社会管理过程中，首先，应加强提高城乡基本医疗保险参保率，加强医疗基础设施建设。其次，要着重保护生态环境，不断改善城镇与乡村绿化，同时坚持荒漠区风沙治理，实现人进沙退。最后，要做好民族团结工作，降低贫困发生率，促进各民族共同奋斗和共同繁荣。

五　总结

本文首先从社会保障、人民生活、生态环境、社会秩序、公众参与、网络治理等六个维度梳理了西部地区社会管理创新的基本态势，通过收集西部地区2019年社会管理发展的相关指标数据，本文分析了西部地区实现现代化社会管理创新的基本态势，发现西部地区的社会保障参保率与失业保险参保率均较低，即使参保率最高的重庆也未达到就业总人数的一半，但是陕西、宁夏、广西、内蒙古每千人拥有的卫生技术人员数高于全国平均水平。在人民生活方面，西部地区人均收入较低、2/3的省区市的农村恩格尔系数

高于全国平均水平；同时西部地区的生态环境较为脆弱，而内蒙古与宁夏的单位 GDP 能耗还在上升。在社会秩序方面，西部地区大部分省区市每万人刑事犯罪案发量低于全国平均水平，但是民族问题与宗教问题值得关注。其次，根据西部社会管理创新基本态势，本文提出了西部地区基本实现现代化社会管理创新的路径，西部实现现代化社会管理创新应树立以人为本、公平正义的社会管理理念，形成多元社会主体、智能化社会管理、德治与法治相结合的社会管理方式，加强社会管理中的网络治理。最后，结合西部实际，对未来 15 年西部地区基本实现现代化社会管理的趋势进行预测，并为西部各省区市提出了针对性的建议：甘肃与西藏未来应提高基本养老保险参保率，陕西需继续巩固脱贫成果，云南做好民族团结工作，宁夏与内蒙古降低对能源的依赖程度。

皮 书

智库报告的主要形式
同一主题智库报告的聚合

皮书定义

皮书是对中国与世界发展状况和热点问题进行年度监测，以专业的角度、专家的视野和实证研究方法，针对某一领域或区域现状与发展态势展开分析和预测，具备前沿性、原创性、实证性、连续性、时效性等特点的公开出版物，由一系列权威研究报告组成。

皮书作者

皮书系列报告作者以国内外一流研究机构、知名高校等重点智库的研究人员为主，多为相关领域一流专家学者，他们的观点代表了当下学界对中国与世界的现实和未来最高水平的解读与分析。截至 2021 年，皮书研创机构有近千家，报告作者累计超过 7 万人。

皮书荣誉

皮书系列已成为社会科学文献出版社的著名图书品牌和中国社会科学院的知名学术品牌。2016 年皮书系列正式列入“十三五”国家重点出版规划项目；2013~2021 年，重点皮书列入中国社会科学院承担的国家哲学社会科学创新工程项目。

中国皮书网

（网址：www.pishu.cn）

发布皮书研创资讯，传播皮书精彩内容
引领皮书出版潮流，打造皮书服务平台

栏目设置

◆ **关于皮书**

何谓皮书、皮书分类、皮书大事记、皮书荣誉、皮书出版第一人、皮书编辑部

◆ **最新资讯**

通知公告、新闻动态、媒体聚焦、网站专题、视频直播、下载专区

◆ **皮书研创**

皮书规范、皮书选题、皮书出版、皮书研究、研创团队

◆ **皮书评奖评价**

指标体系、皮书评价、皮书评奖

◆ **皮书研究院理事会**

理事会章程、理事单位、个人理事、高级研究员、理事会秘书处、入会指南

◆ **互动专区**

皮书说、社科数托邦、皮书微博、留言板

所获荣誉

◆ 2008 年、2011 年、2014 年，中国皮书网均在全国新闻出版业网站荣誉评选中获得“最具商业价值网站”称号；

◆ 2012 年，获得“出版业网站百强”称号。

网库合一

2014年，中国皮书网与皮书数据库端口合一，实现资源共享。

中国皮书网

S 基本子库
SUB DATABASE

中国社会发展数据库（下设 12 个子库）

整合国内外中国社会发展研究成果，汇聚独家统计数据、深度分析报告，涉及社会、人口、政治、教育、法律等 12 个领域，为了解中国社会发展动态、跟踪社会核心热点、分析社会发展趋势提供一站式资源搜索和数据服务。

中国经济发展数据库（下设 12 个子库）

围绕国内外中国经济发展主题研究报告、学术资讯、基础数据等资料构建，内容涵盖宏观经济、农业经济、工业经济、产业经济等 12 个重点经济领域，为实时掌控经济运行态势、把握经济发展规律、洞察经济形势、进行经济决策提供参考和依据。

中国行业发展数据库（下设 17 个子库）

以中国国民经济行业分类为依据，覆盖金融业、旅游、医疗卫生、交通运输、能源矿产等 100 多个行业，跟踪分析国民经济相关行业市场运行状况和政策导向，汇集行业发展前沿资讯，为投资、从业及各种经济决策提供理论基础和实践指导。

中国区域发展数据库（下设 6 个子库）

对中国特定区域内的经济、社会、文化等领域现状与发展情况进行深度分析和预测，研究层级至县及县以下行政区，涉及省份、区域经济体、城市、农村等不同维度，为地方经济社会宏观态势研究、发展经验研究、案例分析提供数据服务。

中国文化传媒数据库（下设 18 个子库）

汇聚文化传媒领域专家观点、热点资讯，梳理国内外中国文化发展相关学术研究成果、一手统计数据，涵盖文化产业、新闻传播、电影娱乐、文学艺术、群众文化等 18 个重点研究领域。为文化传媒研究提供相关数据、研究报告和综合分析服务。

世界经济与国际关系数据库（下设 6 个子库）

立足“皮书系列”世界经济、国际关系相关学术资源，整合世界经济、国际政治、世界文化与科技、全球性问题、国际组织与国际法、区域研究 6 大领域研究成果，为世界经济与国际关系研究提供全方位数据分析，为决策和形势研判提供参考。

法律声明

“皮书系列”（含蓝皮书、绿皮书、黄皮书）之品牌由社会科学文献出版社最早使用并持续至今，现已被中国图书市场所熟知。“皮书系列”的相关商标已在中华人民共和国国家工商行政管理总局商标局注册，如LOGO（ ）、皮书、Pishu、经济蓝皮书、社会蓝皮书等。“皮书系列”图书的注册商标专用权及封面设计、版式设计的著作权均为社会科学文献出版社所有。未经社会科学文献出版社书面授权许可，任何使用与“皮书系列”图书注册商标、封面设计、版式设计相同或者近似的文字、图形或其组合的行为均系侵权行为。

经作者授权，本书的专有出版权及信息网络传播权等为社会科学文献出版社享有。未经社会科学文献出版社书面授权许可，任何就本书内容的复制、发行或以数字形式进行网络传播的行为均系侵权行为。

社会科学文献出版社将通过法律途径追究上述侵权行为的法律责任，维护自身合法权益。

欢迎社会各界人士对侵犯社会科学文献出版社上述权利的侵权行为进行举报。电话：010-59367121，电子邮箱：fawubu@ssap.cn。

社会科学文献出版社